Homers Odyssee psychologisch erzählt

Andreas Marneros

Homers Odyssee psychologisch erzählt

Der Seele erste Irrfahrt

Andreas Marneros
Bonn, Deutschland

ISBN 978-3-658-13847-9	ISBN 978-3-658-13848-6 (eBook)
DOI 10.1007/978-3-658-13848-6

Die Deutsche Nationalbibliothek verzeichnet diese Publikation in der Deutschen Nationalbibliografie; detaillierte bibliografische Daten sind im Internet über http://dnb.d-nb.de abrufbar.

© Springer Fachmedien Wiesbaden 2017
Das Werk einschließlich aller seiner Teile ist urheberrechtlich geschützt. Jede Verwertung, die nicht ausdrücklich vom Urheberrechtsgesetz zugelassen ist, bedarf der vorherigen Zustimmung des Verlags. Das gilt insbesondere für Vervielfältigungen, Bearbeitungen, Übersetzungen, Mikroverfilmungen und die Einspeicherung und Verarbeitung in elektronischen Systemen.
Die Wiedergabe von Gebrauchsnamen, Handelsnamen, Warenbezeichnungen usw. in diesem Werk berechtigt auch ohne besondere Kennzeichnung nicht zu der Annahme, dass solche Namen im Sinne der Warenzeichen- und Markenschutz-Gesetzgebung als frei zu betrachten wären und daher von jedermann benutzt werden dürften.
Der Verlag, die Autoren und die Herausgeber gehen davon aus, dass die Angaben und Informationen in diesem Werk zum Zeitpunkt der Veröffentlichung vollständig und korrekt sind. Weder der Verlag noch die Autoren oder die Herausgeber übernehmen, ausdrücklich oder implizit, Gewähr für den Inhalt des Werkes, etwaige Fehler oder Äußerungen.

Einbandabbildung: © John Flaxman
Zeichnungen: John Flaxman

Gedruckt auf säurefreiem und chlorfrei gebleichtem Papier.

Springer ist Teil von Springer Nature
Die eingetragene Gesellschaft ist Springer Fachmedien Wiesbaden GmbH

*Gewidmet
meinen Freunden
Jules Angst und Heinz Häfner,
den großen Erforschern der Seele Irrfahrten,
zum Neunzigsten*

Anstatt eines Mottos

Der Odyssee Bedeutung ist transepochal und transkulturell. Sie ist pananthropisch. Odysseus ist zum ewigen Symbol des abendländischen Menschen geworden. Denker aus uralten, mittelalten und neuen Zeiten legen Zeugnis ab davon.

So etwa der Dichter Horaz, der uns in alten, alten Zeiten ins Stammbuch schrieb:

„Wieder einmal hab den Dichter des trojanischen Krieges, Homer, ich gelesen ... Was schön ist, was schimpflich, was nützlich dem Menschen, was schädlich kündet er klarer und besser noch als ein Chrysippus und Krantor. Hör, wie zu dieser Ansicht ich kam, wenn nichts anderes dich abhält!
... Was Tugend und Weisheit zu leisten vermögen,
zeigt uns Homer am leuchtenden Vorbild des Helden Odysseus,
welcher Troja besiegte, mit Umsicht die Städte und Sitten
zahlreicher Menschen erforschte und vielerlei Unbill auf weitem
Meere erduldete, da er um seine und seiner Gefährten
Heimkehr bemüht war, von keiner Woge des Unglücks bezwingbar.
Sang der Sirenen, die Zaubergetränke der Kirke – du kennst sie;
hätt er davon, gleich den Freunden, töricht und gierig getrunken,
wär er im Joch dieser Buhlin der Schande und Dummheit verfallen,
hätte gelebt als ein räudiger Hund, als ein Schwein in der Suhle."

Horaz, Episteln, 1,2, 1–27
(Übersetzung: Manfred Simon und Wolfgang Ritschel, leicht modifiziert)

Oder wie Dante, der größte Dichter der mittelalten Zeiten, Odysseus die orientierungsträchtigen Worte sagen lässt:

„Ward alles aufgezehrt in meiner Brust
vom heißen Drang, durch alle Länder hin,
der Menschen Wert und Narrheit zu erfahren...
Bedenkt, wes hohen Samens Kind ihr seid

und nicht gemacht, um wie das Vieh zu leben!
Erkenntnis suchet auf und Tüchtigkeit."

Odysseus Rede in Dantes „Göttliche Komödie", die Hölle,
26. Gesang, aus dem Jahre 1307–1321
(Deutsch von Karl Vossler)

Oder auch wie Max Horkheimer und Theodor Adorno, zwei Philosophen der neuesten Zeit, zwei der unzähligen Repräsentanten einer erlesenen odysseischen Priesterschaft, die unermüdlich die hellen Stimmen der Vergangenheit fortsetzen und sekundieren:

„Kein Werk legt von der Verschlungenheit von Aufklärung und Mythos beredteres Zeugnis ab als das homerische, der Grundtext der europäischen Zivilisation ...
Die Abenteuer, die Odysseus besteht, sind allesamt gefahrvolle Lockungen, die das Selbst aus der Bahn seiner Logik herausziehen. Er überlässt sich ihnen immer wieder aufs Neue, probiert es als unbelehrbar Lernender, ja zuweilen als töricht Neugieriger, wie ein Mime unersättlich seine Rollen ausprobiert. ‚Wo aber Gefahr ist, wächst / Das Rettende auch'[1]: das Wissen, in dem seine Identität besteht und das ihm zu überleben ermöglicht, hat seine Substanz an der Erfahrung des Vielfältigen, Ablenkenden, Auflösenden, und der wissend Überlebende ist zugleich der, welcher der Todesdrohung am verwegensten sich überlässt, an der er zum Leben hart und stark wird. Das ist das Geheimnis im Prozess zwischen Epos und Mythos: das Selbst macht nicht den starren Gegensatz zum Abenteuer aus, sondern formt in seiner Starrheit sich erst durch diesen Gegensatz, Einheit bloß in der Mannigfaltigkeit dessen, was jene Einheit verneint. Odysseus wirft sich weg gleichsam, um sich zu gewinnen; die Entfremdung von der Natur, die er leistet, vollzieht sich in der Preisgabe an die Natur, mit der er in jedem Abenteuer sich misst, und ironisch triumphiert die Unerbittliche, der er befiehlt, in dem er als Unerbittlicher nach Hause kommt, als Richter und Rächer der Erbe der Gewalten, denen er entrann ...
... Der Held der Abenteuer erweist sich als Urbild des bürgerlichen Individuums ... "

Max Horkheimer und Theodor Adorno
Dialektik der Aufklärung. Philosophische Fragmente, 1947/2013.

---

[1] Nach Hölderlin.

Danksagung

Mein herzlicher Dank gilt Anke Rohde und Valenka Dorsch für die begleitende Beratung sowie ihr engagiertes und konstruktives Lektorat dieses Buches. Bei Bernd Heptner und Wolfgang Krebs bedanke ich mich ebenso herzlich für die Durchsicht des Manuskriptes und vielfältige Anregungen.

Inhaltsverzeichnis

1. Eine Geschichte des Menschseins 1
2. Die ewige Suche des Menschen 7
3. Der Kampf und die Rettung 19
4. Das Hohelied der Menschlichkeit 39
5. Die Verwandtschaft des Göttlichen 49
6. Der Erhabenheit Segen und Fluch 57
7. Vom Mut, sich des eigenen Verstandes zu bedienen 75
8. Die Symbiose von Gut und Böse 97
9. Der Finsteren Tiefe furchtbare Qualen 117
10. Der Verführung Lockrufe und die Qual des Dilemmas 135
11. Das unerkannte Paradies 153
12. Die falschen Geschichten in des Menschen Geschichte 165
13. Göttlicher Motivationsschub und menschliches Mutigwerden 175

14	Die verblendende Macht der Überheblichkeit	191
15	Der Suche bereichernde Folgen	205
16	Die plötzliche Verdichtung des Lebens	217
17	Die Metamorphosen des Glücks	237
18	Des großen Dulders bedachtes Erdulden	253
19	Der schnelle Wechsel von Anerkennung und Verachtung	265
20	Der mühsame Weg des Wiedererkennens	275
21	Das Zusammenballen von finsteren Wolken	289
22	Die schicksalhafte Wende	297
23	Der Tragödie blutige Katharsis	309
24	Der Wiedervereinigung Freudenschrei	321
25	Der Irrfahrt Ende	331
26	Nachgesang	345
27	Bibliografische Anmerkungen	347

1
Eine Geschichte des Menschseins

> **Zusammenfassung**
>
> Wie schön, dass wir uns wieder begegnen, meine verehrten treuen Zuhörer. Nachdem ich, Homer, der erste Dichter des Abendlandes, Euch das erste Epos des Abendlandes psychologisch erzählen durfte [1], möchte ich Euch nun zu dessen Fortsetzung einladen. Ich werde Euch in einer neuen Form die Geschichte von Odysseus erzählen. Ja *dem* Odysseus, König von Ithaka und Eroberer von Troja. In neuer Form, nämlich psychologisch erzählt, werdet Ihr eine Geschichte der Suche und des Kampfes hören, eine Geschichte der Rettung und der Selbstfindung. Es wird die Geschichte von uns allen sein, eine Geschichte mit immerwährender Gültigkeit. Außerdem erfahrt ihr die Geschichte von Penelope, die der von Odysseus ebenbürtig ist. Und schließlich hört Ihr auch über die Reifung einer Persönlichkeit am Beispiel von Telemachos, des jungen Sohnes von Odysseus und Penelope.
>
> Ich werde ein Epos des Individuums, seiner Leistungen, seines Willens und seiner Sehnsüchte vortragen. Ich werde Euch die Geschichte von uns allen erzählen. Denn jeder von uns ist mehr oder weniger ein Odysseus. Dabei werde ich auch diesmal von der Seele begleitet, die für uns geflügelte Worte von immerwährender Gültigkeit singen wird.

Die Suche und die Selbstfindung. Der Kampf und die Rettung

Ich werde Euch also das zweite Epos des Abendlandes, die Odyssee, in der inzwischen gewohnten Form erzählen. Ich hoffe, dass ich dadurch die Botschaften meiner Odyssee noch transparenter mache und Euer Interesse wecke. Dazu ermutigen mich manche Feststellungen, wie etwa die folgende: Odysseus setzt durch die Zeitalter hindurch und über alle Grenzen der westlichen Zivilisation hinweg seine abenteuerliche Reise fort, wobei er Bewunderung hier und Entrüstung dort erregt, aber überall die menschliche Einbildungskraft mit fast magischer Kraft anregt. Die Legende hat im Laufe der Millennia an Popularität nur zugenommen.[2]

---

[1] Für diejenigen, die damals nicht dabei waren und Lust haben, es nachzuholen, dieser Hinweis: „Homers Ilias psychologisch erzählt. Der Seele erste Worte", von Andreas Marneros aus dem Jahre 2016.
[2] Diese Feststellung formuliert Theodore Ziolkowski, hier als Stellvertreter für unzählige andere genannt, in seinem offensichtlich teilweise von mir inspirierten Buch „Mythologisierte Gegenwart" (2008).

Einerseits stellt die Odyssee eine Fortsetzung der Ilias dar, steht aber auch in Kontrast zu ihr. Meine Odyssee handelt nämlich von den Leistungen und Leiden, von den Tragödien und Triumphen, von den Kämpfen und den Kapitulationen eines einzigen Mannes: Des göttlichen Odysseus, König von Ithaka, Sohn des unglücklichen Laërtes, Ehemann der legendären Penelope und Vater des erhabenen Telemachos. Des intelligentesten und begabtesten aller Helden des Kampfes um Troja, aber auch des am meisten geprüften und geplagten und somit des größten Dulders. Des Lieblings der Götter – einen einzigen ausgenommen. Des Irrfahrenden und Zielerreichenden, des Niederliegenden und Endsiegenden.

Es ist die Geschichte von Suche und von Kampf, von Rettung und von Selbstfindung.

Es ist aber nicht bloß *irgendeine* Geschichte von Suche und Kampf, von Rettung und Selbstfindung.

Es ist vielmehr die Geschichte der *ewigen* Suche, des *ewigen* Kampfes und der Rettung der Suchenden und Kämpfenden *aller Zeiten*. Und die ewige Geschichte, die von der Selbstfindung des Menschen und der Menschheit erzählt.

Es ist die Geschichte also des Menschen – von gestern, von heute und zweifelsohne von morgen.

Es ist auch die Geschichte der Vielschichtigkeit des menschlichen Charakters.

Es ist die Geschichte eines Archetyps[3].

Es ist unsere Geschichte. Jeder ist ein Odysseus[4]. Der eine mehr, der andere wenige.

Es ist aber nicht nur diese eine odysseische Geschichte.

Es ist auch die Geschichte der Reifung und der Reife – in der Geschichte von Telemachos, des Sohnes von Odysseus und seiner Frau Penelope. Es ist die Geschichte, wie der Jüngling zum Mann reift – durch Leiden und Rebellieren, durch Geführtwerden und Führen, durch Geschütztwerden und Schützen, durch Bekämpftwerden und Bekämpfen. Und am Ende dieser Geschichte steht der gereifte Jüngling als Bezwinger und Sieger da, Schulter an Schulter neben dem Vaters, in Augenhöhe mit ihm. So wird der Staffelstab weitergegeben. Und somit geht auch die Geschichte weiter und weiter, durch die Jahrtausende. Bis zu Euch – und Euren Nachkommen.

Es ist aber auch die Geschichte der Tugenden – in der Geschichte von Penelope. Ihre Geschichte ist nicht nur die Geschichte der Geduld, der Treue, der

---

[3] Wie Philosophen Odysseus bezeichnen, etwa in dem von Gotthard Fuchs herausgegebenen Buch: „Lange Irrfahrt – große Heimkehr" (1994).
[4] Diese Feststellung zieht Norman Fischer in seinem Buch „Sailing Home" von 2008, in seinem Versuch „die Weisheit von Homers Odyssee zu nutzen, um durch des Lebens Gefahren und Fallgruben zu navigieren", wie er es verheißungsvoll formuliert.

liebenden Ehefrau, der sorgenden Mutter, der klugen und schönen Frau, die sichtbar leidet und unsichtbar die Geschichte in Gang hält und – buchstäblich – die Fäden in der Hand hat. Es ist die Geschichte der Frau schlechthin: die Geschichte der Frau, die den Mann zum Mann macht. Ohne Penelope hätte die Geschichte des Odysseus keinen Sinn – ohne Penelope wäre sie am Ende eine Farce! Keine Odyssee!

Darüber hinaus ist es die Geschichte von nicht zu erschütternder jahrelanger Solidarität und Treue zwischen Menschen, einfachen Hirten und Dienern oder mächtigen Königen und sonstigen Fürsten, wie auch die Geschichte von Verrat und Ausbeutung des Menschen durch Menschen. Und es ist auch die Geschichte von falschen Geschichten.

Alle einzelnen Geschichten, die die Odyssee ausmachen, verdichten sich in einem roten Faden, der die Jahrtausende durchdringt. Und sie weben sich alle zusammen zu einer einzigen Geschichte:

Der Geschichte des Menschen, des leidenden und unbeugsamen – die Geschichte des Menschseins.

Des Individuums Epos und der Seele Irrfahrt

Somit wird die Odyssee zum Epos des Individuums.

Im ersten Epos, in meiner Ilias, habe ich Euch von Taten und Untaten, von Anstrengungen und Unterlassungen, von Siegen und Niederlagen, von Größe und Niederträchtigkeit, von Rationalität und Irrationalität, von Humanität und Inhumanität erzählt – alles bezogen auf die Gruppe, auf die Massen. Ich habe zwar auch von außergewöhnlichen Persönlichkeiten und von ihren Taten berichtet, mit denen sie aus der Gruppe, aus der Masse hervortraten. Aber dies geschah immer innerhalb und in Zusammenhang mit der Gruppe, mit der Masse. Haltungen und Handlungen des Einzelnen sind in der Ilias erst im Kontext der Gruppe und der Massen – der Armee und der Nation – verstehbar, ja sogar möglich geworden. Insofern war in der Ilias vieles im Rahmen von Massenpsychologie und Gruppendynamik einzuordnen, im Zusammenhang mit dem Führen von Gruppen und Massen und dem Geführtwerden durch Führer und Helden.

Die Odyssee dagegen ist Epos und Hymne des Individuums.

Die Hymne von den Leistungen des Individuums, seinem Unabhängigkeitswillen, seinem Widerstand gegen die Gewalten, seinem Freiheitskampf.

In meiner Ilias habe ich Euch von der Seele ersten Worten erzählt und neben vielem anderen die Geburt der Humanität, die Entstehung der Rationalität, das Aufkeimen von moralischen Imperativen besungen.

In meiner Odyssee singe ich Euch vom Triumph der Individualität, des Forschergeistes, der Unbeugsamkeit und der Intelligenz über die rohe Gewalt. Ja, vom Triumph der Erhabenheit des menschlichen Geistes über die Grobheit der primitiven Mächte.

Aber nicht nur! Ich werde Euch auch von der Seele Irrfahrten berichten! Damit werde ich Euch zeigen, wie der Zielsichere sich irren kann und wie nahe beieinander Erhabenheit und Niedertracht, Menschlichkeit und Brutalität, Demut und Hochmut, Achtsamkeit und Sich-gehen-lassen, Echtheit und Falschheit liegen.

Nah beieinander finden wir all das auf der Seele erster Irrfahrt.

Der Seele erste Irrfahrt?

Irrfahrt?

Oh nein! Macht Euch keine Sorgen. „Der Seele erste Irrfahrt" bedeutet keineswegs, dass die Seele herumirrt, wirre, irre Sachen erzählend, oder dass die Seele sich irrt! Es bedeutet bloß, dass die Seele vom Menschen auf seinen Irrfahrten mitgenommen wurde und die Seele den Menschen auf seinen Irrfahrten begleitet, mit ihm triumphierend und mit ihm leidend, mit ihm hoffend und mit ihm verzweifelnd; treu und untrennbar von dem sich irrenden und verirrenden, verwirrten und verwirrenden Menschen.

Jawohl, meine verehrten Zuhörer! Auch der intelligenteste und begabteste aller Helden, der Liebling der Göttin der Weisheit, der Zielerreichende und Endsiegende hat sich verirrt und geirrt! Auch er konnte sich irren. Ja, er durfte sich irren. Und somit blieb er Mensch. Dadurch blieb er auch – und bleibt es bis heute noch – erreichbar für jeden und vergleichbar mit jedem von Euch, meine hochgeschätzten Zuhörer.

Also keine Sorge um die Seele. Wir werden, wie von der Erzählung der Ilias gewohnt, auch während der Irrfahrt, auf die der Mensch sie mitgenommen hat, die Seele der immerwährenden Gültigkeit geflügelte Worte singen hören. Sie wird Euch auf erstrebenswerte Ziele und sichere Häfen, auf gefährliche Irrtümer und notwendige Kurskorrekturen aufmerksam machen.

Alles dies sind meine odysseischen Botschaften.

Auf diese odysseischen Botschaften wird Euch die Seele, ihre der immerwährenden Gültigkeit geflügelte Worte singend, aufmerksam machen.

Wir werden ihr genauso begegnen wie in der Ilias, als sie ihre ersten Worte sprach.

Seid bitte auch diesmal – wie bei der Ilias – nicht irritiert, wenn Ihr während meiner Erzählung ein leises Flüstern hört. Das kommt von der Seele. Dieses geflügelte, ätherische, alles bewegende, vieles erduldende und ewige Wesen wird mich und Euch auch während dieser Erzählung begleiten. Die Seele wird Euch – sozusagen im Vorbeischweben – mit ihren der immerwährenden Gültigkeit geflügelten Worten aufmerksam machen auf manche Aspekte der psychologisch geprägten Erzählung, ohne sie jedoch zu unterbrechen oder den Erzählfluss zu stören – so wie bei der Erzählung der Ilias.

Altes und Neues, Wiederholung und Erneuerung

Ich werde Euch also jetzt meine Odyssee in gleicher Weise erzählen wie schon die Ilias: psychologisch. Ich bitte um Verständnis, wenn ich an dieser Stelle aus Rücksicht auf neu hinzugekommene Zuhörer, aber auch als Erinnerung für Euch, etwas von dem wiederhole, was ich bei der Ilias gesagt habe. Aber zuerst zu einer Neuerung, die es im Vergleich zu „Homers Ilias psychologisch erzählt. Der Seele erste Worte"[5] gibt:

In „Der Seele erste Worte" hatten die Gesänge dieselbe Reihenfolge wie die iliadischen Rhapsodien. Rhapsodie bedeutet übrigens, falls Ihr es noch nicht wisst, „zusammengenähtes Lied" und wird mit „Gesang" übersetzt. In „Der Seele erste Irrfahrt" behalte ich die ursprüngliche Reihenfolge nicht immer bei. Ich will Euch den Grund dafür erklären: Ab Vers 96 der ersten Rhapsodie der Odyssee beginnt die sogenannte „Telemachie", in der die Geschichte von Telemachos erzählt wird. Die Telemachie erstreckt sich bis zum Ende der vierten Rhapsodie und beginnt dann wieder mit dem gemeinsamen Auftreten von Odysseus und Telemachos ab der sechzehnten Rhapsodie. Dieser mein literarischer Kunstgriff wurde von den Philologen der darauf folgenden Jahrtausende als gelungen bezeichnet und hochgepriesen. Von literarischer Seite mag das so sein. Für die Zwecke der jetzigen *psychologischen* Erzählung meiner Odyssee bewirkt er aber eine Unterbrechung der Kontinuität der Handlung und der damit verbundenen psychologischen Zusammenhänge. Um dies zu vermeiden und die Kontinuität der Ereignisse zu wahren, habe ich einen Teil der ersten und die drei nachfolgenden Rhapsodien vor die sechzehnte umgesiedelt. Euch und der Kontinuität zu Liebe.

Und nun die (teilweise) Wiederholung aus „Der Seele erste Worte": Wie die Ilias werde ich auch die Odyssee anders erzählen als ich es damals, zum ersten Mal vor fast dreitausend Jahren, getan habe. Heute steht die besondere Betonung, Berücksichtigung und Erkundung des Psychischen darin im Vordergrund. Auch und gerade aus dem Blickwinkel Eurer modernen Einstellungen, Eures heutigen Wissens, Eurer aktuellen Begriffe. Denn meine Unsterblichkeit ermöglicht mir, hier im Elysion – auf der höchsten Stelle des

---

[5] Ich hoffe, meine verehrten Zuhörer, dass Sie einverstanden sind, wenn ich ab jetzt nur die Bezeichnung „Der Seele erste Worte" verwende, wenn ich einen Hinweis auf meine vorherige psychologische Erzählung geben möchte. Und wenn ich diese Erzählung hier einfach „Der Seele erste Irrfahrt" nenne. Die sonst erforderliche häufige Nennung meines Namens würde mich nämlich ein wenig in Verlegenheit bringen. Für Ihr Einverständnis danke ich im Voraus!

Himmels der Seligen, wo ich meine Jahrtausende verbringe – die gesammelten Erfahrungen der letzten dreitausend Jahre zu verfolgen, zu bündeln und mir zu eigen zu machen. Das versetzt mich in die Lage, auch meine Odyssee so zu erzählen, wie ich das schon mit der Ilias in „Der Seele erste Worte" getan habe – sie psychologisch zu erzählen also.

Bücher und Artikel zur „homerischen Psychologie" werde ich bewusst auch diesmal nicht referieren, obwohl ich sie zur Kenntnis genommen habe. Ich werde meine Odyssee – so wie vorher die Ilias – einfach neu erzählen. Psychologisch erzählen. Und die Seele wird mich dabei, auf der Lyra spielend, auch diesmal begleiten.

Und ich werde auch diesmal manche Mythen und Geschichten, die ich damals nicht oder nicht vollständig berichtet habe, weil ich sie als bekannt voraussetzen konnte, hinzufügen oder ausführlicher darstellen. Werke von späteren und modernen Dichtern, von Mythographen, Seelenkundlern und sonstigen Schreibern werde ich dabei berücksichtigen und in meine Gesänge einschließen. Dafür werde ich einiges andere, das den heutigen Menschen nicht mehr so interessiert, weglassen.

Ich werde das Psychologische markieren und betonen und für Euch sichtbar machen. Im Dickicht Eurer modernen Ätiologien, den Entstehungstheorien des Psychischen also, werde ich mich aber weder aufhalten, noch verirren – sonst verwirre ich Euch unnötig.

Ich hoffe, dass auch bei dieser Erzählung der Odyssee ebenso wie bei der Ilias die der immerwährenden Gültigkeit geflügelten Worte der Seele zu Euch allen geflogen kommen dürfen. Und hoffentlich auch diesmal klar, verständlich, segelflügig und schwebend.

Zu Euch allen, den interessierten Zuhörern. Nicht nur zu den Fachleuten.

Soweit die notwendige kurze Wiederholung aus den Geflügelten Vorworten in „Der Seele erste Worte".

Ich hoffe, damit seid Ihr alle bereit für „Der Seele erste Irrfahrt".

Und ich hoffe, Ihr seid auch alle an Bord. Auf dem Schiff des Odysseus.

Die Reise kann beginnen!

Segeln wir los!

2
Die ewige Suche des Menschen

> **Zusammenfassung**
>
> Aus dem ersten Gesang meiner Odyssee werde ich Euch erzählen, warum Odysseus, der intelligenteste aller Menschen, zwanzig Jahre nachdem er seine Heimat Ithaka verlassen hatte, zehn Jahre nach Ende des Krieges gegen Troja, noch unterwegs ist. Odysseus hätte es sicher viel früher in die Heimat geschafft, wenn nicht Poseidon ihn verfolgen würde, nachdem Odysseus seinen Sohn, den Kyklopen, geblendet hat. Zu Beginn meiner Odyssee sitzt der Held gegen seinen Willen auf der Insel der wunderschönen Nymphe Kalypso fest. Doch endlich beschließen die Götter, dass nun die Zeit gekommen ist, dass dieser einzigartige Mensch nach Hause zurückkehrt. Auf dem Weg dorthin muss er allerdings noch vieles erdulden, vieles erleiden. In diesem ersten Gesang meiner Odyssee werde ich auch eine Art Zusammenfassung der Vorgeschichte von Odysseus Irrfahrt geben sowie einen kurzen Ausblick auf das weitere Geschehen.
>
> Die uns begleitende Seele wird dabei geflügelte Worte von immerwährender Gültigkeit singen, wie etwa über die Gefährlichkeit des Angenehmen und des Lustvollen, den Sinn mancher Verbote, die persönliche Verantwortung für die eigene Rettung; über den Segen der Fähigkeit, eigene Verantwortlichkeit und Schuld zu erkennen, und die Gefälligkeit der Arroganz. Aber auch über manches andere.

Der Irrfahrt Beginn

Άνδρα μοι ένεπτε, μούσα, πολύτροπον...

Den Mann besinge mir, oh Muse, den vielbewanderten und einfallsreichen, der vieles erleiden musste, nachdem er Trojas heilige Stadt eroberte und viele Menschen, deren Städte, Sitten und Mentalitäten kennen gelernt hat. Seine Seele aber musste auch vieles erleiden auf den Meeren, kämpfend um seine und seiner Gefährten Rettung, auf der Suche nach der Heimat...

So habe ich damals meine Odyssee begonnen. Und dann habe ich in vierundzwanzig Rhapsodien, 12.110 Versen, die Geschichte, den Kampf, das Leiden, die Freuden, die Hoffnungen, die Enttäuschungen, die Wege, die Irrwege, die Fahrten, die Irrfahrten, die Höllenfahrt und die Heimfahrt – sprich: die Suche und die Rettung – des Odysseus erzählt. Des Mannes, den manche das

Spiegelbild von jedem von uns nennen: Odysseus, Sohn des Laërtes, König von Ithaka, Trojas Eroberer.

Seine bewegte Geschichte entwickelte sich nach Trojas Fall in folgender Weise:

Troja wurde durch des vielbewanderten Odysseus Intelligenz erobert, wie ich Euch im Nachgesang zu „Der Seele erste Worte" schon erzählt habe. Er hatte die Idee gehabt, griechische Elitesoldaten in einem riesigen hölzernen Pferd in die Stadt einzuschleusen, die dann der gesamten – sich angeblich auf Heimatfahrt befindlichen, in Wirklichkeit aber hinter der Insel Tenedos versteckten – griechischen Armee die Tore zu der belagerten Stadt öffneten. Die Operation war erfolgreich – die Griechen siegten und Troja fiel.

Nicht viele der siegreichen Griechen kehrten in die Heimat zurück, nicht nur weil viele im Krieg den Tod fanden, sondern auch weil unzählige von den Fluten der Meere verschlungen wurden. Einer aber von ihnen war noch lange, lange Jahre unterwegs: Odysseus.

Ausgerechnet Odysseus! Gerade er, in dem die Sehnsucht nach seiner Heimat, seiner Frau, seiner Familie brannte, wurde nach zehn Jahren Krieg noch weitere zehn Jahre von seinen Lieben ferngehalten!

Ausgerechnet Odysseus, der Problemlöser par excellence, durfte das Problem seiner Rückkehr nicht selbst lösen!

Intelligenz, meine verehrten Zuhörer, hat zwar viele Gesichter, aber ihr Herzstück ist die Fähigkeit zur Problemlösung. Für diese Fähigkeit des Odysseus habe ich sowohl in meiner Ilias als auch in der Odyssee viele verschiedene Bezeichnungen verwendet, die leider kaum in andere Sprachen übersetzbar sind. Jede einzelne dieser Bezeichnungen, die ich in griechischer Sprache für den großen Herausforderer und unendlich Herausgeforderten verwendet habe, unterstreicht nicht nur jeweils eine andere Nuance seiner Hochintelligenz, sondern auch seines unbeugsam-anpassenden Charakters. Ich befürchte, dass wenn ich alle odysseischen Epitheta meiner Muttersprache in eine fremde Sprache übertrage, ich ihre ursprüngliche Bedeutung reduziere, verschiebe, verändere, ja auch manchmal missverständlich mache. Aber ich bin mir sicher, meine verehrten Zuhörer, dass Eure Vorstellungskraft die eher spartanische Auswahl von Epitheta als Intelligenz- und Charakterbezeichnungen für den Ithakier in dieser aktuellen Erzählung meiner Odyssee im Vergleich zur Originalsprache kompensieren kann.

Der vielbewanderte Problemlöser – der geniale, würdet Ihr wohl heute sagen – hätte bestimmt auch das Problem seiner Rückkehr lösen können, wenn er es denn gedurft hätte. Er durfte es aber nicht, weil ein mächtiger Gott es so wollte. Und so irrte er und verirrte sich in den Weiten der Meere; er litt und kämpfte auf der Suche nach dem Ort, wo alles begonnen hatte, dem Ort seines Aufbruchs – um sein Leiden dort zu beenden, wo es angefangen hatte. Daheim[1]!

Zwischen Aufbruch und Heimkehr lagen zwanzig lange Jahre. Die ersten zehn Jahre davon hatte Odysseus gegen einen gemeinsamen Feind kämpfend mit seinen Landsleuten verbracht. In den nächsten zehn Jahren setzte er sich gegen viele Feinde zur Wehr, alleine oder – zu Beginn der Fahrt – auch gemeinsam mit seinen Gefährten. Zum einen kämpfte er gegen extramurale Feinde, also Feinde, die von außerhalb der Mauer kamen – der Mauer des eigenen Selbst. Zum anderen gegen intramurale Feinde – Feinde, die innerhalb der Mauer des eigenen Selbst lauerten. Seine extramuralen Feinde waren Menschen und Monster, Götter und Naturgewalten; seine intramuralen Feinde Verführung und Nachlässigkeit, Hochmut und Selbstüberschätzung, Unachtsamkeit und Bequemlichkeit.

Zehn lange Jahre hat er also für seine Rückkehr nachhause gebraucht. Nicht nur, weil er unterwegs vielen Gefahren – natürlichen und übernatürlichen – ausgesetzt war, weil er fürchterliche Rückschläge hinnehmen musste und weil er tückische Fallgruben zu umschiffen hatte. Sondern auch, weil Verführerisches und Hedonistisches, Verderbendes und Fesselndes ihn davon abhielten. Obwohl er das Ziel seiner Suche niemals aufgegeben hat.

Allein volle sieben Jahre hielt ihn eine unsterbliche und verführerische Nymphe zurück – die hehre Göttin Kalypso, die ihn in ihrem Liebesnest, in ihrer gewölbten Grotte festhielt. Sie wollte ihn unbedingt haben, nicht nur als vorübergehenden Liebhaber, sondern als ewigen Bettgenossen, ihm Unsterblichkeit und ewige Jugend versprechend.

> **Das Lied von der Gefahr durch das Angenehme**
>
> Und die Seele sang der immerwährenden Gültigkeit geflügelte Worte:
> Auf Eurer Fahrt durchs Leben könnt auch Ihr vielleicht erkennen, dass nicht nur das Böse jemanden davon abhält, das Ziel zu erreichen, die Vorsätze umzusetzen, die Sehnsüchte, ja auch die Träume zu verwirklichen. Auch das Bequeme, das Angenehme, das Lustvolle kann ein tieferer Grund für das ewige Verschieben oder gar Aufgeben sein. Nein, nein, das Ziel verliert man auch dann nicht aus den Augen, sagt man sich bei jeder Gelegenheit, sich selbst hypnotisierend und die Kluft zwischen Wort und Tat mit dem Weihrauch der guten Absichten benebelnd. Oftmals birgt das in seiner Gefährlichkeit unterschätzte Bequeme, das Angenehme, das Lustvolle größere Vernichtungsgewalt in sich als das gefürchtete Böse.
> Das ist Homers odysseische Botschaft.

---

[1] So etwa formulierte es ein Kommentator meiner Odyssee aus der Neuen Welt mit dem Namen Norman Fischer in seinen Buch „Sailing Home" aus dem Jahre 2008. Übrigens werde ich in dieser Erzählung auf die eine oder andere seiner Ideen, bearbeitet und weiter entwickelt, zurückgreifen.

Als Odysseus endlich in der Heimat ankam, wurde er auch dort nicht von Gefahren und Kämpfen verschont. Dort musste er gar im eigenen Haus gegen die eigenen Landsleute kämpfen. Alle Götter, samt und sonders, hatten Mitleid mit ihm. Nur einer bildete die Ausnahme: Poseidon! Der war immer noch wütend auf den gottgleichen Odysseus, weil der seinen Sohn, den monströsen Kyklopen Polyphemos, geblendet hatte. Poseidon quälte Odysseus dafür schlimm, all die Jahre, bis er endlich – nach Zeus unumstößlichem Beschluss – in der Heimat ankommen durfte.

Poseidon, der zornige Gott der Naturgewalten, hatte nämlich als Gewässerherrscher und Erderschütterer die Macht über den sich durch die Meere quälenden Kämpfer. Sein Zorn fand Ausdruck in der Erzeugung von flottenvernichtenden Wellenbergen und schiffeverschlingenden Meeresstrudeln. Dazu müsst Ihr wissen, dass die Erde damals keine feste Verankerung hatte, sie wurde von Poseidons Gewässern getragen. Und so konnte sie deren Herrscher, Poseidon eben, nach Lust und Laune erschüttern; er brauchte nur seine Gewässer durcheinander zu wirbeln und zu strudeln. Das tat er häufig und gerne; nicht nur seiner launischen Stimmung wegen und weil er Spaß daran hatte, die Seelen der um ihr Leben Kämpfenden zu quälen, sondern schlichtweg auch, um seine Macht zu demonstrieren.

Der einfallsreichste, der bewandertste und intelligenteste aller Griechen vermochte erst zehn Jahre nach Ende des Krieges gegen Troja in die Heimat zurückzukehren – allein, seiner Kameraden und Schiffe beraubt, nach unzähligen Kämpfen und zahllosen Qualen. Keinen seiner Gefährten hatte er retten können, er hatte sie alle verloren. Die Mannschaft des letzten der ursprünglich zwölf Schiffe seiner Flotte war an ihrem Verderben selbst schuld. Die Männer hatten nämlich – Odysseus unmissverständliches Verbot missachtend – die Rinder des Helios Hyperion, des himmelwandernden Sonnengottes – geschlachtet und gegessen. Ein Sakrileg, das niemand ungestraft begehen durfte und das nicht unbemerkt bleiben konnte, denn in den Herden des Sonnengottes wird weder geboren noch gestorben! Die Bestrafung durch den Sonnengott war der Männer Vernichtung. Nicht einmal der gottgleiche Odysseus konnte sie retten – wie ich Euch in späteren Rhapsodien erzählen werde.

Das Lied von den rettenden Verboten

Und die Seele sang der immerwährenden Gültigkeit geflügelte Worte:

Auf Eurer Fahrt durchs Leben könnt auch Ihr vielleicht erkennen, dass es nicht gut ist, ein Verbot immer nur als eine Einschränkung von Freiheit und Autonomie zu betrachten! Manchmal können einschränkende Verbote rettende Gebote sein! Sucht den Sinn des Verbotes! Brecht es nicht, bevor Ihr von seiner Sinnlosigkeit sicher überzeugt seid!

Das ist Homers odysseische Botschaft.

> **Das Lied von der Selbstrettung**
> Und die Seele sang weitere der immerwährenden Gültigkeit geflügelte Worte:
> Auf Eurer Fahrt durchs Leben könnt auch Ihr vielleicht erkennen, dass niemand seine Rettung allein anderen überlassen darf! Jeder ist selbst verantwortlich für die Konsequenzen seines Tuns und Lassens! Auch wenn Gottgleiche für ihn kämpfen, kann er nicht gerettet werden, wenn er selbst nichts Rettendes tut!
> Das ist Homers weitere odysseische Botschaft.

Die Rettung aus süßen Fängen

Odysseus Schicksal wurde an einem Tag im zwanzigsten Jahr nach seiner Abreise aus der Heimat besiegelt, auf einer Sitzung des göttlichen Kabinetts. Als sich alle olympischen Götter dazu in Zeus Palästen auf dem Olymp versammelten, nahm als einziger der Erderschütterer Poseidon nicht teil. Er verweilte nämlich im tiefen Afrika, bei den besonders vielopfernden Äthiopiern. Ein Teil dieses afrikanischen Volkes lebt in der Richtung, wo Helios Hyperion, der Sonnengott, seine Himmelswanderung beginnt, und ein anderer Teil in der Richtung, wo er sie beendet. Diese „Menschen mit dem rußgeschwärzten Gesicht" – was die Übersetzung des griechischen Wortes Äthiopier bedeutet – opferten dem mächtigen Erderschütterer ganze Fleischberge, Hekatomben, Hundertschaften also, von Stieren und Widdern, die er gierig genoss.

Währenddessen kommentierte bei der Götterversammlung in den olympischen Palästen der Vater von Menschen und Göttern ein aktuelles Ereignis auf der Erde: die Ermordung von Klytämnestra und Ägisthos durch Orestes, den Sohn der Ermordeten und von Agamemnon, des Führers der Griechen in Troja. Ich habe Euch schon davon in „Der Seele erste Worte" berichtet. Für Zuhörer, die nicht dabei waren, will ich an dieser Stelle einen kleinen Exkurs einschieben und die Geschichte erzählen[2]:

Der oberste Führer der Griechen, Agamemnon, der König der Könige, kehrt als Triumphator vom siegreichen Feldzug gegen Troja nach Griechenland zurück. Als Kriegsbeute sozusagen bringt er die trojanische Prinzessin Kassandra mit; eine Seherin, eine Prophetin. Niemand glaubte Kassandras Prophezeiungen, obwohl sie zutreffend waren; das war ihre immerwährende Tragik. Doch niemand wusste damals, dass das Folge eines Fluchs war, als Strafe für ihre Inkonsequenz. Niemand konnte ahnen, dass Apollon der Ur-

---

[2] Ich bereichere meine bisherigen Erzählungen zur Ermordung von Agamemnon mit den faszinierenden Darstellungen der „Orestie" meines jüngeren Kollegen Äschylos. Ich konnte auch beobachten, wie Persönlichkeiten, Psychose und psychische Konflikte, die den Kern der Orestie ausmachen, klinisch-psychologisch dargestellt und erklärt wurden in „Irrsal! Wirrsal! Wahnsinn! Persönlichkeit, Psychose und psychische Konflikte in Tragödien und Mythen" (2013) von Andreas Marneros.

heber dieses Fluchs war. Und niemand wusste, dass sich hinter dem Fluch ein folgenreiches Geheimnis verbarg. Erst später, lange nach Kassandras Tod, sollte es enthüllt werden. Apollon hatte nämlich einmal bei Kassandra voller Sehnsucht um eine erotische Nacht gebettelt. Kassandra hatte zugestimmt, wenn auch unverkennbar widerwillig, hatte aber dafür vom Gott die Gabe der Prophezeiung verlangt. Apollon erfüllte ihren Wunsch, und trotzdem machte Kassandra in der letzten Sekunde einen Rückzieher. Sie hatte generell kaum Interesse an Sex und erotischen Abenteuern; vielmehr betrachtete sie alles, was mit Sex zu tun hatte, als abstoßend. Im Gegensatz natürlich zu Apollon, der großes Verlangen danach und Spaß daran hatte. Verständlich also, dass Kassandras Rückzieher ihn wütend machte. Der in Rage geratene Apollon wartete auf einen günstigen Moment, als Kassandra ihren Mund öffnete, um wahrzusagen. Dann spuckte er ihr blitzschnell in den Mund und sprach die geflügelten Worte, die folgenreichen: „Das Geschenk der Prophezeiungsgabe kann ich nicht mehr zurücknehmen. Aber ich verfüge, dass niemand jemals deinen Prophezeiungen Glauben schenken wird". Der Fluch war sofort wirksam. Und gerade dieser Fluch erwies sich als sehr verhängnisvoll für Troja. Niemand glaubte ihr, dass ihr Bruder Paris Anlass für Trojas endgültige und totale Katastrophe werden würde. Später, als Kassandra ihre Landsleute vor einem verhängnisvollen Geschenk der Griechen warnte, Odysseus hölzernem Pferd, und sie verzweifelt anflehte, es nicht innerhalb die Mauern der Stadt zu bringen, achtete niemand auf Kassandras Rufe. Und Troja ging in Flammen auf.

Doch Kassandras Tragik verursachte nicht nur Trojas Untergang, sondern auch ihren eigenen. Kassandra hat nämlich auch ihre eigene Ermordung und die von Agamemnon durch dessen Frau Klytämnestra und ihren Liebhaber Ägisthos prophezeit. Erwartungs- und fluchgemäß glaubte ihr niemand – und so starben beide. Dieses Drama hat sich damals folgendermaßen abgespielt:

Der Triumphator Agamemnon und seine Kriegsbeute Kassandra kommen also nach Argos und treffen dort auf die Königin, Agamemnons Ehefrau Klytämnestra. Während Agamemnons zehnjähriger Abwesenheit hatte sich Klytämnestra mit Ägisthos liiert, einem von Agamemnons Rivalen. Klytämnestra und Ägisthos schmieden ein Komplott gegen den zurückkehrenden König der Könige. Sie ermorden ihn im Bad und, sozusagen nebenbei, auch Kassandra. Nach dem archaischen Recht des prähistorischen Griechenlands muss der Mord von den nächsten Blutsverwandten gerächt werden. In diesem Sinne erteilt Apollon den Befehl an Orestes, den Sohn des Getöteten, seine Pflicht zu erfüllen und die Mörder seines Vaters zu töten. In Konflikt gerät Orestes durch die Tatsache, dass die Mörderin seines Vaters seine Mutter ist.

Lasst mich an dieser Stelle einfügen, wie sehr ich mich freue, dass ich durch meine Hinweise auf dieses Drama in der Odyssee Anlass dazu gegeben habe, dass großartige Tragödien entstanden. Die zusammengebraute Konfliktsituation ist Thema nicht nur von Äschylos Orestie, sondern auch von Tragödien seiner berühmten Kollegen Sophokles und Euripides[3]. Denn Orestes hat keine andere Wahl, als den göttlichen Befehl auszuführen – er tötet nicht nur Ägisthos, sondern auch seine Mutter. Danach muss er sich dem inneren Konflikt stellen und auch dessen schwerwiegender Konsequenz: Gewissensqualen, die ihn in den Wahnsinn treiben.

Orestes gerät nach der Ermordung seiner Mutter und ihres Liebhabers Ägisthos in einen psychischen Ausnahmezustand. Verwirrt und halluzinierend sucht er Hilfe im Heiligtum von Apollon in Delphi. Apollon gibt ihm die Empfehlung, nach Athen zu gehen. Dort wird von Pallas Athena erstmals auf der Erde ein Geschworenengericht gegründet und eingesetzt, bestehend aus Bürgern von Athen, unter ihrem göttlichen Vorsitz.

Vor diesem Gericht soll sich Orestes für seine Tat verantworten. Als Ankläger fungieren die Erinyen, die Geister des schlechten Gewissens, die Orestes verfolgten, Apollon ist der Verteidiger. So wird der „Areopag" als Oberstes Gericht gegründet. Der Name „Areopag" ist übrigens abgeleitet von einem Felsen, der dem Kriegsgott Ares gewidmet ist – den später, viel später die Lateiner zum Mars pseudonymisierten –, dem Ort der ersten Gerichtsverhandlung. Areopag heißt übrigens bis heute das Oberste Gericht Griechenlands.

Ein menschliches Gericht, gegründet jedoch mit göttlicher Hilfe. Die Geschworenen sollen nach Würdigung von Argumenten und Gegenargumenten, von Beweisen und Gegenbeweisen entscheiden, ob Orestes mit der Ermordung der Mutter und mit der Ermordung von Ägisthos trotz des göttlichen Befehls Schuld auf sich geladen hat. Nach einem Schlussplädoyer von Anklage und Verteidigung fällen die Geschworenen ihr Urteil. Das Ergebnis: Stimmengleichheit für schuldig und unschuldig. Die Stimme der Vorsitzenden Richterin Athena, der Weisheitsgöttin, gibt den Ausschlag. Sie entscheidet für Freispruch. Orestes wird entsühnt; die Gewissensqualen, die Erinyen, haben keinen Zugriff mehr auf ihn. Nach einem zähen Kampf mit Athena und Apollon, den zwei Lichtgestalten des olympischen Pantheons, verwandeln sich die primitiven und archaischen Erinyen in die zivilisatorisch hochentwickelten Eumeniden – die „Wohlgesinnten" – und verlassen damit die Finsternis der unterirdischen Höllen und nehmen endlich einen Ehrenplatz neben den anderen olympischen Göttern ein.

Erlaubt mir, meine verehrten Zuhörer, Euch nach diesem Exkurs zurück zum Fluss der Odyssee zu führen, und zwar auf den Olympos, wo gerade das

---

[3] Ich konnte beobachten, wie die großartigen Leistungen meiner drei jungen Kollegen Äschylos, Sophokles und Euripides bezüglich ihres psychologischen Könnens ausführlich dargestellt wurden in: Andreas Marneros, „Irrsal! Wirrsal! Wahnsinn! Persönlichkeit, Psychose und psychische Konflikte in Tragödien und Mythen" (2013).

Götterkabinett tagte, um zu Odysseus Schicksal weitreichende Entscheidungen zu treffen.

Zeus kommentierte also bei der Götterversammlung das gerade beschriebene Ereignis. Vom ermordeten Ägisthos hatte er eigentlich eine gute Meinung gehabt. Er betrachtete ihn sogar als tadellos, und insofern war er nicht amüsiert, dass der von Orestes, dem berühmten Sohn des Agamemnon, ermordet worden war. Aber böse gegen Orestes konnte er auch nicht sein, der arme Junge hatte bloß göttlichen Befehlen gehorcht. Später hat er ihn sogar mehrfach selbst als Vorbild der Menschen gepriesen.

Und so kam es, dass der Vater von Menschen und Göttern Ägisthos selbst die Schuld an seinem bedauerlichen Ende gab. Er, Zeus, habe ihn ja gewarnt. Er habe den göttlichen Boten Hermes zu ihm geschickt mit einer eindeutigen Botschaft: Falls er Agamemnons Frau zur Bettgenossin nehme und sie gemeinsam ihren Mann töten würden, dann sei auch sein tragisches Ende vorbestimmt. Er würde durch den Sohn des Königspaares, den jungen Orestes, erschlagen. Hermes habe versucht, Ägisthos davon abzuhalten, so einen Frevel zu begehen; aber nein, der habe die göttliche Botschaft nicht vernehmen wollen. Und dafür habe er mit seinem Leben bezahlt. Zeus fügte die geflügelten Worte hinzu, die wahrhaftigen: „Was für eine Schande! Die Sterblichen beschuldigen uns Unsterbliche, dass wir die Ursache ihrer Übel sind, aber in Wahrheit haben sie es sich selbst zuzuschreiben. Ihr eigenes fehlerhaftes Verhalten bringt ihnen größeres Leid als das von Göttern bestimmte Schicksal."

> **Das Lied von der Introspektionsfähigkeit**
>
> Und die Seele sang der immerwährenden Gültigkeit geflügelte Worte:
> Auf Eurer Fahrt durchs Leben könnt auch Ihr vielleicht erkennen, dass es ein Fehler ist, wenn man andere für sein Unglück verantwortlich macht, bevor man in sich selbst hineingeschaut hat, um mögliche eigene Verantwortlichkeit und Schuld zu erkennen.
> Das letztere nennt man Introspektionsfähigkeit; das ist die Fähigkeit, in sich selbst hineinzuschauen, des eigenen Tuns und Lassens innere Zusammenhänge zu erkennen sowie auch mögliche eigene Verantwortlichkeit und Schuld. Dies sollte zur Standardausrüstung jeder Persönlichkeit gehören, was aber leider nicht immer der Fall ist.
> Das ist Homers odysseische Botschaft.

> **Das Lied vom arroganten Ignorieren**
>
> Und die Seele sang noch weitere der immerwährenden Gültigkeit geflügelte Worte:
> Auf Eurer Fahrt durchs Leben könnt auch Ihr vielleicht erkennen, dass es ein Irrweg ist, die Meinung der Weiseren arrogant zu ignorieren!
> Hört auf den Rat der Kundigen, ob göttlich ob menschlich.
> Das ist Homers weitere odysseische Botschaft.

Auf dieser Versammlung der Götter auf dem Olymp ergriff Glaukopis Athena, die himmelblauäugige Athena, sofort die Gelegenheit, beim Vater von Menschen und Göttern um Erbarmen für Odysseus zu bitten. Sie sagte zu ihm die geflügelten Worte, die flehenden: „Oh, Vater unser, Kronos Sohn, höchster Herrscher der Welt. Was dem verlogenen Ägisthos widerfahren ist, hatte er wohl zu Recht verdient. Jeder, der so etwas tut, soll das gleiche erfahren. Aber mein Herz ist voll des Kummers wegen des göttlich denkenden Odysseus, des unglücklichen und geplagten, der schon so lange getrennt ist von seinen Lieben, der so viel erleiden musste, der verloren auf einer kleinen Insel inmitten des Meeres festsitzt. Die Insel – sie ist wohl der Nabel der Meere – wird von der Göttin Kalypso bewohnt; diese ist die Tochter des grimmigen Atlas, der die Tiefen aller Meere kennt und mit seinen Säulen Himmel und Erde auseinander hält. Seine Tochter Kalypso hält den edlen, zutiefst unglücklichen Helden gefangen und versucht mit allerlei verführerischen Mitteln, ihn zu bezaubern, damit er Ithaka vergesse. Aber Odysseus wünscht sich nichts sehnsüchtiger, als den Rauch von den Dächern Ithakas aufsteigen zu sehen, selbst wenn es das Letzte vor seinem Ableben wäre.

Und mit so einem Mann hast du kein Mitleid, Vater von Menschen und Göttern? Ist er denn nicht der Mann, der dir an den trojanischen Küsten so viele und reiche Opfergaben brachte? Warum bist du so erbarmungslos mit diesem erhabenen Helden?"

Zeus nephelegeretes, der wolkenzusammenballende Zeus, antwortete mit den geflügelten Worten, den entschiedenen: „Meine liebe Tochter, was du da sagst, ist ungerecht. Wie könnte ich den gottähnlichen Odysseus, den bewandertsten aller Menschen, der uns unsterbliche Himmelsbewohner am höchsten ehrt, jemals vergessen! Poseidon ist das Problem, nicht ich. Er verfolgt ihn aus Rache, du weißt schon: Odysseus hat Poseidons geliebten Sohn, den er mit der Meeresnymphe Thoosa erzeugt hat, Polyphemos, den stärksten unter der einäugigen Kyklopen, geblendet. Seitdem verfolgt der Erderschütterer und Gewässerherrscher unerbittlich und gnadenlos Ithakas König. Allerdings will er ihn nicht töten, sondern durch unendliche Irrfahrt nur grausam quälen und ihn an der Heimfahrt hindern. Aber nun reicht es auch mir, genug ist genug! Kommt alle her und lasst uns jetzt und auf der Stelle Odysseus Rettung beschließen, der Irrfahrt Ende und der Heimfahrt sicheren Anfang. Poseidon wird natürlich vor Zorn kochen, aber er muss sich damit abfinden. Alleine kann er gegen uns alle nichts ausrichten."

Man kann sich des Eindrucks nicht erwehren, dass der Oberste Gott Freude dabei empfand, seinem jüngeren Bruder Poseidon schon wieder eins auszuwischen. Es ist aber auch nicht auszuschließen, dass der Vater von Menschen und Göttern dem Gott der Naturgewalten eine Lektion erteilen wollte: Wenn jemand nicht an der Stelle ist, wo er sein sollte – in diesem Falle bei der Götterversammlung –, sondern irgendwo seine niederen Instinkte und Bedürfnisse befriedigt, wie Poseidon bei den Äthiopiern, dann hat er es auch nicht besser verdient.

> **Das Lied vom strafenden Leben**
> Und die Seele sang der immerwährenden Gültigkeit geflügelte Worte:
>   Auf Eurer Fahrt durchs Leben könnt auch Ihr vielleicht erkennen, dass derjenige, der seine Präsenz an der Stelle, wo er eigentlich sein sollte, zu Gunsten von Vergnügen und Instinktbefriedigung vernachlässigt, vom Leben bestraft wird.
>   Das ist Homers odysseische Botschaft

Von diesem Götterbeschluss wussten nur die Götter, kein Sterblicher, mich ausgenommen, und jetzt natürlich auch Ihr, meine verehrten Zuhörer. Keiner der sterblichen Akteure des Dramas und des Abenteuers erfuhr etwas davon. Nicht einmal alle Unsterblichen hatten eine Ahnung, denn damals wussten nicht alle Götter alles. Wissen und Macht war klugerweise auf viele verteilt, so dass keine Monokratie entstehen konnte. Kalypso und Kirke und manche andere Unsterbliche hatten keine Ahnung von Zeus Beschluss. Selbst der mächtige Poseidon, der eben bei der entscheidenden Sitzung des olympischen Kabinetts nicht dabei war, erfuhr nur absolut zufällig und viel später, was die anderen Olympier während seiner Abwesenheit beschlossen hatten. Insofern dürfen wir, gut informierte Betrachter des dramatischen Abenteuers, miterleben, was die ahnungslosen Akteure des göttlichen Planes durchleben mussten.

Des Götterbeschlusses kluge Umsetzung

Es ist also sehr verständlich, dass die himmelblauäugige Zeustochter Athena von den letzten Worten des Vaters hocherfreut war. Sie erwiderte die geflügelten Worte, die ungeduldigen: „Vater unser, Kronide, höchster Gott und Herrscher, wenn keiner der olympischen Götter etwas dagegen hat, Ithakas König, dem gescheitesten aller Menschen, endlich die sichere Heimfahrt zu ermöglichen, und davon gehe ich aus, dann lasst uns sofort ans Werk gehen! Ich schlage vor, dass wir unseren Botengott, den blitzschnellen Hermes, sofort nach Ogygia, Kalypsos Insel, schicken mit einer Botschaft an die schöngelockte Göttin: Der Olympier unwiderrufliche Entscheidung ist, dass Odysseus in die Heimat zurückkehrt. Sie darf ihn nicht mehr festhalten.

Und ich selbst werde nach Ithaka fliegen, um eine andere Mission zu erfüllen. Ich werde Telemachos, dem jungen Sohn des Helden, Mut einflößen, für die Rückkehr des Vaters aktiv zu werden. Ich werde ihn ermutigen, zuerst

2 Die ewige Suche des Menschen   **17**

Athena fliegt nach Ithaka

die prominenten Männer Ithakas auf dem Marktplatz, der Agora, zu versammeln und mit ihnen zu beraten, wie die Freier seiner Mutter Penelope aus dem Palast entfernt werden können, damit sie aufhören, die königlichen Rinder und Schafe zu schlachten und Odysseus Vermögen zu vernichten. Dann werde ich ihm raten, nach Pylos zum alten weisen König Nestor und nach Sparta zu König Menelaos zu gehen und bei ihnen Informationen über seinen Vater einzuholen. Natürlich könnte ich oder jemand anders von uns ihm die Information direkt geben, dass sein Vater lebt und auf dem Weg nach Ithaka ist. Aber wenn er so eine Mission erfolgreich abschließt, dann wird seine Autorität wachsen, und er hat dann auch die Reifeprüfung bestanden."

> **Das Lied von der Reife**
>
> Und die Seele sang der immerwährenden Gültigkeit geflügelte Worte:
> Auf Eurer Fahrt durchs Leben könnt auch Ihr vielleicht erkennen, dass die Aufgaben, die Verpflichtungen und die Verantwortung, die man übernimmt, Erfahrungsschatz und Reife, Kompetenz und Autorität verleihen. Man wächst mit seinen wachsenden Aufgaben. Man wächst über sich hinaus an der Herausforderung der wachsenden Verantwortung. Der Jugendliche wird dadurch zum Erwachsenen. Reife ist ja nichts anderes als das Wachsen von Lebenserfahrung und Erkenntnissen.
> Das ist Homers odysseische Botschaft.

So sprach also die Zeustochter, und Vater Zeus widersprach ihr nicht. Gefreut, gesagt, getan.

Athena band sich sofort die ewigen, die nie abnutzbaren grazilen goldenen Sandalen unter die Füße, die sie mit Windgeschwindigkeit über das Meer und das Land trugen. In die Hand nahm sie den unbesiegbaren Speer mit der ehernen Spitze, mit dem sie schon ganze Armeen missliebiger Gegner in die Flucht geschlagen hatte. Und dann stürmte sie los, vom Gipfel des Olympos zum vom Meer umrundeten Ithaka.

Bevor Ihr, meine verehrten Zuhörer, Euch ganz von Athenas Enthusiasmus und ihrer unbremsbaren Energie mitreißen lasst: Von den Taten der Zeustochter Athena auf Ithaka und ihrer Begegnung mit Telemachos werde ich später erzählen, nachdem ich Euch von einer anderen göttlichen Mission berichtet habe: über die des Götterboten Hermes auf Ogygia, Kalypsos Insel, und deren lange und entscheidende Folgen.

Beide göttliche Missionen hatten ein gemeinsames Ziel: Odysseus Rückkehr.

3
Der Kampf und die Rettung

> **Zusammenfassung**
>
> Ich möchte Euch etwas in Erinnerung bringen, worauf ich schon aufmerksam gemacht habe. Um die Kontinuität der Handlung zu bewahren und im Sinne dieser psychologischen Neuerzählung meiner Odyssee mache ich jetzt einen Sprung zum fünften Gesang; die übersprungenen Gesänge werde ich an späterer Stelle nachholen.
>
> Aus dem fünften odysseischen Gesang werde ich Euch erzählen, wie der Götterbote Hermes der Nymphe Kalypso die Entscheidung des Göttervaters Zeus überbringt, dass Odysseus in die Heimat zurückkehren soll. Nach anfänglicher Verbitterung akzeptiert Kalypso das und wird sogar zu Odysseus wichtiger Helferin. Der glückliche Odysseus macht sich auf einem Floß auf den Weg übers Meer, doch Poseidon verfolgt ihn mit einer Gewaltorgie. Mit Hilfe von Leukothea, einer bemerkenswerten Meeresgottheit, und später auch seiner permanenten Schutzpatronin Athena kann sich Odysseus auf die Insel der sagenhaften Phäaken retten.
>
> Die uns begleitende Seele wird dabei geflügelte Worte von immerwährender Gültigkeit singen, wie etwa über die Unersetzbarkeit des inneren Paradieses, die Macht der Fakten über die Vorurteile, die Akzeptanz des Unvermeidlichen; über die Kostbarkeit der Empathie, über der Gefühle und Sehnsüchte treibende Kraft, über das Dilemma der Abwägung. Und über die rettende Funktion des Misstrauens und des Immer-auf-der-Hut-bleibens sowie manches andere.

Verbitterung aus Enttäuschung

Die himmelblauäugige Athena entfaltete aber nicht nur unten auf der Erde bei den Sterblichen Aktivitäten für Telemachos Schutz und Odysseus Rückkehr. Davon werde ich Euch wie versprochen später erzählen. Sie unternahm auch oben im olympischen Himmel bei den Unsterblichen einiges. Ihre Aktivitäten begannen schon sehr früh in den Morgenstunden, direkt nachdem Eos rhododaktylos, die rosenfingrige Göttin der Morgenröte, das Bett des Tithonos verlassen hatte, um Unsterblichen und Sterblichen den Purpur der Morgendämmerung zu schenken.

Apropos Tithonos – könnt Ihr Euch noch an ihn erinnern? Falls nicht, aber auch für die hinzugekommenen Zuhörer, die nicht mit Euch „Der Seele erste Worte" lauschen konnten, hier noch einmal seine Geschichte in aller Kürze:

Die rosenfingrige Göttin der Morgenröte Eos – die später, viel später vom jungen Volk der Lateiner das Pseudonym Aurora bekam –, verliebte sich in einen Sterblichen, den besagten Tithonos. Um für alle Ewigkeit mit ihm zusammen sein zu können, bat sie Zeus, ihren Geliebten unsterblich zu machen. Zeus erhörte die Bitte der allseits beliebten Eos und machte Tithonos tatsächlich unsterblich. Die Verliebten verbrachten einige wunderbare Jahre miteinander. Bis Eos beunruhigende Zeichen an ihrem Mann zu entdecken begann: Seine Haare wurden zunehmend grau und dünn, immer mehr Falten zeichneten sein Gesicht, die Muskeln wurden schwach und schwächer, seine Stimme brüchig, seine Sehkraft schwand, auch seine Manneskraft ließ nach, bis sie schließlich vollständig verschwand. Mit anderen Worten: Der den Göttern unbekannte Alterungsprozess hatte Tithonos fest im Griff und wurde immer klarer sichtbar, hörbar und fühlbar.

Sehr beunruhigt ging Eos in den frühen Morgenstunden zu Vater Zeus und sagte: „Ewiger Vater von Menschen und Göttern, mein geliebter Mann, den du dankenswerterweise unsterblich gemacht hast, altert, jeden Tag mehr, so wie Sterbliche altern! Stell dir vor, Vater unser: Ich stehe für alle Ewigkeit in voller Jugendblüte, strahlend mit purpurfarbenem Gesicht und rosenfarbigen Händen, aber mein Mann wird für alle Ewigkeit ein Greis sein! Was hast du mit ihm gemacht, Gottvater?" „Nichts anderes als das, um was du mich gebeten hast, meine liebe Eos" antwortete der Himmelsherrscher. „Du, allseits beliebte Göttin der Morgenröte, hast mich gebeten, ihn unsterblich zu machen – das habe ich dir zuliebe getan, nicht weniger, aber auch nicht mehr. Du hast damals in deiner Verliebtheit die Sache nicht zu Ende gedacht, sonst hättest du mich gebeten, ihm Unsterblichkeit *und* ewige Jugend zu schenken. Jeder, der seine Dinge nicht zu Ende denkt und voreilig handelt, muss dafür die Konsequenzen tragen, auch eine Göttin. Das hättest du wissen müssen, mein liebes Kind", sagte der Vater von Menschen und Göttern und beendete damit die Privataudienz für die wunderschöne und taufrische, aber unglückliche Eos, die schweren Herzens zu ihrem greisen Mann zurückkehrte. Dieser wurde im Laufe der Zeit immer älter und älter, schrumpfte und schrumpfte, wurde kleiner und kleiner. Eines Tages war er so winzig klein geworden, dass Eos ihn in einen Kokon einwickelte und ihn in einem kleinen Korb an ihrer Seite ewig schlafen ließ.

Ja, geschätzte Zuhörer, man muss seine Dinge unbedingt zu Ende denken. Was sind die Konsequenzen einer Tat, der Erfüllung eines Wunsches, der Äußerung eines Gedankens? Sonst ist man vor bösen Überraschungen nicht gefeit. Und nun zurück zu den Aktivitäten der Zeustochter Pallas Athena.

In der Zeit also, als Eos begann, ihre purpurne Farbe über Himmel und Erde zu verstreuen, kamen die Götter in den olympischen Palästen des Blitzeschleuderers und Donnererzeugers Zeus zusammen, um zu hören, was Athena zu sagen hatte. Sie berichtete den Göttern von den unzähligen Leiden des Odysseus, der immer noch gegen seinen Willen von der göttlichen Nymphe

Kalypso auf ihrer einsamen Insel festgehalten wurde. Sie erinnerte Vater Zeus an seinen und des olympischen Kabinetts Beschluss: Odysseus darf nach Hause! Sie machte die Götter darauf aufmerksam, dass dieser hochbegabte und gütige König es nicht verdient habe, in seiner Not allein gelassen zu werden. Er könne ja einer Göttin, wie die Nymphe Kalypso eine sei, nicht entfliehen, denn er habe kein Schiff und keine Mannschaft. Und nun auch noch das: Seine Feinde hätten im Sinn, Odysseus geliebten Sohn Telemachos auf dem Rückweg von Pylos, wohin er sich auf ihre Empfehlung begeben habe, zu ermorden.

Der wolkenzusammenballende Zeus beruhigte seine geliebte Tochter Athena. Odysseus werde nach Ithaka zurückkehren und die Freier bestrafen, so wie es bei der letzten Sitzung des olympischen Kabinetts beschlossen worden war. Es sei bloß noch eine Frage der kurzen Zeit. Darüber hinaus beauftragte Zeus die Weisheitsgöttin, Odysseus Sohn Telemachos unter ihre Fittiche zu nehmen und ihn zu beschützen, so dass er unversehrt nach Hause komme.

Dann gab der Vater von Menschen und Göttern seinem Lieblingsgott und Sohn Hermes folgenden Befehl: Er solle zu der schönbezopften Nymphe Kalypso fliegen und ihr seine unwiderrufliche Entscheidung übermitteln – Odysseus solle und werde nach Ithaka zurückkehren! Er werde ihre Insel verlassen, allerdings auf einem selbst gebauten Floß; und nur unter Plagen und Leiden! Nachdem er Ogygia verlassen habe, solle er am zwanzigsten Tag Scheria erreichen, die Insel, auf der die edlen Phäaken leben. Die würden ihn aus tiefsten Herzen wie einen Gott verehren und ihn schließlich mit ihren Schiffen nach Ithaka zurückbringen; zusammen mit vielen Geschenken, darunter mehr Gold und andere Edelmetalle und kostbare Kleider als er aus dem eroberten Troja je hätte mitbringen können. Denn all das brauche Odysseus, um seine Feinde in der Heimat zu besiegen.

Der blitzschnelle göttliche Bote Hermes gehorchte seinem Vater – wie immer – und machte sich sofort fertig für die Mission. Er band sich die schönen und ewigen Sandalen aus Gold unter die Füße, die ihn in Windeseile über Wasser und Land trugen. Er nahm seinen goldenen Zauberstab, mit dem er wache Menschen in Schlaf versetzen und schlafende wecken konnte. Dann sprang er vom Olymp hinunter, flog über das benachbarte Gebirge, die Pierien, und stürzte sich vom Himmel aus in Richtung Meer. Wie ein Seeadler sauste er über die Wellen und erreichte im Bruchteil eines Augenblicks der Göttin Kalypso Insel.

Was für eine Insel! Ein Paradies auf Erden, das auch unsterbliche Götter in Staunen versetzen konnte. Und wie staunte der strahlende Hermes! Er bewunderte den Wald aus verschiedensten Bäumen, bevölkert von zahlreichen wunderschönen Vögeln. Inmitten der Insel befand sich die große Grotte der schönbezopften göttlichen Nymphe Kalypso. Rund um die Grotte wuchsen üppige Weinstöcke, die sich unter den süßesten Trauben bogen. Aus vier nebeneinanderliegenden Quellen floss kristallklares kühles Wasser in vier verschiedene Richtungen. Auf weichen Wiesen blühten allerlei Blumen in leuchtenden Farben. Es duftete nach Zypressen und im Feuerherd brennendem Zedernholz. Hermes kam aus dem Staunen nicht heraus. Nur Odysseus konnte er nirgendwo entdecken. Denn der saß, tief unglücklich, mit Tränen in den Augen, am Meeresufer, blickte melancholisch auf das unendliche Meer und sehnte sich innigst nach der Heimat.

> **Das Lied vom inneren Paradies**
> Und die Seele sang der immerwährenden Gültigkeit geflügelte Worte:
> Auf Eurer Fahrt durchs Leben könnt auch Ihr vielleicht erkennen, dass das äußere das innere Paradies nie ersetzen kann. Und das innere Paradies ist das, welches im Einklang steht mit den eigenen Vorstellungen, Sehnsüchten, Bedürfnissen und Prinzipien. Mit anderen Worten: Das innere Paradies ist nichts anderes als das In-Harmonie-mit-sich-selbst-leben. Dies kann kein äußeres Paradies ersetzen, wie schön es auch sein mag.
> Das ist Homers odysseische Botschaft.

Der lichtstrahlende Hermes traf die göttliche Nymphe in der Mitte der großen gewölbten Grotte an. Sie saß neben dem Kamin, in dem Zedernholz und andere aromatische Zweige brannten, vor ihrem Webstuhl und webte mit goldenem Weberkamm, dabei mit lieblicher Stimme singend. Sie erkannte Hermes sofort – Götter erkennen sich gegenseitig, auch wenn sie weit voneinander entfernt wohnen. Zur Begrüßung bot sie ihm gastfreundlich roten Nektar und Ambrosia an. Nachdem er die göttlichen Speisen genossen hatte, fragte ihn die unsterbliche Nymphe schließlich, was ihr die Ehre seines Besuches verschaffe. Der von ihrer Gastfreundlichkeit und den köstlichen Gaben froh gestimmte, aber auch sonst sehr gutherzige Hermes antwortete zunächst ausweichend: Nun ja, wer wolle eigentlich eine so lange Reise auf sich nehmen, zu einer einsamen Insel, auf der es keine Städte und keine Menschen gebe, von denen man sich reiche Opfergaben erhoffen könne, sagte er. Aber es sei nun einmal der Wunsch des Vaters Zeus, und kein anderer Gott dürfe ihn ignorieren. Und dann habe man auch gehört, dass ein unglücklicher Sterblicher auf ihrer Insel gelandet sei. Nach dieser Einleitung kam Hermes nicht umhin, der Göttin nun ohne Umschweife Zeus Entscheidung mitzuteilen.

Die göttliche Nymphe reagierte mit sichtbarer Traurigkeit und deutlicher Empörung. Zornig sagte sie, es herrsche zwischen den Göttern keine Geschlechtergleichberechtigung, auch wenn das oberste göttliche Kabinett der Olympier mit sechs männlichen Göttern und sechs Göttinnen paritätisch besetzt sei. Die männlichen Götter würden es den Göttinnen kaum gönnen, mit einem Sterblichen das Bett zu teilen, obwohl sie selbst es reichlich täten. Als Beispiel führte sie an, was die männlichen Götter mit ihrer Kollegin Demetra veranstaltet hatten, die sich mit Iasion, einem schönen Sterblichen, auf einem gut gepflügten Felde das irdene Bett geteilt hatte. Als das Zeus zur Kenntnis gekommen sei, habe er den armen Iasion mit seinen Blitzen in Kohle verwandelt. Traurig sei auch die Geschichte von Eos, der Göttin der Morgenröte, die in Orion verliebt gewesen sei – natürlich bevor sie und Tithonos ein Paar wurden. Die Götter hätten es so arrangiert, dass Orion durch die Pfeile von Artemis starb.

Ich gehe davon aus, meine geschätzten Zuhörer, dass Ihr den Orion hoch am Firmament kennt?

Bevor Orion zu diesem prächtigen Gestirn erhoben wurde, war er ein genauso prächtiger, großer und dazu schöner Jäger. Er jagte mit einer riesigen Keule und trug immer einen wunderschönen schützenden Gürtel – den legendären Gürtel des Orion. Er war der beste Jäger seiner Zeit; manchmal dachte er sogar, er sei besser als Artemis, die Göttin der Jagd. In diesen großen schönen Jäger, Sohn des Poseidon, verliebte sich also die zarte Göttin der Morgenröte. Auf Betreiben von Artemis, die Orion immer als einen unverschämten Rivalen betrachtete, wurde diese Liaison vom olympischen Kabinett missbilligt. Dem folgte Zeus Auftrag an Artemis oder vielmehr seine Genehmigung, Orion zu töten, was auch geschah. Manche sagen, das sei die Erklärung dafür, dass wenn die Morgenröte am Himmel emporsteigt, Orion nicht mehr zu sehen ist. Es wird auch erzählt, dass Artemis den Orion nicht mit einem Pfeil getötet habe, sondern dass sie ihren Lieblingsskorpion gebeten habe, ihn zu stechen; mit dem gleichen Ergebnis, als hätte sie einen ihrer Pfeile benutzt. Ihr Lieblingsskorpion wurde für diesen Dienst von ihr post mortem zum Gestirn ins Firmament erhoben. Das sei die Erklärung dafür, dass Täter und Opfer, Skorpion und Orion, sich gegenseitig meiden und am Firmament niemals zusammentreffen.

Und die schönbezopfte Nymphe Kalypso, verbittert und traurig, klagte weiter darüber, dass die männlichen Götter ihren weiblichen Kolleginnen Vergnügungen und Privilegien nicht gönnen, die sie selbst reichlich genießen.

Das Lied von den Fakten

Und die Seele sang der immerwährenden Gültigkeit geflügelte Worte:
Auf Eurer Fahrt durchs Leben könnt auch Ihr vielleicht erkennen, dass die Voreingenommenheit kein zuverlässiger Berater ist und dass es viel zuverlässiger ist, Fakten sprechen zu lassen. Hätte Kalypso das getan, dann hätte sie erkennen können, dass viele ihrer Kolleginnen aus dem Kreis der Göttinnen sich solche Vergnügungen erlaubten. Die von ihr erwähnte Eos war ja mit einem Sterblichen liiert,

> Aphrodites Liste an sterblichen Liebhabern ist fast legendär, die Mutter von Achilles Thetis war eine Unsterbliche, sein Vater aber ein Sterblicher ... und, und, und.
> Fakten sind der Voreingenommenheit und der Vorurteile todbringender Feind.
> Das ist Homers odysseische Botschaft.

Kalypso sagte noch die geflügelten Worte, die verbitterten: „Und jetzt tun die missgünstigen olympischen Götter das gleiche mit mir. Aber *ich* habe Odysseus gerettet, als er auf dem Kiel seines von Blitzen des Zeus zerstörten Schiffes allein und verloren auf dem Rücken des breiten Meeres trieb. *Ich* habe ihn aufgenommen, ihn genährt und behandelt. Und *ich* wollte ihn unsterblich und für immer jung machen, um ihn als ewigen Bettgefährten zu haben. Aber ich muss mich wohl fügen", setzte sie resigniert hinzu, „niemand kann sich gegen Zeus stellen. Ich werde Odysseus erlauben, nach Hause zu fahren, und ich werde ihm auch bei den Reisevorbereitungen behilflich sein. Die Heimfahrt muss er aber alleine schaffen. Ich habe weder Schiffe, noch Ruderer, die ich ihm geben könnte. Allerdings verspreche ich dir, ich werde ihn gut beraten, wie er es alleine schaffen kann, seine Heimat zu erreichen."

Mit dieser Zusicherung der göttlichen Nymphe, die nicht mehr auf ihrer anfänglich trotzigen und verbitterten Haltung beharrte, sondern sich konziliant zeigte, war der lichtstrahlende Hermes zufrieden und flog zurück zum Olymp.

> **Das Lied von der Akzeptanz des Unvermeidlichen**
> Und die Seele sang der immerwährenden Gültigkeit geflügelte Worte:
> Auf Eurer Fahrt durchs Leben könnt auch Ihr vielleicht erkennen, dass es ein Fehler ist, trotzig und verbittert auf verlorenem Posten zwecklos zu verharren. Die Akzeptanz des Unvermeidlichen und das Handeln danach ist ein Zeichen persönlicher Reife und Weisheit.
> Das ist Homers odysseische Botschaft.

Erhabenheit, die dem Zwang entspringt

Nichts von diesen Entscheidungen wissend, die für ihn von so weitreichender Bedeutung sein würden, saß Odysseus währenddessen immer noch am felsigen Ufer der Insel, zutiefst betrübt und voller Sehnsucht nach der Heimat. Zwar war er der mächtigen Nymphe Kalypso für die Rettung aus dem wütenden Meer dankbar und teilte, wenn auch widerwillig, in der Nacht das Bett mit ihr. Aber mit Tagesanbruch verfiel er immer wieder in Trübsinn und konnte nur an Ithaka und seine Lieben denken. Jeden Tag verbrachte er am

Ufer und schaute sehnsüchtig auf das unendliche Meer, den Tag der Heimkehr herbeisehnend.

Ja, meine verehrten Zuhörer, wenn ich Euch über das vom sehnsüchtigen Phantasieren durchtränkte lange Warten des Odysseus berichte, dann kommt mir folgender Gedanke eines Eurer Gelehrten in den Sinn: Ein phantasievoller, aufgeweckter Mensch wird sich, wenn die äußeren Reize stumpf werden oder ausbleiben, mit inneren Geschehnissen – Erinnerungen, Gedanken, Phantasien – eine Weile lang behelfen können, aber doch nicht gar zu lange …[1]

Dort am felsigen Meeresufer fand ihn nun auch die schöne Nymphe. Kalypso überbrachte ihm die gute Nachricht: Sie sei bereit, ihm seinen sehnlichsten Wunsch zu erfüllen – er könne nach Hause! Sie bot ihm ihre Hilfe dabei an und gab ihm Ratschläge, wie er das schaffen könne. Er solle ein geräumiges Floß bauen, sie werde ihn mit Proviant versorgen. Vor allem werde sie dafür Sorge tragen, dass er günstigen Fahrtwind habe. Und sofern die mächtigen Götter es wollten, könne er so seine Heimat erreichen.

Odysseus aber war misstrauisch. Mit einem Floß das weite Meer durchqueren, während gut gebaute schnelle Schiffe das sogar bei günstigem Fahrtwind nicht immer schaffen? Ausgerechnet Kalypso, die bisher mit allen Mitteln versucht hatte, ihn zu halten und ihn an der Heimreise zu hindern, wollte ihm helfen? Er verlangte von ihr, dass sie ihm mit verbindlichem Eid versichere, dass ihre Absichten ohne Hintergedanken seien. Kalypso lächelte, streichelte liebevoll seine Hände und schwor den Eid, sogar den bedeutsamsten Eid, den die Götter schwören können: Beim Wasser der Styx, des Unterweltflusses, zu dem die Unsterblichen schwören und den Eid damit unbrechbar machen. Und sie fügte noch die geflügelten Worte hinzu, die erhabenen: „Ich versetze mich in deine Situation, denke und fühle, wie ich gedacht und gefühlt hätte, wenn ich in deiner Lage wäre. Ich denke in gerechter Weise und bin mitfühlend, weil ich kein Herz aus Eisen habe." Von Zeus Befehl erwähnte sie allerdings Odysseus gegenüber nichts.

Das Lied von der Empathie

Und die Seele sang der immerwährenden Gültigkeit geflügelte Worte:
Auf Eurer Fahrt durchs Leben könnt auch Ihr vielleicht erkennen, dass Empathie nichts anderes ist als das, was Kalypso gerade gesagt hat. Empathie ist die Fähigkeit, sich in die Gefühle anderer hinein zu versetzen und Mitgefühl zu entwickeln.
Das ist Homers odysseische Botschaft.

---

[1] Der erwähnte Gelehrte ist der Philosoph Rüdiger Safranski, und so denkt er in seinem Werk „Zeit" (2015), in dem er übrigens dankenswerter Weise – oder doch in dankbarer Weise? – meine Odyssee als „stilbildend" bezeichnet.

Kalypso machte aus der Not eine Tugend, werte Zuhörer; eine Tugend, die sie vermutlich immer besaß, aber wegen der Verfolgung eigener Interessen zurückgestellt hatte. Nun aber, da sie keine andere Wahl hatte, kam ihre Fähigkeit mitzufühlen zum Vorschein. Natürlich hätte sie Zeus Entscheidung auch anders hinnehmen können, ohne empathische Gefühle und Solidarität zu zeigen. Aber sie tat es und erwies sich als Prototyp des Empathischen. Damit gewinnt ihre zum Vorschein gekommene Empathie ein noch sympathischeres Kolorit.

> **Das Lied von der schönsten Empathie**
> Und die Seele sang weitere der immerwährenden Gültigkeit geflügelte Worte:
> Auf Eurer Fahrt durchs Leben könnt auch Ihr vielleicht erkennen, dass empathische Haltung und Handlung auf jeden Fall schön und kostbar sind; am schönsten und kostbarsten jedoch, wenn sie sich sogar gegen die eigenen Interessen richten.
> Das ist Homers weitere odysseische Botschaft.

Nach Kalypsos starkem Eid und ihren wunderbaren Worten war Odysseus glücklich und zufrieden und folgte der Göttin in die Grotte. Dort ließ sie ihm von ihren Dienerinnen eine reiche Abschiedsmahlzeit servieren, während sie, ihm gegenübersitzend, Nektar und Ambrosia genoss, wie es die Unsterblichen tun. Sie fragte ihn, ob er sich sicher sei, dass er unbedingt nach Ithaka zurückkehren wolle. Als er das bestätigte, sagte sie, dann bleibe ihr nichts anderes übrig, als ihm das Beste zu wünschen. Nachdenklich fügte sie hinzu, sie verstehe zwar die Liebe und die Sehnsucht nach seiner Frau, aber unter keinen Umständen könne eine Sterbliche schöner und erhabener sein als eine Unsterbliche. Und die Göttin prophezeite ihm, was Poseidon ihm bescheren würde: viele Qualen und Plagen während der Fahrt über die Meere. Wenn er dagegen bei ihr bleibe, könnte er all das vermeiden und noch dazu immerwährendes Glück, Unsterblichkeit und ewige Jugend erlangen.

> **Das Lied vom Glück des Einzelnen**
> Und die Seele sang der immerwährenden Gültigkeit geflügelte Worte:
> Auf Eurer Fahrt durchs Leben könnt auch Ihr vielleicht erkennen, dass Glück nicht für alle immer das gleiche bedeutet und nicht mit dem gleichen Maß messbar ist. Das Glück des Einzelnen wird von individuellen Sehnsüchten, Wünschen, Zielen, Prioritäten und Bindungen bestimmt.
> Das ist Homers odysseische Botschaft.

Der vielbewanderte Odysseus erwiderte, dass zweifellos ein Vergleich zwischen seiner sterblichen Frau und ihr, der unsterblichen Göttin, nicht möglich sei. Aber dennoch sehne er sich jeden Tag nach seiner sterblichen Frau und seiner felsigen Heimat. Und auch wenn viele Qualen und Plagen auf ihn warteten, könne ihn nichts dazu bewegen, von seinen Entschluss abzukommen.

> **Das Lied von einer ungeheuren Stärke**
>
> Und die Seele sang der immerwährenden Gültigkeit geflügelte Worte:
> Auf Eurer Fahrt durchs Leben könnt auch Ihr vielleicht erkennen, dass der Verzicht auf die kostbarsten Güter, die das Leben zu bieten hat, um das eigene Ziel nicht zu verraten, nicht nur Ausdruck von Erhabenheit ist, sondern auch der Gefühle und Sehnsüchte treibende Kraft. Und damit bekommt das Erreichenwollen eines Zieles die ungeheure Stärke, die zu seiner Verwirklichung führt.
> Das ist Homers odysseische Botschaft.

> **Das Lied von Utopie und Realitäten**
>
> Und die Seele sang weitere der immerwährenden Gültigkeit geflügelte Worte:
> Auf Eurer Fahrt durchs Leben könnt auch Ihr vielleicht erkennen, dass selbst wenn die Utopie und ihre Erfüllung zum Greifen nah sind, der Mensch des Lebens Realitäten bevorzugt, sofern er damit Liebe und Sehnsuchtserfüllung und Zielerreichung verbindet.
> Das ist Homers weitere odysseische Botschaft.

Wie auch immer, Kalypso zeigte für Odysseus definitive Ablehnung Verständnis. Nach dem Essen gingen sie gemeinsam zu Bett und genossen auch diesmal die Liebe, wenn auch unter veränderten Umständen.

Als die rosenfingrige Göttin der Morgenröte den Tag ankündigte, führte Kalypso Odysseus zu einem geeigneten Platz im Wald, wo riesige Bäume standen. Sie versorgte ihn außerdem mit erstklassigen Werkzeugen zum Bau des Floßes. Odysseus machte sich an die Arbeit, und mit der engagierten Hilfe von Kalypso schuf er nach und nach ein seetüchtiges Floss mit Mast, Segel, Steuer und Wellenschutz.

Am vierten Tag war das Floß fertig, und am fünften durfte Odysseus die paradiesische Insel und die wunderschöne Göttin verlassen. Liebevoll und großzügig hatte Kalypso Odysseus mit allen notwendigen Vorräten versorgt, nachdem sie ihn gebadet und in duftende Gewänder gekleidet hatte. Schließlich zeigte sie ihm noch, welchen Gestirnen er folgen solle, um den richtigen Kurs zu halten. Und zuletzt schenkte ihm die erhabene Göttin einen günstigen Fahrtwind.

> **Das Lied von einer Art der Erhabenheit**
>
> Und die Seele sang der immerwährenden Gültigkeit geflügelte Worte:
> Auf Eurer Fahrt durchs Leben könnt auch Ihr vielleicht erkennen, dass man einen Fehler begeht, wenn man jemanden gegen seinen Willen halten oder trotzig eine Situation beibehalten will, obwohl sie nicht mehr haltbar ist. Noch ein größerer Fehler ist es, wenn man sich dabei auch noch kleinlich zeigt. Das Respektieren der veränderten Situation ist der Weisheit Gebot. Wenn auch Großzügigkeit das Akzeptieren begleitet, wird aus dem Verlust Erhabenheit und göttliche Eigenschaft.
> Das ist Homers odysseische Botschaft.

Gewaltorgien und rettende Gütigkeit

Von günstigem Winde beflügelt, segelte Odysseus siebzehn Tage lang problemlos über das Meer. Am achtzehnten Tag erblickte er aus der Ferne mit großer Freude die Berge von Scheria, der Insel der Phäaken; wie ein lederner Schutzschild stiegen sie aus dem dunstigen Meer empor. Das rettende Ufer war nahe, die gastfreundliche Insel direkt vor den Augen des Floßfahrers! Der vielgeprüfte und vielgeplagte Dulder glühte vor Freude.

Doch Odysseus hatte sich zu früh gefreut. Als er sich nämlich der Phäaken-Insel näherte, entdeckte ihn sein großer Widersacher und zorniger Verfolger Poseidon, der gerade von der afrikanischen Opferorgie der Äthiopier nach Griechenland zurückkehrte. Und was er sah, gefiel dem Erderschütterer und Meeresherrscher überhaupt nicht. Er dachte mit Groll bei sich: „Offensichtlich haben die anderen olympischen Götter meine Abwesenheit dazu genutzt, um die Rettung des Odysseus voranzutreiben. Aber da haben sie die Rechnung ohne mich gemacht."

Und er ergriff wütend seinen Dreizack und wirbelte und strudelte damit gewaltig das Meer; und auch Wirbelstürme aus allen Himmelsrichtungen erzeugte er und verdunkelte Land und Gewässer mit dicken schwarzen Wolken; der Tag wurde zur Nacht. Mit Schrecken erkannte Odysseus, dass die Prophezeiung der Göttin Kalypso in Erfüllung zu gehen schien, die ihm vorausgesagt hatte, er werde unterwegs unsagbare Qualen und Plagen erleben. Die furchtbaren Naturgewalten, vom zornigen Gott entfesselt, schienen den Weltuntergang einzuleiten; sie erzeugten bei dem großen Helden Todesangst. Es wäre viel besser gewesen, dachte er, in Troja gefallen und ehrenvoll bestattet zu sein, als elend im stürmischen Meer zu ertrinken.

Während sich Odysseus solche Gedanken machte, wurde sein Floß von einer gewaltigen Welle ergriffen; er selbst wurde weit weg vom Floß ins Wasser geschleudert. Trotz seiner technischen Makellosigkeit wirbelte das Floß, unsteuerbar geworden, herum. Die Segel zerrissen und wurden zusammen mit einer Rahe vom Meer verschlungen; der Mast zerbrach und fiel ins Wasser. Eine Welle nach der anderen schlug über dem um sein Leben bangenden Odysseus zusammen; die gewaltigen Wellen drückten den mit aller Kraft gegen den Tod kämpfenden Helden unter Wasser. Die kostbaren Kleider, die Kalypso ihm zum Geschenk gemacht hatte, vollgesogen mit Wasser, zogen ihn weiter hinab. Mit letzter Kraft gelang es ihm immer wieder, an die Oberfläche zu kommen und Luft zu schöpfen. Es war in der Tat ein Kampf um Leben und Tod – von dem Odysseus selbst sicher war, dass der Tod ihn gewinnen würde. Aber nach verzweifeltem Kampf gelang es ihm schließlich, sich am herumwirbelnden Floß festzuklammern und mit unendlicher Mühe hinauf zu klettern. Der wilde Sturm wirbelte es weiter im Wasser herum, wie der herbstliche Nordwind Disteln über ein freies Feld wirbelt. Aber wie sie dicht aneinander geklettet haften, so haftete der verzweifelt kämpfende Odysseus an seinem Floß. Die Winde warfen sich Floß und Mann wie einen Ball zu. Mal warf es der Südwind hinüber zum Nordwind, bald darauf überließ der Ostwind dem Westwind das Floß zum wilden Spiel.

> **Das Lied vom Menschen als Spielball**
> Und die Seele sang der immerwährenden Gültigkeit geflügelte Worte:
> Auf Eurer Fahrt durchs Leben könnt auch Ihr vielleicht erkennen, dass der Mensch trotz seiner technischen Mittel, trotz seiner Intelligenz und Planungsfähigkeiten immer noch ein Spielball der Naturgewalten werden kann.
> Das ist Homers odysseische Botschaft.

Der Kampf des einsamen Menschen gegen die übermächtigen, von göttlicher Macht gesteuerten Naturkräfte erweckte das Mitgefühl einer anderen Meeresgottheit – der Leukothea. Ihr Name bedeutet „die weiße Göttin" oder auch „die weiß Aussehende". Leukothea heißt so, weil sie die Gottheit der schäumenden Wellen ist. In dieser Funktion rettet sie Schiffbrüchige, die mit den schäumenden, todbringenden Wellen kämpfen. Bevor sie zur Gottheit erhoben wurde, war sie eine Sterbliche und hatte den Namen Ino. Nach ihrem Tod aber wurde sie von den Olympiern in den Götterstatus erhoben und bekam den Namen Leukothea.
Ino-Leukothea hatte eine lange, bewegende und widersprüchliche Geschichte. Ich habe sie damals, als ich zum ersten Mal meine Odyssee vorgetragen habe, nicht ausführlich erzählt, sondern nur angedeutet. Grund dafür war wie immer, dass einige uralte Geschichten, die viele Jahrhunderte vor dem Kampf um Troja stattfanden, den Menschen vor etwa dreitausend Jahren, als ich meine Epen zum erstem Mal erzählte, allseits bekannt waren; es waren sozusagen alltägliche Geschichten. Anders bei Euch heute, verehrte Zuhörer

des einundzwanzigsten Jahrhunderts der neuen postolympiadischen Chronologie. Bedauerlicherweise verschwinden viele Wurzeln Eurer abendländischen Kultur immer mehr im Dunst der Äonen, werden immer schemenhafter oder tauchen sogar ganz ab in das dunkle Reich der Lesmosyne, der Göttin des Vergessens. Also erzähle ich Euch bei dieser Gelegenheit, in aller gebotenen Kürze, die lange, widersprüchliche und bewegende Geschichte der Ino-Leukothea.

Ino war die Tochter des legendären Kadmos, des Gründers von Theben, und Schwester von Semele, der Zeusgeliebten und Mutter des Gottes Dionysos. Die Gottesmutter Semele fand einen tragischen Tod. Manche sagen erst nach der Geburt des kleinen Dionysos, die meisten jedoch berichten, sie sei vor der Geburt ihres Sohnes gestorben. Die letzteren, die in der Mehrheit sind, erzählen die Geschichte ihres Todes wie folgt:

Die Affäre zwischen Semele und Zeus ruft Hera, die offizielle und sehr eifersüchtige Ehefrau von Zeus auf den Plan, die mit List ihre Rivalin vernichtet: Sie bringt Semele dazu, Zeus zu bitten, ihr in seiner allergöttlichsten Herrlichkeit zu erscheinen, damit sie ihn so erleben kann. Zeus ist nicht sehr begeistert von dem Plan, lässt sich aber von Semeles Charme überzeugen und erscheint ihr in voller göttlicher Herrlichkeit. Die sterbliche Semele aber verträgt die damit verbundenen Licht- und Blitzorgien des Blitzeschleuderers nicht, sie wird zu Asche verbrannt. Zeus gelingt es in letzter Sekunde, den noch nicht geborenen Dionysos zu retten. Er pflanzt ihn in seinen Oberschenkel ein, wo er verbleibt, bis er reif genug ist für die Geburt. Als Dionysos ein erwachsener Gott wird und auf dem Olymp einen festen Wohnsitz hat, entschädigt er seine arme Mutter: Man sagt, er ließ sie auferstehen, arrangierte für sie eine Himmelfahrt und vermittelte ihr einen festen Platz auf dem Olymp, zusammen mit den anderen Göttern. Allerdings trug sie jetzt als Göttin den Namen Thyone.

Wie auch immer Semele gestorben sein mag, Tatsache war, dass der neugeborene verwaiste Gott, so lange er ein Kleinkind war, Pflege brauchte – auch Götter brauchen Pflege, wenn sie Kleinkinder sind. Seine Tante Ino erklärte sich gerne bereit, den kleinen Gott zu erziehen. Es sei hier bemerkt, dass niemand wusste, dass das Baby ein Gott war, auch Ino nicht. Erst als Erwachsener hat er sich als Sohn des Obersten Gottes zu erkennen gegeben und sich selbst zum Gott erklärt. Vorher – als er noch ein Baby war – hatten alle vermutet, dass er die Frucht einer zwielichtigen Affäre der jungen Semele sei und dass irgendein Sittenfanatiker, etwa ihr Vater Kadmos, sie zur Bestrafung dafür tötete. Ino überredete ihren Ehemann Athamas, König von Böotien in Zentralgriechenland, das Baby gemeinsam mit ihr in Pflege zu nehmen und es zu erziehen, was sie auch liebevoll taten. Inos Ehemann Athamas hatte aus erster Ehe schon zwei reizende Kinder, seinen Sohn Phrixos und seine Tochter Helle.

Aber jeder Mensch hat außer der guten auch irgendeine schlechte Seite, offen oder verborgen. Inos gute Seite war das mit dem Babygott; ihre schlechte Seite zeigte sich in Bezug auf ihre Stiefkinder. Ino hatte nämlich ebenfalls zwei Kinder mit Athamas. Anspruch auf den Thron hatte aber nur der ältere seiner Söhne – und das war eben Phrixos, der Sohn aus Athamas erster Ehe mit Nephele. Nephele wiederum wurde protegiert von keiner geringeren als von Zeus Ehefrau, der alabasterarmigen Hera. Ino schmiedete ein kompliziertes Komplott, in dem unwissentlich auch Athamas involviert war, das den Tod seiner und Nepheles Söhne zum Ziel hatte. Dann nämlich hätte einer der beiden Söhne von Ino den Königsthron geerbt. Glücklicherweise rettete, buchstäblich in letzter Sekunde, die mächtige Hera – manche sagen sogar Zeus höchstpersönlich – Phrixos und Helle. Sie schickte einen großen fliegenden und sprechenden Widder mit goldenem Vlies zum vorgesehenen Tatort. Dieser forderte die beiden Kinder auf, auf ihm zu reiten, und flog mit ihnen davon, in Richtung Kolchis am Kaukasischen Schwarzen Meer. Leider schlief Helle, die auf dem Rücken des goldgevliesten Widders hinter Phrixos saß, unterwegs ein und stürzte ins Meer. Seitdem nennen die Menschen dieses Meer Hellespont, was das „Meer von Helle" bedeutet. Phrixos rettete sich in das ferne Kolchis an den kaukasischen Strand. Viele Jahrzehnte später versuchten die Griechen, das goldene Vlies wieder nach Griechenland zurück zu bringen. Und so entstand die Sage der Argonauten – eine andere große Geschichte, die ich Euch an dieser Stelle nicht erzählen kann. Wir müssen ja so schnell wie möglich zurück zu Ino-Leukothea; sonst verlieren wir im Dickicht der vielen Geschichten die Geschichte, die wir erzählen wollen.

Inos Komplott hatte Bestrafung verdient, wie nicht anders zu erwarten war. Die mächtige Hera höchstpersönlich übernahm die Bestrafung der Täter. Sie schlug die Eheleute Athamas und Ino mit Wahnsinn, in dessen Rahmen sie ihre beiden Söhne verkannten und töteten: Athamas verkannte den älteren Sohn, Learchos, als Hirsch, jagte und erlegte ihn. Ino warf ihren zweiten Sohn, Melikertes, wie ein Stück Fleisch in kochendes Wasser. Als Ino erkannte, was sie getan hatte, sprang sie mit dem getöteten Sohn ins korinthische Meer und ertrank. Andere sagen, der wahnsinnige Ehemann habe Mutter und Sohn ins Meer geworfen. Wie auch immer, damit wurde der Zorn der Götter besänftigt, und die Meeresnymphen durften Mitleid zeigen, Mutter und Kind ins Leben zurückholen – allerdings in das Unter-dem-Meer-Leben – und die beiden in ihrer Mitte aufnehmen. Die Mutter nannten sie fortan Leukothea, den Knaben Palämon. Dionysos aber, der während dieser Ereignisse noch ein Kleinkind war, verlor dadurch seine Amme. Jedes andere Kind wäre damit verloren gewesen.

Dionysos aber war Zeuskind, und ein Zeuskind ist nicht so einfach verloren, selbst wenn ihm sowohl Mutter als auch Amme abhandengekommen sind. Hermes brachte nach Anweisung des Vaters Zeus das Kind zu den Atlastöchtern, den Nymphen, die sich Hyaden nannten; die sollten es fortan pflegen. Sie kümmerten sich in der Tat liebevoll um Dionysos und wurden später von Zeus zur Belohnung als Gestirne ins Firmament gehoben. Dort können die Menschen sie bis heute als V-förmigen Sternenhaufen im Sternbild Stier sehen – als Hyaden, Regengestirne, nahe ihren Schwestern Plejaden, dem Siebengestirn. Zeus konnte sich sehr dankbar zeigen.

Aber auch Dionysos hatte diese Fähigkeit. Als er selbst zu einem prächtigen Gott herangewachsen war, zeigte er seine Dankbarkeit – nicht nur seiner Mutter, die er zur Göttin erhob, sondern auch seiner Amme Ino gegenüber: Seinem Vorschlag folgend machte Zeus die Seele von Ino unter dem Name Leukothea zur Gottheit der schäumenden Wellen und zur Schützerin von Schiffbrüchigen, ihren ins Meer mitgerissenen Sohn unter dem Namen Palämon zur Schutzgottheit der Häfen. Übrigens, zu Eurer Information: Ein junges Volk, das viele, viele Jahrhunderte, nachdem diese Begebenheiten zum ersten Mal erzählt wurden, die Bühne der Weltgeschichte betrat, nämlich das Volk der Lateiner, übernahm diese Geschichte und gab der Ino-Leukothea den Namen Mater Matuta und Palämon den Namen Porturus. Und alljährlich feiern sie Ino-Leukothea zu Ehren das Fest der Mütter.

Also, nun kennt Ihr die komplizierte Geschichte von Ino-Leukothea.

Und so kam es dazu, dass Leukothea, Gottheit der schäumenden Wellen und Schützerin der Schiffbrüchigen, Odysseus erschien. Sie zeigte Mitgefühl mit dem um sein Leben kämpfenden Helden, obwohl sie wusste, dass dies das Werk ihres Obergottes Poseidon war. Sie entschloss sich, dessen Autorität zu ignorieren und Odysseus zu retten.

> **Das Lied von der Abwägung**
>
> Und die Seele sang der immerwährenden Gültigkeit geflügelte Worte:
> Auf Eurer Fahrt durchs Leben könnt auch Ihr vielleicht erkennen, dass man manchmal zwischen zwei Gütern abwägen und sich für eines entscheiden muss: etwa zwischen Loyalität und einem anderen hohen Prinzip – es muss nicht immer die Rettung eines Lebens sein. Wohin die Waage der Entscheidung sich neigt, ist eine Sache der Persönlichkeit und der Prioritäten.
> **Das ist Homers odysseische Botschaft.**

Leukothea tauchte aus den Tiefen des Meeres in Gestalt eines sprechenden Wasservogels auf. Sie setzte sich auf einen Balken des Floßes und sagte: „Du Unglücklicher, was hast du bloß dem mächtigen Poseidon angetan, dass er dich so hasst und dich so schwer plagt? Doch habe keine Angst, du wirst

Leukothea rettet Odysseus

nicht vernichtet. Nun tue folgendes, du scheinst mir intelligent genug zu sein, um alles zu verstehen: Zieh deine Kleider aus, verlasse das Floß, schwimme mit deinen kräftigen Armen zur Insel der Phäaken; dort wirst du gerettet werden." Dann zog sie einen Schleier aus dem Wasser, gab ihn Odysseus und sagte ihm, der Schleier sei göttlich, er solle ihn um seinen Körper legen. Damit könne er sich vor dem Ertrinken retten, der Schleier sei sozusagen seine Rettungsweste. Wenn er aber das Land erreicht habe, solle er den Götterschleier so weit wie möglich ins Wasser werfen und dabei sein Gesicht unbedingt vom Meer abwenden. Damit verschwand die rettende Göttin in der Tiefe des Meeres, dahin, wo auch Poseidon wohnt. Die vernichtende Gewalt des Poseidons und die rettende Gütigkeit der Leukothea haben nämlich einen gemeinsamen Wohnsitz.

Das Misstrauen und die Not

Aber der vielgeplagte Odysseus war wieder recht misstrauisch. Er überlegte sich, ob nicht auch das eine von Poseidon mit Hilfe seiner untergebenen Meeresgottheit gestellte Falle sein könnte. Das Floß zu verlassen? Das rettende Floß, mitten in diesem gewaltigen Seesturm? Wäre es nicht klüger, weiter zu versuchen, mit dem Floß in Richtung Land zu kommen? Das rettende Ufer schien zu weit, um es schwimmend zu erreichen. Und wenn die gewaltigen Wellen das Floß zerstören würden, dann könnte er immer noch schwimmen.

> **Das Lied von den Architekten des Misstrauens**
> Und die Seele sang der immerwährenden Gültigkeit geflügelte Worte:
>   Auf Eurer Fahrt durchs Leben könnt auch Ihr vielleicht erkennen, dass des Lebens Widrigkeiten, des plagenden Schicksals Verfolgung, des Vertrauens und der Hoffnungen Enttäuschung die Architekten des Misstrauens sind. Dass die helfende und rettende Geste misstrauisch beäugt wird, ist der bitteren Erfahrung Kind. Insofern kann Misstrauen der Weisheit und der Vernunft folgen, in dem Sinne: dem Bekannten und Bewährten vertrauen, dem noch nicht Bekannten und dem noch nicht Bewährten misstrauen.
>   Das ist Homers odysseische Botschaft.

Odysseus hat doch klug gehandelt, meine verehrten Zuhörer, trotz seiner lebensbedrohlichen Lage. Hätte er blindes Vertrauen gehabt zur ihm unbekannten Meeresnymphe, einer Untertanin seines Erzfeindes Poseidon, und nicht weiter nachgedacht, dann hätte er möglicherweise sein Risiko unterzugehen noch erhöht. Er wäre vielleicht noch verletzlicher geworden, vielleicht in eine noch gefährlichere Situation geraten, als er sowieso schon war. Insofern sind gutes Nachdenken und Vorsicht, manchmal auch Misstrauen, mächtige Schutzwaffen für das Überleben, die der große Überlebensakrobat auch häufig einsetzte.

Es ist sehr schön, dass in diesem Falle das Misstrauen nicht angebracht war. Denn Leukothea erwies sich als die große Helferin, als die sie sich ihm vorgestellt hatte. Aber nichtsdestotrotz behält das odysseische Prinzip des Vorsichtigseins gegenüber fremden und unbekannten Kräften seine Richtigkeit.

Während Odysseus in der Tiefe seiner Gedanken verweilte, holte Poseidon in der Tiefe des Meeres aus und schlug das steuerlos strudelte Floß mit einer gewaltigen Welle. Das war das Ende des Floßes und auch das Ende von Odysseus Überlegungen, das Ende seines Misstrauens – durch die Not erledigt. So wie ein heftiger Windstoß einen Haufen trockener Spreu zerstreut und sie hierhin und dorthin bläst, so leicht wurden die Balken des Floßes durch des Erderschütterers Welle auseinandergenommen und im tobenden Wasser verstreut. Aber der göttliche Odysseus konnte sich retten, indem er sich auf einem Balken festklammerte und ihn wie ein Rennpferd ritt. Und dann folgte er doch Leukotheas Rat: Er entledigte sich seiner durch das Wasser schwer gewordenen Kleider, legte den göttlichen Schleier um seinen Körper wie eine Schwimmweste, sprang kopfüber ins Wasser und schwamm kraftvoll in Richtung Land. Notgedrungen vertraute der misstrauische Odysseus nun dem Rat der Meeresnymphe.

Als der Herrscher der Meere den inmitten des stürmischen Meeres um sein Leben kämpfenden Menschen sah, schüttelte er zornig den Kopf und murmelte: „Irre nur weiter geplagt durch die Meere, bis du dich zu den Phäaken, den gottähnlichen Menschen rettest. Aber ich verspreche dir, du wirst auch in Zukunft nicht klagen, dass es dir an Plagen mangelt!" Und damit befahl er seinen göttlichen Rossen mit den prächtigen Mähnen, die seinen berühmten Wagen zogen, ihn nach Ägä zu bringen, wo er in der Tiefe des Meeres seine goldenen Paläste hatte.

Aber Poseidon machte die Rechnung ohne die Zeustochter Pallas Athena, Odysseus mächtige Beschützerin. Sie befahl den Winden, sie sollten aufhören zu blasen und schlafen gehen; nur der Nordwind durfte noch wach bleiben und weiter blasen, weil er günstig für ihren Schützling war. Der vielduldende Odysseus sollte so das Land der Phäaken erreichen und sein Leben retten. Allerdings sollte er noch ganze zwei Tage und zwei Nächte mit den Wogen des Meeres kämpfen, immer vom Tode bedroht. Glücklicherweise hielt ihn Leukotheas göttlicher Schleier – wie sie es versprochen hatte – wie eine Schwimmweste über Wasser. Als die rosenfingrige Eos die Morgenröte zum dritten Mal ankündigte, beruhigte sich das Meer, und Odysseus erblickte mit fast kindlicher Freude das Ufer und die Bäume des Landes. So schnell es seine Kräfte noch erlaubten, schwamm er ans rettende Ufer. Doch Odysseus hatte sich zu früh gefreut.

> **Das Lied von der Berechtigung zur Freude**
> Und die Seele sang der immerwährenden Gültigkeit geflügelte Worte:
> Auf Eurer Fahrt durchs Leben könnt auch Ihr vielleicht erkennen, dass man sich erst freuen sollte, wenn man festen Boden unter den Füßen hat. Nur die Vollendung des Werkes, nur die Verwirklichung der Absicht, nur die Erfüllung des Wunsches – mit anderen Worten nur das definitive Erreichen des Zieles – berechtigt zu Freude, zu Stolz, zu Genugtuung, zu Zufriedenheit. Solange das nicht der Fall ist, muss man auf der Hut bleiben.
> Das ist Homers odysseische Botschaft.

Die weise Empfehlung „Freu' dich nicht zu früh" erinnert mich an ein Gespräch zwischen Prometheus und Herakles, meine verehrten Zuhörer, das ich von hier oben einmal mit anhören konnte[2]. Sie sprachen über eine Episode, die sich zwischen dem Athener Philosophen Solon, dem ersten Liberalen und demokratischen Gesetzgeber Athens, einem der sieben Weisen, und Krösos, dem König von Lydien in Kleinasien, dem angeblich reichsten Menschen der damaligen Welt, abgespielt hatte. Ich will sie Euch kurz erzählen:

---

[2] Dieses Gespräch wurde genau dokumentiert in: Andreas Marneros (2015) „Feuer für ausgebrannte Helden. Die Suche nach Orientierung. Ein Abenteuer mit Prometheus und Herakles".

Krösos lebte und regierte Lydien im 6. Jahrhundert vor der neuen postolympiadischen Chronologie. Er war damals der reichste König der Welt. Eigentlich war er kein schlechter Kerl, aber sehr von sich überzeugt. Herodot berichtet unter anderem über ein Treffen zwischen dem weisen Solon und dem superreichen Krösos. Nachdem Krösos Solon im wahrsten Sinne des Wortes fürstlich bewirtet hatte, zeigte er ihm einige seiner sagenhaften Reichtümer. Und dann fragte Krösos: „Sag mal, Solon, hast du einen glücklicheren Menschen getroffen als mich?" „Ja, mehrere", antwortete Solon. Krösos war perplex angesichts dieser in seinen Augen unverschämten Antwort des Weisen und sagte: „Das ist aber ein Ding! Wer ist denn glücklicher als ich?" Solon erzählte daraufhin manche Lebensgeschichte von einfachen Leuten, Bauern und Handwerkern, die er als glücklich bezeichnete. Alle Biographien, die Solon Krösos präsentierte, waren abgeschlossene Biographien. Dies hatte Krösos jedoch nicht bemerkt. So fragte er Solon halb missmutig, halb tadelnd: „Und warum zählst du mich nicht zu den Glücklichen?" Solon gab ihm die legendäre Antwort, die man bis heute immer wieder zitiert: „Bezeichne niemanden als glücklich vor seinem Ende." Krösos war mit dieser Antwort nicht zufrieden, und so verabschiedete er seinen Gast nicht mehr so überschwänglich, wie er ihn empfangen hatte. Einige Jahre später, genau im Jahre 541 vor Beginn der neuen postolympiadischen Chronologie, eroberte und zerstörte Kyros II, der Großkönig von Persien, Krösos Reich und plünderte dessen gesamte Reichtümer. Krösos wurde gefangengenommen, und wie es die Perser damals praktizierten, wurde er auf den Scheiterhaufen gebracht. Als er sah, wie das Feuer um den Scheiterhaufen züngelte, schrie er: „Solon! Solon! Solon!" Kyros, der der Verbrennung beiwohnte, wurde neugierig, als er diesen ihm unbekannten Namen hörte. Er dachte, es sei eine Gottheit, die Krösos da um Hilfe anrief. Er fragte Krösos danach, und dieser erzählte ihm die Geschichte mit Solon. Kyros, der ein kluger Mann war, ließ Krösos daraufhin frei, mit der Bemerkung „Dieses Schicksal könnte auch mich ereilen." Manche sagen sogar, danach wurden die beiden Könige enge Freunde.

Also, solange das Ende nicht erreicht ist, auf der Hut bleiben!

Odysseus hatte jeden Grund, auf der Hut zu bleiben. Die Küste war nämlich steil, voller Klippen und felsiger Riffe. Man hörte überall das Tosen des Meeres, das dröhnend an die Riffe prallte; alles war vernebelt durch Gischtwolken und mit Salzschaum bedeckt. Und so verflog Odysseus Freude, sein Mut verließ ihn. Sein Schicksal beklagend dachte er: „Das ist nicht zu fassen! Einerseits lässt mich Zeus wider Erwarten Land sehen, und dann gibt er mir keine Möglichkeit, ans rettende Ufer zu gelangen. Vorne messerscharfe Riffe, ringsherum gefährliche Strudel und Brandung, da hinten glatte steile Felsen; für mich gibt es keine Hoffnung. Entweder werde ich an Felsen und Riffen zerschellen, oder ich werde zum Fraß für Amphitrites Monster – man sagt doch, dass Poseidons Frau Amphitrite ihre Meeresmonster auch mit Schiffbrüchigen füttert. Aber eines weiß ich ganz sicher: Der mächtige Poseidon ist mir mächtig böse."

Während dieses Selbstgespräches mit seiner hochgesinnten Seele warf ihn eine riesige Welle auf die scharfen Felsen des steilen Ufers. Odysseus wäre auf dem scharfkantigen Felsen in Stücke geschnitten worden, wenn ihm nicht Pallas Athena blitzschnell die Eingebung gegeben hätte, sich mit beiden Händen an eine Spitze des Felsen zu klammern. Als die gewaltige Welle zurückbrauste, ergriff sie ihn jedoch erneut und sog ihn spielend weit weg vom Ufer. Wie in den Saugnäpfen eines Polypen, den man seinem felsigen Versteck entreißt, noch zahlreiche Steinchen vom Felsen haften, so blieb die Haut von Odysseus Händen in Fetzen gerissen am Felsen haften. Und die mächtige Welle drückte ihn unter Wasser. Der so geplagte und gefährdete Odysseus wäre sicherlich in der Tiefe des Meeres verloren gewesen, wenn nicht die himmelblauäugige Athena ihm erneut eine Eingebung gegeben hätte: Unter der Brandung, die immer wieder ans Festland drängte, hinweg zu tauchen und seitwärts zu schwimmen, bis er einen geeigneten Zugang zum Land fände. Das tat er, bis plötzlich die Mündung eines breiten Flusses vor ihm auftauchte. Die Mündung war felsenfrei, strudellos und vor den Windstürmen geschützt. Das war die Möglichkeit! Als er die Strömung des Flusses an seinem Körper spürte, betete er inbrünstig mit den Worten: „Herr des Flusses, wer du auch sein magst, erhöre mein Gebet. Rette mich aus dem stürmischen Meer und vor Poseidons Zorn. Hilf einem geplagten Menschen, der vieles erdulden musste, und rette mich. Ich flehe dich an, Herrscher dieses Flusses." Und der Flussherr erhörte seine Bitte, hielt augenblicklich die Strömung an, das Wasser wurde spiegelglatt und unbeweglich. Und so erreichte der erschöpfte Odysseus endlich das Ufer.

Gerettet! Gerettet!

Aber er war so erschöpft und so vielfältig verletzt, dass er sofort das Bewusstsein verlor und am Ufer zusammensank. Als er nach langer Zeit endlich zu sich kam, stand er auf und warf den göttlichen Schleier ins Wasser zurück, wie Leukothea ihn angewiesen hatte. Er schleppte sich weg vom Ufer, ließ sich im Schilf niederfallen und küsste dankbar die Mutter Erde. Er überlegte, was der nächste Schritt sein sollte. Seine Befürchtung war, dass er die kalte und feuchte Nacht kaum überleben würde, wenn er nackt und erschöpft am Ufer bliebe. Würde er es trotz seiner Erschöpfung schaffen, den Hügel hinauf zu klettern, um im wärmeren Wald Schutz zu suchen, gäbe es die Gefahr, von wilden Tieren attackiert und zerfleischt zu werden. Er entschied sich für den Wald. Odysseus kroch ins Gebüsch, bereitete sich ein Lager aus trockenem Laub, legte sich nieder und deckte sich mit vielen, vielen Blättern zu. Und sein Herz war voll der Freude. Endlich festen Boden unter den Füßen, endlich ein trockenes Lager!

> **Das Lied von der Risikobereitschaft**
>
> Und die Seele sang der immerwährenden Gültigkeit geflügelte Worte:
> Auf Eurer Fahrt durchs Leben könnt auch Ihr vielleicht erkennen, dass man sich oftmals im Leben zwischen zwei Möglichkeiten entscheiden muss, die beide Risiken in sich bergen. Es ist auch diesmal so, wie ich es Euch vorher gesungen habe, im Falle der gütigen Göttin Leukothea nämlich, dass man manchmal zwischen zwei Gütern abwägen und sich für eines entscheiden muss. Abwägung und Entscheidung für die eine oder andere Möglichkeit hängt auch diesmal nicht nur von Intelligenz und Situation ab, sondern ebenso von der Persönlichkeit des Handelnden – wie viel Risikobereitschaft und wie viel Sicherheitsbedürfnis seine Entscheidungen bestimmt.
> Das ist Homers odysseische Botschaft.

Nun war die Freude berechtigt, nun war es nicht mehr zu früh dafür. Und Athena goss über die Lider ihres Schützlings süßen Schlaf.

4
Das Hohelied der Menschlichkeit

> **Zusammenfassung**
>
> Aus dem sechsten Gesang meiner Odyssee werde ich Euch erzählen von Odysseus Begegnung mit dem erhabenen Volk der Phäaken, dem sagenhaften Volk, das die Insel Scheria bewohnt. Die Phäaken leben in ewigem Frieden, Wohlstand und Gerechtigkeit. Die Gastfreundschaft dieses Volkes ist legendär; jeder der zu den Phäaken kommt und Hilfe benötigt, erhält sie. Mit kriegerischer Kunst haben die Phäaken nichts im Sinn, dafür aber mit gehobener Schiffkunst, wunderbaren Gärten, Wettkämpfen, Gesang und Tanz und gutem Essen. Ihre Schiffe navigieren sie mit Gedanken- und Geisteskraft und erreichen jedes Ziel in kürzester Zeit. König Alkinoos und Königin Arete sind der Inbegriff von Fürsorge, Gerechtigkeit und Tugend. Seine erste Begegnung auf der Insel hat Odysseus mit der bezaubernden Königstochter Nausikaa. Sie kümmert sich mitfühlend um ihn und führt ihn in die Hauptstadt, wo er ihren Vater trifft und Hilfe erbitten kann.
>
> Und die uns begleitende Seele wird dabei geflügelte Worte von immerwährender Gültigkeit singen, wie etwa über den rettenden Bruch mit dem unerträglichen Vergangenen, über die Nicht-Verwerflichkeit mancher Lügen, über den Segen der partnerschaftlichen Harmonie. Aber auch über die Menschlichkeit und Hilfsbereitschaft als Grundpflichten des Menschen sowie über die Vergiftung der Atmosphäre durch Gerüchte. Und einiges mehr.

Echte Idylle und unechte Zufälle

Solange Odysseus erschöpft und abgekämpft im Wald schlief, bereitete die himmelblauäugige Athena seine sichere Heimfahrt weiter vor; dazu gehörte ein Besuch in der Hauptstadt der Phäaken.

Früher wohnte das Volk der Phäaken in einem großen Land mit Namen Hyperia. Dort hatte es aber böswillige Nachbarn, die Kyklopen. Die Kyklopen waren unzivilisiert, aufdringlich und böse. Weil sie unglaublich stark waren, konnten sie ungehindert immer wieder das friedliebende Volk der Phäaken überfallen. Irgendwann wurde es denen zu viel, und sie beschlossen, die alte Heimat zu verlassen und sich eine neue zu suchen. Ihr damaliger König, der gottähnliche Nausithoos, sah es als seine Pflicht an, für sich und seine Landsleute einen neuen Ort zu suchen, wo sie in Ruhe und Frieden, in Wohlstand und Glück leben konnten. Er fand die Insel Scheria, die weit entfernt lag vom Treiben anderer Menschen. Der König ließ eine neue Stadt bauen mit Stadtmauer, Häusern und Tempeln und verteilte das Land unter dem Volk. Und tatsächlich lebten seitdem die Phäaken in der neuen Heimat in Ruhe und Frieden, in Wohlstand und Sorgenfreiheit, in Harmonie und Glück.

> **Das Lied von der Pflicht zum Neuanfang**
> Und die Seele sang der immerwährenden Gültigkeit geflügelte Worte:
> Auf Eurer Fahrt durchs Leben könnt auch Ihr vielleicht erkennen, dass wenn man im Alten keine Ruhe und Frieden, keinen Wohlstand und keine Sorgenfreiheit, keine Harmonie und kein Glück finden kann – mit anderen Worten, wenn man im Alten nicht zufrieden mit sich selbst und seiner Umgebung ist –, dass es dann zur Pflicht werden kann, dies alles im Neuen zu suchen. Und dazu gehört auf jeden Fall, seine Kyklopen – egal welche dies sind und wie sie heißen – weit hinter sich zu lassen. Der Bruch mit dem unerträglichen Vergangenen ist oftmals die Voraussetzung für den Beginn des hoffnungsvollen Neuen.
> Dies ist Homers odysseische Botschaft.

Nachdem Nausithoos gestorben war, wurde sein Sohn, der weise Alkinoos, König der Phäaken; unter dessen Regentschaft standen die Phäaken zur Zeit von Odysseus Ankunft.

In den Palast dieses weisen Königs ging also die himmelblauäugige Göttin, um die Rückfahrt ihres Schützlings voranzutreiben. Dort angekommen, betrat sie prächtige Gemächer, in der eine wunderschöne junge Frau mit einer himmlischen Figur wohnte; sie sah aus, als wäre sie selbst eine Göttin. Das war Prinzessin Nausikaa, die Tochter von König Alkinoos und seiner Frau Arete. Obwohl die Tür verschlossen war, konnte Athena, einem Windhauch gleich, das Schlafzimmer der jungen Prinzessin betreten. Sie beugte sich über den Kopf des schlafenden Mädchens und sprach zu ihr. So wie sie es immer tat, wenn sie Sterblichen erschien, im Traum wie auch im wirklichen Leben, hatte sie die Gestalt eines Menschen angenommen, diesmal die von Nausikaas bester Freundin. Sie tat so, ob sie ihre schlafende Freundin mit einem freundlichen Tadel wecken wollte. Scherzhaft sagte sie also, dass Nausikaas edle Gewänder noch nicht gewaschen und gepflegt seien – und wie die Menschen auf Sauberkeit und Pflege achten würden, vor allem bei einem Mädchen im heiratsfähigen Alter wie ihr! Und sie wolle doch einen ihr ebenbürtigen Aristokraten heiraten, oder nicht? Also dann solle sie jetzt aufwachen und ihren Vater um Erlaubnis bitten, dass sie mit Anbruch des Tages, begleitet von ihren Dienerinnen, mit Maultieren und Wagen zum Transport der Kleider zu dem doch etwas weit abgelegenen Waschplatz am Ufer des Flusses fahren dürfe.

So sprach die himmelblauäugige Göttin und verschwand wieder auf den Olympos, dorthin wo die Götter in ewiger Glückseligkeit leben. Man sagt, dass es am Sitz der Götter keine stürmenden Winde, keinen strömenden Regen, keinen wirbelnden Schnee gibt, sondern nur ewig blauen wolkenlosen Himmel und strahlendes Licht.

Sofort nachdem die rosenfingrige Göttin der Morgenröte begonnen hatte, ihre purpurnen Farben zu verstreuen, lief die gerade erwachte Nausikaa zu ihrem Vater, um ihn um Erlaubnis zu bitten, das tun zu dürfen, was sie vermeintlich geträumt hatte. Sie traf ihn, als er gerade zu einer Ratsversammlung gehen wollte. Weil sie sich genierte zu sagen, dass sie als heiratsfähiges Mädchen gepflegt und attraktiv sein wollte, gab sie vor, sie wollte es für ihn tun, sodass er bei den Versammlungen immer saubere Gewänder habe. Und auch für ihre fünf Brüder natürlich, vor allem für die drei noch nicht verheirateten; die sollten ja sauber und gepflegt aussehen, wenn sie zum Tanzen gingen. Der weise König durchschaute natürlich das junge Mädchen; taktvoll wie er war, sagte er aber kein Wort dazu und gewährte liebevoll ihre Bitte.

> **Das Lied von den vielen Gesichtern der Lüge**
> Und die Seele sang der immerwährenden Gültigkeit geflügelte Worte:
> Auf Eurer Fahrt durchs Leben könnt auch Ihr vielleicht erkennen, dass nicht alle Lügen verwerflich sind. Jeder sagt die Unwahrheit, mehrmals am Tag, häufig ohne es zu merken. Man lügt rücksichtsvoll und rücksichtslos, taktvoll und taktlos, absichtlich und unabsichtlich, tendenziös und untendenziös, liebevoll und lieblos, gutartig und bösartig. Wenn man die Unwahrheit sagt, geschieht das aus den verschiedensten Gründen – aus Angst, aus Höflichkeit, aus Scham, aus Furcht, aus Unsicherheit, aus Not, aus Berechnung. Manchmal lügt man, ohne zu lügen. Und manchmal sagt man die Wahrheit, ohne die Wahrheit zu sagen. Und die erhabene Art, darauf zu reagieren, ist die, wie König Alkinoos es tat: taktvoll!
> Das ist Homers odysseische Botschaft.

Ja, meine geschätzten Zuhörer, Taktgefühl war eine der vielen edlen Eigenschaften des edlen Königs Alkinoos, wie Ihr im nächsten Gesang noch hören werdet. Auch Odysseus beherrschte übrigens ausgezeichnet die Kunst der Lüge – nicht dieser charmanten und harmlosen Lügen wie Nausikaa –, und war dazu ein Meister, ja *der* Meister der List. Doch davon später mehr. Dann sprechen wir auch etwas ausführlicher über Lügen und unwahre Geschichten.

Maultiere und Wagen wurden also für Nausikaa bereitgestellt, die kostbaren Gewänder auf dem Wagen gestapelt. Die Mutter bereitete einen Korb mit Proviant vor, und Nausikaa packte aromatische Öle ein, weil sie nach dem Wäschewaschen zusammen mit ihren Begleiterinnen selbst baden wollte. Nausikaa saß auf dem Wagen und lenkte ihn, die Dienerinnen folgten zu Fuß. Bald erreichten sie das Flussufer, wo die Waschplätze mit dem kristallklaren Wasser lagen. Die Dienerinnen schirrten die Maultiere ab, damit sie sich an dem üppigen Gras satt fressen konnten. Dann trugen sie die Kleider zu den Waschbassins, stiegen selbst auch hinein und traten die Wäsche kräftig mit den Füßen, bis sie strahlend sauber war. Im Anschluss daran wurden die reinen Gewänder sorgfältig auf dem durch das Meereswasser sauber gespülten Kies am Meeresufer zum Trocknen ausgebreitet. Erst als alles geschafft war, badeten Nausikaa und ihre Dienerinnen selbst im Fluss und salbten mit den aromatischen Ölen ihre Körper. Und während die Sonnenstrahlen die Wäsche trockneten, genossen sie die mitgebrachten Speisen. Nachdem sie gut gegessen und getrunken hatten, amüsierten sie sich mit Gesang und einem Ballspiel. Dabei war eindeutig zu erkennen, dass die wunderschöne Nausikaa den anderen jungen und ebenfalls schönen Frauen in Schönheit und melodischer Stimme überlegen war. Als die Wäsche trocken war und die Mädchen sich mit Ballspiel und Singen genug amüsiert hatten, wollten sie sich fertig machen für den Heimweg. Und gerade diesen Moment betrachtete die himmelblauäugige Athena als den geeignetsten, um Odysseus zu wecken. Die Mädchen sollten ihm, nach Athenas Plänen, den Weg in die Stadt der Phäaken weisen und Zugang zu König Alkinoos verschaffen. Zufällig, naja so zufällig, wie Athena es wollte, warf Nausikaa den Ball etwas zu hoch, so dass ihre Mitspielerinnen ihn nicht fangen konnten und der Ball in den wirbelnden Gewässern des Flusses landete. Großes Geschrei von Seiten der Mädchen, die um den Verlust ihres Balls fürchteten!

Behandele andere wie du behandelt werden möchtest

Das Mädchengeschrei weckte den noch schlafenden Odysseus, der abrupt hochschreckte. Er betrachtete verwundert die fremde Umgebung und dachte bei sich: „Wo bin ich denn hier? In welchem Land bin ich gestrandet? Was für Menschen wohnen hier? Sind sie wild, böse und gesetzlos? Oder sind sie doch rechtschaffen, gottesfürchtig und respektieren die Fremden? Ich höre weibliche Stimmen, es klingt gar wie ausgelassenes Mädchengeschrei. Sind das etwa irgendwelche Nymphen, die in den Bergen, Wiesen und Gewässern leben? Nein, ich denke, es sind Menschen, zumindest hören sich die Stimmen so an. Am besten erkunde ich das etwas näher."

Er nahm dichte Zweige, versteckte dahinter seine Blöße und trat aus dem dichten Gebüsch. Wie ein Berglöwe majestätisch schreitet, wenn er mit glühenden Augen durch Wind und Wetter streift und zielbewusst, vom Hunger getrieben, seine Beute jagt, so schritt Odysseus trotz seiner Nacktheit zu den schöngelockten Mädchen. Er konnte nicht anders, die Not zwang ihn dazu. Allerdings bot er den Mädchen einen grauenhaften Anblick, mit seiner geschwollenen, vielfach verletzten Haut. Kein Wunder also, dass die Dienerinnen schreiend davonliefen und sich hinter den Felsen am Meeresufer versteckten. Nur die Königstochter Nausikaa blieb stehen, zeigte keine Angst und war nicht besorgt, weil Athena sie mit Mut erfüllte. Odysseus erblickte sie und überlegte, wie er sie am besten bitten könnte, ihm etwas zum Anziehen zu geben und ihm den Weg in die Stadt zu zeigen. Wegen seiner Nacktheit entschied er sich, nicht in ihre Nähe zu gehen und vor ihr auf die Knie zu fallen, was die typische Bittstellerhaltung gewesen wäre. Aus der Distanz sprach er stattdessen zu ihr die geflügelten Worte, die schmeichelhaften und wohlüberlegten: „Oh, Herrin, ich knie vor dir, egal was du bist, Unsterbliche oder Sterbliche. Falls du eine der Göttinnen bist, die den unendlichen Himmel bewohnen, dann würde ich sagen, von Schönheit und Gestalt her bist du der Zeustochter Artemis gleich. Falls du aber eine sterbliche Erdenbewohnerin bist, dann dürfen dein Vater und deine Mutter und deine Geschwister überglücklich sein, eine so göttliche Tochter und Schwester zu haben. Sie haben sicher Herzklopfen vor Glück und Freude, wenn sie dir beim Tanzen zusehen. Aber der glücklichste von allen wird dein Ehemann sein. Ich habe bis jetzt keinen so schönen Menschen wie dich gesehen, weder Frau noch Mann. Bewunderung überfällt mich bei deinem Anblick. Nur einmal habe ich auf der Erde etwas vergleichbar Schönes erblickt. Aber das war kein Mensch, sondern ein junger Spross einer Palme, auf Delos, in der Nähe des Apollon-Heiligtums, der schlank und elegant aus dem Boden emporspross. Ich bewunderte ihn lange, so wie ich dich jetzt bewundere …"

> **Das Lied von der guten Behandlung**
> Und die Seele sang der immerwährenden Gültigkeit geflügelte Worte:
> Auf Eurer Fahrt durchs Leben könnt auch Ihr vielleicht erkennen, dass es von Bedeutung ist, denjenigen, von dem man etwas will, gut zu behandeln und ihm seine Wertschätzung zu zeigen. Gute Worte und gute Gesten, wenn sie ehrlich gemeint sind, können vieles erreichen, vieles bewegen, vieles glätten. Und manchen Menschen auch glücklich machen.
> Das ist Homers odysseische Botschaft.

Und der göttliche Odysseus fuhr fort und sprach noch die geflügelten Worte, die flehenden: „Ich wage es nicht, als Bittsteller in deine Nähe zu kommen. Aber großes Unglück verfolgt mich. Erst gestern bin ich hierhergekommen, dem finsteren Meer entronnen, nachdem ich zwanzig Tage lang gegen riesige Wellen und furchtbare Stürme gekämpft habe, auf der Fahrt von der Insel Ogygia bis hierher. Irgendeine dämonische Urgewalt warf mich dann an diese Küste, sicherlich um mir weitere Qualen und Plagen aufzuerlegen. Und nun, oh Herrin, erbarme dich meiner, denn du bist nach diesem Kampf und so vielen Leiden der erste Mensch, der mir begegnet. Darum bitte ich dich inbrünstig, oh Herrin, hilf mir. Bitte gib mir etwas, um meine Blöße zu bedecken, irgendein billiges Tuch, in das du die Wäsche einwickelst. Und zeige mir bitte den Weg in die Stadt. Dafür mögen die Götter dir jeden Wunsch erfüllen und dir einen Ehemann schenken, mit dem du in Eintracht leben kannst. Denn nichts ist besser und wünschenswerter auf dieser Erde als ein Mann und eine Frau, die sich herzlich lieben und schätzen und in Eintracht im Haus zusammenleben. Den Feinden ist das Grund für neidischen Ärger, den Freunden für Freude. Am glücklichsten aber ist das Paar selbst."

> **Das Lied von den glücklichen Paaren**
> Und die Seele sang der immerwährenden Gültigkeit geflügelte Worte:
>   Auf Eurer Fahrt durchs Leben könnt auch Ihr vielleicht erkennen, dass es ein nicht genug zu schätzendes Gut ist, wenn gegenseitige Liebe, Wertschätzung und Respekt die Bindung zwischen Paaren bestimmen. Kein anderer ist eine wichtigere Quelle für das Selbstwertgefühl und die Selbstachtung eines Menschen als der Lebenspartner. Bleibt diese Quelle reichlich sprudelnd, dann schenkt sie dem Menschen innere Zufriedenheit und häusliche Harmonie – das Paradies auf Erden.
>   Versandet sie, ist der Mensch unglücklich, verstört und dem Streit verfallen – die Hölle auf Erden.
>   Das ist Homers odysseische Botschaft.

Die alabasterarmige Nausikaa erwiderte dem Hilfesuchenden: „Gerne antworte ich auf deine Fragen, Fremder. Du scheinst mir weder böse noch ohne Intelligenz zu sein. Von dem, was du bisher berichtet hast, scheint Zeus dir viel Unglück geschickt zu haben; er verteilt ja Glück und Unglück an gute und böse Menschen sehr willkürlich. Dir hat er das gegeben, was du erleidest; du musst es also ertragen. Aber mach dir keine Sorgen, du bekommst von mir Kleider. Und ich werde dich auch in die Stadt führen. Du bist im Land der Phäaken, das von König Alkinoos regiert wird, und ich bin seine Tochter. In unserem Land erfährt jeder Notleidende Hilfe, wenn er darum bittet."

Dann wendete sich die Prinzessin ihren schönbezopften Begleiterinnen zu und fragte sie, warum sie Angst bekommen hätten und davongelaufen seien. Sie beruhigte sie, der Fremde habe keine bösen Absichten. Übrigens habe kein Mensch der Welt böse Absichten gegen die Phäaken, weil sie einerseits die Lieblinge der Götter seien und zum anderen so weit von anderen Völkern entfernt lebten, geschützt vom unendlichen Meer, dass niemand komme, um sie anzugreifen.

Aber, so sprach sie weiter und sang damit das hohe Lied der Menschlichkeit, ihren Dienerinnen eine Lektion in dieser Sache erteilend. Dieser unglückliche Mann sei als Schiffbrüchiger in ihr Land gekommen und bitte um Hilfe. Sie seien also verpflichtet, ihm zu helfen, weil Fremde und Arme Zeus Gunst genießen.

> **Das Lied von den Grundpflichten des Menschen**
> Und die Seele sang der immerwährenden Gültigkeit geflügelte Worte:
> Auf Eurer Fahrt durchs Leben könnt auch Ihr vielleicht erkennen, dass Menschlichkeit und Hilfsbereitschaft Grundpflichten des Menschen sind. Das ist nicht nur ein ethisch-moralischer Imperativ, sondern auch eine psychologisch fundierte Handlungsstrategie des Vernunftwesens Mensch: Schiffbrüchig, im übertragenen oder tatsächlichen Sinne, fremd und arm kann jeder werden. Und er soll so behandelt werden, wie er Schiffbrüchige und Fremde und Arme einmal selbst behandelt hat. Jeder will gut behandelt werden! Jeder will die Gunst von Zeus genießen!
> Handele nach diesem Prinzip und behandele die anderen also genauso, wie du von ihnen behandelt werden möchtest!
> Das ist Homers odysseische Botschaft.

Schon in meiner Ilias, werte Zuhörer, finden wir den Grundgedanken „Behandele den anderen so, wie du selbst behandelt werden möchtest", so etwa im Dialog zwischen Äneias und Achilles. Als die beiden Helden, der Trojaner und der Grieche, sich gegenüberstanden, rief der göttliche Achilles, Sohn der Meeresgöttin Thetis, dem göttlichen Äneias, Sohn der Liebesgöttin Aphrodite, geringschätzige Worte zu; er beleidigte ihn mit abwertenden Bezeichnungen und riet ihm, nicht mit ihm zu kämpfen, wenn ihm sein Leben lieb sei. Äneias antwortete entsprechend, aber sagte noch, dass er kein Verständnis dafür habe, dass sie sich wie kleine Kinder gegenseitig beschimpften. Beleidigungen und Beschimpfungen könne jeder aussprechen, es sei ein leichtes Spiel für die Menschenzunge, davon reichlich zu produzieren. Aber was man an Bosheiten aus seinem eigenen Munde gegen andere schleudere, werde man doppelt zurückbekommen. Der Kern dieser Episode war eine Mahnung auf Rücksicht, in dem Sinne: Was du anderen antust, das könnte auch dir auch angetan werden.

Und auch Nausikaas Haltung und Worte spiegeln ein im Kern ähnliches, noch weiter entwickeltes Prinzip wider, das schon erwähnte nämlich: Handele und behandele die anderen so, wie du selbst behandelt werden willst!

Die Seele hat uns darauf aufmerksam gemacht, dass bei diesem Dialog ein Grundprinzip der Ethik im Abendland geboren wurde, das in seinem Kern eine gewisse Verwandtschaft aufweist mit dem, was viele Jahrhunderte später als kategorischer Imperativ für das Vernunftwesen Mensch in die Geschichte der Ethik einging[1].

---
[1] Ich bringe noch mal meine Freude zum Ausdruck, die ich damals empfunden habe, als ich den großen germanischen Philosophen Immanuel Kant im Jahre 1788 Eurer neuen postolympiadischen Chronologie

Nausikaa führt Odysseus zu den Phäaken

Wie auch immer, nach diesen grundsätzlichen Bemerkungen gab Nausikaa ihren Begleiterinnen die Anweisung, dem Fremden Essen und Wein zu reichen, ihn aber vorher zu baden und ihn mit Ölen zu salben. Die Dienerinnen gehorchten und reichten Odysseus etwas anzuziehen, dann führten sie ihn an einen geschützten Ort am Fluss und gaben ihm eine goldene Flasche mit aromatischem Öl. Odysseus schämte sich, sich den schönen Mädchen nackt und ungepflegt zu zeigen, und bat sie, ihn alleine baden zu lassen, was auch geschah.

Nach einem ausgiebigen Bad salbte der göttliche Odysseus seinen Körper mit dem wohlriechenden Öl und zog sich an. Athena übergoss seinen Körper mit mehr Schönheit, Kraft und Ausstrahlung als er sonst hatte. So beeindruckend und strahlend ging Odysseus zum Strand, wo nicht weit entfernt die Mädchen saßen und warteten. Sie waren durch diese Neuerscheinung des Fremden sehr beeindruckt und vermuteten, dass so jemand unter den Fittichen eines olympischen Gottes stehen müsse. Nausikaa ließ sich sogar zu der Äußerung hinreißen: „So einen Mann wünsche ich mir auch!" Ihm wurde reichlich Essen und Trinken angeboten, was der hungrige Odysseus, der seit Tagen nichts mehr gegessen hatte, mit Riesenappetit aß.

Dann machten sie sich für die Rückkehr in die Stadt fertig. Prinzessin Nausikaa gab dem Fremden Instruktionen, wie er am besten zu ihrem Vater, dem erhabenen Alkinoos gelangen könne. Sie sagte zu ihm die geflügelten Worte,

---

bei der Formulierung seines kategorischen Imperativs beobachten durfte. Er lautet: *„Handle nur nach derjenigen Maxime, durch die du zugleich wollen kannst, dass sie ein allgemeines Gesetz werde."* Nachzulesen bei Immanuel Kant: „Kritik der praktischen Vernunft" (1788).

die klugen: „Solange wir noch durch die Felder gehen, sollst du zusammen mit den Dienerinnen meinem Wagen folgen, bis wir die Stadt erreicht haben. Die Stadt ist mit einer hohen Mauer geschützt, liegt auf einer Landzunge, so dass sie zwei Häfen mit enger Einfahrt hat. Alle Schiffe sind an Land gezogen, da jedes Schiff einen eigenen Liegeplatz hat. In der Nähe sind auch der prächtige Tempel des Poseidon und die Agora, der Marktplatz, gepflastert mit schönen Steinen. Dort wird Schiffbau betrieben und gelehrt. Die Phäaken beschäftigen sich nicht mit Waffen und Kriegsgeräten, sondern nur mit allem, was mit gehobener Schiffsbaukunst zu tun hat. Ihre Schiffe navigieren sie nur mit der Kraft der Gedanken und des Geistes. Mit ihren schnellen, durch Gedanken- und Geisteskraft angetriebenen Schiffen durchqueren sie, voll der Freude, das Meer. Bevor wir allerdings in die Stadt kommen, möchte ich, dass wir uns trennen, denn ich will Klatsch vermeiden. Gerede wird sofort entstehen, wenn ich mit einem so beeindruckenden und schönen Fremden gesehen werde, denn es gibt immer Leute, die dazu neigen. Und das möchte ich keinesfalls."

> **Das Lied von den Gerüchten**
> Und die Seele sang der immerwährenden Gültigkeit geflügelte Worte:
> Auf Eurer Fahrt durchs Leben könnt auch Ihr vielleicht erkennen, dass es sinnvoll ist, selbst wenn man auf die eigene Tugendhaftigkeit vertrauen kann, darauf zu achten, den Leuten möglichst keinen Anlass zur Entstehung von Gerüchten zu geben. Unvorteilhafte Meinungen und Spekulationen könnten unnötigerweise die Atmosphäre trüben; und man lebt eben in einer Atmosphäre!
> Das ist Homers odysseische Botschaft.

Also, Ihr habt es sicher schon bemerkt, meine verehrten Zuhörer. Der Mensch neigt immer dazu, Gerüchte zu produzieren und diese zu verbreiten. Die Menschen lieben Gerüchte; es gab sie immer, und sie werden auch in Zukunft blühen. Kein Zweifel, Gerüchte können ihrem Objekt schaden – deswegen ist die Vorbeugung ihrer Entstehung, wie Nausikaa sie praktizierte, klug und empfehlenswert. Allerdings kann niemand ihre Entstehung vollständig verhindern. Gerüchte gehören zu den menschlichen Kommunikationsritualen. Ihre Produzenten sind Neider, die jemandem absichtlich schaden wollen; oder Narzissten, die im Zentrum der Aufmerksamkeit stehen wollen; oder schwache Persönlichkeiten, die durch Wichtigtuerei ihre Schwächen kompensieren wollen; oder unempathische Menschen, die die Schädigung von Mitmenschen kalt lässt; oder rachsüchtige Menschen, die dadurch Rache nehmen wollen; oder kalkulierende Menschen, die damit etwas erreichen wollen; oder bloß Menschen, die eine soziale Kommunikation suchen.

Gerüchteentstehung, Gerüchteverbreitung, Gerüchtekonsum ist also menschlich, allzu menschlich! Vorbeugungs- und Vermeidungsversuche sind den klugen Menschen eigen, wenn auch nicht immer erfolgreich.

Nausikaa wusste also, was sie tat. An Odysseus gewandt fügte sie noch hinzu: „Um all dies zu vermeiden und damit du dein Ziel am besten erreichst, tue bitte folgendes: Kurz bevor wir die Stadt erreichen, werden wir zu einem der Athena geweihten Pappelhain kommen, da gibt es eine Quelle und eine Wiese, und da ist auch der Garten meines Vaters. Er ist von der Stadt nur so weit entfernt, dass man einen Ruf von dort gut vernehmen kann. Dort sollst du warten, bis wir in der Stadt sind. Wenn du schätzt, dass wir zu Hause angekommen sind, dann kommst du nach und suchst den Palast des großzügigen Alkinoos. Er ist kinderleicht zu finden, er ist nämlich das imposanteste Gebäude der Stadt. Wenn du den Hof des Palastes erreicht hast, dann gehe so schnell wie möglich durch den Männersaal und erreiche den Raum, in dem sich meine Mutter vor dem Kamin aufhält. Sie sitzt gewöhnlich vor dem Feuer und spinnt purpurfarbene Wolle. In ihrer Nähe neben einer Säule ist der Sessel, wo mein Vater sitzt. Gehe an ihm vorbei, knie vor meiner Mutter nieder und trage dein Anliegen vor. Wenn du auf meine Mutter einen sympathischen Eindruck machst, dann kannst du hoffen, bald deine Heimat zu sehen."

Das Lied vom indirekten Weg

Und die Seele sang der immerwährenden Gültigkeit geflügelte Worte:

Auf Eurer Fahrt durchs Leben könnt auch Ihr vielleicht erkennen, dass es hilfreich sein kann, nicht den direkten, sondern einen kleinen Umweg zu gehen, was manchmal der effektivere Weg ist. Der positive Einfluss, den ein Mensch auf einen anderen Menschen hat, kann die Brücke sein, die zum Ziel führt.

Das ist Homers odysseische Botschaft.

5
Die Verwandtschaft des Göttlichen

> **Zusammenfassung**
>
> Aus dem siebten Gesang meiner Odyssee werde ich Euch erzählen, wie Athena Odysseus dabei hilft, das Königspaar der Phäaken zu treffen. Unterwegs bewundert Odysseus die schöne Stadt, den üppigen Garten, in dem die Bäume ganzjährig tragen, Blüten und gleichzeitig reife Früchte, sowie den außergewöhnlich imposanten Königspalast. Odysseus sucht als erstes die Hilfe von Königin Arete, weil sowohl Athena als auch Nausikaa ihm das wegen des großen Einflusses der Königin auf den König, der sie über alles schätzte, geraten hatten. Odysseus wird vom Königspaar, aber auch von den im Palast anwesenden Aristokraten mit großer Gastfreundschaft empfangen und fürstlich bewirtet. Bald sagt ihm der König zu, dass ihm die Phäaken bei der Rückkehr in die Heimat helfen werden; bis dahin soll Odysseus als Gast des Königspaares im Palast wohnen. Dieser hat allerdings bisher weder seinen Namen noch seine Herkunft preisgegeben.
>
> Und die uns begleitende Seele wird geflügelte Worte von immerwährender Gültigkeit singen, wie etwa über das Selbstvertrauen und gesundes Selbstbewusstsein, die Sympathie durch Empathie, die Widerspiegelung von innerer Haltung auf äußere Erscheinungsformen, über die Verwandtschaft von Gastfreundschaft und Hilfsbereitschaft zum Göttlichen, über die Priorität der persönlichen Auffassung von Glück und manches andere.

Das Himmelreich auf Erden

In der Zwischenzeit war Nausikaa im Palast angekommen. Ihre Brüder, schön wie Götter, empfingen sie herzlich und entluden für sie den Wagen. Sie selbst ging sofort in ihre Gemächer, wo ihre alte Amme Eurymedusa für sie schon Feuer im Kamin angezündet hatte. Nach einer Weile machte sich auch Odysseus auf dem Weg in die Stadt, um den Palast zu suchen. Athena, die sich Sorgen machte, dass jemand dem Fremden unterwegs unangenehme Fragen stellen könnte, hüllte ihn in ihren göttlichen Nebel und machte ihn somit für andere unsichtbar. Als er im Begriff war, die Stadt zu betreten, erschien sie ihm in Gestalt eines Mädchens mit einem Wasserkrug. Als Odysseus sie erblickte, sprach er sie höflich an. Er bat um Hilfe dabei, den Palast des Königs zu finden, denn er sei ein geplagter Ausländer aus einem fernen Land, der sich hier nicht auskenne. Sie erklärte sich sofort bereit, ihm zu zeigen, wo der Palast sei. Das passe sehr gut, sagte die himmelblauäugige Athena in Gestalt des Mädchens, weil ihr väterliches Haus direkt neben dem Palast des Königs liege. Er solle ihr folgen, allerdings unterwegs mit niemandem sprechen. Die Menschen hier seien fremdenfeindlich; sie würden es nicht mögen, wenn Fremde in ihr Land kämen. Das sagte sie wahrheitswidrig, denn die Phäaken sind bekanntlich die fremdenfreundlichsten und hilfsbereitesten aller Erdbewohner. Außerdem seien alle hier überheblich – log sie weiter –; sie seien nämlich die Besitzer der schnellsten Schiffe der Welt, die das unendliche Meer in Windeseile, wie ein Vogel, oder sogar noch schneller, wie des Menschen Gedanken, durchqueren könnten – was zutraf, in diesem Punkt log die Göttin nicht – und immer von Poseidon geschützt.

Naja, nicht immer von Poseidon geschützt, wie ich Euch bald erzählen werde, meine verehrten Zuhörer. Die Göttin log in Bezug auf Fremdenfeindlichkeit und Überheblichkeit der Phäaken ganz absichtlich, und zwar um ihren Schützling daran zu hindern, unterwegs mit Menschen zu sprechen; damit wollte sie ihn vor frühzeitiger Entdeckung bewahren. Dies ist eine der vielen Arten des Lügens, von denen Ihr im vorigen Gesang gehört habt.

Vorne ging also die so sprechende himmelblauäugige Athena, von den Menschen als Mädchen wahrgenommen, gefolgt vom schweigenden, für die Menschen unsichtbaren, in göttlichen Nebel gehüllten Odysseus. Aber er konnte alles sehen; so hatte Odysseus die Möglichkeit, die eleganten Schiffe im Hafen, die Agora, den Heldenplatz und die imposante Mauer zu bewundern.

Als sie den prächtigen Palast des Königs erreicht hatten, sagte Pallas Athena, das hilfsbereite Mädchen: „So, hier sind wir, verehrter Fremder. Gehe nun in den Palast hinein. Zuerst wirst du den Männersaal betreten, wo viele edle Männer am Tisch versammelt sind. Zeige keine Angst, gehe selbstbewusst weiter, weil ein Mensch mit viel Selbstvertrauen am sichersten seine Ziele erreicht, selbst wenn er ein Fremder ist ..."

Das Lied vom zielsichersten Weg

Und die Seele sang der immerwährenden Gültigkeit geflügelte Worte:
   Auf Eurer Fahrt durchs Leben könnt auch Ihr vielleicht erkennen, dass Selbstvertrauen und gesundes Selbstbewusstsein den zielsichersten Weg ebnen und dem Menschen den Schlüssel zum Erfolg in die Hand legen können.
   Das ist Homers odysseische Botschaft.

„... Gehe also hindurch und suche die Königin", fuhr die Göttin fort, „Sie heißt Arete und kommt aus demselben Geschlecht wie König Alkinoos; sie ist seine Cousine und dazu Urenkelin von Poseidon. Sie wird von ihrem Gatten geehrt wie keine andere Königin auf der ganzen Welt. Aus tiefstem Herzen wird sie aber nicht nur von ihrem Gemahl, sondern auch von ihren Kindern und dem ganzen Volk wie eine Göttin verehrt. Ehrerbietig und enthusiastisch wird sie gegrüßt, wenn sie in der Stadt erscheint. Grund dafür ist, dass sie mit allen Menschen Mitgefühl hat und immer wohlwollend und empathisch denkt; mit ihrer Klugheit und Großherzigkeit schlichtet sie erfolgreich jeden Streit ihrer Untertanen. Wenn es dir gelingt, ihre Sympathie zu erwecken, dann kannst du hoffen, bald deine Heimat zu sehen."

> **Das Lied von der Sympathie erzeugenden Empathie**
> Und die Seele sang der immerwährenden Gültigkeit geflügelte Worte:
> Auf Eurer Fahrt durchs Leben könnt auch Ihr vielleicht erkennen, dass empathisch sein sympathisch macht. Empathie erzeugt Sympathie.
> Das ist Homers odysseische Botschaft.

Ja, geschätzte Zuhörer, die große Sympathie, die Königin Arete beim Volk genoss, war die Frucht ihrer Empathie und Gerechtigkeit.

Nachdem Athena all das gesagt hatte, verschwand sie über dem Meer, landete am Marathon und ging nach Athen in ihren Tempel, den Erechteus, der alte König von Athen, für sie gebaut hatte.

Unterdessen betrat Odysseus den Palast. Was für ein Palast! Und was für ein königlicher Garten! Odysseus kam aus dem Staunen nicht mehr heraus.

Lasst uns, meine verehrten Zuhörer, so am Rande zusammen mit Odysseus dieses Prachtwerk bewundern. Ich weiß, Ihr seid gespannt zu erfahren, wie Odysseus empfangen wird und wie es ihm weiter ergeht. Aber die Bewunderung der Schönheit – von Menschen oder von der Natur geschaffen – ist für die Seele des Menschen Balsam und Nahrung; Zeit dafür muss immer sein! Odysseus war in großer Eile – existenzieller Eile! Aber trotzdem fand er die Zeit zu staunen und zu bewundern! Finden wir sie auch.

> **Das Lied von Schönheit und Ästhetik**
> Und die Seele sang der immerwährenden Gültigkeit geflügelte Worte:
> Auf Eurer Fahrt durchs Leben könnt auch Ihr vielleicht erkennen, dass Schönheit und Ästhetik dem Menschen nicht nur Genuss bringen, sondern dass sie der Seele einerseits Ruhe und Entspannung bescheren, ihr andererseits aufwühlende Ekstase bereiten. Schönheit und Ästhetik sind der Erhabenheit Wegweiser. Die Fähigkeit, durch Schönheit und Ästhetik in Staunen und Bewunderung zu geraten, ist dem feinen, zivilisierten Menschen zu eigen – beides Aspekte seiner Lebendigkeit.
> Das ist Homers odysseische Botschaft.

> **Das Lied von der äußeren Erscheinung**
> Und die Seele sang weitere der immerwährenden Gültigkeit geflügelte Worte:
> Auf Eurer Fahrt durchs Leben könnt auch Ihr vielleicht erkennen, dass äußere Erscheinungsformen, wie schön, ästhetisch, imposant und ähnliches, Widerspiegelungen von inneren Haltungen ihrer Träger oder ihrer Schöpfer sind.
> Das ist Homers weitere odysseische Botschaft.

Folgen wir für einen Moment dem Wegweiser der Erhabenheit, Odysseus also, bei seiner Bewunderung und seinem Staunen. Auf der bronzenen Schwelle stehend, betrachtete er sprachlos das stärker als Sonne und Mond strahlende Gebäude. Von oben bis unten war das Gemäuer mit schimmerndem Kupfer verkleidet, der Sims ringsum aus glänzendem Metall gefertigt. Tore und Türen waren aus Gold, die Pfosten und Pfeiler aus Silber, die Schwellen aus Kupfer, der Türsturz aus Silber. An beiden Seiten des Palasteingangs standen das Haus bewachende Hunde aus Gold und Silber, kunstvoll und meisterhaft, unzerstörbar und für die Ewigkeit vom Gott der Schmiede, Hephästos, selbst geschaffen. Drinnen im großen Saal standen von der Schwelle bis zum Ende des tiefen Raumes auf beiden Seiten bequeme Lehnstühle; bedeckt mit schön gewebten Decken, geschmückt mit allerlei Stickereien aus erfahrenen Frauenhänden. Dieser Saal war der Versammlungsort der Aristokratie der Phäaken, wo immer reichlich Speisen und Getränke genossen wurden; davon hatte man ja im Überfluss. Auf kunstvollen Sockeln standen goldene Jünglingsstatuen mit brennenden Fackeln in den Händen, so dass taghelles Licht die Räume auch in der Nacht durchflutete. Fünfzig Dienerinnen waren im Palast mit den unterschiedlichsten Tätigkeiten beschäftigt, darunter Weben und Sticken. So wie die phäakischen Männer unübertroffen waren beim Erbauen und Steuern schneller Schiffe, so waren ihre Frauen unübertroffen in der Kunst des Webens und Stickens. Athena selbst, die Meisterin und Beschützerin der Webekunst, hatte ihnen diese Fertigkeiten beigebracht.

Und dann der Garten! Was für ein Garten schloss sich dem Palast an! Die Schönheit der Natur wetteiferte mit der Schönheit der Kunst! Ein vier Morgen großer Obstgarten, ringsum von Hecken gesäumt. Allerlei hohe Obstbäume wuchsen darin: Apfel- und Birnbäume, Granatapfel- und Feigenbäume, Weinstöcke und natürlich Olivenbäume. Das Besondere an diesen Bäumen war, dass sie immer, Sommer wie Winter, Früchte trugen und gleichzeitig Blüten. Denn Zephyros, der Westwind, blies Stunde um Stunde, Tag für Tag, ließ die vorhandenen Früchte reifen und gleichzeitig neue Knospen erblühen. Die neuen Birnen folgten den schon reifen, auf Apfel folgte Apfel, auf reife Feige die junge Feige, neue Trauben drängten sich neben ernterreifen, neue Blüten entfalteten sich, während noch geerntet und gekeltert wurde. Blühen und Reifen nebeneinander und ganzjährig. Am Ende des Gartens lagen die Gemüsebeete mit den verschiedensten Sorten von Gemüsen und Kräutern, schön gepflegt und immergrün. Dort entsprangen auch zwei Wasserquellen; die eine bewässerte den Garten, die andere versorgte den Palast und die Stadt mit frischem Wasser. All dies waren Geschenke der Götter an den tugendhaften und großherzigen Alkinoos.

Überwältigt bewunderte Odysseus dieses Himmelreich auf Erden.

Gastfreundschaft und Götterverwandtschaft

Als er schließlich seinen staunenden Blick davon abwenden konnte, ging Odysseus selbstbewusst und entschlossen durch den großen Saal, wo soeben die Aristokraten der Insel ihr Abendessen beendeten; die Teilnehmer spendeten gerade – wie es sich am Schluss des Tafelns gehört – den Göttern, heute speziell dem in Licht gehüllten Hermes. Schnellen Schrittes durchquerte der unsichtbare Odysseus, immer noch in Athenas göttlichen Nebel gehüllt, unbemerkt den Saal, bis er Königin Arete und König Alkinoos erreichte. Als er vor der Königin die Bittstellerhaltung einnahm – kniend, ihre Knie umfassend – verschwand der göttliche Nebel unvermittelt, und Odysseus wurde für das Königspaar und alle anderen sichtbar. Die Anwesenden schauten erstaunt und befremdet den Fremden an, der so plötzlich und unerwartet, buchstäblich aus dem Nichts, vor ihren Augen erschienen war. Dieser sprach zu Arete die geflügelten Worte, die flehenden: „Oh, erhabene Königin, ich komme als Bittsteller zu dir und zu König Alkinoos. Euch beiden, euren Kinder und allen hier Versammelten wünsche ich das Beste. Aber ich bitte Euch, helft mir, in mein Land zurückzukehren. Jahrelang musste ich Unerträgliches ertragen, fern von meinen Lieben. Helft mir, sodass ich noch einmal meine Heimat sehe."

Mit diesen Worten warf sich Odysseus als Zeichen der Demut und der Verzweiflung auf den Aschehaufen neben dem Kamin. Die anwesenden Phäaken schauten schweigend, betroffen und mitfühlend zu.

Nach einer Weile ergriff der weise Echenios das Wort, der viel Erfahrung hatte und schön sprechen konnte. Nur er durfte es wagen, dem König die geflügelten Worte zu sagen, die wohlwollenden: „Alkinoos, es gehört sich nicht, den Fremden, unseren Gast, dort sitzen zu lassen, auf dem Ascheplatz. Niemand von uns wagt es, den Regeln der Gastfreundschaft entsprechend für ihn zu sorgen; alle warten auf ein Wort des Königs. Nun hilf ihm, sich zu erheben, biete ihm einen bequemen Sessel an und gib dem Diener Anweisung, neuen Wein zu bringen. Damit wollen wir auch Zeus, dem Beschützer der Fremden

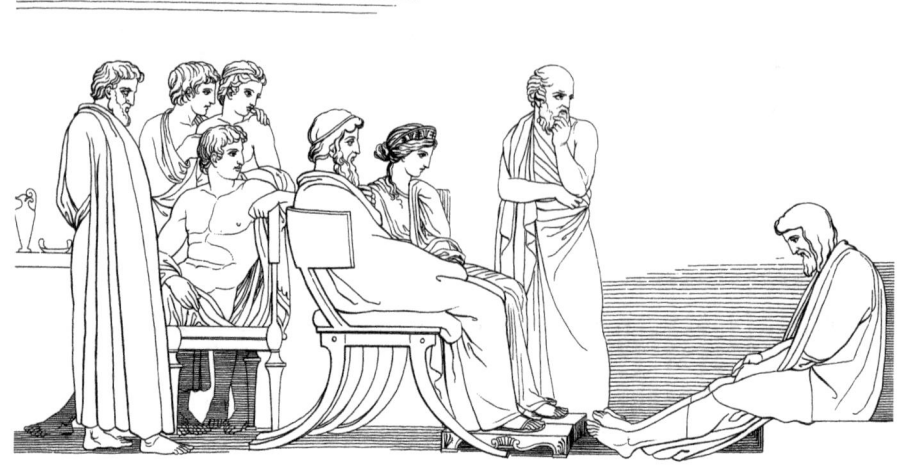

Odysseus bittet das Königspaar der Phäaken um Hilfe

und redlichen Schutzbedürftigen, huldigen. Und weise die Haushälterin an, dem fremden Gast reichlich Speisen anzubieten."

Nach diesen Worten des alten weisen Echenios erhob sich der göttliche Alkinoos sofort, half Odysseus aufzustehen und bot ihm einen herrlichen Sessel neben sich an, nachdem er seinen Lieblingssohn, den tapferen Laodamas, veranlasst hatte, den Platz für den Gast zu räumen. Eine Dienerin brachte einen goldenen Wasserkrug und eine silberne Schüssel; sie goss dem Fremden Wasser ein, damit er sich waschen könne. Dann wurden ihm verschiedene wohlschmeckende Speisen und köstlicher Wein serviert. Nachdem alle Anwesenden aus ihren vollen Weinbechern an Zeus gespendet hatten, noch bevor der hungrige Odysseus mit dem Essen beginnen konnte, sprach Alkinoos die geflügelten Worte, die erlösenden: „Verehrte Phäakenfürsten, selbstverständlich werden wir den Fremden in seine Heimat bringen. Wenn ihr mit Essen und Trinken fertig seid, könnt ihr nach Hause gehen, um zu schlafen. Der Fremde bleibt als mein Gast im Palast. Morgen früh werde ich eine Vollversammlung des Ältestenrates einberufen, um die Rückreise unseres Gastes zu besprechen und zu planen, wie er sicher, schnell und ohne große Mühe in seine Heimat kommt, egal wie weit entfernt sie ist. Bis er zu Hause angekommen ist, sind wir, das Volk der Phäaken, verantwortlich für seine Sicherheit und sein Wohlbefinden. Unsere Verantwortung endet mit der Ankunft in seiner Heimat. Falls dieser Fremde ein getarnter Gott sein sollte, dann ist das wahrscheinlich eine Versuchung der Götter, weil die bisher nie getarnt, sondern offen zu uns kamen. Denn wir sind ja göttlicher Abstammung, also der Götter Verwandte."

5 Die Verwandtschaft des Göttlichen

Das Lied von der Verwandtschaft mit dem Göttlichen

Und die Seele sang der immerwährenden Gültigkeit geflügelte Worte:
 Auf Eurer Fahrt durchs Leben könnt auch Ihr vielleicht erkennen, dass Gastfreundschaft, Hilfsbereitschaft, Solidarität mit dem Leidenden und Empathie das Wesen der Verwandtschaft mit dem Göttlichen ausmachen.
Das ist Homers odysseische Botschaft.

Alle Gäste waren einverstanden mit dem, was König Alkinoos sagte.

Wie auch immer, der hocherfreute, aber sehr hungrige Odysseus versicherte den Anwesenden, dass er kein Gott sei und keine Versuchung der Götter dahinter stehe, sondern dass er ein vielgeplagter und unglücklicher Mensch sei, der nur eines im Sinn habe: seine Heimat wiederzusehen. Allerdings werde auch das größte Unglück vorübergehend vom Hunger verdrängt, so wie es jetzt bei ihm der Fall sei. Und mit diesen Worten begann er mit großem Appetit zu essen. Bevor die Phäakenfürsten die Tafel verließen, versicherten sie Odysseus, dass sie alle alles tun würden, damit er sicher und wohlbehalten nach Hause komme.

Als das Königspaar schließlich alleine mit dem Gast war, fragte ihn Königin Arete, wie er denn auf die Insel der Phäaken gelangt sei und woher er denn diese Kleider habe, die nicht zu einem Schiffbrüchigen passten – Arete hatte nämlich erkannt, dass sie zur königlichen Garderobe gehörten. Odysseus erzählte zunächst, wie sein Schiff im Seesturm zerstört worden war, wie er alle seine Schiffskameraden verloren hatte und wie er, sich auf einem Schiffsbalken festklammernd, nach zehn Tagen die Insel der göttlichen Nymphe Kalypso, Ogygia, erreicht hatte. Diese Göttin sei wunderschön und mächtig. Sie habe ihn aufgenommen und ihn zu ihrem Bettgefährten gemacht, obwohl er sehnsüchtig zurück zu seiner Frau wollte. Sieben Jahre lang habe sie ihn festgehalten, sieben Jahre lang habe er an nichts anderes gedacht als an seine Heimat. Kalypso aber sei in ihn verliebt gewesen, habe ihm Unsterblichkeit und ewige Jugend angeboten, wenn er bei ihr bleibe. Doch seine Heimat sei ihm lieber; wertvoller sogar als Unsterblichkeit und ewige Jugend.

Das Lied von der Definition des Glücks

Und die Seele sang der immerwährenden Gültigkeit geflügelte Worte:
 Auf Eurer Fahrt durchs Leben könnt auch Ihr vielleicht erkennen, dass man zugunsten von persönlich entscheidend wichtigen Gütern sogar die allgemein höchsten Sehnsüchte der Menschen zu opfern bereit ist. Das persönliche Glück wird von jedem Menschen persönlich definiert. Dafür kann der Einzelne das allgemein als höchstes Gut definierte unberücksichtigt links liegen lassen.
Das ist Homers odysseische Botschaft.

Dann erzählte Odysseus seinen Gastgebern, wie Kalypso im achten Jahr völlig unerwartet – ob es eine göttliche Anweisung gewesen sei oder ob sie kein Interesse mehr an ihm gehabt habe, könne er nicht sagen – ihre Haltung geändert und ihm geholfen habe, die Heimreise auf einem selbstgebauten Floß anzutreten. Er berichtete seinen Gastgebern auch, wie er siebzehn Tage lang ruhiges Meer und günstigen Fahrtwind gehabt habe. Und wie ihm am achtzehnten Tag, als er schon die Berge ihrer Insel gesehen habe, Poseidon einen höllischen Sturm geschickt habe, dem er nur mit großer Mühe und übermenschlichem Kampf, am Ende völlig erschöpft, hatte entfliehen können. Und schließlich erzählte er, wie er sich in den Fluss gerettet und wie er Nausikaa getroffen habe; und wie schließlich dieses kluge und schöne Mädchen ihm geholfen habe. Als er aber zu der Stelle kam, als Nausikaa ihm empfohlen hatte, sich zu verstecken und erst, wenn sie im Palast sei, den Versuch zu unternehmen, mit ihren Eltern in Kontakt zu treten, unterbrach ihn Alkinoos und sagte: „Aber das wäre doch nicht nötig gewesen, verehrter Gast; unsere Tochter und ihre Dienerinnen hätten dich ruhig in den Palast mitbringen können." Odysseus aber zeigte Verständnis und billigte das Verhalten von Nausikaa als angemessen.

Der königliche Odysseus erzählte also dem Königspaar in allen Einzelheiten, wie er auf ihre Insel Scheria gekommen war; seine wahre Identität jedoch verriet er noch nicht.

Alkinoos zeigte sich sehr beeindruckt von Odysseus und versicherte ihm noch einmal, dass er alles tun werde, um ihm zu helfen, nach Hause zurückzukehren. Aber er ließ nicht unerwähnt, dass er so einen Mann gerne seiner Tochter zum Ehemann geben würde. Wie auch immer, für die Phäaken sei es kein Problem, ihn innerhalb eines Tages in seine Heimat zu bringen, egal wie fern sie sei. Sie hätten den göttlichen Rhadamanthys, Sohn des legendären kretischen Königs Minos – der später Richter am Obersten himmlischen Gericht im Jenseits wurde – innerhalb eines Tages bis zur Insel Euböa gebracht, von der man sagt, sie sei unendlich weit weg von der Phäakeninsel. Das bedeute, dass es auch mit seiner Rückkehr kein Problem geben werde.

Als der vielgeplagte Odysseus dies hörte, dankte er aus tiefem Herzen Vater Zeus und bat ihn, dem edlen König Alkinoos und den Seinen nur das Beste zu schenken.

Nach diesen freundlichen Worten von beiden Seiten gab die erhabene Königin Arete den Dienerinnen die Anweisung, für den Fremden ein schönes und bequemes Bett herzurichten, was sie sofort bereitwillig in die Tat umsetzten.

Und so durfte sich der todmüde Odysseus nach achtzehn Tagen wieder in ein wohlgemachtes Bett legen. Überglücklich empfing er den Segen des Schlafgottes Hypnos.

6
Der Erhabenheit Segen und Fluch

Zusammenfassung

Aus dem achten Gesang meiner Odyssee werde ich Euch erzählen von der Versammlung, die König Alkinoos einberuft, um mit den Aristokraten zu beratschlagen, wie Odysseus Rückkehr am besten vonstattengehen kann. Nach der Ratsversammlung lädt der König die Aristokratie der Insel sowie die frisch rekrutierte Schiffmannschaft, die Odysseus nach Hause bringen soll, zu einem Empfang in den Palast. Eingeladen ist auch der begnadete blinde Sänger Demodokos. Er singt Lieder über den Kampf um Troja, bei denen Odysseus seine Tränen zu verbergen sucht. Mit Ausnahme des Königs bemerkt niemand etwas; der wiederum lässt sich aus Taktgefühl nichts anmerken. Um die Situation für Odysseus zu entspannen, fordert der König die Anwesenden auf, ins Stadion zu gehen und Wettkämpfe zu Ehren des Gastes zu veranstalten. Dabei wird Odysseus von jemandem provozierend aufgefordert, am Wettkampf teilzunehmen, was er verärgert tut. Sein Sieg sichert ihm zusätzlich die Hochachtung der Phäaken. Beim anschließenden Abendessen singt Demodokos zunächst fröhliche Lieder, dann auf Odysseus Bitte Lieder über den Kampf um Troja, und zwar über „diesen berühmten Odysseus". Wieder ist er aufgewühlt und weint heimlich, wieder bemerkt als einziger der König etwas. Er bittet den Sänger aufzuhören und fordert Odysseus mit großem Taktgefühl auf, endlich preiszugeben, wer er ist und woher er kommt. Doch bevor Odysseus damit beginnt, berichtet König Alkinoos von einer alten Prophezeiung, dass Poseidon eines Tages Unheil über die Phäaken bringen wird, nämlich wenn sie einem Schiffbrüchigen – einem ganz besonderen – helfen werden, seine Heimat zu erreichen.

Und die uns begleitende Seele wird dabei geflügelte Worte von immerwährender Gültigkeit singen, wie etwa über die Kraft der Neugier, darüber wie majestätisch Barmherzigkeit, menschliche Wärme und Zuwendung sind, und über die Erhabenheit des Taktgefühls und über die schwer besiegbaren Waffen der Intelligenz im Vergleich zu roher Gewalt. Dann noch von der Universalität der Schadenfreude, der Seltenheit des Gegen-den-Strom-Schwimmens, dem Segen von Solidarität und Verbundenheit und der Erhabenheit des Philanthropen. Und schließlich von der Doppelseitigkeit der Moral. Und manchem anderen.

Des Taktgefühls edle Herkunft

Als am nächsten Morgen Eos rhododaktylos mit ihren Purpurfarben auf der Insel der Phäaken erschien, sprang der edle König Alkinoos von seinem Lager und machte sich voller Elan auf den Weg in die Stadt, um die am vorherigen Abend angekündigte Ratsversammlung einzuberufen. Auch sein Gast erhob sich gut erholt und folgte dem König. Als sie am Versammlungsplatz ankamen, der in der Nähe der Schiffe lag, nahmen sie auf kunstvoll gemeißelten Steinsitzen Platz, der fremde Gast neben dem König. Pallas Athena trug ihren Anteil zum Erfolg der Versammlung bei. Sie ging in menschlicher Gestalt, als Herold, durch die Stadt und forderte die phäakischen Aristokraten auf, bei der Versammlung zahlreich zu erscheinen; dort könnten sie einen hochinteressanten Gast des Königs persönlich erleben, der gerade ein großes Abenteuer hinter sich habe. Sie sagte natürlich nicht, wer der hochinteressante Gast war und auch nicht, was für ein großes Abenteuer er hinter sich hatte. Damit waren Neugier und Interesse bei den Menschen geweckt.

Es kam die gesamte Prominenz am Versammlungsplatz zusammen.

> **Das Lied von der Kraft der Neugier**
> Und die Seele sang der immerwährenden Gültigkeit geflügelte Worte:
> Auf Eurer Fahrt durchs Leben könnt auch Ihr vielleicht erkennen, dass des Menschen Neugier zum Handeln führen und zum Interesse-Erwecken beitragen kann. Die Neugier bewegt kleine Dinge, wie hier der Besuch einer Ratsversammlung, um einen Fremden kennen zu lernen und von seinen Abenteuern zu hören. Die Neugier bewegt aber auch das große Rad des Menschenwissens, das zu neuen Horizonten führt.
> Das ist Homers odysseische Botschaft.

Ja, die Göttin der Weisheit wusste, dass Neugier das reizvolle Verlangen ist, Neues zu erfahren und Unbekanntes kennenzulernen. Und sie reizte gekonnt dieses menschliche Verlangen aus. Neugier hat viele Gesichter und kann in viele Richtungen gehen, geschätzte Zuhörer. Eines ihrer schönsten Gesichter und eine der reizvollsten Richtungen, die sie beschreitet, ist die der Philomathie, der Weg der Wissbegierde. Der Philomathie Frucht ist die Polymathie, das Vielwissen, in der Regel ein Segen für Mensch und Menschheit. Dass die Neugier und die damit verbundene Wissbegierde zum Naturell des Menschen gehört, hat – einige Jahrhunderte nach mir – kein geringerer als mein Landsmann Aristoteles, „der Lehrer des Abendlandes"[1] konstatiert. Er deklarierte die Neigung zum Wissen als eine mit der Natur des Menschen verbundene Eigenschaft.[2]

Pallas Athena erweckte bei den Phäaken das reizvolle Verlangen nach Wissen, sie stachelte ihre Neugier an. Die Göttin verwendete aber auch weitere Tricks mit dem Ziel, bei den Phäaken die höchstmögliche Sympathie und Bewunderung für ihren Schützling zu erwecken. Sie übergoss ihn mit göttli-

---
[1] So bezeichnete ihn in zutreffender Weise der deutsche Gelehrte Hellmut Flashar in seinem Buch „Aristoteles, der Lehrer des Abendlandes" (2013).
[2] Diese aristotelischen Deklaration findet man in des Philosophen „Metaphysik".

cher Aura, so dass er größer, kräftiger, charismatischer und bewundernswerter schien als er es sowieso schon war. Athena erreichte ihr Ziel: die anwesenden Phäaken schauten voller Respekt und Bewunderung auf den beeindruckenden Fremden.

Als der Versammlungsplatz gut gefüllt war, sprach König Alkinoos die geflügelten Worte, die erhabenen und großzügigen: „Ehrenwerte Aristokraten des phäakischen Volkes, hört was ich auf dem Herzen habe. Dieser mir bis gestern Abend unbekannte Fremde kam in mein Haus, nachdem er vieles erleiden musste. Ich kenne ihn nicht, und ich weiß nicht, aus welchem Volk er stammt. Er bittet uns, ihm zu helfen, sicher in seine Heimat zurückzukehren. Beeilen wir uns also, ihn zu unterstützen, so wie wir es in solchen Fällen immer tun. Jedem Fremden, der zu uns kam und um Hilfe bat, der darum bat, nach Hause geleitet zu werden, haben wir seinen Wunsch erfüllt. Tun wir das also auch jetzt in gleicher Weise. Lasst uns ein schnelles und schönes Schiff, einen Erstling, für die Reise vorbereiten und eine Schiffsmannschaft aus zweiundfünfzig ausgewählten, kräftigen und tüchtigen jungen Phäaken zusammenstellen. Diese zweiundfünfzig Männer der Schiffsmannschaft sind heute zusammen mit allen Würdenträgern unserer Insel Scheria bei mir zum Mittagsmahl und zu dem Empfang geladen, den ich zu Ehren unseres Gastes geben werde. Ich hoffe, Euch alle begrüßen zu dürfen. Auch der göttliche Sänger Demodokos ist geladen, der von den Göttern mit der hohen Gabe des unübertrefflichen Gesangs gesegnet wurde."

> **Das Lied vom majestätischen Helfer**
> Und die Seele sang der immerwährenden Gültigkeit geflügelte Worte:
> Auf Eurer Fahrt durchs Leben könnt auch Ihr vielleicht erkennen, dass der, der Hilfe mit großer Barmherzigkeit, Wärme und Zuwendung erlebt, gleichzeitig menschliche Größe in ihrer majestätischsten Erscheinung genießt. Jeder großzügige Helfer ist dann ein König.
> Das ist Homers odysseische Botschaft.

Und damit wurde die Versammlung geschlossen; es gab keinen Widerspruch, keinen Missmut, sondern nur Zustimmung zu des Königs Worten.

Gesagt, gehorcht, getan.

Die zweiundfünfzig Auserwählten begannen sofort damit, das Schiff fahrtüchtig zu machen; dann gingen auch sie wie die Aristokraten der Insel zum Empfang des Königs. Für das feierliche Mahl waren zwölf fette Schafe geschlachtet und gebraten worden sowie acht weißzähnige Schweine und zwei große Rinder. Ein Herold geleitete den hochbegabten Sänger Demodokos zum Palast, den die Musa des Gesangs, Polyhymnia, so sehr liebte. Allerdings hatten die Götter ihm etwas Gutes und etwas Schlechtes gegeben. Einerseits hatten sie Demodokos die unvergleichlich schöne Stimme und die Kunst des Gesangs geschenkt, ihn andererseits aber mit Blindheit geschlagen.

In der Tat, der alte Demodokos war ein blinder Sänger, wie ich selbst ein blinder Dichter bin. Nun ja, letzten Endes hat unsere Blindheit unserer Kunst nicht geschadet, was ich in aller Bescheidenheit sagen darf, nach der Apotheose, die ich Eurerseits in den letzten dreitausend Jahren erleben durfte. Wofür ich mich übrigens ganz herzlich bedanken möchte, meine verehrten Zuhörer.

Aber nach diesem kurzen Exkurs in eigener Sache wieder zurück zu Alkinoos prachtvollem Palast.

Der Herold brachte den blinden Sänger zu einem besonders prächtigen Sessel neben einer Säule, über dessen Lehne er schon Demodokos Leier gehängt hatte. Ohne diese in die Hand zu nehmen, wies er den blinden Sänger darauf hin, damit dieser sie selbst ergreifen könne, sobald er mit dem Gesang beginnen wolle. Aber zunächst wurde gegessen und getrunken. Nach dem wahrlich königlichen Mahl erhob Demodokos seine schöne Stimme. Die Musa inspirierte ihn, über den Kampf um Troja und die Helden von damals zu singen. Er sang von der Zeit, als Zeus Trojanern und Griechen gleichermaßen großes Leid geschickt hatte.

Der blinde Sänger besang gerade eine Episode, deren Inhalt ein Streit zwischen den beiden griechischen Helden Odysseus und Achilles war. Er handelte davon, wie die beiden besten der Griechen miteinander stritten und wie ein Dritter dabei lachte – in diesem Fall war der Dritte der König der Könige, Agamemnon, Achilles großer Rivale. Als Odysseus diesen Vers hörte, zog er das purpurne Übertuch über den Kopf und versteckte damit sein schönes Gesicht. Er wollte nicht, dass die anderen die Tränen in seinen Augen sehen, denn er hatte ja immer noch nicht seine Identität offenbart. Und jedes Mal, wenn Demodokos ein neues Lied sang, wobei jedes Lied eine Episode des Krieges zwischen Griechen und Trojanern zum Thema hatte, wiederholte sich die Szene: der heimlich weinende Odysseus versteckte sein schönes Gesicht hinter dem purpurnen Tuch.

Niemand dachte sich etwas dabei, und niemand bemerkte, dass Odysseus heimlich weinte – mit Ausnahme von Königs Alkinoos, der direkt neben ihm saß. Um die Qualen des Gastes zu beenden, schlug der König taktvoll vor, dass man nun Essen und Gesang beenden solle. Es sei die Zeit gekommen, ins Freie zu gehen und zu Ehren des Gastes Wettkämpfe zu veranstalten. So könne man ihm auch zeigen, was für hervorragende Athleten die Phäaken seien. Damit erlöste er diskret Odysseus aus seiner schwierigen Lage und nahm ihm etwas von dem Schmerz, der sein Herz so sehr quälte.

Demodokos besingt den Kampf um Troja

Das Lied vom Taktgefühl

Und die Seele sang der immerwährenden Gültigkeit geflügelte Worte:
   Auf Eurer Fahrt durchs Leben könnt auch Ihr vielleicht erkennen, dass Respekt und taktvoller Umgang mit jedem Menschen – insbesondere, aber nicht nur, mit trauernden oder verletzten – ein hohes Verhaltensgut sind. Auch wenn man wissbegierig ist, des Leidens Grund oder anderes zu erfahren – gerade dann ist der Wert des vornehmen, des taktvollen Verhaltens noch größer.
   Das ist Homers odysseische Botschaft.

Taktgefühl, verehrte Zuhörer, ist zunächst einmal eine Fähigkeit, die offensichtlich der edle König Alkinoos reichlich hatte, wie Ihr schon im vorigen Gesang gehört habt. Aber Taktgefühl ist auch ein erlerntes Verhaltensmuster, durch das man mit seinen Mitmenschen kommuniziert, ohne sie zu brüskieren, sie zu beschämen oder ihnen unangemessen zu nahe zu treten. Damit wird Respekt vor der Würde und Integrität anderer Menschen zum Ausdruck gebracht. Der taktvolle Mensch schont andere, auch wenn sie unglaubhaft wirken. König Alkinoos Haltung beinhaltete eines der wesentlichen Charakteristika taktvollen Handelns: die Unauffälligkeit. Niemand hatte bemerkt, nicht einmal Odysseus selbst, was des Königs Absicht war. Taktgefühl setzt Sensibilität voraus, Toleranz und Menschenkenntnis. Somit ist es nicht nur Charaktereigenschaft, sondern auch der Klugheit und Weisheit Ausdruck. Der Taktlose stellt seinen Mitmenschen bloß, enthüllt seine Schwächen, Fehler und Verirrungen, um sich selbst dadurch zu erheben oder anderswie zu profilieren und davon zu profitieren. Alkinoos, der erhabene König der Phäaken, hatte all das nicht nötig.

Der Provokation entfesselnde Kraft

Des Königs Aufforderung zum Wettkampf gefiel allen Anwesenden, und zügig folgten sie ihm zum Stadion. Ein Diener führte auch den blinden Demodokos dorthin, und eine große Menge aus dem Volk der Phäaken kam hinzu. Die Crème de la Crème der phäakischen Jugend nahm an den Wettkämpfen teil. Darunter auch die drei Söhne des erhabenen Alkinoos; das waren Laodamas, Alios und Klytoneos. Außerdem der wie der Kriegsgott Ares aussehende Euryalos, der schönste Jüngling von Scheria nach dem unvergleichbaren Königssohn Laodamas. Den Wettkampf im Rennen gewann der andere Königsohn, der unbesiegbare Klytoneos, den im schweren Ringen Euryalos, den im Faustkampf Laodamas, den im Springen Amphialos und den im Diskuswurf Elatreus.

Dann kam Laodamas plötzlich auf die Idee, auch den Gast zu bitten, an den Wettkämpfen teilzunehmen, und sprach ihn darauf an. Er habe wohl im Meer lange gelitten, aber er sehe doch stark und kräftig genug aus, um mitzutun. Der kluge Odysseus aber lehnte Laodamas Einladung ab, mit der Begründung, er sei zu abgekämpft, und er wolle sich für die baldige Heimreise schonen. Odysseus Ablehnung veranlasste Euryalos, der gerade den Kampf im schweren Ringen gewonnen hatte, ihm beleidigende Worte zuzurufen. Er könne doch gar nicht kämpfen! Er sehe nicht wie ein Kämpfer aus, sondern eher wie jemand, der nur an Handeln und Gewinne denke, dessen Tätigkeit vorwiegend die Aufsicht über die hart arbeitenden Seeleute sei und das Registrieren von Handelsgütern. Aber ein Kämpfer scheine er nicht zu sein.

Odysseus fasste die Worte des Euryalos als schwere Beleidigung auf und sprach die geflügelten Worte, die verärgerten: „Du hast nicht wohl gesprochen, sondern wie ein unvernünftiger Mensch. So ist das mit den Göttern, die den Menschen Tugenden und Begabungen verteilen. Sie geben nicht alle Tugenden und Begabungen einem einzelnen Menschen. Dem einen, dem die Götter weniger Schönheit geschenkt haben, geben sie die Kunst des schönen und vernünftigen Redens, und die Menschen freuen sich, ihm zuzuhören und bewundern ihn. Ein anderer kann, was die Schönheit betrifft, gleich einem Gott aussehen, aber sein Reden ist weder elegant noch vernünftig. Dir haben die Götter Schönheit geschenkt, aber wenig Verstand, fürchte ich. Du irrst dich! Mit Kämpfen habe ich viel Erfahrung gesammelt, als ich noch jung und kräftig war. Ich habe viel gelitten und vieles ertragen müssen – im Kampf mit

Feinden und im Kampf mit dem Meer. Nichtsdestotrotz, deine Schmähungen und Beleidigungen reizen mich nun doch, in die Wettkämpfe einzusteigen."

Und mit diesen Worten erhob er sich und ging ohne seine Kleider abzulegen in die Mitte des Platzes. Dort wählte er einen Diskus, der größer und schwerer war als die phäakischen Athleten ihn normalerweise warfen. Er schleuderte den Diskus mit ungeheurer Kraft, so dass dieser sausend durch die Luft flog, weit über die markierte Stelle hinaus, wo die anderen gelandet waren. Erstaunen und Bewunderung machten sich bei den Phäaken breit. Und Pallas Athena – versteckt in der Gestalt eines Mannes, der eine Art Schiedsrichter war – markierte den Punkt, wo der Diskus den Boden berührt hatte. Mit lauter männlicher Stimme rief sie, der Fremde könne stolz sein, er habe alle anderen übertroffen. Kein Phäaker habe es bisher geschafft, den Diskus über eine solche Distanz zu werfen. Das freute Odysseus natürlich sehr und machte ihn stolz, so dass er nun mit größerem Selbstvertrauen jeden einlud, mit ihm um den Sieg in den verschiedenen Disziplinen zu wetteifern, denn er wolle Euryalos Beleidigungen nicht auf sich sitzen lassen. Er werde sich mit jedem messen, und er könne sich gut vorstellen, jeden zu besiegen. Nur mit Laodamas wolle er nicht konkurrieren, der habe ihn als Mitgastgeber so freundlich behandelt. Und die Anständigkeit verbiete es ihm, den eigenen Gastgeber durch eine Niederlage zu erniedrigen.

> **Das Lied vom Segen des taktvollen Verhaltens**
>
> Und die Seele sang der immerwährenden Gültigkeit geflügelte Worte:
>   Auf Eurer Fahrt durchs Leben könnt auch Ihr vielleicht erkennen, dass taktvolles Verhalten taktvolles Verhalten erzeugen kann. Wenn jemand einen anderen taktvoll behandelt, wird er in der Regel von ihm auch Taktgefühl erfahren. Insofern ist Taktgefühl ein wesentlicher Baustein der erfolgreichen zwischenmenschlichen Kommunikation und des friedvollen Miteinanderlebens.
>   Das ist Homers odysseische Botschaft.

Odysseus lud also alle anderen zum Wettkampf ein, und zwar in jeglicher Disziplin. Großes Schweigen folgte seinen Worten. Nur König Alkinoos erhob das Wort und antwortete mit den geflügelten Worte, den verständnisvollen, aber auch richtigstellenden: „Fremder, wir haben Verständnis für das, was du sagst. Ich erkenne, dass du noch zornig bist nach Euryalos Schmähungen. Du hast gezeigt, was du kannst, und niemand wird deine Fähigkeiten weiter in Zweifel ziehen. Höre und nehme an, was ich dir nun sage, sodass du deinen Kindern und deinen Freunden einiges zu erzählen hast über unsere Begabungen und Fähigkeiten, mit denen uns seit Generationen Zeus, der Vater von Menschen und Göttern, segnet. Es mag sein, das wir nicht die Besten in Faust- und Ringkämpfen sind, aber dafür unübertroffen im Rennen und Navigieren.

Wir mögen das gute Essen, den Tanz und das Kitharaspielen, wir lieben schöne und saubere Kleider, entspannende Bäder und bequeme Betten. Deshalb rufe ich jetzt die besten Tänzer unter den Phäaken auf, unserem Gast zu zeigen, dass wir nicht nur im Rennen und Navigieren die Besten sind, sondern auch im Tanzen und Singen. Demodokos soll seine Leier spielen und seine Gesänge vortragen. Somit wirst du, verehrter Gast, viel Schönes über uns zu erzählen haben, wenn du zu deinen Lieben nach Hause kommst."

Sofort wurde eine neunköpfige Jury vom Volk gewählt, die die Tänzer bewerten sollte. Nachdem jemand auch die Leier des Demodokos aus dem Palast gebracht hatte, nahm er mitten im Stadion Platz. Um ihn herum standen junge Tänzer, die nach seinen Weisen einen kunstvollen Tanz vorführten. Odysseus war voller Bewunderung für die Tänzer und ihre grazilen Beinbewegungen.

Der Götter Schadenfreude

Demodokos sang zu seiner Leier zuerst das Lied von Aphrodite und Ares. Es handelte von der Liebschaft der beiden, die sie heimlich in den Palästen des Hephästos, Aphrodites legitimem Ehemann, genossen. Ares brachte Aphrodite viele Geschenke und schlief mit ihr im fremden Ehebett. Aber der Sonnengott Helios beobachtete sie und verriet es dem betrogenen Ehemann. Als Hephästos die kränkende Nachricht hörte, sann er auf Rache. Hinkend eilte er in seine Werkstatt, die Hephästia, um ein raffiniertes Racheinstrument zu erschaffen.

Apropos „hinkend" – könnt Ihr Euch erinnern, geschätzte Zuhörer, warum der Gott der Schmiede hinkte? Ich habe es Euch in meiner Ilias erzählt, aber für die neu hinzugekommenen Zuhörer hier noch einmal kurz die Geschichte:

Es war passiert, als er noch ein kleines Kind war und versucht hatte, seine Mutter Hera vor dem Zorn seines Vaters Zeus zu schützen. Der Oberste Gott, Blitze schleudernd und Donner verbreitend, hatte ihn daraufhin an seinen Beinchen gefasst und ihn wütend über die Gipfel des Olymps durch die Lüfte geschleudert. Der kleine Hephästos war schließlich Hunderte von Kilometern entfernt ins Meer gestürzt und hatte nur durch die Fürsorge von barmherzigen Meeresnymphen, vor allem von Thetis, die später Achilles zum Sohn hatte, überlebt. Daher stammte sein fürchterliches Hinken. Und seitdem hat er auch eine ausgeprägte Vaterphobie, für alle erkennbar.

Das junge Volk der Römer pseudonymisierte diesen Gott übrigens viele, viele Jahrhunderte später zu Vulcanus, weshalb Ihr seine Werkstätten, die Hephästia, auch als Vulkane kennt.

Dort schmiedete Hephästos geheimnisvolle Netze, unzerreißbar und unzerstörbar; damit konstruierte er eine Falle, schlich ins Schlafzimmer und machte die Netze an den Pfosten seines Ehebettes fest. Dann knüpfte er an die Deckenbalken ein Netz aus sehr, sehr feinen Fäden, die niemand sehen konnte, auch die unsterblichen Götter nicht. Nach diesen Vorbereitungen tat er so, als breche er zu einem Ausflug zu seiner Lieblingsinsel Lemnos auf. Ares, der auf der Lauer lag, um zu sehen, wann der vermeintlich ahnungslose Ehemann das Haus der Geliebten verließ, lief brennend vor heißer Liebe sofort zu Aphrodite und genoss mit ihr die Liebe, abermals auf Hephästos Ehebett. Aber nur für sehr kurze Zeit. Bald nämlich schlug die Falle des Hephästos zu, und die beiden Liebenden lagen nackt in den Netzen des Schmiedegottes, aus denen sie sich nicht befreien konnten; keine Bewegung war den ertappten Ehebrechern möglich. Augenblicklich erschien Hephästos am Ort des Geschehens. Er hatte nämlich mit dem Sonnengott Helios vereinbart, dass dieser ihm ein Signal geben würde, wenn die beiden Liebenden sich wieder treffen. Er würde dann sofort nach Hause kommen für die Ahndung dieses verwerflichen Verhaltens, und so geschah es. Schwer gekränkt und gedemütigt schrie Hephästos laut auf, nicht nur aus seelischem Schmerz, sondern auch um die anderen Götter auf das seltsame Spektakel aufmerksam zu machen. „Kommt Vater Zeus und alle anderen ewigen Götter" schrie er, „um dieses lächerliche und böse Theater zu sehen. Meine Ehefrau Aphrodite verachtet mich und betrügt mich mit dem alles zerstörenden Kriegsgott Ares, nur weil ich hinke. Sie tut das, weil er schön ist und im Gegensatz zu mir starke Beine hat. Schaut euch die beiden an, wie ich sie da eng umschlungen ertappt habe. Sie können sich durch meine Netze nicht bewegen und sich nicht trennen. Das war aber das letzte Mal, dass sie sich liebten. Ich werde sie nicht aus den Netzen herauslassen, bevor ich von Vater Zeus nicht alle Heiratsgeschenke zurückbekomme habe, die ich ihm für die wunderschöne, aber treulose und unmoralische Aphrodite gab."

Die anderen Götter brachen in hämisches Lachen aus, als sie die beiden Liebenden in dieser Lage sahen – allerdings nur die männlichen Götter, die weiblichen waren beschämt und überhaupt nicht gekommen. Die amüsiert-empörten männlichen Götter sprachen miteinander und kommentierten sarkastisch das Geschehen: „Schlechte Taten gedeihen nie. Der Langsame fängt den Schnellen, so wie der langsame Hephästos durch seine Intelligenz den schnellen Ares fängt."

Das Lied von der Macht der Intelligenz

Und die Seele sang der immerwährenden Gültigkeit geflügelte Worte:
Auf Eurer Fahrt durchs Leben könnt auch Ihr vielleicht erkennen, dass Intelligenz immer der Sieger bleibt im Wettbewerb mit Muskelkraft. Ihr werdet auch in vielen

meinen Gesängen hören, wie die Intelligenz nicht nur Muskelkraft, sondern auch sonstiger materieller Macht, roher Gewalt – animalischer oder der von Naturgewalten – überlegen ist. Einfallsreichtum, Problemlösung und Kreativität sind die schwer besiegbaren Waffen der Intelligenz, die ihr zum Sieg verhelfen.
Das ist Homers odysseische Botschaft.

Die Götter – die männlichen – machten Scherze miteinander und lachten über die Gedemütigten. Apollon fragte schadenfroh scherzend den strahlenden Boten Hermes, ob er sich noch wünsche, mit Aphrodite zu schlafen, nachdem er das gesehen habe. Und der immer gut gelaunte Hermes antwortete in gleicher Weise, seine Schadenfreude scherzhaft umhüllend, Leidensbereitschaft vorspielend: „Aber ja doch. Auf jeden Fall! Um mit Aphrodite die Liebe zu genießen, wäre ich bereit, noch festere Fesseln, noch lauteres Ausgelachtwerden, noch höhnischeren Spott der anderen Götter zu ertragen."

Billige Männerscherze eben, auch wenn sie von Göttern kommen, meine verehrten Zuhörer.

Das Lied von der Schadenfreude
Und die Seele sang der immerwährenden Gültigkeit geflügelte Worte:
Auf Eurer Fahrt durchs Leben könnt auch Ihr vielleicht erkennen, dass wenn man in eine peinliche oder skandalträchtige oder sonstwie unangenehme Lage gerät, es nicht wenige Menschen gibt – Feinde und „Freunde", Bekannte und Unbekannte, Kollegen und andere –, die Schadenfreude darüber empfinden. Offen oder heimlich machen sie sich darüber lustig und reagieren mit Hohn und Spott, mit Ironie und Häme, das Geschehen sarkastisch kommentierend.
Das ist Homers odysseische Botschaft.

Ja, ich weiß, meine verehrten Zuhörer, Schadenfreude ist zweifelsohne eine negative Emotion. Zu Recht wird sie inzwischen in vielen Kulturen geächtet. Allerdings ist bloß ihr Ausdruck unterdrückbar, kaum dagegen ihre Entstehung und ihr Vorhandensein in Brust und Kopf des Menschen. Gut also, dass Schadenfreude im modernen Abendland als offene Erscheinung auf der Gesellschaftsbühne unerwünscht ist. Aber als das Abendland damals entstand, hatte sie eine wichtige Funktion: Sie war nämlich Ausdruck von Rechtsempfinden und sorgte auch für die Bestrafung von Normverstößen. Die Geächtete von heute ist die Ächtende von damals.

Wie auch immer, seid etwas großzügig mit den menschlichen Eigenschaften der Götter. Denn der Schadenfreude Empfindende ist nicht unbedingt frei von guten Eigenschaften, wie das Beispiel von Apollon und Hermes belegt, die beide reich an Gutem sind.

Schwimmunterricht gegen den Strom

Einer von den das peinliche Spektakel betrachtenden Göttern aber schwamm gegen den Strom, der mächtige Erderschütterer Poseidon nämlich. Ausgerechnet Poseidon! Er machte sich nicht lustig über die beiden Ertappten und spürte keine irgendwie geartete Schadenfreude. Er bürgte sogar für Ares, dass der das für einen Ehebruch vorgesehene Strafgeld an den betrogenen Ehemann bezahlen würde. Hephästos solle nur die beiden Ehebrecher aus den Netzen befreien – genug des Skandals und der Peinlichkeit! Der misstrauische Ehemann glaubte nicht daran, dass Ares die Strafe tatsächlich bezahlen würde, wenn er frei sei. Doch der mächtige Poseidon wiederholte ausdrücklich seine Bürgschaft, und so ließ sich Hephästos am Ende besänftigen und befreite die beiden so schlimm Blamierten.

> **Das Lied vom Gegen-den-Strom-schwimmen**
> Und die Seele sang der immerwährenden Gültigkeit geflügelte Worte:
>   Auf Eurer Fahrt durchs Leben könnt auch Ihr vielleicht erkennen, dass gegen den Strom zu schwimmen, sich von den Massen abzuheben, sich von der Gruppendynamik nicht verführen zu lassen und sich davon zu befreien, nicht nur Ausdruck von Individualismus ist, sondern auch von einer unabhängigen Persönlichkeit zeugt.
>   Das ist Homers odysseische Botschaft.

Poseidon zeigte häufig seinen starken Individualismus und seine unabhängige Persönlichkeit – nicht nur auf den Schlachtfeldern von Troja, wo er anders als die gehorsamen anderen Götter gegen den Willen seines mächtigen Bruder Zeus handelte. Auch in meiner Odyssee verhält er sich nicht konform zu den anderen Göttern – bei der Verfolgung von Odysseus beispielsweise, oder wie jetzt gerade mit Ares und Aphrodite. Kein Wunder also, dass er auch in dieser Situation als einziger Gott nach dem Prinzip des Individualismus handelte – damit ist die Denk- und Handlungsweise gemeint, bei der möglichst eigenständiges Denken, Entscheidungen und Handlungen angestrebt werden, unabhängig davon, ob sie konform zum aktuellen gesellschaftlichen Kontext sind oder nicht. Viele handeln nach dem gegensätzlichen Prinzip, dem des Konformismus. Und so sind Menschen mit starkem Individualismus in der Regel auch starke Individuen mit gefestigten Prinzipien. Allerdings besteht dabei die Gefahr, die Grenze des Individualismus zu überschreiten und in den Bereich des Egoismus zu geraten. Die Ich-Bezogenheit und die Eigennützigkeit stehen dann im Vordergrund und nicht die Stärke und Unabhängigkeit des Charakters und auch nicht die gefestigten Prinzipien. Der Gemeinsinn und das Gemeinwesen könnten dadurch gefährdet sein. Und so könnte aus einem Helden ein Volksfeind werden.

Aber der starke Poseidon war, auf diese Situation bezogen, nicht der Egoist, sondern der Individualist – der individualistische Altruist, genauer gesagt.

Solidarität und Entschuldigung

Wie auch immer, Ares und Aphrodite profitierten von Poseidons individualistischem Altruismus. Sichtlich kochend vor Ärger verschwand Ares, nachdem er erlöst war, ohne Dankesworte an seinen Befreier Poseidon zu richten, nach Thrakien, in sein Lieblingsrückzugsgebiet. Und Kypris Aphrodite, ebenfalls schweigsam, machte sich auf in ihre Heimat Zypern, und zwar zu ihrem Geburtsort Paphos, wo sie einen prächtigen Tempel besaß. Dort wurde sie von den Chariten, die später lateinisch pseudonymisierten Grazien, wärmstens empfangen, von ihnen liebevoll gebadet und mit göttlichen Ölen gesalbt, die den Körper der Götter so strahlend machen; das tat ihr sehr gut, und somit bewältigte sie auch ihre Blamage.

> **Das Lied vom Segen der Verbundenheit**
> Und die Seele sang der immerwährenden Gültigkeit geflügelte Worte:
> Auf Eurer Fahrt durchs Leben könnt auch Ihr vielleicht erkennen, wie wunderbar es für jemanden ist, wenn die ganze Welt um ihn herum ihn zu zerreißen droht, wenn alle Meere ihn zu verschlingen scheinen, wenn die Scham, die Blamage, der Skandal ihn zu zerquetschen drohen; wenn es dann irgendwo irgendjemanden gibt, der zu ihm hält, ihm Wärme und Balsam spendend. Das ist der Segen der Solidarität und der Verbundenheit.
> Das ist Homers odysseische Botschaft.

Solidarität, geschätzte Zuhörer, diese Haltung der Verbundenheit mit Unterstützung durch andere, werdet Ihr häufig in meiner Odyssee entdecken, wie aber leider auch das Gegenteil.

Zurück zum Palast von Alkinoos, wo das vom berühmten Sänger Demodokos meisterhaft zum Besten gegebene Lied von Aphrodite und Ares die Anwesenden amüsierte und erfreute.

Als der blinde Sänger seinen Gesang beendet hatte, forderte König Alkinoos seine Söhne Alios und Polydamas zu einer Tanzvorführung auf, denn sie waren die besten Tänzer des Landes. Die beiden ließen sich nicht lange bitten und begannen ein tänzerisches Spiel mit einem wunderschönen roten Ball, ein Werk des Meisters Polybos. Mit kunstvollen Bewegungen warf der eine den Ball hoch bis zu den Wolken, der andere fing ihn ebenfalls kunstvoll und tanzend auf, bevor er zu Boden fallen konnte. Dann führten sie verschiedene beeindruckende Tänze vor, so wunderbar, dass das Publikum in die Hände klatschte und die beiden frenetisch bejubelte. Auch Odysseus war sehr beeindruckt und gratulierte König Alkinoos zu seinen Söhnen. Er schmeichelte seinem Gastgeber mit dem Lob, dass die Phäaken in der Tat die besten Tänzer hätten.

König Alkinoos war sehr erfreut, das von Odysseus zu hören. Er forderte die anderen zwölf Fürsten des Landes auf, ebenso wie er selbst diesem überaus weisen Fremden kostbare Geschenke zu machen, und zwar jeder einen wertvollen Mantel, ein schönes Obergewand und ein großes Goldstück. Die Geschenke solle der Gast schon vor dem Essen bekommen, um ihn zu erfreuen; denn nach dem gemeinsamen Mahl werde er die Heimreise antreten. Alle Fürsten waren damit einverstanden und schickten sofort ihre Diener los, die Gaben zu holen. Den frechen Euryalos, der bei den Wettkämpfen Odysseus mit Worten beleidigt hatte, forderten sie auf, sich zu entschuldigen und dem Gast als Zeichen seiner Reue ebenfalls ein Geschenk zu machen.

Euryalos bat den Fremden bereitwillig um Verzeihung, wünschte ihm eine gute Heimreise, die er redlich verdient hätte, und machte ihm ein kostbares Geschenk: ein bronzenes Schwert mit silbernem Griff und einer Scheide aus Elfenbein. Als er ihm diese Kostbarkeit überreichte, drückte er noch einmal sehr höflich und freundlich sein Bedauern aus. Odysseus nahm versöhnt, ohne Groll und ohne nachtragend zu sein, die Entschuldigung an und bedankte sich mit ebenfalls sehr freundlichen Worten.

> **Das Lied vom Reuezeigen**
>
> Und die Seele sang der immerwährenden Gültigkeit geflügelte Worte:
> Auf Eurer Fahrt durchs Leben könnt auch Ihr vielleicht erkennen, dass die Fähigkeit, sich zu entschuldigen und Reue zu zeigen, die voraussetzende Kraft für eine Versöhnung besitzt und den unbeirrbaren Weg zur Konfliktlösung ebnet.
> Das ist Homers odysseische Botschaft.

Ja, meine verehrten Zuhörer, die Fähigkeit sich zu entschuldigen und Reue zu zeigen, sind gleichaltrige Geschwister. Jemanden um Verzeihung zu bitten, setzt Introspektionsfähigkeit voraus; also, wie Ihr schon gehört habt, die Fähigkeit, in sich zu kehren, dabei innere seelische Zusammenhänge und eigene Schuld und Verantwortung zu erkennen. Ich meine natürlich nicht die Entschuldigung, die rein aus Höflichkeit und als Lippenbekenntnis geäußert wird, sondern die echte, die tiefgreifende Entschuldigung, die immer in Begleitung ihrer Schwester, der Reue, daherkommt. Reue ist nichts anderes als ein tiefgreifendes Bedauern über die Wirkung des eigenen Tuns oder Lassens. Damit verbunden ist die menschliche Größe, eigene Schuld einzugestehen. Sich zu entschuldigen und Reue zu empfinden, sind der feinen Persönlichkeit

Eigenschaften; Unfähigkeit dazu dagegen Ausdruck unfeiner Persönlichkeitseigenschaften oder sogar einer gestörten Persönlichkeit.

Der Moral Doppelseitigkeit

Inzwischen führte der Sonnengott Helios seinen Wagen hinter den Horizont, und so kam die Abenddämmerung, die ihm immer getreu folgt. Die Geschenke für Odysseus wurden schnell herbeigebracht; die Gäste versammelten sich im großen Saal des Palastes zum abendlichen Mahl. Alkinoos bat seine Frau Arete, sich um den Gast zu kümmern und ihm die versprochenen Geschenke des Königspaares zu überreichen. Er selbst fügte noch seinen wunderschönen goldenen Becher als persönliches Erinnerungsgeschenk hinzu. Arete gab ihren Dienerinnen Anweisung, ein heißes Bad für den Gast zu bereiten. Sie badeten Odysseus in duftendem Wasser, was er mit Freude genoss. Nachdem sie ihn mit aromatischen Ölen gesalbt und in schöne Gewänder gekleidet hatten, strahlte er wie ein Gott. Als die wunderschöne Nausikaa ihn zufällig sah, war sie sehr beeindruckt und sprach zu ihm die geflügelten Worte, die bedeutungsvollen: „Freue dich, oh Fremder, und denke an mich, wenn du in deiner Heimat bist. Vergiss nicht, dass du vorwiegend mir dein Leben verdankst." Odysseus versprach es; wenn er nach Hause komme, werde er sie nie vergessen, sondern sie wie eine Göttin verehren, weil sie ihm das Leben gerettet habe.

An der reichlich gedeckten Tafel wurde Odysseus der Platz neben dem König angeboten. In der Mitte des Saales, vor einer Säule, ließ sich der allseits beliebte Sänger Demodokos nieder. Odysseus nahm ein großes Stück vom Schweinerücken und bat einen Diener, es dem blinden Sänger zu bringen – als eine Geste der Ehrerbietung für einen Menschen, den die Musen so lieben. Nachdem alle reichlich gegessen und getrunken hatten, rief Odysseus Demodokos zu, dass er sehr begabt sei, sicherlich habe die Muse oder sogar Apollon selbst ihm die Kunst des Gesangs beigebracht. Der blinde Sänger habe vorher das Schicksal der Griechen in Troja so besungen, als ob er selbst dabei gewesen sei. Ob er nun auch noch Trojas Fall besingen könne? Naja..., die Geschichte mit dem hölzernen Pferd, was der Meister Epeios nach einer Idee dieses göttlichen Odysseus gebaut habe..., das meine er.

Und der blinde Sänger mit der göttlichen Inspiration, der Musen Liebling, begann zu singen. Davon, wie die Griechen scheinbar ihr Lager angezündet hatten und angeblich in Richtung Heimat davon gesegelt waren, während doch ein Teil davon unter der Führung des berühmten Odysseus, des bewandertsten und einfallsreichsten aller Menschen, schon mitten in der Stadt war. Versteckt in dem Bauch eines riesigen hölzernen Pferdes, das die Trojaner selbst in ihre Stadt gebracht hatten. Wie die Trojaner vorher darüber diskutiert hatten, was sie mit diesem riesigen Pferd aus Holz tun sollten. Der eine habe gesagt, sie sollten es zerlegen, ein anderer wiederum habe vorgeschlagen, es vom höchsten Punkt der Festung hinab zu werfen. Und wieder andere hätten gesagt, sie sollten es ihren Göttern widmen, so dass die gnädig mit der Stadt seien. Letztere hätten sich auch durchgesetzt. Und so sei das riesige hölzerne Pferd in die Stadt Troja gekommen. Mit ihm hätten auch die Griechen Zugang zur Stadt bekommen und mit den Griechen die Eroberung und Zerstörung. Im Bauch des hölzernen Pferdes seien nämlich griechische Elitesoldaten unter dem Befehl des Königs von Ithaka versteckt gewesen. Und dann besang Demodokos, wie Odysseus und die anderen Helden mit Hilfe Athenas die Stadt Troja erobert hatten.

Durch den Gesang war Odysseus wieder sehr aufgewühlt. Alkinoos merkte als einziger seine Tränen, weil er direkt neben dem Gast saß; er ließ dem Sänger ein Signal geben, seinen Gesang zu beenden. Der Festgemeinde sagte er zur Erklärung, dass er beobachtet habe, wie aufgewühlt und traurig der Gast durch den Gesang geworden sei; und das sei sicherlich nicht der Sinn dieser Veranstaltung. Er habe doch dem Fremden eine Freude damit machen und ihn nicht traurig verstimmen wollen. Der Fremde und der um Hilfe Flehende seien schließlich jedem denkenden Menschen wie ein Bruder.

> **Das Lied von den Tugenden**
> Und die Seele sang der immerwährenden Gültigkeit geflügelte Worte:
> Auf Eurer Fahrt durchs Leben könnt auch Ihr vielleicht erkennen, dass Fremdenfreundlichkeit und Hilfsbereitschaft für den um Hilfe Flehenden nicht nur Ausdruck von Großherzigkeit und Philanthropie des anderen sind, sondern auch von Erhabenheit und Selbstbewusstsein.
> Das ist Homers odysseische Botschaft.

Es könnte wohl richtig sein, meine geschätzten Zuhörer, dass Hilfsbereitschaft eine dem Menschen angeborene, eine natürliche Pflicht ist. Allerdings haben ihre Pflege, ihre Entwicklung und ihr Gedeihen auch mit der Persönlichkeit des einzelnen Menschen zu tun, mit seinen ethischen Orientierungen und mit dem Grad seiner Erhabenheit. Den hohen Grad von Erhabenheit der Phäaken habt Ihr, werte Zuhörer, inzwischen gut kennengelernt. Hohe Hilfsbereitschaft zeugt nicht nur von Erhabenheit, sondern ist auch bewundernswert, weil sie gegen die animalische Macht des Egoismus und der Egoismen siegt. Die Philanthropie – was wörtlich aus meiner Muttersprache übersetzt Menschenfreundlichkeit bedeutet –, deren Teilaspekt die Hilfsbereitschaft ist, ist Ausdruck des Respektes und der Liebe von und zu der Menschheit insgesamt und dem einzelnen Menschen insbesondere. Gerade das praktizierten die erhabenen Phäaken, die den Hilfebedürftigen und den Fremden – der in der Fremde immer einem Hilfebedürftigen gleicht – auf des Bruders Rang erhoben.

Alkinoos verhielt sich taktvoll, bat aber dennoch Odysseus, nun endlich alles zu erzählen, was ihn betreffe: Alles über seine Herkunft, seine Familie, seine Heimat, wohin die Phäaken navigieren sollten, um ihn nach Hause zu bringen, woher er gerade komme, welche Menschen und welche Länder er auf seiner Reise kennengelernt habe. Unbedingt aber solle er erzählen, warum er jedes Mal, wenn der Sänger Demodokos das Leiden des Krieges zwischen Griechen und Trojanern besinge, so emotional reagiere. Ob dies ihn vielleicht an den Verlust eines Verwandten oder eines lieben Freundes erinnere?

Doch bevor Odysseus darauf reagieren konnte, sprach König Alkinoos noch die folgenden geflügelten Worte, die beeindruckenden: „Die Schiffe der Phäaken, oh Fremder, wovon eines auch Dich in die Heimat bringen wird, sind keine gewöhnlichen Schiffe. Sie haben kein Steuer und benötigen keine Steuermänner, wie die Schiffe von anderen Völkern. Unsere Schiffe erkennen selbst, welche Reiseziele die Menschen im Kopf haben und was sie dazu denken. Sie kennen alle Länder und Städte, und sie fahren sicher und blitzschnell über das unendliche Meer, in Wolken und Nebel gehüllt. Sie haben nie einen Schaden und verfehlen nie das Ziel, das die Menschen in Gedanken haben – mit anderen Worten, sie durchqueren fehlerfrei und makellos die Meere und navigieren punktgenau zum Ziel, nur mit Gedanken- und Geisteskraft…"

> **Das Lied von der Gedanken- und Geisteskraft**
> Und die Seele sang der immerwährenden Gültigkeit geflügelte Worte:
> Auf Eurer Fahrt durchs Leben könnt auch Ihr vielleicht erkennen, dass auf der Welt viele Kräfte miteinander konkurrieren oder kooperieren; aber die kräftigste aller Kräfte ist die Gedanken- und Geisteskraft.
> Das ist Homers odysseische Botschaft.

„… Mein Vater Nausithoos", fuhr der Phäakenkönig fort, „der unser Volk aus der gefährlichen Nachbarschaft der Kyklopen hierher geführt hat, sagte uns, dass Poseidon überhaupt nicht erfreut ist, wenn wir Schiffbrüchigen helfen und sie mit unseren Schiffen nach Hause bringen. Mein Vater fügte noch hinzu, dass Poseidon damit droht, dass wenn wir eines Tages einen besonderen Schiffbrüchigen nach Hause bringen, der ihm nicht genehm ist, er unsere Schiffe versteinern und um unsere Stadt eine hohe Bergkette aufsteigen lassen wird. Damit wäre unsere Stadt von ihrer Lebensader, dem Meer, abgeschnitten. Wir helfen trotzdem jedem Schiffsbrüchigen, und das werden wir auch für Dich tun!"

Oh, der Bewunderung unendliches Staunen! Diese Phäaken! Mit solch einer Bedrohung gegen das, was für sie ihre Existenz bedeutet, retten sie trotzdem weiter Schiffbrüchige und bringen sie nach Hause! Auch diesen besonderen Schiffbrüchigen!

Irgendwie im Kontext des Gesagten, im Kontrast zwischen der übernatürlichen Kraft der Gedanken und des Geistes auf der einen Seite und der übernatürlichen Kraft des Gotteszornes auf der anderen Seite, meint man zu ahnen, was Alkinoos ahnte, aber nicht sagte: Das ist der besondere Fremde, der Poseidons Zorn auf sich zieht! Das ist der besondere Schiffbrüchige, dessen Rettung unsere Zerstörung wird! Und trotzdem!

> **Eine Frage der Seele: was ist moralisch richtig?**
> Und die Seele sang der immerwährenden Gültigkeit geflügelte Worte:
> Auf Eurer Fahrt durchs Leben könnt auch Ihr vielleicht erkennen, dass so eine Haltung – nennen wir sie „die phäakische Haltung" – bewundernswert ist und von hohem moralischen Wert. Vielleicht werdet Ihr Euch auch die zunächst paradox klingende Frage stellen: Ist jede edle und tapfere, jede moralisch richtig und erhaben anmutende Haltung auch wirklich moralisch richtig und erhaben? Was ist Moral in solchen Fällen? Ist es moralisch gut, einen einzigen Menschen zu retten und dadurch die Möglichkeit, dies für viele andere zu tun, für immer zu verderben? Ist es moralisch richtig, zu Gunsten des Fremden das eigene Volk unwiderruflich der einmaligen Privilegien, Möglichkeiten, Kapazitäten und Kompetenzen zu berauben? Was ist denn die am meisten verpflichtende Moral?
> Das ist Homers fragende odysseische Botschaft.

Vielleicht fragt auch Ihr Euch, meine verehrten Zuhörer, ob es für die Großzügigkeit, die Philanthropie, die Gastfreundschaft, die Hilfsbereitschaft und sonstige Kinder der Tugendhaftigkeit eine Grenze gibt, die man nicht überschreiten darf. Stellt die Verantwortung eine solche Grenze dar? Verantwortung für die Menschen, die einem anvertraut sind – das eigene Volk, die eigene Familie, die eigene Gruppe – und nicht zuletzt auch für sich selbst? Die Verantwortung des Verantwortlichen, von all denen Schaden abzuwenden? Ist es denn nicht so, dass die Verletzung dieser Verantwortung höchst unmoralisch ist?

Die Phäaken hatten das Privileg, in einer idealen Gesellschaft zu leben, die sie sich selbst durch Opfer geschaffen hatten: Sie wurden von den primitiven kyklopischen Ur-Gewalten bekämpft und verjagt; sie verließen das Alte und bauten mühsam das Neue; sie entwickelten Fähigkeiten, wie sie keine andere Gesellschaft auch nur annähernd hatte; sie lebten in hohem Wohlstand und gesichertem Frieden. Alles dies erlaubte den Phäaken, großzügig, gerecht und erhaben zu leben und zu handeln. Ja, erst dadurch konnten sie die Fremden – Schiffbrüchige und Bedürftige – retten und ihnen helfen. All dies hatte eine

Lebensader: Ihre Seekünste. Aber gerade darüber hing das Damoklesschwert der dem König bekannten Prophezeiung. Musste er nicht andere Wege suchen, um die Tugenden, die ihn und sein Volk auszeichneten, zur Geltung zu bringen? Einen Weg, ohne dass seinem Land und seinem Volk schwerster Schaden zugefügt wird?

Der Moral viele Gesichter zwingen manchmal auch zur Abwägung und zu schweren Entscheidungen!

Aber unabhängig davon, wie man zu dem moralischen Dilemma steht: Bewundernswert ist die phäakische Haltung allemal!

Und damit bat also, wie schon gesagt, König Alkinoos den aufgewühlten Odysseus, die Fragen nach seiner Familie und seiner Herkunft zu beantworten.

7

Vom Mut, sich des eigenen Verstandes zu bedienen

Zusammenfassung

Aus dem neunten Gesang meiner Odyssee werde ich Euch erzählen, was Odysseus den Phäaken über sich selbst und seine Irrfahrt, seine Kämpfe und Erlebnisse berichtet – und wie er sie damit fesselt. Zehn Jahre lang irrte er geplagt und verfolgt über das Meer. Seine Irrfahrt begann mit einem Überfall auf das Volk der Kikonen an der Küste Thrakiens. Schwere Seestürme trieben danach die Flotte weit weg von den Küsten Griechenlands. Zuerst erreichten sie das Land der Lotophagen, wo ausgesandte Gefährten die Blüten und Früchte einer betäubenden Pflanze aßen und in einen Zustand der Gleichgültigkeit gerieten. Nachdem sie der Betäubungsgefahr schließlich entfliehen konnten, landeten sie im Land der wilden Kyklopen, wo Odysseus mit zwölf Kameraden das Land erkundete. Eingeschlossen in der Höhle des Kyklopen Polyphemos waren sie ihm ausgeliefert; einen nach dem anderen begann er, die Kameraden zu verschlingen. Mit List konnten Odysseus und seine Gefährten den Kyklopen blenden und ihm so entfliehen. Nach Gelingen der Flucht verriet Odysseus prahlend seine wahre Identität, die er vorher mit einer List verschleiert hatte. Damit konnte der Kyklop seinen Vater Poseidon bitten, Odysseus zu verfolgen und dessen Kameraden zu vernichten.

Und die uns begleitende Seele wird dabei geflügelte Worte von immerwährender Gültigkeit singen, wie etwa über die Tatsache, dass das Nicht-Wahrnehmen von Unglück kein Glück ist, über das Ablegen von Kultur und Zivilisation, das keine Befreiung darstellt, über die Macht der Neugier, die fatal sein kann. Über die Vorteile des Sich-klein-machen-könnens sowie den Mut, sich des eigenen Verstandes zu bedienen, und schließlich über den Fall, der der Hybris folgt. Wie auch über manches andere.

Das Ende des Scheintriumphes

Odysseus kam der Aufforderung von König Alkinoos nach und begann seine Geschichte zu erzählen; nicht aber, bevor er zunächst den blinden Sänger Demodokos und dessen Gesang noch einmal in höchsten Tönen gelobt hatte. Es gebe nichts Angenehmeres für ein Volk, als gesättigt und friedliebend vergnügt zu sein, gesegnet mit so vielen Gütern für Tisch und Becher, sagte der vielbewanderte Odysseus.

> **Das Lied von den Voraussetzungen des Friedens**
> Und die Seele sang der immerwährenden Gültigkeit geflügelte Worte:
> Auf Eurer Fahrt durchs Leben könnt auch Ihr vielleicht erkennen, dass wohlhabende, gesättigte und vergnügte Menschen viel mehr Gefallen am Frieden finden als an den Leiden eines Kriegsabenteuers; und sie sind mit sich selbst zufrieden und angenehm für andere Völker.
> Das ist Homers odysseische Botschaft.

Nachdem Odysseus Volk und Sänger derart gepriesen hatte, begann er endlich von sich selbst zu erzählen. Zunächst aber machte er König Alkinoos darauf aufmerksam, dass er für die Schilderung seiner vielen Leiden und langen Irrfahrten, die alle Prüfungen der Götter gewesen seien, zum einen viel Zeit brauche und dass er zum anderen kaum wisse, wo er anfangen und wo enden solle.

Er begann schließlich damit, dass er der Sohn des Laërtes aus Ithaka sei; der Odysseus, dessen geniale Einfälle weltbekannt seien und dessen Ruhm bis zum Himmel reiche.

> **Das Lied von des Narzissmus richtiger Dosierung**
> Und die Seele sang der immerwährenden Gültigkeit geflügelte Worte:
> Auf Eurer Fahrt durchs Leben könnt auch Ihr vielleicht erkennen, dass kaum ein Mensch narzissmusfrei ist. Zu viel Narzissmus ist pathologisch und birgt Probleme in sich – sowohl für seinen Träger als auch für seine Empfänger. Zu wenig davon führt zu Selbstunsicherheit, niedrigem Selbstbewusstsein oder schwachem Durchsetzungsvermögen. Wie bei allen Dingen ist die Mitte das richtige. Nicht zu viel und nicht zu wenig davon; das macht den normalen, den positiven Narzissmus aus.
> Das ist Homers odysseische Botschaft.

Ach ja, noch eine Bemerkung dazu, meine verehrten Zuhörer: Seid von dieser „super-narzisstisch" klingenden Einführung des Odysseus nicht irritiert; im Kontext der poetischen Sprache der damaligen Zeit waren solche Formulierungen durchaus üblich.

In „Der Seele erste Worte" wurde sehr viel über Narzissmus berichtet – manch Iliadische Persönlichkeiten, wie Achilles und Agamemnon, sind Prototypen dafür. Für diejenigen von Euch, die sich nicht mehr genau erinnern oder die damals, als ich das erzählte, nicht dabei waren, wiederhole ich in aller Kürze einige wesentliche Aspekte des Narzissmus.

Was also ist Narzissmus, und was ist eine narzisstische Persönlichkeit?

Ich habe in „Der Seele erste Worte" erklärt, dass der Begriff Narzissmus vom Namen Narkissos abgeleitet ist, dem Namen des schönen Jünglings aus Zentralgriechenland, der so in sich selbst verliebt war und sich so bewunderte, dass er keine Gefühle für seine Mitmenschen entwickeln konnte. Kein anderer hatte in seinem Leben Platz.

Die meisten Menschen haben die eine oder andere narzisstische Eigenschaft, Erlebnis- und Verhaltensweise; narzisstische Eigenschaften sind also ubiquitär. Wenn sie vereinzelt und in mäßiger Ausprägung auftreten, als *Persönlichkeitsstil*, ermöglichen sie ihren Trägern viel Positives. Als Persönlichkeitsstil ohne pathologische Abweichung von der Normalität verleihen narzisstische Eigenschaften ihren Trägern ein charakteristisches Persönlichkeitsprofil. Menschen mit narzisstischen Eigenschaften – nicht zu vielen, aber auch nicht zu wenigen –, die sich noch im Normbereich befinden, sind in der Regel besonders leistungsorientiert, mit elitärem Statusbewusstsein und entsprechendem Auftreten. Ihre hohe Anspruchshaltung kann, wenn die Ansprüche nicht erfüllt werden oder gar unrealistisch sind, mit Kränkungs- und Neidgefühlen einhergehen. Wenn diese Eigenschaften stark akzentuiert sind und massiv auftreten, wenn sie eine vom Durchschnitt, von der Norm deutlich abweichende Persönlichkeitsstruktur bewirken, dann resultiert daraus eine „*narzisstische Persönlichkeitsstörung*".

Menschen mit einer narzisstischen Persönlichkeitsstörung sind Personen, die sich selbst übermäßig wichtig nehmen und die eigenen Fähigkeiten als unübertroffen einschätzen; Überzeugungen, die ihre Phantasie beschäftigen und ihr Verhalten prägen. Ihre Selbstüberbewertung geht Hand in Hand mit der Abwertung anderer Menschen, bis hin zu deren völliger Entwertung. Personen mit narzisstischer Persönlichkeitsstörung zeigen einen Mangel an Einfühlungsvermögen und Empathie. Sie zeigen eine Überempfindlichkeit gegenüber Kritik und Einschätzung durch andere, und so ist ihre Kränkbarkeit sehr hoch. Auf Kränkungen reagieren sie verschiedenartig, etwa mit Wut, Zorn, Groll, Gewaltbereitschaft bis hin zu Gewalthandlungen, oder auch Depressionen. Allerdings mit einer besonderen Form der Depression: mit aggressiven Fantasien und Gewaltbereitschaft gegen den Kränkenden – den realen oder vermeintlichen – oder auch gegen sich selbst. Letzteres kann sogar zur Selbsttötung führen, wobei nicht selten die Selbsttötung dazu dient, einer drohenden Kränkung wie einer Niederlage oder dem Verlassenwerden zuvorzukommen. Die Fähigkeit zur Bindung an andere Menschen ist bei narzisstisch Persönlichkeitsgestörten nur schwach ausgeprägt, und zwischenmenschliche Beziehungen werden häufig ausbeuterisch gestaltet, im Sinne eines starken Egoismus. Das eigene Ich steht im Mittelpunkt des Denkens, Fühlens, Erlebens und Verhaltens der Menschen mit einer narzisstischen Persönlichkeitsstörung.

Während Ihr Odysseus auf seiner Irrfahrt begleitet, werdet Ihr feststellen, dass er kein pathologischer Narzisst ist, sondern eine gute Portion vom gesunden, positiven Narzissmus besitzt.

So, meine geschätzten Zuhörer, nach diesem kleinen Einschub kommen wir zurück zu Odysseus Erzählungen.

Nachdem er also endlich seine Identität aufgedeckt hatte, erzählte er, wie er sieben Jahre lang von Kalypso auf ihrer Insel festgehalten worden war, weil sie ihn zum Ehemann haben wollte. Ähnliche Absichten habe auch die listenreiche Kirke gehegt, die ihn mit verführerischen Mittel auf der Insel Ää behalten wollte. Er aber sei besessen gewesen von der Sehnsucht nach seiner Heimat und seiner Familie. Es gebe ja nichts Schöneres als das, fügte er hinzu.

Nun aber alles der Reihe nach, sagte er. Er wolle vom Beginn seiner Irrfahrt bis zur Ankunft auf der gesegneten Insel der Phäaken alles erzählen. So sprach der vielbewanderte, gottähnliche Sohn des Laërtes. Und er begann:

„Nachdem meine Gefährten und ich mit zwölf Schiffen Troja verlassen hatten, brachte uns der Wind zu einer Insel der Kikonen, diesem mit den Trojanern verbündeten thrakischen Volk. Es kam zu einer kriegerischen Auseinandersetzung, die wir gewannen und wobei wir reiche Beute machten. Meine Gefährten aber wollten meinem Rat nicht folgen, die Insel sofort zu verlassen; sie wollten den Triumph über die Kikonen mit reichlich Speisen und Wein am Strand feiern. Die besiegten Kikonen aber benachrichtigten andere Landsleute, die auf dem Festland wohnten. Die waren zahlenmäßig viel mehr und überdies kriegskundiger als ihre besiegten Landsleute auf der Insel, denn als Festlandbewohner waren sie Kavalleristen, die – wenn es nötig wurde – auch als Infanteristen kämpfen konnten. Sie kamen den bedrängten Insulanern sofort zu Hilfe. Sie waren sehr viele, so viele wie Blätter und Blüten an den Bäumen im Frühling; sie attackierten uns in der Nähe unserer Schiffe. Es war eine furchtbare Schlacht, die vorwiegend mit bronzenen Lanzen ausgetragen wurde und einen ganzen Tag dauerte. Schon bevor der Tag zu Ende war, zeigte sich, dass unser Triumph über die Kikonen nichts anders gewesen war als ein Scheintriumph. Sie besiegten uns und trieben uns in die Flucht. Zweiundsiebzig Kameraden haben wir verloren. Wir stachen eilig in See. Bevor wir aber ablegten, rief jeder von uns dreimal die Namen der gefallenen Kameraden, so wie es sich gehört. Wir segelten mit ambivalenten Gefühlen; zum einem waren wir froh, dass wir selbst dem Tod entronnen waren, zum anderen trauerten wir um die tapferen Kameraden.

Ich konnte damals nicht ahnen, dass das jähe Ende unseres Scheintriumphs der Beginn einer zehnjährigen Irrfahrt sein würde.

Unterwegs nämlich schickte uns Zeus nephelegeretes, der wolkenzusammenballende, dunkle und dichte Wolken, die Meer und Land verhüllten, so dass der Tag sich verdunkelte; dazu noch einen kräftigen Nordwind, der die Schiffe unsteuerbar machte und die Segel dreifach und vierfach zerriss. Wir rafften die zerrissenen Segel und ruderten hastig ans Festland. Zwei Tage und zwei Nächte saßen wir niedergedrückt dort fest, bis am dritten Tag Eos, die schönlockige und rosenfingrige Göttin der Morgenröte, ruhiges Meer ankündigte. Der Wind war günstig, das Meer ruhig, und es schien, dass die Steuermänner die Schiffe sicher navigierten. Wir alle waren sicher, dass wir bald die geliebte Heimat wiedersehen würden. Es ging auch alles sehr gut, bis wir die berühmt-berüchtigte Landzunge des Maleas umfuhren. Die Gewässer vor dieser südlichen Landzunge des Peloponnes sind immer stürmisch und windig; sie sind der Schrecken aller Seeleute. So war es auch bei uns. Wir wurden durch den Wind und die Strömungen weit fortgetrieben von der dem Maleas vorgelagerten Insel Kythera.

Des Verderbens süßes Gesicht

Neun Tage lang kämpften wir mit dem stürmischen Wind und den riesigen Wellen. Am zehnten Tag schließlich erreichten wir, wie wir später erfuhren, das Land der Lotophagen, die Blumen als Nahrung zu sich nehmen. Wir gingen an Land, schöpften frisches Wasser und saßen am Strand, um unsere Mahlzeit zu uns zu nehmen. Nachdem wir mit dem Essen fertig waren, schickte ich drei Kameraden aus, um zu erkunden, was für Menschen in diesem Lande wohnten. Wir wussten ja noch nicht, dass dies das Land der Lotophagen ist – ihr Namen bedeutet ‚die Lotusesser'. Sie sind friedliche Leute, und sie wollten unseren Kameraden nichts Böses antun. Aber sie gaben ihnen Lotusfrüchte zu probieren. Das Problem damit ist, dass sobald man von den honigsüßen Lotusfrüchten gekostet hat, man auf keinen Rat mehr hört, seine Kameraden und seine Heimat vergisst und nicht zu ihnen zurück will; man will für immer bei den Lotophagen bleiben und Lotusfrüchte genießen. So erging es auch unseren Kameraden. Solange sie unter dem Einfluss der honigsüßen Lotusfrüchte standen, vergaßen sie alles und alle."

> **Das Lied vom Selbstvergessen**
>
> Und die Seele sang der immerwährenden Gültigkeit geflügelte Worte:
> Auf Eurer Fahrt durchs Leben könnt auch Ihr vielleicht erkennen, dass der leichte Weg zum süßen Vergessen von Schmerz und Traurigkeit, von Schlachten und Niederlagen, von Verlusten und Enttäuschungen, von Ungerechtigkeit und Unfairness, von drohenden Gefahren und erlebten Katastrophen so betäubend sein kann, dass Vergessen zum Selbstvergessen wird; das aktive Erleben zu passivem Vegetieren; das Glück zum Nicht-Wahrnehmen von Unglück. Das ist die größere Katastrophe.
> Das ist Homers odysseische Botschaft.

„Nachdem unsere Kameraden ungewöhnlich lange Zeit ausgeblieben waren, suchte ich sie. Ich fand die drei, abgetaucht in den Selbstvergessenheitssphären; ich zwang sie zurückzukehren, obwohl sie sich weinend und jammernd dagegen sträubten. Ich habe diese Widerspenstigen, die unbedingt zurück zu den Lotophagen wollten, zur Quelle ihres vermeintlichen Glücks, im Bauch des Schiffes festgebunden. So etwas konnte ich nicht akzeptieren[1] . Gleichzeitig gab ich den restlichen Mannschaften den Befehl, sich anzustrengen und so schnell wie möglich davon zu rudern, denn ich machte mir Sorgen, dass auch andere Gefährten der Versuchung erliegen könnten, die Droge zu probieren und ihr zu verfallen. Die schnelle Flucht war die einzige Rettung."

> **Das Lied von der aktiven Bewältigung**
> Und die Seele sang der immerwährenden Gültigkeit geflügelte Worte:
> Auf Eurer Fahrt durchs Leben könnt auch Ihr vielleicht erkennen, dass Schmerz und Traurigkeit, Schlachten und Niederlagen, Verluste und Enttäuschungen, Ungerechtigkeit und Unfairness, drohende Gefahren und erlebte Katastrophen sich nicht durch permanente Betäubung bewältigen lassen, aber mit aktiver Bewältigung und kämpferischem Widerstand.
> Aktive Gestaltung kann der Weg zum Glück sein; dem Verderben kann man nur durch aktive und energische Gestaltung des Fluchtweges entgehen.
> Das rationale Denken, die Vernunft, ist der Gegenspieler und Bezwinger der passiven hedonistischen Verführung.
> Das ist Homers odysseische Botschaft.

Des Verderbens wildes Gesicht

„Das im friedlichen Land der Lotophagen lauernde Verderben verbarg sich hinter dem süßen Gesicht des Vergessens, des Sichgehenlassens und der vermeintlichen Sorglosigkeit. Ihm konnten wir nur durch Selbstdisziplin und Disziplinierung entgehen. Aber bald sollten wir auch dem wilden, brutalen Gesicht des Verderbens begegnen. Um dem zu entgehen, reichten Selbstdisziplin und Disziplin nicht – man brauchte Intelligenz und Tapferkeit dazu.

Einige Zeit nachdem wir dem süßen Verderben der Lotophagen entgangen waren, erreichten wir nämlich das wilde Land der Kyklopen, wie wir später in schmerzhafter Weise feststellten. Durch die unheimliche Begegnung mit ihnen mussten wir über sie einiges erfahren: Die Kyklopen sind ungerecht und überheblich. Sie machen sich keine Mühe mit Säen und Pflügen, sondern überlassen alles den Göttern – manche sagen dem Zufall. Alles, auch

---

[1] Natürlich konnte ein großer Kämpfer und Dulder wie Odysseus, der seinen Weg zum Glück aktiv und kämpferisch gestaltete, die stumpfe Glückseligkeit nicht akzeptieren. Dies stellten Eure Philosophen Max Horkheimer und Theodor Adorno fest, und zwar in ihrem Buch „Dialektik der Aufklärung" (2013), dessen Schreiben ich teilweise und – wie ich gestehen muss – mit wechselnder Intensität supervidierte, mal aktiv, mal bloß passiv beobachtend.

Weizen und Gerste, gedeiht bei ihnen ohne säen und pflügen. Und sie produzieren Wein aus üppigen Trauben, die von selbst nur mit dem Regen des Zeus wachsen. Sie ernten nicht die Früchte ihrer Arbeit, sondern bedienen sich nach eigenem Kundtun von der fertiggedeckten Tafel der Erde. Sie kennen keine Ratsversammlungen und keine Gerichte, keine gebauten Häuser und keine Städte. Sie wohnen in großen Höhlen auf den hohen Gipfeln der Berge und haben kein Gemeinwesen. Sie herrschen nur über Weib und Kind, und der eine kümmert sich nicht im Geringsten um den anderen. Kurz gesagt: Die Kyklopen sind gesetzlose, selbstbezogene Frevler!

Seitlich der Bucht – nicht zu nah und nicht zu weit vom Land der Kyklopen – erstreckt sich eine ebene bewaldete Insel, wo unzählige wilde Ziegen weiden. Die werden nie von menschlichen Schritten verscheucht, kein Jäger und kein Bauer betrat jemals diese Insel. Sie ist sehr fruchtbar und hat für einen ertragreichen Anbau die idealste Erde, aber die Kyklopen beherrschen die Landwirtschaft nicht. Es gibt einen sicheren natürlichen Hafen, wo keinerlei Taue, Ankersteine oder Befestigungen nötig sind. In einer Ecke dieses natürlichen Hafens fließt kristallklares Wasser aus einer Höhle. Schiffe könnten dort unbeschwert liegen, solange die Mannschaften es wollten. Aber die Kyklopen können weder Schiffe bauen, noch navigieren oder segeln, und somit ist dieser ideale Hafen ohne Nutzen. Es gibt keine Schiffe, keine Schiffsbauer, keine Seeleute, aber auch keine Händler. Und so leben die Kyklopen völlig abgekapselt von der übrigen Welt.

Wir steuerten diesen Hafen bei Nacht und Nebel an; das Ufer konnten wir nicht sehen, legten aber dennoch sicher an; es kam uns so vor, als ob uns ein Gott dahin geführt hätte. Dort haben wir auch die Schiffe festgemacht; an einem Land, auf das wohl vor uns kein Mensch einen Fuß gesetzt hatte."

> **Das Lied vom Gesetzlosen und Akulturellen**
>
> Und die Seele sang der immerwährenden Gültigkeit geflügelte Worte:
> Auf Eurer Fahrt durchs Leben könnt auch Ihr vielleicht erkennen, dass die pure wilde Natur nur solange faszinierend ist, wie sie unberührt sich allein überlassen wird. Wenn sich aber der Mensch der wilden Natur und deren Gesetzen überlässt, ohne Kultur und Zivilisation, ohne Gemeinsinn und ethisch-moralische Gesetze, dann wird er selbst zum wilden gesetzlosen Egoisten. Die reiche, freie und gesegnete Natur ist für den Menschen nicht mehr das ersehnte Paradies; er hat sie selbst dadurch in das Verdammnis der Hölle gewandelt!
>
> Schiffe bauen die Menschen, um sich miteinander auszutauschen; Städte bauen sie, um mit anderen Menschen zusammenzuleben; Gesetze haben sie, um miteinander ein geregeltes Leben zu führen; Gemeinsinn entwickeln sie, um Egoismen zu zähmen und Solidarität miteinander zu pflegen. Alles dies ist den Menschen ein hohes Gut, Ausdruck von geglätteter, gezähmter Wildheit. Das Fehlen all dessen dagegen ist für den Menschen ein tiefes Defizit; Ausdruck von grober und unkontrollierbarer animalischer Wildheit.

> Das Ablegen von Kultur und Zivilisation ist keine Befreiung, sondern Versklavung in den bestialischen Fängen der Barbarei; Hölle, nicht Paradies.
> Der Gesetzlose ist ein Frevler!
> Der Akulturelle und Unzivilisierte ist ein Animalischer, ein Kyklopischer.
> Das ist Homers odysseische Botschaft.

„Allerdings ahnten wir bei unserer Ankunft noch nicht, wie krass der Kontrast zwischen den beiden Welten war – unserer zivilisierten Welt und der Rohheit der kyklopischen Welt. Bald sollten wir es erfahren – in schockierender Weise.

Als die rosenfingrige Göttin der Morgenröte Eos in den frühen Morgenstunden erschien, erkundeten wir die Insel, und mit großem Staunen bewunderten wir die üppige Flora und Fauna. Gleich holten wir unsere Bögen und Speere von den Schiffen und gingen auf die Jagd, die mit reichlichem Ertrag endete. Jedes der zwölf Schiffe bekam neun erlegte Ziegen; nur das Flaggschiff, also meines, bekam zehn davon. Wir haben üppig gegessen und viel von dem Wein getrunken, den wir im Land der Kikonen als Beute gemacht oder als Geschenk erhalten hatten. Von der Insel aus, die nahe am Land der Kyklopen lag, konnten wir den Rauch aus ihren Behausungen sehen und ihre Laute wie auch die der Ziegen und Schafe hören.

Nachdem wir gut geschlafen und uns erholt hatten, sammelte ich meine Kameraden und sagte zu ihnen, dass ich mit der Mannschaft meines Schiffes drüben an Land gehen wolle, um die Gegend zu erkunden. Solange sollten die Mannschaften der anderen Schiffe auf uns im sicheren Hafen warten.

Neugier und Vernichtung

Als wir drüben an Land angekommen waren, sahen wir eine große Höhle, rundherum wuchsen Lorbeerbüsche. Dort gab es Gehege für unzählige Schafe und Ziegen; ringsherum war ein Hof mit eingegrabenen Steinen, man sah hohe Eichen und riesige Kiefern. Wir ahnten, dass in der Höhle eines von diesen einäugigen Monstern hausen musste, ein riesiger böser Kyklop; ein Ungeheuer, mehr einem bewaldeten Berggipfel gleich als einem Menschen.

Ich habe die zwölf stärksten Männer meiner Mannschaft ausgewählt, und wir näherten uns, um diesen merkwürdigen Erdenbewohner genauer zu betrachten. Der Rest der Mannschaft blieb zurück, um das Schiff zu bewachen. Irgendwie hatte ich eine Ahnung, dass etwas Schlimmes auf uns wartete. Wir nahmen unsere Waffen mit, viel Proviant und einen Schlauch guten Rotweins. Diesen Wein hatte uns ein Apollonpriester der Kikonen zusammen mit anderen kostbaren Geschenken gegeben, weil wir während der kriegerischen Auseinandersetzungen mit seinen Landsleuten ihn und seine Familie respektiert und ihnen nicht geschadet hatten. Dieser Wein war so stark und so aromatisch, dass man ihn mit einer zwanzigfachen Menge Wasser verdünnen konnte – und trotzdem behielt er seinen unvergleichlichen Geschmack und sein Aroma. Wir haben viele Vorräte mitgenommen, weil ich ahnte, dass wir zu jemandem gehen, der stark und wild und gesetzlos und frei von Gerechtigkeitsgefühl ist; somit war es ungewiss, wann wir zurückkehren würden zu unseren Kameraden.

Als wir seine Behausung erreichten, bemerkten wir, dass er nicht in seiner Höhle war, sondern wohl draußen auf dem Berg bei seinen Schafen. Wir nutzten die Gelegenheit, seine Behausung in Ruhe zu erkunden. Die Höhle war gefüllt mit verschiedenen Sorten Käse und anderen aus Milch hergestellten Produkten. In den Gehegen sahen wir Schafe und Ziegen, getrennt nach Jungtieren und erwachsenen Tieren sowie neugeborenen Lämmern und Zicklein. Meine Kameraden waren sehr misstrauisch und voller Angst. Sie baten mich, so viel Käse mitzunehmen und so viele Schafe und Ziegen zu den Schiffen zu leiten wie möglich, aber so schnell es ging von diesem unheimlichen Ort zu verschwinden. Ich jedoch war neugierig darauf, den Höhlenbewohner kennenzulernen und seine Gastfreundschaft zu testen. Meine Neugier ließ mich nicht gehen, und ich entschied, dass wir bleiben, bis der Kyklop kommt – was eine sehr schlechte Entscheidung von mir war."

> **Das Lied von den zwei Gesichtern der Neugier**
> Und die Seele sang der immerwährenden Gültigkeit geflügelte Worte:
> Auf Eurer Fahrt durchs Leben könnt auch Ihr vielleicht erkennen, dass Neugier zwei Gesichter hat. Einmal das gute Gesicht, das ich Euch im vorigen Gesang besungen habe: die Neugier, die zum Handeln führt und der Interessen Bestandteil ist; die die kleinen Dinge bewegt, aber auch das große Rad des Menschenwissens, das zu neuen Horizonten führt.
> Das zweite Gesicht der Neugier ist das, was die Vernunft ausschaltet und die Risikobereitschaft anfeuert. Die ausgeschaltete Vernunft kann das Risiko nicht mehr richtig einschätzen; die Neugier wird zur Falle. Die Macht der Neugier kann so stark sein, dass sie sogar einen odysseischen Verstand vorübergehend ausschalten kann.
> Das ist Homers odysseische Botschaft.

In Nachhinein erkannte also Odysseus seinen Fehler und sein Verschulden. Sein ausgeschalteter Verstand schaltete die Stimmen der noch Verständigen, seiner vernünftig argumentierenden Gefährten, ebenfalls aus. Die spätere Erkenntnis half nicht; die Katastrophe näherte sich unausweichlich mit schweren kyklopischen Schritten!

> **Das Lied von der immer positiven Introspektion**
>
> Und die Seele sang weitere der immerwährenden Gültigkeit geflügelte Worte:
> Auf Eurer Fahrt durchs Leben könnt auch Ihr vielleicht erkennen, dass es ein Ausdruck von Introspektionsfähigkeit ist zuzugeben, dass man falsche Entscheidungen getroffen hat. Ein Ausdruck also der Fähigkeit, in sich zu kehren, innere Zusammenhänge zu erkennen, dadurch eigene Fehler zuzugeben, eigene Schuld einzugestehen, wie auch eigene Verantwortung zu übernehmen.
> An dieser Stelle könnt Ihr ebenfalls erkennen, dass die Introspektionsfähigkeit auch dann eine positive Persönlichkeitseigenschaft ist, wenn dadurch kaum etwas oder sogar gar nichts an dem Geschehen zu reparieren ist.
> Das ist Homers weitere odysseische Botschaft.

„Wir sind also geblieben, haben Feuer gemacht, den Göttern geopfert, Käse gegessen und auf den Kyklopen gewartet.

Dann kam er! Auf seiner riesigen Schulter trug er ein gewaltiges Bündel trockenen Holzes, mit dem er offensichtlich sein Abendessen bereiten wollte. Mit donnerndem Krachen warf er es in die Höhle, so dass wir erschrocken zusammen fuhren und versuchten, uns in tiefen Felsnischen zu verstecken. Aus unserem Versteck beobachteten wir, wie der Kyklop die weiblichen Tiere in die Höhle führte. Dann nahm er einen riesigen Felsblock – der so gewaltig war, dass ihn vermutlich zweiundzwanzig starke vierrädrige Wagen nicht von der Stelle hätten bewegen können – und setzte ihn mit Leichtigkeit vor die Höhlenöffnung.

Was für ein Schreck! Wie waren Gefangene des Kyklopen!

Dann setzte er sich hin und begann in aller Ruhe, seine Schafe und Ziegen zu melken. Als er damit fertig war und Feuer anmachte, bemerkte er uns schließlich.

Donnernd fragte er uns, wer wir seien und was wir in seiner Höhle suchten. Ob wir Geschäftsleute oder Piraten seien, die Angst und Schrecken auf den Meeren verbreiten. Wir zitterten aus Angst vor der ungeheuerlichen Kreatur mit der gewaltigen Stimme. Dennoch habe ich ihm geantwortet und gesagt, dass wir Griechen und auf der Reise von Troja zurück in die Heimat seien, dass aber die Winde und die Seestürme uns auf dem breiten Rücken des Meeres hin und her trieben. Wir seien alle Kameraden des weltberühmten Atriden Agamemnon, des großen Siegers des Kampfes um Troja. Und ich sagte noch: ‚Jetzt sind wir hier bei dir, und wir flehen dich um deine Gastfreundschaft an. Wir bitten dich im Namen von Zeus, dich, den mächtigen Kyklopen, die Götter zu respektieren und uns nach den Regeln der Gastfreundschaft zu behandeln. Wir bitten dich darum, weil Zeus, der Oberste Gott, auch der Beschützer der Flehenden und Fremden ist'.

Er antwortete mit donnernder unbarmherziger Stimme: ‚Fremder, entweder bist du sehr dumm oder du lebst sehr weit weg von hier. Wenn ich Erbarmen mit euch zeige, dann nur, weil ich es will und nicht weil Zeus es von mir verlangt. Ich alleine entscheide darüber, und kein Gott darf sich einmischen. Ich soll die Götter und ihren Zorn fürchten? Dass ich nicht lache! Die Kyklopen fürchten weder Zeus noch andere Götter. Denn wir sind mächtiger als die Götter …‘

Eine ungeheuerliche Hybris, dachte ich."

> **Das Lied von der Nähe zum Ungeheuer**
> Und die Seele sang der immerwährenden Gültigkeit geflügelte Worte:
> Auf Eurer Fahrt durchs Leben könnt auch Ihr vielleicht erkennen, dass Hybris ungeheuerlich ist; dem Ungeheuer eigen, den Menschen in des Ungeheuers Nähe bringend. In allen Fällen aber folgt der Hybris der Fall!
> Das ist Homers odysseische Botschaft.

„Und ich dachte noch etwas: ‚Was für ein Sakrileg begeht dieses Monster, den darum Flehenden die heilige Gastfreundschaft zu verweigern!'"

> **Das Lied von einer monströsen Tat**
> Und die Seele sang weitere der immerwährenden Gültigkeit geflügelte Worte:
> Auf Eurer Fahrt durchs Leben könnt auch Ihr vielleicht erkennen, dass die Verweigerung von Gastfreundschaft für Bedürftige und Flehende ohne gute Gründe und handfeste dagegen sprechende Argumente eine monströse Tat ist – und der Ichbezogenen, der Unempathischen, der Antisozialen prägendes Merkmal.
> Das ist Homers weitere odysseische Botschaft.

„‚Aber zuerst sag mir', fuhr er fort, ‚wo hast du dein Schiff festgemacht? Hier in der Nähe oder weit weg?' Mir wurde sofort klar, dass ich ihm diese Information nicht geben sollte. Und so erwiderte ich, dass mein Schiff vom Erderschütterer Poseidon auf Felsen weit von hier zerschellt worden sei und wir nur mit Mühe unser Leben am Ufer des Kyklopenlandes hätten retten können.

Das Ungeheuer sagte nichts darauf. Plötzlich aber sprang der Kyklop auf, streckte seine riesigen Arme aus, schnappte sich mit jeder Hand einen Kameraden und schlug sie so wuchtvoll auf den Boden, dass ihre Gehirne sich auf der Erde verteilten. Dann riss er sie in Stücke und fraß sie wie ein hungriger Berglöwe! Er verschlang alles: Muskeln, Knochen und Eingeweide; nichts ließ er übrig!

Offensichtlich verzehrte er die Menschen mit Appetit und Vergnügen!

Lähmende Angst und unbeschreiblicher Schrecken überfielen uns, und verzweifelt riefen wir laut und mit erhobenen Armen Vater Zeus um Hilfe an. Dies beeindruckte das Ungeheuer nicht im Geringsten. Nachdem der Kyklop sich mit Menschenfleisch vollgestopft und dazu eine Menge der frisch gemolkenen Milch hinuntergestürzt hatte, streckte er sich zwischen seinen Schafen auf der Erde aus und schlief sofort ein. Ich begann fieberhaft, nach Möglichkeiten zu suchen, wie wir ihm entfliehen könnten. Meinen ersten Plan, ihn mit meinem Schwert im Schlaf zu töten, habe ich bald verworfen, weil mir klar war, dass wir selbst beim Gelingen in der Falle der geschlossenen Höhle gefangen wären. Selbst alle zusammen hätten wir den riesigen Felsbrocken vor dem Ausgang nicht vom Fleck bewegen können. Zur Untätigkeit verdammt warteten wir tief betrübt auf die Morgendämmerung.

Mit dem ersten Erscheinen der Morgenröte stand der Kyklop auf, machte Feuer, melkte wieder die Schafe und die Ziegen, brachte die neugeborenen Tiere zu ihren Müttern zum Säugen – und wieder packte er zwei unserer Gefährten, die er zum Frühstück fraß!

Anschließend rollte er mit Leichtigkeit den riesigen Felsen vor dem Ausgang zur Seite, verließ die Höhle – und verschloss die Öffnung von außen wieder mit demselben riesigen Felsblock. Wir hörten noch, wie er mit schrillen Pfiffen seine Herde zur Weide trieb."

Des Menschen Verstand ist des Ungeheuers Vernichtung

„Ich dachte die ganze Zeit fieberhaft nach, wie ich ihn mit Hilfe der Athena bestrafen könnte für das, was er getan hatte. Doch vor allem, wie wir uns befreien könnten. Endlich hatte ich eine Idee: In seiner Hölle befand sich der frische Stamm eines Olivenbaums, aus dem er wohl eine Keule machen wollte. Für uns war der Stamm hoch wie der Mast eines großen Zwanzig-Ruderer-Frachtschiffes. Ich schnitt den Stamm etwa in Mannshöhe ab, und meine Kameraden haben ihn geschabt und geglättet, bis das eine Ende spitz war wie ein am Feuer gehärteter Speer. Den fertigen Stamm versteckten wir unter dem Mist, der haufenweise in der Höhle herumlag. Zuerst wollte ich es meinen Gefährten freistellen, wer von ihnen mir dabei hilft, den spitzen Stamm in das einzige Auge des Kyklopen zu jagen, während er schläft – Kyklopen haben ja bekanntlich nur ein Auge, mitten auf der Stirn. Aber dann entschieden wir uns für das Los. Vier meiner Kameraden sollten mir helfen.

Am Abend kam der Kyklop zurück, schob den riesigen Felsblock vor der Höhlenöffnung zur Seite und führte seine wohlgenährten Schafe und Ziegen in die Höhle. Und sofort blockierte er den Ausgang. Wieder kein Ausweg aus der Hölle der Höhle für uns. Und in aller Ruhe – genau wie am Abend vorher – melkte das Ungeheuer seine Schafe und Ziegen und brachte anschließend den Muttertieren ihre neugeborenen Lämmer und Zicklein. Nachdem er auch seine anderen Dinge erledigt hatte, schnappte er sich zu unserem Entsetzen wieder – zum dritten Mal nun – zwei meiner Kameraden und verschlang sie zum Abendessen.

Das war der Moment, in dem ich begann, meinen Befreiungs- und Bestrafungsplan in die Praxis umzusetzen. Ich nahm einen großen hölzernen Eimer, füllte ihn bis zum Rand mit dem ungemischten starken Wein der Kikonen – den die Menschen zwanzigfach mit Wasser vermischen – und bot ihn dem Ungeheuer zum Trinken an. Mit dem Angebot verband ich die Bitte an ihn, uns freizulassen. Ohne darauf zu antworten, trank er den starken süßen Wein in einem einzigen gewaltigen Zug aus und verlangte mehr davon. Er lobte den Wein als etwas Besonderes, der Ambrosia gleich. Und er versprach mir ein Gastgeschenk. Ich füllte zum zweiten Mal den großen Eimer bis zum Rand mit dem starken Wein und stellte ihn vor den Kyklopen hin, der ihn gierig leerte. Immer mehr wollte er, er war unersättlich; und ich folgte sehr gerne seinem Verlangen. Nach dem dritten Eimer begannen sich seine Sinne zu benebeln, und irgendwann war er nicht mehr Herr seines Tun und Lassens."

Das Lied von der Unersättlichkeit

Und die Seele sang der immerwährenden Gültigkeit geflügelte Worte:
   Auf Eurer Fahrt durchs Leben könnt auch Ihr vielleicht erkennen, dass Gier, Unersättlichkeit und maßlose Hingabe an die leiblichen Genüsse große Übel sind, die zu den Vorposten des Verderbens gehören.
   Das ist Homers odysseische Botschaft.

„Der betrunkene Wilde wollte meinen Namen wissen, denn er habe mir doch ein Gastgeschenk versprochen. Ich sagte ihm, dass ich ‚Niemand' heiße. Und damit habe ich nicht gelogen, ihm allerdings auch nicht die Wahrheit gesagt. Denn einer der Ausdrücke für ‚Niemand' im Sinne von ‚Keiner' in meiner Muttersprache ist ‚Utís' oder ‚Udís', was gleichzeitig auch als Rufname für Kleinkinder verwendet wird, die den Namen Odysseus tragen. Und in der Tat hatten auch mich meine Eltern und Spielkameraden so gerufen, als ich ein Junge war: ‚Utís' oder ‚Udís', also ‚Niemand'. So war ‚Niemand' mein Rufname geworden."

Das Lied von einer besonderen Form der Lüge

Und die Seele sang der immerwährenden Gültigkeit geflügelte Worte:
Auf Eurer Fahrt durchs Leben könnt auch Ihr vielleicht erkennen, dass die Kunst zu lügen, ohne gelogen zu haben, eine gute Portion Intelligenz benötigt. Manchmal kann sie als verwerflich, unehrlich, schlau und im besten Fall als diplomatisch bezeichnet werden. In allen Fällen jedoch ist sie dem Kunstbeherrscher dienlich.
Das ist Homers odysseische Botschaft.

Das Lied von den Vorteilen, eine Niemand zu sein

Und die Seele sang weitere der immerwährenden Gültigkeit geflügelte Worte:
Auf Eurer Fahrt durchs Leben könnt auch Ihr vielleicht weiter erkennen, dass wenn man sich als „Niemand" bezeichnet, nicht nur die Kunst des Lügens praktiziert, ohne gelogen zu haben. Sondern dass man sich dadurch einen psychologisch bedeutsamen Vorteil verschafft: man macht sich damit klein, unbedeutsam, unbedrohlich, ungefährlich, machtlos. Ein Niemand ist nichts im Vergleich zu dem riesigen, bedrohlichen, gefährlichen, bedeutsamen, machtvollen Animalischen, das sich sogar bedeutsamer und machtvoller wähnt als die göttlichen und menschlichen Gesetze!
Das sich klein machen vor dem Riesen, der sich dadurch noch riesiger fühlt, ist zwar Selbstverleugnung, aber der Intelligenz Kind. Es sichert nicht nur das Überleben, sondern auch die Befreiung aus Fallen, die man sich selbst gestellt hat.
Das ist Homers weitere odysseische Botschaft.

„Ich sagte dem Ungeheuer noch, dass ich sehr neugierig auf sein Gastgeschenk sei. Er antwortete darauf: ‚Also Herr Niemand, ich sage dir jetzt, was für ein Gastgeschenk ich dir zu machen gedenke: Dich werde ich als letzten zum Abendessen verspeisen.'

Nach diesen schreckenerregenden Worten fiel er in einen tiefen Weinschlaf. In seinem volltrunkenen Schlaf erbrach der Riese ein puren Ekel erregendes Gemisch aus Wein und menschlichen Körperteilen.

Zusammen mit meinen übrig gebliebenen Kameraden brachte ich inzwischen die Spitze des bearbeiteten Olivenbaumstammes im Feuer zum Erglühen. Als die speergleiche Spitze des Stammes so heiß war, dass sie kurz vor dem Entflammen stand, spürte ich, wie ein Gott mir Mut einhauchte."

Das Lied von einem besonderen Mut

Und die Seele sang der immerwährenden Gültigkeit geflügelte Worte:
Auf Eurer Fahrt durchs Leben könnt auch Ihr vielleicht erkennen, dass der göttliche Hauch von Mut gleichbedeutend ist mit „Mut, der dem Bedienen des eigenen Verstandes entspringt"!
Das ist Homers odysseische Botschaft.

7 Vom Mut, sich des eigenen Verstandes zu bedienen

Odysseus überlistet den Kyklopen

Ja, meine verehrten Zuhörer, so haben es – viele Jahrhunderte nach Odysseus mutigem Bedienen des eigenen Verstandes – ein Poet der Alten Zeit und ein Philosoph der Neuzeit formuliert: „Habe Mut, dich deines eigenen Verstandes zu bedienen."[2] Und gerade das tat Odysseus in diesem Augenblick.

„Meine Kameraden griffen den Olivenbaumpfahl und trieben mit großer Kraft seine Spitze ins einzige Auge des schlafenden Kyklopen, während ich von oben den spitzen Stamm drückte und drehte, wie man mit einem Bohrer Balken durchbohrt; die Kameraden drehten ihn mit Riemen auch von unten. So trieben wir den glühenden Stamm in des Riesen Auge, und heißes Blut spritzte in Strömen aus ihm hervor. Der Augapfel verbrannte, und Wimpern und Augenbrauen und sogar die Wurzel des Auges zischten in der Glut, als würde ein Eisenschmied die heiße Zimmermannsaxt unter lautem Zischen in eisiges Wasser tauchen. Vom unglaublichen Schmerz erwacht, schrie der Kyklop so fürchterlich, dass die Höhlenfelsen erzitterten. Erschrocken zogen wir uns so-

---

[2] Der Poet der Alten Zeit war mein römischer Kollege Horaz, der – meine Ilias und Odyssee in seiner ersten Epistel seines zweiten Epistelbuches kommentierend – das berühmte „sapere aude" aussprach: „Wage es, weise zu sein!" – Was übrigens das Motto dieser neuartigen Erzählung meiner Odyssee ist, wie Ihr sicherlich schon bemerkt habt. Der Philosoph der Neuzeit war Immanuel Kant, den ich beim Schreiben seines Zeitschriftbeitrages von 1784 „Was ist Aufklärung?" von hier oben beobachtete.

fort zurück und versteckten uns in einer Felsnische. Mit einem donnernden Schrei zog er den heißen Stamm aus seinem furchtbar blutenden Auge. Er schleuderte ihn weit weg und tobte, wie verrückt vor Schmerzen. Er schrie so furchtbar und laut, dass die auf den Bergen ringsherum hausenden Kyklopen ihn hörten.

Neugierig versammelten sie sich vor dem felsblockierten Eingang der Grotte und riefen, was ihn denn so quäle. Polyphemos, so hieß der geblendete Kyklop, brüllte: ‚Niemand quält mich. Niemand hat mich attackiert. Niemand hat mich mit bösem Betrug verletzt.'

‚Na ja' antworten die anderen Kyklopen, die zwar neugierig, aber unempathisch und unsolidarisch waren, ‚wenn niemand außer dir in der Grotte ist und du Schmerzen irgendeiner Krankheit erleidest, so ist das Zeus Wille, und du musst sie ertragen. Bitte deinen Vater Poseidon um Hilfe, aber nicht uns.' Damit war ihre Neugier befriedigt, und sie kehrten auf ihre eigenen Berge und in ihre eigenen Höhlen zurück. Mein Herz klopfte vor Freude."

> **Das Lied von der vorteilhaften Selbsterniedrigung**
>
> Und die Seele sang der immerwährenden Gültigkeit geflügelte Worte:
> Auf Eurer Fahrt durchs Leben könnt auch Ihr vielleicht erkennen, dass sich als Niemand zu präsentieren und nicht mit der eigenen Bedeutsamkeit zu prahlen, nicht nur Ausdruck von Bescheidenheit und Demut ist, sondern auch von Größe. Es ist auch Ausdruck von Klugheit, denn der sich selbst Erniedrigende gerät nicht noch niedriger, sondern kann nur höher steigen. Und es birgt ein zusätzliches, ungeheures, handelswirksames Potenzial in sich. Vor allem: ein befreiendes!
> Das ist Homers odysseische Botschaft.

Ja, meine geschätzten Zuhörer, Bescheidenheit und Demut sind Zwillingsgeschwister, deren bescheidenes und demutsvolles Erscheinen sie nicht nur sympathisch macht, sondern auch zu hohen Tugenden erhebt. Die Spielwiese der Bescheidenheit ist vorwiegend die äußere Welt mit ihren zwischenmenschlichen Beziehungen, während sich die Demut im Inneren des Menschen abspielt oder auch in seiner Beziehung zum dem, was man als das Göttliche betrachtet.

Wie fast alles im Leben hat aber auch die Bescheidenheit ein zweites Gesicht; im Kampf um soziales Leben und Überleben kann zu viel Bescheidenheit ein Hindernis sein bei der Fortentwicklung. Alles in Maßen – diese Grundregel griechischer Philosophie findet auch hier ihre Anwendung. Denn auch ein zu wenig an Bescheidenheit gefährdet nicht nur das soziale Leben, sondern noch viel mehr – wie Ihr bei dem gefährlichen Wechselspiel zwischen Odysseus und dem Kyklopen bald erfahren werdet.

7 Vom Mut, sich des eigenen Verstandes zu bedienen

„Der erblindete Kyklop Polyphemos", fuhr Odysseus fort, „noch immer vor Schmerzen stöhnend und brüllend, bewegte in den Morgenstunden den Felsblock vom Eingang weg. Dann setzte er sich vor die Höhlenöffnung, um uns mit seinen riesigen Armen zu schnappen, wenn wir versuchen sollten, zu entfliehen. Aber ich dachte nicht daran, in seine Falle zu tappen. Ich hatte nämlich weiter den Mut, mich meines eigenen Verstandes zu bedienen, und so schmiedete ich wieder Pläne, wie wir der Falle des wütenden Monsters entfliehen könnten.

In der Höhle gab es viele große Widder, fett und mit dichter langer Wolle. Ich band jeweils drei davon mit den geflochtenen Weiden zusammen, die dem Kyklopen als Schlaflager dienten. Unter dem Bauch jedes mittleren von den drei Widdern band ich einen meiner Kameraden fest. Die drei aneinandergebundenen Widder trieb ich dann aus der Höhle, sie strebten gleichschrittig vorwärts, und der Kyklop ließ sie passieren, als er das dichte Fell fühlte. So konnten meine Gefährten, unter dem Bauch des mittleren Widders versteckt, einer nach dem anderen aus der Höhle gelangen.

Am Ende blieb für mich nur ein einziger Widder übrig, allerdings der größte mit dem längsten und dichtesten Vlies – der Lieblingswidder des Kyklopen. Ich klammerte mich an das dichte und starke Vlies seines Bauches. So gut es ging trieb ich ihn an, und er schritt als letzter, mit schwerem Gang wegen meines Gewichtes, in Richtung Höhlenausgang. Der blinde Kyklop tastete und erkannte seinen Lieblingswidder. Mit mitleidiger Stimme sagte er zu ihm: ‚Wieso kommst du heute als letzter? Sonst bist du immer der erste und führst die Herde auf die Weide, und auch abends kehrst du als erster zurück. Wahrscheinlich hast du Mitgefühl mit deinem Herrn, den dieser Betrüger mit Namen Niemand geblendet hat. Aber keine Sorge, mein Lieblingswidder, er wird meiner Rache nicht entkommen. Ich werde ihn auf den Felsen zerschlagen, so dass sein Gehirn in alle Himmelsrichtungen spritzt. Dann werde ich das Leiden leichter ertragen, das mir dieser nichtige Niemand zugefügt hat.'

Mit diesen Worten ließ er den Widder aus der Grotte ins Freie treten – und mich mit ihm. Nachdem wir uns etwas vom Eingang entfernt hatten, ließ ich von dem Widder ab und löste die Weiden, mit denen meine Kameraden unter den anderen Tieren angebunden waren. Endlich waren wir in Freiheit, der Falle entflohen, von der Hölle der Höhle erlöst!"

Gedacht, getan, gerettet!

Intelligent gedacht, tapfer getan, verdient gerettet!

Das war die süße Frucht von Odysseus Mut, sich seines eigenen Verstandes zu bedienen!

Das Lied von Problemschaffender und Problemlöserin

Und die Seele sang der immerwährenden Gültigkeit geflügelte Worte:
 Auf Eurer Fahrt durchs Leben könnt auch Ihr vielleicht erkennen, dass die Intelligenz viel mehr Macht hat als die rohe Gewalt, sei sie körperlicher oder sonstiger materieller Natur. Die Intelligenz als die Fähigkeit, durch logisches Denken Probleme zu lösen und zweckmäßig zu handeln, stellt sich der rohen Gewalt entgegen: die Problemlöserin gegen die Problemschaffende.
 Das ist Homers odysseische Botschaft.

Des Hochmuts Frucht ist der Irrfahrt Grund

„Wir führten viele fette Schafe als Proviant mit zu unserem Schiff, das wir bald erreichten. Die Kameraden dort empfingen uns mit großer Freude; allerdings waren sie schockiert und tieftraurig, als sie vom grausamen Schicksal unserer verlorenen Gefährten erfuhren. Ich gab den Befehl, schnell die Schafe zu verladen und sofort die Ruder zu ergreifen. Als das Schiff weit genug vom Ufer entfernt war, aber gerade so weit, dass mein Ruf vom Schiff aus noch an Land vernehmbar war, rief ich: ‚Kyklop, hast du gedacht, dass du für das, was du getan hast, ungestraft bleibst? Du hast dir dein Leiden mit deinen furchtbaren Taten redlich verdient. Du hast Fremde bei dir zuhause in einer ungeheuerlichen Art und Weise behandelt. Deswegen haben Zeus und die anderen Götter dich bestraft.'

Als das Ungeheuer das hörte, geriet es in Rage, nahm einen riesigen Felsen, groß wie die Spitze eines Berges, und warf ihn mit voller Wut gegen unser Schiff. Glücklicherweise verfehlte der Fels das Schiff, obwohl beinahe das Steuer getroffen worden wäre. Allerdings entstanden durch den riesigen Gesteinsbrocken große Wellen, die uns wieder zurück ans Kyklopenland trieben. Mit aller Kraft versuchten wir, das Schiff weg vom gefährlichen Ufer zu steuern, was uns mit übermenschlicher Anstrengung schließlich auch gelang. Als wir einen doppelt so großen Abstand wie vorher erreicht hatten, provozierte ich den Kyklopen noch einmal – trotz der Bitten meiner Männer, das zu unterlassen. Mein Zorn gegen dieses Monster war zu groß, um ihnen zu entsprechen, zu heftig, um auf die Stimme der Vernunft zu hören. So laut ich konnte, rief ich: ‚Kyklop, wenn jemand dich einmal fragt, wer deine schmerzhafte Blindheit verschuldet habe, dann antworte: Der berühmte Eroberer Trojas, Odysseus, der Sohn des Laërtes aus Ithaka.'

Als er das vernahm und die wahre Identität seines Blenders erfuhr, fiel dem Ungeheuer Polyphemos blitzartig eine alte Prophezeiung wieder ein, die er vor langer Zeit von dem Seher der Kyklopen Telemos gehört hatte. Die besagte, er werde sein Augenlicht durch einen Mann namens Odysseus verlieren. Allerdings hatte er erwartet, dass dieser Odysseus ein großer Mann mit überdurchschnittlicher Muskelkraft sein würde und nicht so etwas, wie er dachte, Kleines, Nichtiges und Schwaches wie der Betrüger, der ihn erst mithilfe des Weines und mit List besiegt hatte."

Ja, meine verehrten Zuhörer, der Muskelriese konnte sich nicht vorstellen, dass er von einem Muskelzwerg besiegt worden war. Er konnte nicht begreifen, dass die Macht der Intelligenz mächtiger ist als die Macht der Muskeln! Er verstand nicht, wie es Odysseus, dem vielbewanderten Kämpfer und geduldigen Dulder hatte gelingen können, ihn, den monströsen Riesen und dumpfen Primitiven, zu besiegen. Und wie sich Menschen aus seiner Urgewalt hatten befreien können!

> **Das Lied von der dummen Gewalt**
> Und die Seele sang der immerwährenden Gültigkeit geflügelte Worte:
> Auf Eurer Fahrt durchs Leben könnt auch Ihr vielleicht erkennen, dass die grobe, dumpfe, wilde Gewalt so dumm ist, dass sie nicht einmal verstehen kann, dass des Menschen erfolgreichste Waffe seine Intelligenz ist. Dass er damit seine Schiffe baut, seine Städte, seine Häfen; dass er damit seine Rechtsordnung gründet, sein Gemeinwesen; dass er damit sein Inneres und sein Äußeres erforscht, seine Nähe und seine Ferne.
> Und dass er damit die ihm drohenden Mächte besiegt!
> Das ist Homers odysseische Botschaft.

„Aber dann rief der Kyklop uns noch zu: ‚Komm zurück, Odysseus, ich habe dir noch keine Gastgeschenke gegeben. Und ich will meinen Vater Poseidon bitten, euch eine sichere Reise zu gewähren. Denn du musst wissen, dass der Erderschütterer und Gewässerherrscher Poseidon mein Vater ist.'

Ich antwortete ihm, dass es mein Wunsch sei, ihn in den Hades zu befördern. Und dass ihm niemand helfen könne, auch sein Vater Poseidon nicht."

> **Das Lied von der Nemesis, die der Hybris folgt**
> Und die Seele sang der immerwährenden Gültigkeit geflügelte Worte:
> Auf Eurer Fahrt durchs Leben könnt auch Ihr vielleicht erkennen, dass der Narzissmus des Menschen zeitweilig auch seine Intelligenz verblenden kann und ihn dazu verführt, Grenzen zu überschreiten. Dadurch betritt er den Bereich der Hybris, die immer von der Nemesis gefolgt wird – der Göttin der gerechten Strafe.
> Das ist Homers odysseische Botschaft.

„So kam es, wie es kommen musste, meine edlen Zuhörer aus dem edlen Volk der Phäaken. Der Kyklop Polyphemos bat seinen Vater Poseidon, es so einzurichten, dass ich nie in die Heimat zurückkehren würde. Wenn allerdings die Götter meine Rückkehr beschlossen hätten, dann solle ich so lange wie möglich über die Meere irren, irgendwann mit einem fremden Schiff und alleine, ohne meine Kameraden, die Heimat erreichen und zu Hause weiteren Qualen und Plagen begegnen.

Und der dunkelblaugelockte Erderschütterer erhörte die Bitte seines geblendeten, gedemütigten Sohnes."

So ist das, geschätzte Zuhörer, Odysseus befriedigte seinen Narzissmus. Narzissmus besitzt nun einmal eine ungeheure Dynamik – auch bei nicht persönlichkeitsgestörten Narzissten. Narzissmus kann selbst hohe Intelligenz zeitweilig ausschalten und für die Stimme der Vernunft taub machen. Ausgerechnet das geschah jetzt bei dieser Personifizierung der Hochintelligenz, bei Odysseus, dem vielbewanderten – der gerade mit der großartigen Niemand-Erfindung, mit dem intelligent-tapferen Entpotenzieren des Monsters und mit der genialen Ausbruchsmethode – mit dem Mut also, sich des eigenen Verstandes zu bedienen – dem Geist einen unvergesslichen Sieg über die Primitivität der Gewalt beschert hatte.

Nein, meine werten Zuhörer, nicht immer ist Genialität ein Schutz gegen Hochmut!

Die Genialität des Menschen war der Primitivität des Monsters nur so lange überlegen, wie sie in kluger Weise und in aller Bescheidenheit sich listig und wortkarg als „Niemand" präsentierte. Die Selbsterniedrigung ermöglichte den einzigen offenen Weg: den der nach oben führt, in diesem Falle den Sieg gegen des Monsters Überheblichkeit. Aber als diese Genialität sich der Prahlerei, des Hochmutes und der Aufschneiderei bediente, ihrerseits Überheblichkeit zeigte, wurde sie vulgär und angreifbar[3].

Ja, verehrte Zuhörer, Ihr habt es sicherlich bemerkt: Auch Hochintelligenz schützt nicht immer vor Hochmut. Odysseus überschritt eine unverletzbare Grenze und betrat den Bereich der Hybris, dieser Extremform des Hochmutes, die die menschliche, aber vor allem die göttliche Ordnung verletzt. Der intelligenteste der Menschen verhält sich unklug, indem er sich so sehr überschätzt, dass er dem mächtigen Poseidon die Fähigkeit abspricht, seinem verletzten Sohn zu helfen.

---

[3] Oder man kann es auch so formulieren, wie ich es den beiden uns bekannten Philosophen Max Horkheimer und Theodor Adorno in ihrem wiederholt zitierten Werk als Alternative empfohlen habe, als ich ihr schon zitiertes Werk supervidierte. Sie haben meine Empfehlung wie folgt umgesetzt: „Die Freunde suchen ihn vor der Dummheit zu bewahren, als gescheit sich zu bekennen, aber es gelingt ihnen nicht, und mit genauer Not entgeht er den Felsblöcken, während die Nennung seines Namens wahrscheinlich den Hass des Poseidon – der kaum als allwissend vorgestellt ist – auf ihn lenkt. Die List, die darin besteht, dass der Kluge die Gestalt der Dummheit annimmt, schlägt in Dummheit um, sobald er diese Gestalt aufgibt. Das ist die Dialektik der Beredsamkeit".

Hochmut kommt vor dem Fall, und der menschlichen Hybris folgt die göttliche Nemesis.

Das Lied von der narzisstischen Prahlerei
Und die Seele sang der immerwährenden Gültigkeit geflügelte Worte:
 Auf Eurer Fahrt durchs Leben könnt auch Ihr vielleicht erkennen, dass die narzisstische Prahlerei und der narzisstische Drang, sich zu präsentieren, das durch andere positive Persönlichkeitseigenschaften Erreichte gefährden können.
 Das ist Homers odysseische Botschaft.

„Der erblindete Kyklop beschränkte sich nicht nur auf Rachegebete, sondern nahm erneut einen riesigen Felsen auf und warf ihn gegen uns. Dieses Mal fiel der Fels hinter unser Schiff, und die entstandenen großen Wellen trieben es bis zu der Insel, wo der Rest unserer Flotte auf uns wartete. Große Freude bei den Kameraden, als sie uns sahen – große Trauer, als sie vom Schicksal der verlorenen Gefährten erfuhren.

Wir verteilten die erbeuteten Schafe auf alle Schiffe, und ich opferte Zeus: Der aber nahm aus Solidarität zu seinem Bruder Poseidon unsere Opfergabe nicht an.

Zeus Entscheidung war gefallen: Unsere Flotte musste zerstört werden! Meine Kameraden sollten vernichtet werden!

Und ich würde jahrelang auf dem Rücken des Meeres herumirren! Ein fremdes Schiff sollte mich viele Jahre später in die Heimat bringen! Als Fremder zuhause angekommen sollte ich noch viele Plagen und Qualen erleiden müssen.

Gut dass davon weder ich, noch meine Kameraden etwas ahnten!

Am nächsten Morgen, direkt nachdem rhododaktylos Eos erschienen und den Tag in ihre sanften purpurnen Farben getaucht hatte, segelten wir weiter. Mit zwiespältigen Gefühlen – froh, dass wir weiterfahren durften, traurig weil wir liebe Kameraden in so schauriger Art und Weise verloren hatten.

Meine langjährige Reise nahm jetzt endgültig Fahrt auf.

Der Hybris Frucht war der Irrfahrt Grund!

Und sie war meines Hochmuts Ausgeburt!"

8
Die Symbiose von Gut und Böse

> **Zusammenfassung**
>
> Aus dem zehnten Gesang meiner Odyssee werde ich Euch erzählen, was Odysseus den gastfreundlichen Phäaken berichtet. Wie er und seine Gefährten die äolische Insel erreichten, dort wo Äolos, der Herrscher der Winde, wohnt. Er machte Odysseus ein für Seeleute kostbarstes Geschenk, nämlich einen Sack, in dem alle für die Heimfahrt ungünstigen Winde gefangen waren. Nur den günstigen Wind hatte er freigelassen, weil der während der ganzen Reise in die Segel blasen sollte. Unter der Wirkung des äolischen Geschenkes erreichten sie Ithaka und standen kurz vor der Landung. Doch Odysseus Kameraden waren misstrauisch und gierig, sie vermuteten kostbare Schätze in dem Sack und öffneten ihn, während Odysseus schlief. Die entfesselten Winde trieben die Schiffe zurück zu Äolos Insel. Zornig und angewidert davon, wie sie mit seinem kostbaren Geschenk umgegangen waren, weigerte der sich, ihnen noch einmal behilflich zu sein. Enttäuscht und niedergeschlagen ruderten sie mehrere Tage lang, bis sie schließlich das seltsame Land der Lästrygonen erreichten. Die waren Giganten und Menschenfresser und zerstörten alle Schiffe und verspeisten die Männer; nur Odysseus Schiff und seine Mannschaft konnten sich retten. Das einzige gerettete Schiff erreichte die Insel der Nymphe Kirke, einer mächtigen Zauberin. Sie verwandelte Odysseus Gefährten in Schweine, Odysseus aber war durch Hilfe des Gottes Hermes unangreifbar. Kirke wurde dadurch zu einer glühenden Verbündeten ihres Bezwingers. Ein Jahr lang blieben Odysseus und seine Mannschaft auf der Insel. Dann machten sie sich nach den Anweisungen von Kirke widerwillig und traurig auf in die Unterwelt, um dort vom Seher Teiresias Informationen über die weitere Fahrt und ihr Schicksal einzuholen.
>
> Und die uns begleitende Seele wird dabei geflügelte Worte von immerwährender Gültigkeit singen, wie etwa über Vertrauen als Voraussetzung der Verbundenheit, über die Folgen der Selbstverschuldung, über Neid und Gier und ihre katastrophalen Folgen. Und über die Gefahr, durch Hedonie ein Schwein zu werden, und davon, wie der Widerstand dagegen das Gefährliche zähmt. Aber auch über manches andere.

Von Neid und Gier

„Nachdem wir das Land der Kyklopen verlassen hatten, segelten wir ohne Zwischenfälle weiter und erreichten die Äolische Insel, eine schwimmende Insel mit einer prächtigen kupfernen Mauer, die völlig undurchdringlich ist. Mitten in der prachtvollen Stadt steht der imposante Palast des Äolos, Herrscher der

Winde. Dieser wird von ihm und seiner ehrwürdigen Frau und ihren zwölf Kindern bewohnt, sechs Söhnen und sechs Töchtern, die miteinander verheiratet sind. Äolos hat es so arrangiert, dass alle seine Kinder immer im Haus bleiben. Dort leben sie glücklich und im Überfluss.

Beim Herrscher Äolos blieben wir einen Monat lang; er wollte von mir alles über den Kampf um Troja wissen, alles von den griechischen Schiffen erfahren und was ich erlebt habe. Dann schließlich entsprach er meiner Bitte und bereitete unsere Abfahrt vor. Er versprach mir eine sichere Reise und begann sofort mit der Umsetzung seines Versprechens: Er nahm einen großen Sack aus Ochsenleder und zwang seine heulenden Winde, darin Platz zu nehmen. Dann band er den Sack mit einer silbernen Schnur im Bauch meines Schiffes fest, so dass kein Hauch von Wind entweichen konnte. Nur einen einzigen Wind hatte er freigelassen, Zephyros, den Westwind; der sollte günstig für unsere Reise blasen. Alles schien perfekt arrangiert. Das Gastgeschenk des Äolos war der Natur größtes Reisegeschenk für den auf dem Rücken der Meere segelnden Menschen.

Aber es kam anders. Die Unvernunft machte das perfekte Arrangement zunichte! Das Naturgeschenk verwandelten wir in eine Naturkatastrophe, allein durch unser eigenes Tun und Lassen.

Wir segelten neun Tage und neun Nächte ohne Unterbrechung mit dem günstigen Wind Zephyros, dem Geschenk des Äolos. Am zehnten Tag sahen wir Ithaka vor uns.

Ithaka! Ithaka! Das Ziel unserer Sehnsüchte!

Wir kamen der Insel so nahe, dass wir sehen konnten, wie die Menschen am Ufer Feuer machten. Wir konnten schon die Silhouetten unserer Landsleute erkennen!

Aber das Schicksal hatte andere Pläne mit uns, als dass wir an Land kommen.

Ich hatte das Steuerrad Tag und Nacht selbst in der Hand und ließ niemanden in die Nähe, weil ich wollte, dass alles perfekt läuft; schnell und sicher wollte ich die heimatliche Insel erreichen. Mein ehrgeiziges Ziel zehrte aber meine ganze Kraft auf. Unendlich erschöpft wurde ich von Müdigkeit überwältigt, und so schlief ich kurz vor der Ankunft in der Heimat am Steuer ein. Mit meinem Einschlafen aber erwachten Neid und Gier; das war der Moment, wo diese beiden schlimmen Übel gemeinsam zuschlugen. Meine Kameraden wurden plötzlich misstrauisch und glaubten nicht mehr, dass im Äolossack bloß Luft war, nämlich die Winde. Sie argwöhnten, dass darin Gold und Silber und andere Gastgeschenke des reichen Königs seien – Äolos sei ja zu seinen

Gästen so großzügig! Die Männer wurden von Neugier und Neid beherrscht, und deshalb zweifelten sie im Innern ihres Herzens an dem, was ich ihnen zum Inhalt des Sacks gesagt hatte. Was für Schätze steckten wohl darin, fragten sie sich. Und dann trat die Gier in den Vordergrund: Es sei ungerecht, wenn ich zusätzlich zu der fetten Beute aus Troja auch die kostbaren Gastgeschenke des Herrschers der Winde für mich behielte, während sie leer ausgingen. Wir hätten ja alles gemeinsam erlebt und erlitten. ‚Wieso sollen wir dann leer ausgehen, und er behält den Sack voller Schätze?' fragten sie sich.

So beschlossen sie, kurz bevor wir das Ufer unserer geliebten Heimat, Ziel unserer Träume, erreichten, mir den Gehorsam zu verweigern und meine Befehle zu missachten. Das heißt, sie öffneten den Sack des Äolos, meinen Schlaf nutzend."

> **Das Lied von der Unverbundenheit der Verbündeten**
> Und die Seele sang der immerwährenden Gültigkeit geflügelte Worte:
> Auf Eurer Fahrt durchs Leben könnt auch Ihr vielleicht erkennen, dass Kameraden und Gefährten nicht immer Verbündete sind, die innere Verbundenheit und unerschütterliches Vertrauen aneinander binden. So eine Unverbundenheit kann Nährboden sein für Misstrauen, für Neid und Ungehorsam.
> Das ist Homers odysseische Botschaft.

Aber es gibt auch eine andere Art von Verbündeten, meine verehrten Zuhörer, deren Loyalität nicht bloß eine formelle oder administrative ist, sondern die aus dem Innersten entspringt und von Emotionen getragen wird. Mehr möchte ich Euch an dieser Stelle dazu nicht sagen. Habt bitte Geduld bis später, dann werdet Ihr auch diese edle Art von Verbündeten noch kennenlernen.

> **Das Lied vom Misstrauen**
> Und die Seele sang weitere der immerwährenden Gültigkeit geflügelte Worte:
> Auf Eurer Fahrt durchs Leben könnt auch Ihr vielleicht erkennen, dass Misstrauen auch das Kind von ungenügendem Vertrauen sein kann. Wenn man seine Leute nicht in seine Pläne und Werke einbezieht, ihnen kaum Verantwortung gibt, dann verstehen sie das vielleicht so, als ob man ihnen wenig zutraut. Und wenig Zutrauen bedeutet wenig Vertrauen.
> Vielleicht könnt auch Ihr erkennen, dass es ein Fehler ist zu glauben, dass man alles alleine schaffen kann oder alles alleine machen muss, wie klug und stark und begabt man auch sein mag. „Traue den Menschen um dich herum etwas zu, damit sie auch dir vertrauen", soll der Führung Devise sein.
> Das ist Homers weitere odysseische Botschaft.

Das Lied von der falschen Sicherheit

Und die Seele sang noch weitere der immerwährenden Gültigkeit geflügelte Worte:
Auf Eurer Fahrt durchs Leben könnt auch Ihr vielleicht erkennen, dass wenn man sein Ziel erreichen will, man immer wach sein muss, um das Ziel nicht aus den Augen zu verlieren; man darf sich nicht in einer falschen Sicherheit wiegen und die Augen schließen.
Das ist Homers zusätzliche odysseische Botschaft.

Das Lied von den Gefahren des Zielerreichens

Und die Seele sang einige weitere der immerwährenden Gültigkeit geflügelte Worte:
Auf Eurer Fahrt durchs Leben könnt auch Ihr vielleicht erkennen, dass es nicht selten vorkommt, dass jemand, der viele Anstrengungen unternommen hat, um sein Ziel zu erreichen, um seine Sehnsüchte zu erfüllen, um seine Träume in Wirklichkeit zu verwandeln, dann kurz vor der Zielgeraden durch Unwachsein, Unachtsamkeit, Unaufmerksamkeit, Überarbeitung und Erschöpfung oder sonstige Selbstverschuldung seine Zielstrebigkeit erlahmen lässt. Das heiß ersehnte Ziel wird dadurch nicht mehr erreicht.
Das ist Homers weitere odysseische Botschaft.

Das Lied von einer goldenen Regel

Und die Seele sang noch diese weiteren der immerwährenden Gültigkeit geflügelten Worte:
Auf Eurer Fahrt durchs Leben könnt auch Ihr vielleicht erkennen, dass bei der Verfolgung von ehrgeizigen Zielen immer die goldene Regel gilt: alles nach Maß! Investiere nicht zu wenig Energie dafür; dann schaffst du es nicht! Investiere aber auch nicht zu viel Energie; dann bist du geschafft, wie man sagt! In beiden Fällen wirst du nie das Ziel erreichen.
Auch das ist Homers zusätzliche odysseische Botschaft.

„Und so kam es dazu, dass – von mir, dem Schlafenden, unbemerkt – meine Kameraden den Äolossack öffneten. Der Natur größtes Geschenk für den auf dem breiten Rücken des Meeres segelnden Menschen wurde missachtet und dadurch zunichte gemacht! Das Naturgeschenk wurde zur Naturkatastrophe, wie ich schon vorher gesagt habe. Mit aller Kraft schossen nämlich die Winde aus dem Sack und ließen einen gewaltigen Sturm entstehen, sodass unsere Schiffe in Seenot gerieten. Als ich durch die tobende Winde aufwachte, musste ich erkennen, dass wir wieder weit, sehr weit weg getrieben waren vom Ufer; die Heimat war nicht mehr in Sicht. Das war die bittere Frucht von Misstrauen, Neid und Gier."

Das Lied von der Gefolgschaft des Neids

Und die Seele sang der immerwährenden Gültigkeit geflügelte Worte:
 Auf Eurer Fahrt durchs Leben könnt auch Ihr vielleicht erkennen, dass der Neid selten allein auf der Welt verweilt. Zwietracht und Zank und Misstrauen und Missgunst und noch Schlimmeres können ihn begleiten. Ich habe schon zu Beginn „Der Seele erste Worte" für Euch gesungen, dass der Neid auch konstruktiv, produktiv und kreativ sein könnte; etwa wenn die neidende Person den Wunsch hat, so wie die beneidete Person zu sein oder das gleiche zu schaffen oder zu erlangen wie sie. Ihr könnt vielleicht aber auch erkennen, dass diese konstruktive Neidwirkung ein seltenes Gut ist. Der Neid nistet zwischen und in den Menschen am häufigsten in seiner destruktiven Form, der Missgunst; er zerfrisst den Menschen von innen und führt ihn zum schlechten Handeln im Äußeren.
 Das ist Homers odysseische Botschaft.

Das Lied von der Gier

Und die Seele sang auch noch diese der immerwährenden Gültigkeit geflügelte Worte:
 Auf Eurer Fahrt durchs Leben könnt auch Ihr vielleicht erkennen, dass die Gier – dieses übersteigerte Streben nach materiellem Besitz, unabhängig von dessen Nutzen – zu den schlechtesten Begleitern des Menschen gehört. Die Gier vergiftet den Geist, sie kann zwischenmenschliche Beziehungen zerstören. Und sie führt nicht selten zu Katastrophen.
 Das ist Homers weitere odysseische Botschaft.

Ja, meine verehrten Zuhörer, das ist sicherlich der Grund, warum fast alle großen Religionen die Gier – die Pleonexie, wie sie in meiner und in der theologischen Sprache heißt – zur Todsünde erklärt haben. Das ist sicher auch der Grund, warum große Philosophen wie Aristoteles sie als eine schlimme Begleiterin des Ungerechten und des Freundes von Ungleichheit und von Ungerechtigkeit erkannten[1]. Und auch die Mythen – diese Träger von ewigen Wahrheiten, die sie durch die Äonen transportieren – haben die Gier zu ihrem Thema gemacht, etwa mit dem Midas-Mythos. Kennt Ihr die Geschichte des König Midas? Ich erzähle sie Euch kurz:

Um König Midas ranken sich nicht nur viele Geschichten, sondern viele Variationen seiner vielen Geschichten. Nicht mal über seine Herkunft und seine Heimat sind sich die Mythographen einig. Manche berichten, er sei ein nordgriechischer König in Makedonien gewesen, wo sich auch seine berühmten Gärten befinden, andere meinen, er war ein kleinasiatischer König von Phrygien, und andere wiederum gehen von beidem aus. Wie auch immer, ich

---
[1] Der sehr gute Kenner meiner Werke, Aristoteles, kam zu dieser Schlussfolgerung in seiner Nikomachischen Ethik.

erzähle Euch nur eine Variation von nur einer der vielen Midas-Geschichten. Sie sagt uns folgendes:

Einmal war der Gott Dionysos mit seiner Entourage auf Weintour in Kleinasien. Als sie das Ziel ihrer Reise erreicht hatten, stellten sie fest, dass einer fehlte: Silenos, der alte Erzieher des Dionysos. Was war geschehen? Silenos, der übrigens viel Geheimwissen, sogenanntes Mysterienwissen besaß, inzwischen aber gebeutelt war von den vielen Jahren, die er auf dem Buckel hatte, und von dem vielen Wein in Bauch und Kopf, war im Wald zurückgeblieben. Bauern entdeckten den komischen Kerl; sie dachten, er sei ein Spion oder so was ähnliches. Sie nahmen ihn fest, fesselten ihn und brachten ihn zu König Midas. Der aber erkannte Silenos sofort, weil er in die dionysischen Mysterien eingeweiht war. Er befreite Dionysos Erzieher umgehend, behandelte ihn mit großen Ehren, und in einer mehrtägigen Reise brachte er ihn zurück zu Dionysos. Man sagt, dass während dieser mehrtägigen Reise Silenos dem König Midas viel von seinem Geheimwissen beibrachte – aber das ist eine ganz andere Geschichte. Dionysos war sehr erfreut, seinen geliebten Erzieher wieder zu haben, und als Dankeschön versprach er, Midas, jeden Wunsch zu erfüllen. Midas größter Wunsch war, dass sich alles, was er berühre, in Gold verwandle.

Manche bösen Zungen erzählen die Geschichte ein wenig anders und sagen, von wegen guter Behandlung des Silenos! Midas habe ihn gefangen genommen und ihn gezwungen, ihm sein Geheimwissen zu verraten. Danach sei er zu Dionysos gegangen und habe ihm angeboten, seinen geliebten Erzieher freizulassen, wenn er ihm den Wunsch erfülle, dass sich alles, was er berühre, in Gold verwandle.

Wie auch immer: Gewünscht, gesagt, getan.

Von da an verwandelte sich tatsächlich alles, was er berührte, in Gold. König Midas war überglücklich; er sah sich schon als den reichsten Menschen der Welt und damit auch als den mächtigsten. Unbeschreibliche Freude! Aber die dauerte nur bis zum Abendessen. Als nämlich Midas ein Stück Brot ergriff, um es zu essen, wurde es zu unessbarem Gold; er nahm seinen Trinkbecher, und nicht nur der Becher, sondern auch der Wein verwandelte sich in seinem Mund zu untrinkbarem Gold. Manche sagen, dass sogar seine Tochter, die er in seiner Verzweiflung umarmte, eine goldene leblose Statue geworden sei – letzteres ist aber nicht durch zuverlässige Quellen bestätigt.

Wie auch immer, König Midas ging reuevoll zurück zu Dionysos, gestand weinend seine Sünde ein, die Pleonexie, die Gier also, und bat um Vergebung und Erlösung. Der Gott ließ sich von der Echtheit der königlichen Reue überzeugen und erlöste ihn: Er empfahl ihm, sich im Fluss Paktolos zu waschen. Seine zu Gold gewordenen Kleider, die goldene Unterwäsche, goldenen Schuhe, goldenen Haare, goldener Bart verloren ihr Gold im Fluss und kehrten zurück zu ihrem natürlichen Zustand. Der Fluss aber trägt bis heute noch das Gold des Midas mit seinem Strom.

Der erlöste König Midas kehrte ohne Gold, aber glücklich und gierfrei zurück. Oder glücklich weil gierfrei? Die midaische Gier blieb jedenfalls bis heute legendär und lehrreich.

Nach diesem kleinen Exkurs wollen wir zu Odysseus und seiner Erzählung bei den Phäaken zurückkehren.

„Ich war völlig verzweifelt", sagte Odysseus, „denn ich sah keinen Ausweg und keine Möglichkeit mehr, in die Heimat zurückzukehren. Ich hatte in diesem Moment nur eine Sehnsucht: die Sehnsucht nach dem Tode. Ich dachte, ich springe ins stürmische Meer und ertrinke, dann finde ich endlich Ruhe. Aber ich erkannte, dass die Selbsttötung keine Lösung ist, und entschloss mich, am Leben zu bleiben. Denn ich bin kein Bankrotteur, sondern ein Kämpfer."

> **Das Lied von einem Bankrott**
> Und die Seele sang der immerwährenden Gültigkeit geflügelte Worte:
> Auf Eurer Fahrt durchs Leben könnt auch Ihr vielleicht erkennen, dass der Wunsch, aus dem Leben zu scheiden, nicht die Antwort auf die Stürme des Lebens sein sollte; vor allem, dass es fast immer einen anderen Ausweg aus der zunächst hoffnungslos aussehenden Situation gibt.
> In einer scheinbar hoffnungslosen Situation die Selbsttötung zu erwägen, einfach als eine von verschiedenen Lösungsmöglichkeiten, ist menschlich, allzu menschlich. Wenn alles um einen herum eingeengt wird und die Hoffnung in der Einengung erstickt, dann scheint der Tod durch die eigene Hand vielleicht als Befreiung. In den meisten Fällen ist sie aber keine Befreiung, sondern eine Bankrotterklärung: Die Suche nach einem Wege, der zum Ausweg führt, hat versagt; die Abwehrmechanismen des Menschen haben kapituliert. Der Mensch besitzt nichts mehr, um es der destruktiven Kraft der Hoffnungslosigkeit entgegenzusetzen. Das ist der Bankrott!
> Und das ist auch Homers odysseische Botschaft.

„Nein, ich bin wahrlich kein Bankrotteur!" wiederholte Odyssesus. „Ja, ich nehme für mich in Anspruch, der geborene Kämpfer zu sein. Ich entschloss mich also auch diesmal zu kämpfen.

Aber die entfesselten Winde trieben uns tagelang zurück, bis wir wieder die äolische Insel erreichten. Voller Hoffnung ging ich noch einmal zu dem erhabenen Herrn der Winde und zu seiner wunderbaren Familie und bat um Hilfe. Alle waren sehr erstaunt, mich dort zu sehen. Als ich erzählte, was meine Kameraden angestellt hatten, während ich schlief, waren die Anwesenden sprachlos vor Entsetzen. Dann befahl mir Herrscher Äolos mit zorniger Stimme und harten verachtenden Worten, seine Insel sofort zu verlassen. Wenn jemand mit Äolos größten Gaben – durch die man die feindlichen Kräfte binde und die günstigen als Wegbegleiter habe – so umgehe, dann sei der von den Göttern gehasst. Mit so einem Gottgehassten wolle niemand etwas zu tun haben. Und auch er denke nicht daran, so jemandem noch einmal zu helfen.

Äolos wusste, wen die Götter hassen: Das hässliche Kind des Neids und der Gier!"

Das Lied vom Umgang mit Gaben

Und die Seele sang der immerwährenden Gültigkeit geflügelte Worte:
Auf Eurer Fahrt durchs Leben könnt auch Ihr vielleicht erkennen, dass der Umgang mit Gaben und Begabungen auch Verpflichtung und Verantwortung verlangt: Die Verpflichtung, den Gaben und Begabungen gerecht zu werden, und die Verantwortung, sie zu schützen und zu bewahren.
Das ist Homers odysseische Botschaft.

„Traurig verließen wir die äolische Insel und ruderten mit viel Mühe weiter, es gab nämlich keinen Wind mehr für uns. Segeln war überhaupt nicht möglich, nur hartes, mühsames und kräftezehrendes Rudern. Die Männer waren bald erschöpft, todmüde und resigniert; wir alle dachten, wir würden die Heimat niemals erreichen. Wir büßten damit für unsere Todsünden: die Gier und den Neid. Aber auch für das Misstrauen."

Das Lied von einem übellaunigen Paar

Und die Seele sang der immerwährenden Gültigkeit geflügelte Worte:
Auf Eurer Fahrt durchs Leben könnt auch Ihr vielleicht erkennen, dass die Übel des Neids und der Gier jedes für sich zerstörerisch sind, dass aber beide zusammen den Untergang herbeirufen können. Neid und Gier gemeinsam passen wenig zu anderen Qualitäten, die den Menschen menschlich machen: etwa Empathie und Solidarität, Altruismus und Hilfsbereitschaft.
Das übellaunige Paar Neid-Gier isoliert den Menschen und macht ihn damit verwundbar und angreifbar. Und kann ihn zerstören.
Das ist Homers odysseische Botschaft.

„Und die Katastrophe wartete gierig darauf, die midaische Gier zu bestrafen: Der Kameraden Neid und Gier und meine Unwachsamkeit führten uns zu einem weiteren Hort der Primitivität – ins Land der Lästrygonen."

Menschenabstieg und Menschenvernichtung

„Sechs beschwerliche Tage und Nächte ruderten wir, bis wir am siebten Tag ein seltsames Land erreichten: das Land der Lästrygonen, von denen wir bald erfahren mussten. In diesem Land sind Tage und Nächte kurz und wechseln sich schnell ab. Dort gibt es einen natürlichen Hafen, die enge Einfahrt auf beiden Seiten durch steile Felsen geschützt. Kein Wunder also, dass das Wasser des Hafens immer ruhig, wellenlos und glatt ist. Dorthin steuerten meine Kameraden die Schiffe. Nur ich hielt mein Schiff außerhalb des engen Hafens – elf Schiffe passten da hinein, zwölf jedoch nicht – und befestigte die Taue an den Felsen. Auf einer Höhe stehend betrachtete ich das Land. Etwas war sehr merkwürdig an diesem Ort: Es waren weder Spuren von Menschen, noch von Ochsen oder anderen Tieren erkennbar. Wir sahen nur Rauch emporsteigen, der aber kam aus der Erde.

Ich wählte drei Kameraden aus und schickte sie als Kundschafter ins Landesinnere, um zu erkunden, was für Menschen hier leben. Die Männer gingen und berichteten uns später, dass sie kurz vor dem Eintritt in die Stadt ein ausgesprochen großes und kräftiges Mädchen trafen, das aus einer Quelle Wasser holen wollte. Es stellte sich heraus, dass sie die Tochter des Antiphates war, des mächtigen Fürsten des Landes. Die Männer baten sie um Informationen über das Land, das Volk und den König; aber ohne zu antworten führte sie die Fremden direkt zum riesig hohen Palast ihres Vaters. Als die Männer den Palast betraten, wurden sie von Angst und Schrecken befallen: Sie sahen eine Riesenfrau, hoch wie ein Berg! Die rief donnernd laut ihren Mann, Antiphates, der sich auf dem Marktplatz befand, er solle sofort kommen. Als er kam, schnappte er sich unvermittelt und ohne einen Anflug von Zögern einen der Männer und verzehrte ihn auf der Stelle. Die in Panik geratenen zwei anderen Kameraden flohen so schnell sie konnten in Richtung Schiffe; schon von ferne hörten wir ihre lauten Rufe, dass wir sofort verschwinden sollten, dass wir keine Sekunde zu verlieren hätten.

Aber auch Antiphates verlor keine Zeit. Seine Stimme donnerte durch Stadt und Land, andere Lästrygonen dazu aufrufend, ebenfalls Jagd auf die Männer zu machen. Und alle liefen in Richtung Hafen. Die Lästrygonen waren riesig und hatten kaum Ähnlichkeit mit Menschen, sie sahen vielmehr wie Giganten aus. Sie warfen übergroße Felsbrocken, die kein Mensch je hätte heben können, von der Höhe der Felsen auf die Schiffe im Hafen, zerstörten sie alle und spießten die in Panik im Meer schwimmenden Gefährten mit Harpunen auf wie zappelnde Fische; die Aufgespießten warfen sie aufs Land, um sie zu fressen. Als ich dieses Gemetzel im Inneren des Hafens sah, zog ich mein Schwert, schnitt mit voller Kraft die Taue durch; von Angst getrieben ruderten wir hastig aufs Meer hinaus. Es kam uns zugute, dass mein Schiff nicht im Hafen, sondern draußen vor Anker gelegen hatte. Wir konnten uns retten, allerdings verloren wir alle anderen Schiffe und deren Mannschaften. Unsere Kameraden – aufgespießt wie Fische! Von gigantischen Monstern gefressen!"

Ja, meine verehrten Zuhörer, des Prometheus höchstes Geschöpf[2], das vor kurzem noch der Natur feindliche Kräfte in einen Sack gebunden und diszipliniert hielt und stolz über die Meere segelte, steckt nun aufgespießt auf den Harpunen der Monster, zappelnd wie ein Fisch – wie ein niedereres Geschöpf, als Fraß für unersättliche Monster.

Das Lied vom Abstieg des Menschen

Und die Seele sang der immerwährenden Gültigkeit geflügelte Worte:
   Auf Eurer Fahrt durchs Leben könnt auch Ihr vielleicht erkennen, dass Un-Tugenden wie Hochmut und Neid und Gier und der Natur Missachtung den Abstieg des Menschen zur Folge haben können: vom höchsten, von den Göttern begünstigten Geschöpf, zum niedrigsten, von Monstern gejagten und gefressenen, zum Futter für Ungeheuer und Giganten.
   Das ist Homers odysseische Botschaft.

„Grausam und vernichtend verfolgte uns des Poseidons Fluch, der durch meine überhebliche Prahlerei und meine Provokation des urgewaltigen Kyklopen entstanden war!

Mit großer Trauer im Herzen setzten wir mit dem einzigen uns verbliebenen Schiff unsere Fahrt fort.

Und so erreichten wir eine Insel – die Insel Ää, wo die schönbezopfte Kirke wohnt, wie wir bald erfahren sollten."

Die Schweineverwandlung des Menschen

„Kirke war eine wunderschöne Gottheit mit sehr melodischer Stimme. Sie war die Schwester des unheilvollen Äetes, des Vaters von Medea – der furchtbaren Kindesmörderin[3] –, der einst in Kolchis das goldene Vlies besaß, bis Jason und die Argonauten es ihm entwendeten und nach Griechenland zurückbrachten.

---

[2] Ihr wisst es etwa nicht, meine verehrten Zuhörer? Der Schöpfer des Menschen ist Prometheus! Falls Ihr mehr über die Prometheische Schöpfung erfahren wollt, dann schaut mal nach in: Andreas Marneros „Feuer für ausgebrannte Helden. Die Suche nach Orientierung. Ein Abenteuer mit Prometheus und Herakles" aus dem Jahre 2015.
[3] Die ausführliche Geschichte der Kindesmörderin Medea, ihre psychiatrische Begutachtung und das Urteil, verbunden mit einem Interview der bekannten Gerichtsreporterin Gisela Friedrichsen, könnt Ihr finden in: Andreas Marneros, „Irrsal! Wirrsal! Wahnsinn! Persönlichkeit, Psychose und psychische Konflikte in Tragödien und Mythen" (2013).

Kirke und Äetes hatten den Sonnengott Helios und Perse, eine Tochter des Okeanos, als Eltern.

Wir blieben zwei Tage und zwei Nächte am Strand, ohne in das Innere der Insel vorzudringen und ohne zu wissen, wer dort lebt; wir waren zu erschöpft und durch der Verlust unserer Kameraden und der Flotte sehr niedergedrückt. Als aber am dritten Tag Eos rhododaktylos das Morgenlicht brachte, nahm ich meinen Speer und mein Schwert und erklomm eine höhergelegene Stelle, um die Umgebung zu betrachten. Ich konnte von oben Rauch sehen, der, wie ich später erfuhr, von Kirkes Palästen emporstieg, die inmitten eines schönen Waldes lagen. Ich unterdrückte meinen Drang, sofort dorthin zu eilen, um zu erkunden, wer die Bewohner der Insel sind, weil ich mir dachte, es sei besser, mich zunächst um meine demoralisierten Gefährten zu kümmern und ihnen etwas zu essen zu bringen. Und in der Tat, offensichtlich hatte ein Gott Mitleid mit uns und schickte mir einen schönen großen Hirsch, der, gequält durch die Sonnenhitze, zum Trinken zu einer Wasserquelle ging. Ich erlegte ihn mit meinem Speer und trug ihn, obwohl er sehr schwer war, auf meinen Schultern ins Lager zu meinen Gefährten. Ich forderte sie auf, mit der Niedergeschlagenheit Schluss zu machen und den Hirsch zu braten; das gute Essen würde uns gut tun. Und so war es – nachdem wir gut gegessen und getrunken hatten, wurde die Stimmung besser, und wir legten uns schlafen.

In den Morgenstunden befahl ich der Mannschaft, die Insel zu erkunden. Allerdings gab es aufgrund der Erfahrungen mit den Kyklopen und den Lästrygonen starke Vorbehalte dagegen und große Sorgen, ja Ängste, bei der Mannschaft. Ich sah aber keine andere Lösung, als dass wir es riskieren. Ich teilte die Mannschaft in zwei Gruppen, zweiundzwanzig Mann und einen Gruppenführer in jeder; die eine führte ich, die andere der hehre Eurylochos. Wir überließen es dem Los, welche Mannschaft zuerst auf Erkundung gehen sollte. Das Los fiel auf Eurylochos Männer, die widerwillig loszogen – in großer Betrübnis und ihre Tränen nicht verbergend.

Nach einer Weile trafen sie, davon hörte ich später, in einem Tal auf den aus geglätteten Steinen gebauten Palast der Kirke. Rings um den Palast hielten sich Bergwölfe und Löwen auf. Sie alle waren verzauberte Tiere, sicherlich früher Menschen; Kirke hatte sie mit einem Zaubertrank verzaubert. Weder die Bergwölfe noch die Löwen griffen unsere Männer an, vielmehr sprangen sie freundlich an ihnen empor und wedelten mit den Schwänzen, wie wenn Hunde ihren Herrn freundlich umwedeln, der ihnen gerade vom Markt Leckerbissen bringt. Obwohl sie sich so verhielten, wurden meine Kameraden vom Anblick dieser seltsamen Tiere in Angst und Schrecken versetzt.

Dann hörten die Männer eine Frau, die mit wunderbar melodischer Stimme sang. Polites, mein liebster und treuester Kamerad, konnte erkennen, dass sie an einem großen und wunderschönen Tuch webte. Er schlug vor, dass die

Männer diese so bezaubernd singende Frau herbeirufen sollten, was auch geschah. Und tatsächlich kam die Schöne, öffnete die Türen und lud herzlich die Fremden ein, herein zu kommen. Alle folgten der Einladung mit Freude, nur Eurylochos blieb zurück; er war misstrauisch und ahnte nichts Gutes. Die bezaubernde Frau war Kirke; sie führte die Männer in die luxuriösen Räume ihres Palastes, bot ihnen mit anmutigen Gesten bequeme Sessel an, gab ihnen Köstlichkeiten zu essen und guten Wein zu trinken – und sie nahmen, gierig und genüsslich, die hedonistisch-reichhaltige Bewirtung an. Meine Kameraden aber konnten nicht ahnen, dass die verführerische Zauberin in die Speisen Zaubermittel hineingemischt hatte, nach deren Genuss man Heimat und Freunde für immer vergisst. Und so kam es.

Dann berührte Kirke die Männer mit ihrem Zauberstab – und verwandelte sie auf der Stelle in Schweine!"

> **Das Lied von der Schweinwerdung**
> Und die Seele sang der immerwährenden Gültigkeit geflügelte Worte:
> Auf Eurer Fahrt durchs Leben könnt auch Ihr vielleicht erkennen, dass wenn man dem Luxus und der Hedonie verfällt, man sich in Gefahr begibt, entwurzelt zu werden, Heimat und Freunde zu vergessen; ja in die Gefahr, ein Schwein zu werden.
> Das ist Homers odysseische Botschaft.

„Unverzüglich schloss sie alle in einem Schweinestall ein. Sie hatten zwar den Körper und die Stimme von Schweinen, aber sie behielten ihre menschlichen Gedanken und Regungen. Von Kirke wurden die weinenden Kameraden mit Schweinenahrung gemästet.

Eurylochos, der das unglaubliche Geschehen beobachtet hatte, kam gelaufen, um uns die schockierende Nachricht zu überbringen. Als er außer Atem ankam, konnte er zunächst kein Wort hervorbringen. Wir drangen voller Sorge und Neugier in ihn; er solle uns sagen, was geschehen sei. Und schließlich berichtete er uns die unglaublichen grausamen Geschehnisse.

Ich ergriff sofort mein silberbeschlagenes Schwert und meinen Bogen und forderte Eurylochos auf, mir den Weg zu Kirkes Palast zu zeigen. Doch Eurylochos kniete vor mir nieder und flehte mich an, ihn nicht dazu zu zwingen. Auch ich solle unter keinen Umständen dorthin gehen, weil niemand von uns jemals zurückkehren würde. Ich sagte ihm, dass er selbst bleiben dürfe, dass ich mich aber verpflichtet fühle, dorthin zu gehen, um zu sehen, wie ich meine Gefährten retten könnte. Und ich ging in der Tat alleine, meinem Pflichtbewusstsein folgend."

Das Lied von der Pflicht der Verantwortung

Und die Seele sang der immerwährenden Gültigkeit geflügelte Worte:
   Auf Eurer Fahrt durchs Leben könnt auch Ihr vielleicht erkennen, dass das Tragen von Verantwortung verpflichtend ist. Gefahren und Risiken dürfen für den Verantwortlichen keinen Grund darstellen, seine Pflicht nicht zu erfüllen.
   Das ist Homers odysseische Botschaft.

Verführung und Widerstand

„Kurz bevor ich den Palast der Zauberin erreichte, begegnete mir der Träger des goldenen Stabes, Hermes, in der Gestalt eines Jünglings. Er gab mir seine Hand und sprach zu mir: ‚Du bist fremd hier, ohne Begleitung und kennst die Gegend überhaupt nicht. Hast du etwa vor, einfach in Kirkes Palast zu marschieren und deine Kameraden zu befreien, die in Schweine verwandelt und in Schweineställen eingeschlossen sind? Ich sage dir, du wirst nicht heil herauskommen; du wirst genau dasselbe erleiden wie deine Gefährten, es sei denn, du hörst auf mich.

Ich will dir also helfen, damit du doch alles heil überstehst. Ich gebe dir ein Gegenmittel zu dem Zaubergetränk der Kirke, und dazu verrate ich dir, was für Tricks sie bei dir anzuwenden versuchen wird. Sie wird dir ein starkes weinhaltiges Getränk sowie Speisen anbieten, in das sie ein Zaubermittel gemischt hat. Das rettende Pharmakon, was du von mir bekommst, ist ein Mittel dagegen, ein sogenanntes Antidoton. Das Zaubergetränk wird dadurch nicht wirken können. Wenn sie dich mit ihrem Zauberstab berührt, sollst du dein Schwert ziehen und auf sie losgehen, so als ob du sie töten willst. Sie wird Angst vor dir bekommen und dich voller Bewunderung einladen, mit ihr Liebesfreuden zu teilen. Diese Einladung sollst du unbedingt annehmen, weil du dadurch die Erlösung deiner Männer erreichen und die Unterstützung der Zauberin für dich sichern kannst. Du musst sie aber vorher zwingen, einen Eid zu leisten, dass sie nicht versuchen wird, dich deiner Kraft und Mannheit zu berauben, wenn du bei ihr im Bett liegst, nackt und ohne Schwert.'

Nachdem er so gesprochen hatte, gab mir der strahlende Gott, Zeus schneller Bote, das versprochene Antidoton. Er entwurzelte eine Pflanze aus der Erde und zeigte mir, wie man sie anwendet. Ihre Wurzeln waren schwarz, aber die Blüte glänzte weiß wie Milch. Die unsterblichen Götter nennen die Pflanze Moly. Die sterblichen Menschen können sie nur mit großen Schwierigkeiten ausfindig machen, die unsterblichen Götter dagegen mit Leichtigkeit.

Nachdem Hermes mir gezeigt hatte, wie man das Moly anwendet, flog er zurück zum olympischen Himmel. Ich ging zu Kirkes Palast, wobei – das muss ich gestehen – mein Herz voller Unruhe und mein Kopf voller Sorgen war. Als ich vor dem Tor ihres Palastes stand, rief ich nach der Göttin, und sie kam sofort heraus. Freundlich lud sie mich in ihren Palast ein. Als ich eingetreten war, bot sie mir einen schönen und kostbaren Sessel mit ebenfalls schönem und kostbarem Schemel an. Und so wie Hermes es vorausgesagt hatte, mischte sie für mich das starke, weinhaltige Getränk in einem goldenen Becher an; und hinein mischte sie, heimlich natürlich, auch ihr Zaubermittel. Das Moly, das mir Hermes gegeben hatte, wendete ich nach seinen Anweisungen an; es neutralisierte tatsächlich des Zaubergetränks Wirkung. Als sie mich mit ihrem Zauberstab berührte und sagte: ‚Und nun geh in den Schweinestall und lege dich zu deinen Kameraden', zog ich mein Schwert, ging auf sie los und tat so, als ob ich sie töten wollte. Sie erschrak furchtbar, kniete vor mir nieder und sprach die geflügelten Worte, die verwunderungsvollen: ‚Wer bist du denn eigentlich? Woher kommst du, welche ist deine Herkunft? Es verwundert mich, dass mein Zaubermittel keine Wirkung auf dich hat! Das ist sehr ungewöhnlich! Kein anderer Mensch hat bisher dieses Zaubermittel vertragen. Dann musst du doch der berühmte Odysseus sein, der vielbewanderte! Der strahlende Gott Hermes sagte mir immer wieder voraus, dass dieser Odysseus vorbei kommen werde, wenn er von Troja in seine Heimat zurückkehre. Und offensichtlich ist es nun soweit! Lass uns gegenseitiges Vertrauen schöpfen. Dabei wird uns eines helfen: Wir teilen mein Lager und genießen des Eros Segen.'

Ich antwortete ihr, dass es eine Unverschämtheit sei, so eine Einladung auszusprechen – in dem Moment, wo sie meine Gefährten in Schweinegestalt in einem Schweinestall gefangen halte und mit mir auch so etwas Schlimmes im Sinn gehabt habe. Und was für eine Garantie gebe es, wenn ich nackt und ohne Waffen mit ihr im Bett liege, dass sie mich nicht meiner Kraft und meiner Mannheit beraube? Es sei denn, dass sie bereit sei, einen heiligen Eid zu schwören, dass sie das nicht tun werde. Ohne Zögern war sie dazu bereit. Nachdem sie den Eid geleistet hatte, hielt auch ich mein Versprechen – ich teilte das Lager mit ihr, so wie Hermes es mir empfohlen hatte.

Danach kümmerten sich vier Nymphen um uns. Die eine bereitete uns bequeme Sitzmöglichkeiten, die andere brachte Wein in goldenen Bechern, die dritte bereitete das Essen in silbernen und goldenen Schüsseln, und die vierte badete mich in wunderbar aromatisiertem Wasser und kleidete mich in sagenhafte Gewänder. Aber als wir am reichlich gedeckten Tisch saßen,

Odysseus verweigert Kirkes Speisen

hatte ich keinen Appetit auf die köstlichen Gerichte. Kirke fragte mich, ob ich noch vor ihrer Zauberkraft Angst habe; das sei nicht gerechtfertigt, weil sie den heiligen Eid geschworen habe, es nicht zu tun. Ich verneinte das, fragte aber, wie sie von mir verlangen könne, dass ich esse und trinke, während meine Kameraden noch als Schweine im Schweinestall festgehalten würden. Wenn sie wolle, dass ich mit ihr zusammen speise, dann müsse sie die erst von dem Zauber erlösen.

Nachdem ich so gesprochen hatte, ging sie in den Schweinstall und bestrich meine Kameraden mit einer Salbe, die das vorher gegebene Mittel neutralisierte. Einer nach dem anderen verloren sie allmählich ihre Schweinegestalt und nahmen wieder menschliche Züge an. Allerdings waren sie jetzt stärker und größer und schöner je zuvor."

> **Das Lied von der Stärkung durch Prüfung**
>
> Und die Seele sang der immerwährenden Gültigkeit geflügelte Worte:
>   Auf Eurer Fahrt durchs Leben könnt auch Ihr vielleicht erkennen, dass die Überwindung von Widrigkeiten und Schwierigkeiten und das Bestehen von Lebensprüfungen den Einzelnen stärken kann. Und es kann den Geprüften, der die Prüfung besteht, stärker und größer und schöner erscheinen lassen als vorher.
>   Das ist Homers odysseische Botschaft.

„Als die nun wieder vermenschlichten Kameraden mich erkannten, waren sie sehr bewegt, manche umarmten mich, andere weinten. Sogar Kirke war gerührt und lud meine ganze Mannschaft, auch die Männer, die noch im Schiff waren, zu einem festlichen Mahl bei sich ein."

> **Das Lied vom Widerstand**
> Und die Seele sang der immerwährenden Gültigkeit geflügelte Worte:
> Auf Eurer Fahrt durchs Leben könnt auch Ihr vielleicht erkennen, dass man um der schon angesprochenen Gefahr zu entgehen – nämlich dem Luxus und der Hedonie zu verfallen, entwurzelt zu werden, Heimat und Freunde zu vergessen und dadurch ein Schwein zu werden – dagegen Widerstand leisten muss.
> Darüber hinaus muss man in seinem Herzen irgendeinen Zeus tragen, der einen kundigen Hermes schickt, um in die Anwendung des rettenden Molys einzuführen.
> Nach Widerstand und Moly kann sich jeder gefahrlos sogar Luxus und Hedonie leisten.
> Das ist Homers odysseische Botschaft.

Was, meine verehrten Zuhörer, ist denn dieses Wundermittel Moly, das den Göttern leicht zugänglich ist, den Sterblichen aber nur schwer?

Mit der Identifizierung von Moly beschäftigen sich seit meiner Zeit bis zu Euren Tagen ganze Armeen von Experten: Botaniker und Pharmakologen, Biologen und Geographen, Theologen und Philosophen, Dichter und Mythologen, so dass ihre Forschungsergebnisse und Bücher ganze Bibliotheken füllen[4]. Man dachte, Moly sei eines der unzähligen Zwiebelgewächse, andere dachten, es sei die Nymphea alba, die weiße Wasserrose, und wiederum andere dachten an andere botanische Gewächse. Man suchte es in Arkadien und Kappadokien, in Galatien und Thessalien, im Norden und Süden, im Westen und Osten. Und noch andere, wie der Philosoph Kleanthes von Athen, sehen im Moly eine Allegorie des Logos; Heraklit die Materialisierung des Verstandes; philosophierende protochristliche Theologen die göttliche Erlösung[5]. Übrigens hat das Wort Moly in meiner Sprache seine linguistische Wurzel in einem Verb, das „erlösen und retten" bedeutet.

Alles in allem, geschätzte Zuhörer, muss jeder sein Moly selbst finden!

---

[4] So der berühmte christliche Theologe Hugo Rahner, der mich genau studiert hat und darüber in seinem Buch „Griechische Mythen in christlicher Deutung" (1992) geschrieben hat.
[5] Auch das findet man bei Hugo Rahner.

Eine zauberhafte Verwandlung

Nachdem Odysseus diese sehr erfreuliche Wende geschildert hatte und mit einem Schluck Wein seinen trockenen Mund benetzt hatte, setzte er seine Erzählung vor den staunenden Phäaken fort: „Ich lief sofort zurück zum Schiff, um den Kameraden die gute Nachricht zu bringen und sie zu Kirkes Gastmahl abzuholen. Als sie mich sahen, liefen sie aufgeregt herbei, so wie Kälber zu ihrer Mutter rennen, wenn die nach langem Weiden in den Stall zurückkehrt. Sie hatten Tränen in den Augen, denn sie hatten offensichtlich befürchtet, dass ich dasselbe erleiden würde wie auch unsere anderen Gefährten. Ihre Freude, als sie mich sahen, war fast so groß, als ob sie schon nach Ithaka zurückgekehrt wären.

Sie fragten nach den anderen, und ich erzählte, was geschehen war und dass sie sich keine Sorgen mehr zu machen bräuchten. Im Gegenteil, sie sollten das Schiff sichern und mir zu Kirkes Palästen folgen, wo sie unsere geretteten Kameraden treffen würden. Ein großes Gelage warte dort auf uns, sagte ich.

Aber zu meinem Missfallen versuchte Eurylochos, der Kirkes Machenschaften miterlebt hatte, die Männer daran zu hindern, meinen Anweisungen zu folgen; er versuchte gar, eine Meuterei anzuzetteln. Er habe Angst, rief er, dass wir von der Zauberin in Schweine oder wilde Tiere verwandelt würden. Er meinte, dass auf uns Unheil warte, genau wie bei den Kyklopen, wo etliche Kameraden meine Torheit mit ihrem Leben bezahlen mussten.

Diesen Aufruf zur Meuterei, begleitet von schweren Beleidigungen gegen mich, konnte ich nicht dulden. Ich überlegte für einen Moment, ob ich dem Anstifter trotz unserer engen Verwandtschaft das Leben mit meinem Schwert nehmen sollte. Aber die anderen Männer beruhigten mich und schlugen vor, ihn als Wache beim Schiff zu lassen. Alle anderen würden mit mir zu Kirke gehen. Ich war einverstanden, und so machten wir uns auf dem Weg zu ihr. Aber zu meinem Erstaunen sah ich, dass auch Eurylochos uns folgte, still und mit gesenktem Kopf. Offensichtlich hatte meine Drohung ihn sehr beeindruckt, und alleine wollte er wohl auch nicht bleiben.

Inzwischen hatte Kirke die Kameraden, die schon bei ihr waren, schön baden, mit ätherischen Ölen salben und in wunderschöne warme Gewänder kleiden lassen. Freudenrufe begleiteten das Zusammentreffen der Männer. Kirke forderte uns mit herzlichen Worten auf, zu essen und zu trinken und unsere Qualen und Plagen zu vergessen.

So angenehm war der Aufenthalt bei Kirke, dass wir ein ganzes Jahr bei ihr den Luxus und die Fülle genossen und uns fürstlich bewirten ließen. Aber als das Jahr vorbei war und die Horen gerade begannen, das nächste Jahr ins Rollen zu bringen, mahnten mich meine Gefährten zur Rückkehr; ich dürfe die Heimat nicht vergessen, es sei die Zeit gekommen, über die Heimreise nachzudenken. Ich habe der Kameraden Mahnung sofort beherzigt."

> **Das Lied vom nützlichen Mahner**
> Und die Seele sang der immerwährenden Gültigkeit geflügelte Worte:
>   Auf Eurer Fahrt durchs Leben könnt auch Ihr vielleicht erkennen, dass man durch Bequemlichkeit, Luxus und Fülle – auch wenn man dadurch nicht gleich zum Schwein wird – das Ziel seines Lebens doch, auch wenn nur vorübergehend, aus den Augen verliert. Es ist gut, wenn man dabei einen Mahner zur Seite hat; und es ist auch gut, wenn man die Fähigkeit hat, Mahnungen zu vernehmen und anzunehmen.
>   Das ist Homers odysseische Botschaft.

„Als ich abends in Kirkes Schlafzimmer kam, flehte ich sie an, ihr Versprechen zu erfüllen und uns bei unserer Heimfahrt behilflich zu sein; endlich solle sie uns die Rückreise ermöglichen. Sie zeigte Verständnis für meinen Wunsch und sagte, sie werde uns nicht gegen unseren Willen festhalten. Ich müsse aber wissen, dass die Fahrt mich nicht direkt in die Heimat bringen werde. Vorher sei für mich noch eine ungewöhnliche, ja eine Schreckensreise vorgesehen: eine Reise in die Unterwelt, in das Schattenreich von Hades und Persephone. Dort würde ich Anweisungen vom blinden thebäischen Seher Teiresias bekommen. Nur ihm hatte Persephone erlaubt, seinen Verstand auch im Totenreich zu behalten, während alle anderen Verstorbenen dort nur als verstandeslose Schatten existieren.

Als ich das hörte, war ich aufs äußerste erschrocken und aufgewühlt. Ich fragte sie, wie das denn gehen solle, denn nur als Verstorbener komme man in die Welt der Verstorbenen hinein. Kein Lebender sei bis jetzt im Reich der Toten gelangt.

Und Kirke sprach zu mir die geflügelten Worte, die wegweisenden: ‚Du edler Sohn des Laërtes, vielbewanderter Odysseus, mach dir keine Sorgen, wie du dort hinkommen wirst. Der Gott des Nordwindes, Boreas, wird dein Schiff dorthin führen. Dein Schiff wird die Gewässer des Okeanos durchfahren, bist du die rauen Gestade mit dem Hain der Persephone erreichst, wo viele Pappeln und Weiden wachsen. Dort lege dein Schiff an Okeanos wirbelnden Schlünden an und steige hinab, in des Hades muffiges Haus. Dort wo ein hoher Fels aufragt, münden donnernd die Nebenflüsse Periphlegethon und Kokytos, letzterer bekanntlich ein Abfluss der Styx, in den Acheron – den Fluss, der in die Unterwelt führt. Dieser Stelle sollst du dich so weit wie möglich nähern, dort ein Loch von einer Elle Länge und einer Elle Breite graben und den Toten spenden.'

Kirke gab mir ganz genaue Anweisungen, wie die Opferzeremonie abzulaufen habe, was für Tiere den Toten geopfert, wie das Blut der Opfertiere den Seelen angeboten werden sollte; allerdings will ich eure Geduld nicht übermäßig strapazieren, indem ich das hier detailliert berichte. Und sie mahnte mich, ihren Anweisungen genau zu folgen. Wenn alle Zeremonien, die sie mir beschrieben habe, abgeschlossen seien, so sprach sie weiter, werde Teiresias erscheinen und mir genaue Hinweise für die weitere Fahrt geben.

Und so kam die Stunde, wo wir Kirkes Palast verlassen durften. Sie hatte mich mit schönen und warmen Gewändern versehen; sich selbst hatte sie zum Abschied hübsch angezogen, mit schönen Kleidern und edlem Schmuck. Ich informierte meine Gefährten, und wir machten wir uns bereit, den Palast zu verlassen. Allerdings gab es da noch einen traurigen Zwischenfall. Ein sehr junger Kamerad mit dem Namen Elpenor, der weder besonders tapfer im Krieg, noch besonders intelligent war, hatte am Abend zuvor viel zu viel Wein getrunken und schlief noch. Durch den Lärm, den wir bei den Vorbereitungen der Abreise machten, erwachte er und ging, immer noch betrunken, in die falsche Richtung. Er folgte einer auf das Dach führenden Treppe und fiel von dort hinab. Sein Genick war gebrochen, und so fuhr seine Seele vor uns in des Hades Totenreich.

Als ich meinen Kameraden bekannt gab, dass wir nach Kirkes Anweisungen zunächst in die Unterwelt, ins Schattenreich des Hades und der Persephone, gehen müssten, um vom blinden Seher Teiresias Rat und Informationen zu unserer Weiterreise zu holen, befiel meine Männer große Angst, Verzweiflung und unendlicher Jammer. Aber uns blieb nichts anderes übrig, Jammer und Traurigkeit halfen nichts. Während wir noch aufgewühlt und unruhig unterwegs waren, hatte Kirke, für uns unsichtbar und von uns unbemerkbar, so wie alle Götter es zu tun pflegen, schon einen Widder und ein schwarzes Schaf als Opfergabe an die Unterwelt auf unser Schiff gebracht."

Bemerkenswert, geschätzte Zuhörer: Kirkes Verwandlung von der großen Bedrohung zur wichtigen Verbündeten! Meint Ihr nicht auch?

> **Das Lied von der Zähmung des Bedrohlichen**
> Und die Seele sang der immerwährenden Gültigkeit geflügelte Worte:
> Auf Eurer Fahrt durchs Leben könnt auch Ihr vielleicht erkennen, dass wenn jemand sich den Gefahren gut bewaffnet stellt, geistig und körperlich, dem Rat irgendwelcher weisen Götter folgend, er sich immun gegen das Drohende machen kann. Es kann ihm gelingen, das Bedrohliche und Gefährliche zu zähmen, es zu Untertanen oder sogar zu Verbündeten zu machen.
> Das ist Homers odysseische Botschaft.

> **Das Lied von der Symbiose von Gut und Böse**
>
> Und die Seele sang weitere der immerwährenden Gültigkeit geflügelte Worte:
> Auf Eurer Fahrt durchs Leben könnt auch Ihr vielleicht erkennen, dass in einem einzigen Abschnitt – mag es ein Lebens- oder ein Zeitabschnitt, ein Epos- oder ein Erzählabschnitt sein – dicht nacheinander und nebeneinander Gut und Böse existieren können.
> Das Böse und das Gute können in enger Symbiose leben.
> Das ist Homers weitere odysseische Botschaft.

Ja, so ist es mit der Symbiose von Gut und Böse, meine verehrten Zuhörer. Nach den bösen Kyklopen trifft man eine göttliche, hilfsbereite äolische Familie; nach der Überwältigung der bösen Kräfte und der Sicherung der Unterstützung durch die Guten kommt die Entfesselung der zerstörerischen Gewalten; nach der kameradschaftlichen Solidarität das Misstrauen und die Missgunst; nach dem fast-Erreichen des heiß ersehnten Zieles kommt die turbulente und schmerzhafte Entfernung davon; nach dem Genuss der Gunst die bittere Erfahrung der Missachtung und Ablehnung; nachdem man schon geglaubt hat, festen und sicheren Boden unter den Füßen zu haben, kommt die lästrygonische Menschenverachtung und Menschenvernichtung; nach Schweineverwandlung von Menschen die Erlösung und der Genuss; und nach der Bedrohung durch die magischen Kräfte schließlich die zauberhafte Verbundenheit zwischen den früheren Drohenden und Bedrohten.

9
Der Finsteren Tiefe furchtbare Qualen

> **Zusammenfassung**
>
> Aus dem elften Gesang meiner Odyssee werde ich Euch erzählen, wie Odysseus den ihm gebannt lauschenden Phäaken weiter berichtet, wie er mit seiner Mannschaft die Unterwelt erreichte und was sie da unter erleben mussten. Nach einer Zwischenstation im Land der ewigen Dunkelheit, dem Land der Kimerionen, kamen sie in das Schattenreich des Hades. Mit einer speziellen Zeremonie konnte Odysseus die Seelen der Verstorbenen zu sich locken. Der Seher Teiresias prophezeite ihm die unterwegs drohenden Gefahren und die Chancen, die Heimat zu erreichen. Odysseus traf auch die Seele seiner verstorbenen Mutter, die ihn über die Zustände in der Heimat informierte. Und er traf die Seelen von verstorbenen großen Helden wie Agamemnon, Achilles und Ajax, er sah Sisyphos mit seinen Felsenblock und Tantalos mit seinen Qualen. Und auch den Seelen mancher berühmter Frauen beggenete er. Voll des Entsetzens und der Traurigkeit verließen er und seine Kameraden die Unterwelt; mit großer Erleichterung kehrten sie zurück in das Reich des Lichtes.
>
> Und die uns begleitende Seele wird dabei geflügelte Worte von immerwährender Gültigkeit singen, wie etwa über Unbewusstes, Unterbewusstes und Vorbewusstes, über die Schatten der Vergangenheit, über ihr Verdrängen und Zurückdrängen, über die Hölle der Sinnlosigkeit. Und über manches andere.

Durch die Finsternis zur erhellenden Wahrheit

Nachdem er einen Schluck von dem guten Wein zu sich genommen hatte, setzte Odysseus seine Erzählung vor den ihm gebannt lauschenden Phäaken fort: „Wir traten unsere Reise in Richtung Unterwelt also sehr betrübt und klagend an. Wie versprochen hatte Kirke uns einen günstigen Fahrtwind geschickt, und so konnten wir weit hinein segeln in den Okeanos, in diesen riesigen Strom, der die ganze Welt umringt; dorthin wo auch der gleichnamige Ur-Gott herrscht. Wir erreichten dort eine Stadt, in der das Volk der Kimmerionen lebt. Die Stadt liegt immer im Nebel, und der Himmel über ihr ist ununterbrochen mit dicken Wolken bedeckt, sodass kein Sonnenstrahl hindurchdringen kann. Die Bewohner der Stadt können auch nie die Gestirne des Himmels sehen. Diese Armen wohnen in einer furchtbaren und unendlichen Dunkelheit, aber sie erkennen ihre Armut nicht: Denn sie haben ja nie Sonne und Licht und Gestirne gesehen!"

> **Das Lied von der sternlosen Dunkelheit**
> Und die Seele sang der immerwährenden Gültigkeit geflügelte Worte:
> Auf Eurer Fahrt durchs Leben könnt auch Ihr vielleicht erkennen, dass wenn man am Ort der sonnen- und sternlosen Dunkelheit wohnt, man sich daran gewöhnt – man lebt darin; man weiß nicht einmal, dass es Licht und Sonne und Sterne überhaupt gibt. Die im Licht stehenden Menschen sehen die im Dunkel lebenden und arbeitenden Kimmerionen nicht, aber diese sind trotzdem da und verrichten ihr Werk.
> Kimmerionen gibt es überall, da es überall Dunkelheit gibt. Außerhalb und innerhalb eines Menschen Welt.
> Das ist Homers odysseische Botschaft.

„Vom Vorhof des Schattenreiches gelangten wir an den Ort der Unterwelt, den mir Kirke beschrieben hatte; wir führten alle ihre Anweisungen aus. Ich habe eine Grube ausgehoben und da hinein die Opfergaben – Milch, Wein und Wasser – und zuletzt auch das Blut der Opfertiere fließen lassen, genauso wie sie es gesagt hatte. Damit sollten wir die in der Tiefe verweilenden Schatten der Verstorbenen zu uns an die Oberfläche locken. Für Teiresias opferte ich einen besonderen Widder."

> **Das Lied von den Schatten der Vergangenheit**
> Und die Seele sang der immerwährenden Gültigkeit geflügelte Worte:
> Auf Eurer Fahrt durchs Leben könnt auch Ihr vielleicht erkennen, dass die Schatten der Vergangenheit – längst verstorben, längst begraben – zeigen, dass sie zwar gestorben, zwar begraben sind, aber nie verschwunden. Sie warten darauf, durch bestimmte Anlässe, bestimmte Lockungen, bestimmte Assoziationen – gewünschte oder unerwünschte – aus der Tiefe zu kommen, ihre Unpräsenz abzulegen und präsent zu werden.
> Das ist Homers odysseische Botschaft.

Ja, ja werte Zuhörer, ich weiß, ich weiß. Heute sprechen einige von euch von Unbewusstem, Unterbewusstem oder Vorbewusstem. Damals sprachen wir von Kimmerionen, von Schattenreich und Unterwelt. Manche denken, wir meinen dasselbe. Aber wir wollen das hier nicht weiter vertiefen; wir sind schon tief genug in der Tiefe.

„Und sofort entstiegen aus der tiefsten Finsternis der Unterwelt, dem Erebos, die Seelen der Toten und umschwärmten mit schaurigen zischenden Lauten in großen Scharen die Grube, in die das Blut unserer Opfertiere geflossen war. Junge Mädchen und heldenhafte junge Männer, gefallene Krieger, die noch die blutigen Lanzen hielten, und leiderfahrene Greise. Ich wurde grün vor Angst, als ich sie alle sah und hörte. Mit meinem starken, sehr scharfen

Schwert konnte ich sie zurückdrängen und daran hindern, vom Opferblut zu kosten; ich musste Herr der Lage bleiben und zuerst den Seher Teiresias daraus trinken lassen, wie Kirke es mir gesagt hatte."

> **Das Lied vom Zurückdrängen des Drängenden**
> Und die Seele sang der immerwährenden Gültigkeit geflügelte Worte:
> Auf Eurer Fahrt durchs Leben könnt auch Ihr vielleicht erkennen, dass man gut gerüstet sein muss, um die Schatten, die aus der Tiefe kommen, zurückdrängen zu können; man braucht eine starke und scharfe Abwehrrüstung. Und man muss Herr der Lage bleiben.
> Das ist Homers odysseische Botschaft.

Ich weiß auch, meine geschätzten Zuhörer, dass das Zurückdrängen der Toten mit einem starken, scharfen Schwert, wie es damals in der Tiefe der Unterwelt stattfand, heute als psychischer Abwehrmechanismus bezeichnet wird. An die Stelle von Odysseus tritt das Ich; an die Stelle der unerwünschten Totenschatten treten die unerwünschten Triebimpulse oder unangenehmen Affekte; an die Stelle des scharfen Schwertes die Verdrängung. Herr der Lage zu sein, wird heute zur Bewältigung unbewusster psychischer Konflikte – finden diejenigen, die eine Analogie erkennen wollen.

„Als erste kam die Seele des jungen Elpenor, der am Tag unserer Abreise von Kirkes Dach gefallen war; er war noch nicht bestattet worden, weil wir leider die Zeit dafür nicht hatten. Flehend bat er mich, Trauerzeremonien für ihn zu veranstalten, wenn ich aus der Unterwelt zurückginge, so dass seine Seele in der Unterwelt Respekt und Ruhe finde. Ich versprach ihm, das zu tun.

Als nächstes erschien die Seele meiner Mutter Antiklia – für mich unerwartet, da sie bei meinem Aufbruch nach Troja noch gelebt hatte. Sie erkannte mich nicht. Ich war furchtbar überrascht und traurig, als ich sie an diesem Ort traf; ich weinte auch darüber, dass sie mich nicht erkannte. Obwohl sie meine Mutter war, durfte ich sie nicht als erste vom Opferblut kosten lassen. Nach Kirkes Anweisung war das keiner der toten Seelen erlaubt, bevor ich Teiresias befragt hatte.

Dann erschien des blinden Sehers Teiresias Seele mit einem goldenen Stab. Er erkannte mich sofort – er war der einzige, dem Persephone erlaubt, seinen Verstand auch im Totenreich zu behalten – und fragte, aus welchem Grund ich das Licht der Sonne verlassen habe und an diesen dunklen und freudlosen Ort gekommen sei. Er bat um Erlaubnis, von dem Opferblut zu kosten; dann werde er mir die Wahrheit offenbaren. Den Anweisungen der Kirke folgend erklärte ich mein Einverständnis und steckte mein Schwert in die Scheide."

> **Das Lied von der Flucht aus der Dunkelheit**
> Und die Seele sang der immerwährenden Gültigkeit geflügelte Worte:
> Auf Eurer Fahrt durchs Leben könnt auch Ihr vielleicht erkennen, dass wenn man aus der dunklen Tiefe so schnell wie möglich herauskommen will, man es zulassen muss, dass die Schatten aus der Tiefe hervortreten; man muss ganz genau hören, was sie zu sagen haben – so bitter es sein mag. Nicht alles kann mit der scharfen Waffe der Abwehr verdrängt werden. Nicht, wenn man sein Ziel erreichen will.
> Das ist Homers odysseische Botschaft.

„Und nachdem Teiresias vom Opferblut gekostet hatte, sprach er zu mir die geflügelten Worte, die prophetischen: ‚Die süße Heimrückkehr willst du, aber sie wird sehr schwierig für dich sein. Du hast nämlich einen mächtigen Feind, den Erderschütterer und Gewässerherrscher Poseidon. Er hasst dich, weil du seinen geliebten Sohn, den Kyklopen Polyphemos, geblendet hast. Du und deine Kameraden haben aber eine Chance, in die Heimat zu kommen, wenn ihr euch auf der Insel Thrinakia in Zurückhaltung und Zähmung eurer Begierden übt. Nur dann habt ihr alle die Chance, Ithaka wiederzusehen.'"

> **Das Lied von der Selbstdisziplin**
> Und die Seele sang der immerwährenden Gültigkeit geflügelte Worte:
> Auf Eurer Fahrt durchs Leben könnt auch Ihr vielleicht erkennen, dass Zähmung von Begierden und Instinkten, von Verlangen und Regungen viel Kraft benötigt, aber auch Ausdruck von Kraft ist. Die Zähmung ist der Selbstdisziplin schwieriges Werk; sicherlich aber des Erfolgs Voraussetzung.
> Das ist Homers odysseische Botschaft.

„‚Dort weiden die Rinder und die Schafe des allessehenden und alleshörenden Sonnengottes Helios Hyperion, des Himmelwanderers', erläuterte der blinde Seher das eben Gesagte. ‚Wenn ihr die Tiere in Ruhe lasst, dann könnt ihr hoffen, in die Heimat zurückzukehren, allerdings erst nach viel Leid. Falls ihr aber Hand an die Tiere legt, dann wirst nur du alleine auf einem fremden Schiff in Ithaka ankommen; dein Schiff und deine Mannschaft werden verloren gehen.

Daheim angekommen wirst du arrogante Freier treffen, die um deine göttliche Frau werben und dein Vermögen vernichten. Du wirst sie aber alle besiegen und töten.

Wenn du alle diese Kämpfe und Prüfungen bestanden hast, wenn du mit deiner geliebten Penelope wieder glücklich vereint bist, dann aber sollst du, ein schön gearbeitetes Ruder auf der Schulter tragend, zu den Menschen gehen, die das Meer nicht kennen und kein Salz für ihre Speisen verwenden. Wenn du einen Wanderer triffst, der dich fragt, warum du eine Schaufel auf der Schulter trägst, mit der man Getreide worfelt, also die Spreu vom Weizen trennt, dann sollst du das Ruder in die Erde pflanzen. An genau der Stelle sollst du Poseidon einen Widder, einen Stier und einen Eber opfern. Anschließend sollst du stumm nach Hause zurückkehren und allen olympischen Göttern reiche Opfer bringen, einem nach dem anderen. Erst dann wirst du deine Ruhe finden! Kein stürmisches Meer wird dich verschlingen. So wirst du deinen Frieden finden und inmitten deiner glücklichen Untertanen in hohem Alter sanft ableben.'

Nachdem ich von Teiresias die Wahrheit über die Zukunft erfahren hatte, sprach ich sorgenvoll und beunruhigt zu ihm: ‚Wenn die Götter es so wollen, wird es so kommen. Ich hoffe nur, dass die Götter es gut mit uns meinen und wir tatsächlich alle unversehrt in die Heimat kommen.'

Dann fragte ich ihn, wie es möglich würde, dass die Seele meiner Mutter mich wiedererkennt. Er antwortete, dass der aus der Schar der Verstorbenen mir zutreffendes mitteilen werde, dem ich erlaube, vom Opferblut zu kosten; derjenige aber, dem ich es verwehre, der verschwinde wieder in der Finsternis des Hades. Das sagte er und ging.

Nach diesem Hinweis des weisen Sehers erlaubte ich der Seele meiner Mutter, vom Opferblut zu kosten; danach konnte sie mich erkennen. Sie war sehr überrascht und bewegt, aber auch besorgt, mich dort zu sehen und fragte mich, wie ich als noch lebender Mensch – wie leicht es doch ist, lebende Körperbilder von Schatten zu unterscheiden – an diesen Ort der dichten Dunkelheit gekommen sei. Für die Lebenden sei die Reise in das Totenreich doch schwierig, ja nahezu unmöglich, da es so viel Trennendes zwischen Leben und Tod gebe."

> **Das Lied vom Platz des Menschen**
> Und die Seele sang der immerwährenden Gültigkeit geflügelte Worte:
> Auf Eurer Fahrt durchs Leben könnt auch Ihr vielleicht erkennen, dass es zwischen Licht und Schatten, zwischen Leben und Dahinvegetieren, zwischen Aktiv und Passiv, zwischen Freude und Trauer viel Trennendes, Unvereinbares, Dagegenwirkendes gibt. Der Platz des Menschen aber ist dort, wo Licht und Leben und Aktivität und Freude herrschen.
> Das ist Homers odysseische Botschaft.

Den vor schauriger Gebanntheit erstarrten Phäaken berichtete Odysseus weiter: „Meine Mutter fragte mich auch, ob ich schon in Ithaka gewesen sei und meine Familie gesehen habe. Ich erzählte ihr alles, was ich bisher erlebt und erlitten hatte, und dass ich auf dem Weg dorthin sei. Ich befragte sie mit brennendem Interesse zum Stand der Dinge in der Heimat, vor allem wollte ich etwas über meine Familie wissen. Sie erzählte mir Gutes und Schlechtes:

‚Deine Frau wartet treu und geduldig auf deine Rückkehr. Aber ihre Tage und Nächte sind sehr traurig, ständig weint sie. Niemand hat deinen Thron bestiegen, dein Besitz wird von deinem Sohn Telemachos verwaltet, der von allen respektiert wird. Dein Vater bleibt draußen auf dem Land und geht nicht mehr in die Stadt. Er hat keine Annehmlichkeiten mehr, sondern schläft zusammen mit seinen Landarbeitern auf der Erde neben dem Feuer, nur mit Lumpen bekleidet. Im Sommer, wenn die Bäume voller Früchte sind, schläft er draußen. Er ist immer traurig und wartet auf dich. Ohne mich wurde sein Leben noch schwieriger. Du sollst wissen, mein Sohn, ich bin nicht durch die Pfeile der Artemis gestorben, wie man so beschönigend vom plötzlichen Tod der Frauen sagt – in Analogie zum plötzlichen Tod bei Männern, wo man vom ‚Tod durch die Pfeile Apollons' spricht –, auch nicht durch Krankheit, sondern wegen des Schmerzes durch dein Verschollensein und wegen der Sehnsucht nach dir.'

Diese Worte meiner Mutter bewegten mich sehr, und ich versuchte, sie zu umarmen. Aber sie war bloß Luft! Dreimal habe ich es versucht, und dreimal war es, als ob ich einen Schatten oder einen Traum umarmte – was mich noch trauriger machte. Und so rief ich meiner Mutter die geflügelten Worte zu, die traurigen: ‚Warum meidest du, geliebte Mutter, meine Umarmungen? Warum können wir uns denn nicht endlich in die Arme schließen und uns durch gemeinsames Weinen erleichtern? Könnte es sein, dass Persephone aus der Unterwelt mir ein Trugbild meiner Mutter schickt, um mich noch mehr zu quälen?'

Meine Mutter erklärte mir, dass es so sei im Reich des Hades: Sein Schattenreich werde von Schatten bewohnt, zu denen sie zähle. Und sorgenvoll drängte sie mich, so schnell wie möglich in das Reich des Lichtes zurückzukehren. Als Lebender hätte ich im Totenreich nichts zu suchen."

Das Lied von einer Schattenwelt

Und die Seele sang der immerwährenden Gültigkeit geflügelte Worte:
Auf Eurer Fahrt durchs Leben könnt auch Ihr vielleicht erkennen, dass die Schatten der Vergangenheit in die Schattenwelt der Vergangenheit gehören, und die Träume in die Traumwelt. Beide können nicht so umarmt und geküsst werden wie die Gegenwartswelt.
Das ist Homers odysseische Botschaft.

Das Lied von einer wertvollen Lektion

Und die Seele sang weitere der immerwährenden Gültigkeit geflügelte Worte:
Auf Eurer Fahrt durchs Leben könnt auch Ihr vielleicht erkennen, dass es manchmal zu spät ist, um Angerichtetes wiedergutzumachen; Trauer und Schuldgefühle sind die Strafe dafür. Im Nachhinein eintretende Trauer und Schuldgefühle können das Im-voraus-denken und Vorbeugen nicht ersetzen.

> Aber sie können vielleicht der Wiederholung von etwas Ähnlichem vermeiden, was eine teuer bezahlte, aber doch wertvolle Lektion ist.
> **Das ist Homers weitere odysseische Botschaft.**

Für die zwei unterschiedlichen Welten des „Im-Voraus-Denkens" und des „Im-Nachhinein-Denkens" gibt es eine Personifizierung, werte Zuhörer: die zwei so gegensätzlichen Brüder Prometheus – für das erstere – und Epimetheus – für das letztere.

Prometheus wurde glorifiziert, Epimetheus dämonisiert. Die meisten Menschen vertreten die Auffassung, dass was Prometheus symbolisiert – nämlich das Vorausplanende, das Vorsorgende, das Vordenkende –, das Höhere und Erstrebenswertere ist. Sein Bruder Epimetheus dagegen wurde schon seit dem ersten Bericht über ihn von Hesiodos vor fast zweitausendachthundert Jahren bis in die heutigen Tage als „Minderbemittelter", als „Unglücksbringer" und schlimmeres verunglimpft. Es wurde ihm vorgeworfen, dass er nicht ein Vorausdenker, Vorausplanender und Vorsorgender war wie sein toller Bruder Prometheus, sondern ein Im-Nachhinein-Denkender und Im-Nachhinein-Sorgender. Was für Schmähungen musste er sich all die Jahrtausende anhören!

Zu Unrecht, weil das Im-Nachhinein-Denken seine positiven Seiten hat, vor allem wenn es zur Reue führt und vor der Wiederholung von falschen Taten und falschen Entscheidungen schützt. In einer Begegnung zwischen Prometheus und Epimetheus haben sie sich darauf geeinigt, dass das eine das andere hervorragend ergänzt.[1]

Ein makabres „Ladies first" im Totenreich

Nachdem sich Odysseus eine Träne weggewischt hatte, fuhr er fort: „Nachdem auch meine Mutter verschwunden war, kamen die Seelen vieler berühmter Frauen, getrieben von der Zeustochter Persephone, um vom Opferblut zu kosten. Ich war sehr neugierig zu erfahren, wer jede einzelne von ihnen war. Aber alle drängten sich mit schrillem Zischen um die Grube mit dem Opferblut. Um wenigstens von einigen ihre Geschichten zu hören, hinderte ich sie mit meinem Schwert daran, alle gemeinsam das Blut zu kosten; jede trank einzeln davon. So erfuhr ich, dass darunter Ehefrauen und Töchter von berühmten Helden waren und auch Bettgenossinnen von Göttern. Ich erwähne hier nur ganz wenige, die auch Euch mehr oder weniger bekannt sind. Da war Alkmene, die dem Vater Zeus den großen Herakles geschenkt hat. Und Iokaste, die

---

[1] Die Begegnung ist genau beschrieben und die Gespräche sind getreulich dokumentiert im schon zitierten Werk, das das Abenteuer von Prometheus und Herakles beschreibt.

man auch Epikaste nennt, die ihren Sohn Ödipus unwissentlich geheiratet und ihm vier Kinder geschenkt hat, nachdem er seinen Vater, ebenfalls unwissentlich, getötet hatte. Sie hat sich dann, als die Wahrheit ans Licht kam, erhängt; Ödipus hat sich selbst geblendet und ist blind durch das Land geirrt. Ich habe auch Leda getroffen, mit der Zeus sich in der Gestalt eines Schwanes vereinigt und die Helena gezeugt hat, die später Anlass der Katastrophe wurde – für beide Seiten, für die Trojaner und für uns Griechen."

Ich nehme an, meine werten Zuhörer, dass heute nicht mehr allen die Geschichten bekannt sind, die Odysseus so beiläufig erwähnt; deshalb will ich Euch zum besseren Verständnis ein paar Hintergründe geben. Ich wiederhole hier verkürzt die Geschichte von Leda, die ich Euch schon in „Der Seele erste Worte" erzählt habe.

Wie gesagt, hatte diese Leda eine Affäre mit einem Schwan, der aber keineswegs ein echter Schwan war, sondern kein geringerer als der Vater von Menschen und Göttern, Zeus also. Neun Monate nach dieser zoophilen Affäre gebar Leda ein besonderes Ei, woraus die schöne Helena schlüpfte. Sie wuchs bei dem legitimen sterblichen Ehemann ihrer Mutter auf, dem König von Sparta, Tyndareus; zusammen mit ihrer Schwester Klytämnestra, spätere Ehefrau – und Mörderin – von Agamemnon, und mit ihren Brüdern. Helenas Brüder – Ledas Söhne – waren die Dioskuren, was „Söhne des Zeus" bedeutet, Kastor und Polydevkes, die man bis heute am Firmament bewundern kann. Euch übrigens besser bekannt unter ihren lateinischen Pseudonymen Castor und Pollux. Man sagt, dass nur Polydevkes ein echter Sohn des Zeus war, aber weil Leda in derselben Nacht auch mit ihrem legitimen Mann Tyndareus geschlafen hatte, wurden die beiden gleichzeitig geboren und so von den Menschen als Dioskuren, Söhne Zeus also, geehrt.

Die beiden verband gegenseitige Liebe und Solidarität, so dass als Kastor starb – weil er Sohn eines Sterblichen war – Polydevkes seinen Vater Zeus bat, ihm die Unsterblichkeit, die er als Sohn von Zeus haben konnte, nicht zu gewähren; stattdessen wollte er mit seinem Bruder gemeinsam im Reich des Hades wohnen. Zeus war sehr gerührt von dieser Bitte seines Sohnes und ließ ihn wählen: Entweder bleibe er doch unsterblich und ewig jung mit festem Wohnsitz auf dem Olymp, oder er lebe zusammen mit seinem Bruder Kastor jeweils einen Tag im Reich des Hades und einen Tag auf dem Olymp – allerdings sollten beide dann altern und letztendlich sterben. Polydevkes wählte aus Liebe zu seinem Bruder die zweite Variante. Allerdings gibt es auch andere Berichte zur Todesursache der Dioskuren, etwa dass sie beim Versuch, ihre geraubte Schwester Helena aus Troja zurückzuholen, in der Ägäis ertranken. Wie sie auch gestorben sein mögen, Gestirne am Firmament sind sie so oder so geworden, wie Ihr selbst feststellen könnt.

9 Der Finsteren Tiefe furchtbare Qualen

Odysseus in der Unterwelt

„Ich habe auch Alkea gesehen", fuhr Odysseus fort, „die mit Poseidon geschlafen und mit ihm ihre Söhne Otos und Ephialtes hat."

Ja, auch diese beiden Burschen sind Euch aus „Der Seele erste Worte" bekannt. Schon im Alter von neun Jahren hatten die beiden Riesen eine Schulterbreite von neun Ellen und erreichten dazu neun Klafter an Länge. Nicht nur den Kriegsgott Ares haben sie gefangen genommen, sondern auch andere Ungeheuerlichkeiten veranstaltet: Sie hatten so viel Vertrauen in ihre Kraft, dass sie sogar Krieg gegen die Götter auf dem Olympos zu führen drohten. Sie planten dafür den Nachbarberg Ossa auf den Olymp zu türmen und darauf noch den ebenfalls in der Nachbarschaft liegenden Berg Pelion, um so den Himmel zu erreichen. Dieser ungeheuren Hybris setzte Apollon mit seinen immertreffenden Pfeilen ein Ende, indem er die beiden damit durchbohrte, noch bevor sie das Mannesalter erreicht hatten.

Odysseus hat noch viele andere berühmte Frauen gesehen; ich verzichte aber darauf, sie zu benennen und Euch ihre Geschichten zu erzählen. Sonst bräuchten wir viel mehr Zeit und müssten andere interessante Geschichten kürzen.

Schweigend und von schauriger Faszination gebannt hörten die anwesenden Phäaken dem göttlichen Odysseus zu.

Sehr bewegt ergriff als erste die alabasterarmige Königin Arete das Wort; so ein außergewöhnlicher Mann habe noch viel mehr Gastgeschenke verdient als man ihm schon gemacht habe, sagte sie und forderte die Anwesenden auf, dass jeder noch etwas besonders Kostbares beitrage. Der Königin Vorschlag fand allgemeine Zustimmung, auch die des Königs, der entschied, dass die Abreise des Gastes erst am folgenden Morgen stattfinden solle, wenn die Geschenke gesammelt worden seien.

Den Vorschlag des Königs nahm Odysseus mit Dankbarkeit an. Er wusste, dass es ihm in der Heimat viel mehr Respekt einbringen würde, wenn er mit vielen und kostbaren Geschenken zurückkehren würde und nicht als mittelloser Bedürftiger.

Alkinoos machte noch die Bemerkung, dass Odysseus wohl tatsächlich weder ein Betrüger, noch ein Märchenerzähler von angeblichen, aber nicht stattgefundenen Ereignissen sei. Er mache vielmehr den Eindruck eines besonnenen kenntnisreichen Mannes, der über tatsächlich Erlebtes berichte.

Der König bat Odysseus, ihnen zu erzählen, ob er im Hades auch gefallene Helden des Kampfes um Troja getroffen habe. Da die Nacht noch jung sei, sei doch reichlich Zeit, darüber zu berichten. Alle seien so gespannt, fügte er noch hinzu, dass sie bereit wären, die ganze Nacht weiter zuzuhören. Odysseus war mehr als bereit, noch ausgiebiger seine Erlebnisse im Totenreich zu schildern; und er fuhr fort:

Der verstorbenen Helden unsterbliche Lebenslust

„Nachdem Persephone die Seelen der Frauen von der Grube mit dem Opferblut weggescheucht hatte, waren die Männer an der Reihe. Als erster kam Agamemnons traurige Seele, begleitet von denen, die, wie ich anschließend erfuhr, mit ihm zusammen bei dem Putsch von Ägisthos und Klytämnestra umgekommen waren. Nachdem er vom Opferblut gekostet hatte, erkannte er mich und begann zu weinen. Er versuchte, mich zu umarmen, aber wiederum gelang es nicht, auch er war bloß ein Schatten. Als ich Agamemnon so sah, wurde ich sehr traurig; aufgewühlt konnte auch ich meine Tränen nicht zurückhalten. Ich fragte ihn, was denn geschehen sei, was dazu geführt habe, dass er jetzt das Schattenreich bewohne. Seine Antwort erschütterte mich: ‚Meine grauenvolle Frau Klytämnestra und ihr Liebhaber Ägisthos haben mich und alle meinen Gefolgsleute und dazu noch Kassandra, des Priamos Tochter, die ich mit nach Griechenland genommen hatte, kaltblütig umgebracht. Stell dir vor, diese furchtbare Frau, die Mutter meiner Kinder, hat nicht einmal meine Augen und meinen Mund geschlossen, als ich die Reise zu Hades Reich angetreten habe. Sie hat sich in so furchtbarer Weise verhalten, dass sie Schande auch über die tugendhaften Frauen gebracht hat. Ich hatte gedacht, dass ich in der Heimat von meiner Familie und meinen Untertanen liebevoll empfangen werde; aber sie hatte längst ganz andere, verwerfliche Pläne geschmiedet.'

Voll des Mitleids gab ich ihm zu verstehen, dass wohl beide Atriden, sowohl er als auch sein Bruder Menelaos, mit ihren Frauen kein Glück gehabt hätten. Die eine sei Anlass für den langen und blutigen Krieg zwischen Griechen und Trojanern gewesen, der unzählige Menschen in den Tod gerissen habe, die andere habe den eigenen Ehemann getötet. Das sei richtig, antwortete er mir, und gab mir den Rat, vorsichtig zu sein mit meiner eigenen Frau. Den Satz hatte er kaum ausgesprochen, als er hinzufügte, dass ich mir aber keine Sorgen zu machen bräuchte, da ich das Glück hätte, mit der tugendhaften und treuen Penelope verheiratet zu sein."

> **Das Lied von der konkurrierenden Koexistenz von Gut und Böse**
> Und die Seele sang der immerwährenden Gültigkeit geflügelte Worte:
> Auf Eurer Fahrt durchs Leben könnt auch Ihr vielleicht erkennen, dass es da wo eine Klytämnestra ist, auch eine Penelope gibt; da wo die Sünde ist, auch die Tugend zu finden ist; da wo das Böse zerstört, auch das Gute gedeiht – in der Frau, im Mann, in allem und jedem.
> Das ist Homers odysseische Botschaft.

„Agamemnons Seele konnte sich nämlich noch an die Zeit erinnern, als Penelope sehr, sehr jung war und mein Sohn Telemachos ein neugeborenes Baby; die Zeit, als wir nach Troja in den Kampf zogen. Traurig sagte er mir, dass ich meinen Sohn in die Arme schließen würde; er dagegen habe seinen Sohn Orestes nicht mehr wiedergesehen. Zum Schluss fragte er mich nach Orestes, ob ich wüsste, ob er noch im Exil lebe oder doch schon tot sei. Ich musste ihm sagen, dass ich diese Frage nicht beantworten könne, weil ich seit dem Ende des Krieges noch nicht in die Heimat zurückgekehrt sei.

Nach dieser aufwühlenden Begegnung kamen die Seelen von Achilles, von Patroklos, vom großen Ajax und von Antilochos, Sohn des alten weisen Königs von Pylos, Nestor. Achilles Seele fragte mich mit großer Verwunderung, wie ich es geschafft hätte, in den Hades zu kommen, wo nur die Schatten der Verstorbenen wohnten. Ich erklärte ihm den Zweck meiner Reise in die Unterwelt. Dann wendete ich mich an ihn mit den Worten, dass er glücklich sein müsse, weil er zu seinen Lebzeiten der beste der Griechen gewesen sei, dass ihn alle verehrt hätten; das sei sicherlich auch jetzt in der Schattenwelt der Fall. Traurig entgegnete er, dass er lieber ein Knecht wäre – sogar bei jemandem, der selbst arm sei, aber im Licht auf der Erde lebe – als ein verehrter König in einer immer dunklen Welt."

> **Das Lied vom falschen Zufluchtsort**
> Und die Seele sang der immerwährenden Gültigkeit geflügelte Worte:
> Auf Eurer Fahrt durchs Leben könnt auch Ihr vielleicht erkennen, dass der Tod Dunkelheit ist und nicht ewige Ruhe und ewiger Friede, auch nicht der Problemlöser für alles. Sich den Problemen zu stellen, im Licht der Erde, egal wie hart es ist, ist immer zu bevorzugen und nicht vergleichbar mit der ewigen Dunkelheit, wie problembefreit sie auch sein mag.
> Das ist Homers odysseische Botschaft.

„Achilles fragte mich noch voller Neugierde, was ich von seinem Sohn und seinem Vater wisse. Über seinen Vater könne ich nichts sagen, musste ich ihm mitteilen, weil ich eben nach dem Ende des Krieges noch nicht in der Heimat gewesen war. Doch über seinen Sohn Neoptolemos konnte ich ihm das berichten, was ich in Troja miterlebt hatte. Ich erzählte Achilles Seele, wie ich Neoptolemos von der Insel Skyros, wo er zur Ausbildung verweilte, nach Troja geholt hatte, weil wir vom trojanischen Seher Helenos erfahren hatten, dass eine der Voraussetzungen für die Eroberung Trojas durch die Griechen die Kriegsteilnahme seines Sohnes Neoptolemos wäre. Die andere Voraussetzung war die Teilnahme von Philoktetes, des Trägers von Herakles Waffen, der wegen eines vereiterten Schlangenbisses auf der Insel Lemnos zurückgelassen worden war. Ich berichtete, dass ich Philoktetes mit der Hilfe von Neoptolemos überzeugen konnte, an der Seite der Griechen in den Krieg zu ziehen[2]. Ich habe Achilles auch erzählt, dass sein Sohn einer der intelligentesten und tapfersten der Griechen war, und dass er im Bauch des hölzernen Pferdes zusammen mit mir entscheidend zur Eroberung Trojas beigetragen hat. Und dass er gesund und unversehrt mit viel Ehre und Ruhm und großer Beute in die Heimat zurücksegelte. Die Seele des Achilles zeigte sich sehr erfreut darüber; freudig aufgeregt lief sie zwischen den Asphodelien, den Blumen der Unterwelt, mit kleinen, sehr kleinen Schritten hin und her.

Leider war es mit der Seele von Ajax, dem Sohn des Telamons, dem sogenannten großen, nicht so leicht. Sie hielt sich zurück, schwebte ein wenig abseits, was zeigte, dass Ajax immer noch böse auf mich war. Ich sagte ihm, wie leid mir alles tue, dass ich im Nachhinein wünschte, ich hätte Achilles Waffen nicht bekommen, sondern er. Ich sagte ihm auch, dass ich es sehr bedauere, dass die Griechen ihren besten Helden nach Achilles ebenfalls verloren haben."

Odysseus machte eine Pause und sah zu Boden. Dann sprach er weiter zu den Phäaken: „Ich hätte mir so sehr gewünscht, dass es dort im Reich der

---

[2] Wie Odysseus und Neoptolemos den Träger der Herakles-Waffen, Philoktetes, überzeugt haben, doch zur Eroberung Trojas beizutragen, hat mein junger Kollege Sophokles mit witzigen Dialogen in seiner Tragödie „Philoktetes" dargestellt (hört dazu auch den nachfolgenden Hinweis).

Toten zur Versöhnung zwischen uns gekommen wäre; aber leider geschah das nicht."

Ach ja, meine verehrten Zuhörer, ich habe damals weder in meiner Ilias noch bisher in meiner Odyssee ausführlich darüber berichtet, was geschehen war. Ich hole das jetzt in dieser Erzählung nach, die Darstellungen von späteren Mythographen und Dichtern, insbesondere meines jungen Kollegen Sophokles[3], zusammenfassend.

Ajax, korrekter Aias, wurde schon vor dem Kampf um Troja zu einem der angesehensten Fürsten Griechenlands und war sogar einer der Rivalen von Menelaos, als es um die Hand der schönen Helena ging. In Troja vollbrachte Ajax sehr viele Heldentaten, sodass ich ihn als den zweitheldenhaftesten Griechen bezeichnet habe – nach Achilles. Bei einem der Nebenfeldzüge gegen die Verbündeten von Troja besiegte er den König von Phrygien, und als Kriegsbeute nahm er dessen Tochter Tekmessa zur Lebensgefährtin. Er hätte sie auch offiziell zur Ehefrau genommen, allerdings erlaubten die damaligen Sitten keine Ehe zwischen einem Griechen und einer Barbarin, wie alle Nicht-Griechen damals genannt wurden. Barbarin oder nicht, Tekmessa verliebte sich in Ajax und verhielt sich wie eine verliebte Ehefrau.

Viele Heldentaten von Ajax sind von mir in meiner Ilias besungen worden. Berühmt war der Zweikampf zwischen Ajax, dem Griechen, und Hektor, dem Trojaner, der unentschieden ausging. Die Gegner trennten sich mit gegenseitigem Respekt und Bewunderung und tauschten Geschenke aus. Hektor schenkte Ajax ein kostbares Schwert – mit dem der sich später selbst das Leben nehmen sollte.

Der Streit zwischen Ajax und Odysseus begann im Anschluss an die Feierlichkeiten zur Bestattung des getöteten Achilles und nahm seinen verhängnisvollen Lauf.

Nach den Bestattungszeremonien sollen die Waffen des toten Helden, die göttlicher Herkunft waren, kunstvoll von Hephästos geschmiedet, „dem Besten der Griechen" als Auszeichnung überreicht werden. Zwei der Heeresführer kommen ins Finale: Odysseus und Ajax. Das Preisgericht entscheidet sich für Odysseus, was Ajax sehr kränkt. Er sei wahrlich der beste der Griechen – nur er und kein anderer; Odysseus sei nichts anderes als ein Schurke, so der schwerstens gekränkte Ajax. Die Kränkung ist so stark, dass Ajax die Entscheidung trifft, die Heeresführung, allen voran Agamemnon und dessen Bruder Menelaos, zu ermorden. Athena, die Göttin der Weisheit, greift jedoch in letzter Sekunde ein und verhindert das Blutbad. Sie schlägt Ajax mit Wahnsinn, sodass er das Herdenvieh des Heeres und einige Hirten niedermetzelt,

---

[3] Sophokles gibt auch eine großartige psychologischen Darstellung der Ereignisse in seiner berühmten Tragödie „Aias", die erläutert und analysiert wird in: Andreas Marneros (2013), „Irrsal! Wirrsal! Wahnsinn! Persönlichkeit, Psychose und psychische Konflikte in Tragödien und Mythen".

im Glauben, er töte die Heeresführung. Mit der Absicht, ihn in seinem Zelt genüsslich zu foltern, bevor er ihn tötet, nimmt Ajax einen großen Bock als Gefangenen, weil er glaubt, dies sei sein Erzrivale Odysseus. Da die Heeresführung, die die Persönlichkeit des Ajax gut kennt, Unheimliches befürchtet, schickt sie Odysseus als Späher zu Ajax Zelt. Der von dem Anblick des verblendeten Ajax tief betroffene Odysseus erlebt einen maßlosen, überheblichen Ajax, der mit seinen nächtlichen Taten prahlt, in voller Hybris, in völlig verblendeter Anmaßung.

Als der Wahnsinn, die Psychose sagt Ihr heute, geschätzte Zuhörer, vorüber ist und er erfährt, was er angerichtet hat, schämt sich Ajax buchstäblich zu Tode, will die Schmach und den befürchteten Spott nicht ertragen. Auch diese zweite auf ihn unweigerlich zukommende Kränkung ist so groß, dass er sich entschließt, sich selbst zu richten. Weder die besänftigenden, beschwörenden Worte seiner Lebensgefährtin Tekmessa, noch die Verantwortung gegenüber ihrem gemeinsamen kleinen Kind und seinen Landsleuten aus Salamis, seiner Vaterstadt, können ihn davon abhalten. Tief gekränkt geht er an den Strand und stürzt sich in das Schwert, das Hektor, der hochgeschätzte Feind, ihm nach dem schon erwähnten unentschiedenen Kampfduell zwischen den beiden als Ausdruck größter Anerkennung geschenkt hat. Und stirbt.

Nun standen sich die beiden Rivalen Ajax und Odysseus wieder gegenüber – im Totenreich, der eine tot, der andere lebend. Zur Versöhnung kam es leider nicht. Ajax war auch nach seinem Tod nachtragend. Sehr bedauerlich, wie Sturheit selbst den Tod überleben kann.

Das Lied vom versperrten Weg
Und die Seele sang der immerwährenden Gültigkeit geflügelte Worte:
Auf Eurer Fahrt durchs Leben könnt auch Ihr vielleicht erkennen, dass es sehr bedauerlich ist, wenn manche rigiden und unflexiblen Persönlichkeitseigenschaften dem Menschen den Weg zu Harmonie und gutem menschlichen Zusammenleben versperren. Sie machen damit ihren Besitzer für immer unglücklich.
Das ist Homers odysseische Botschaft.

Odysseus fuhr fort und erzählte, was er noch im Totenreich erlebt habe: „Ich konnte noch einen Blick tief in den Hades hineinwerfen, und dort sah ich den Zeussohn Minos, wie er vom Stuhl des Vorsitzenden Richters des jenseitigen Gerichtes die Seelen beurteilte. Ich konnte auch den großen Jäger Orion erkennen, wie er mit seinen wilden Tieren zwischen den Asphodelien wandelte."

Sinnlosigkeit – der größten Sünder höchste Strafe

„Und ich erhaschte einen fernen Blick auf den großen Sünder Tityos; wie sein riesiger Körper, neun Meter lang, auf dem Boden lag und wie zwei Geier von beiden Seiten seine Leber fraßen. Er konnte sie nicht verscheuchen, weil seine gewaltigen Arme gefesselt waren. Das war seine ewige Strafe, weil er einmal in der Nähe von Delphi versucht hatte, Leto, Mutter von Apollon und Artemis und Geliebte von Zeus, zu vergewaltigen.

Ich erblickte noch einen weiteren großen Sünder, Tantalos, Großvater von Agamemnon, wie er unglaubliche Qualen erlitt: An einem Bach mit kristallklarem Wasser stand er, offensichtlich sehr durstig, wollte unbedingt trinken. Aber sobald er sich niederbeugte und seine Lippen die Oberfläche des Wassers berührten, versiegte das Wasser; zurück blieb nur trockene schwarze Erde. Mitten in einem Obstgarten befand er sich, und unzählige Früchte – Äpfel, Granatäpfel, Birnen und süße Feigen – hingen zu ihm herab, sodass die Zweige die Erde berührten. Sobald aber der Greis versuchte, eine der Früchte zu pflücken, schnellte der Wind den Ast hoch bis zu den Wolken – und der Sünder konnte seinen quälenden Hunger nicht mit den reifen, süßen Früchten stillen."

Tantalos hatte die Götter testen wollen, ob sie alles wissen: Er hatte sie zu einem Fest eingeladen und dabei Menschenfleisch serviert, nämlich das seines Neffen Pelops, den er getötet hatte. Die Götter erkannten natürlich, dass es des Pelops Fleisch war, stellten ihn wieder her und brachten ihn zurück ins Leben. Zu seinen Ehren heißt übrigens bis heute der südliche Teil Griechenlands Peloponnes, was Insel des Pelops bedeutet. Tantalos dagegen erhielt seine schwere Strafe.

„Und noch einen Sünder erkannte ich: Sisyphos, wie er einen gewaltigen Fels bergauf schob. Stöhnend und schwitzend stemmte er sich mit Beinen und Armen dagegen und wälzte ihn den Hügel hoch. Aber als er kurz vor dem Gipfel war, rollte der riesige tückische Fels wieder hinab zum Fuße des Hügels. Und Sisyphos begann wieder von neuem, er wiederholte es und wiederholte es und wiederholte es ... in alle Ewigkeit."

Tantalos, meine verehrten Zuhörer, wurde bekanntlich zu den sprichwörtlichen Tantalosqualen verurteilt. Nach seinem Tod wurde er in die unterste Ebene des Tartaros verbannt; das ist die tiefste und damit auch die schlimmste Hölle: die Sinnlosigkeit!

Die Sinnlosigkeit ist für uns Griechen die Hölle schlechthin!

Dazu wurde auch Sisyphos verurteilt: er musste mit seiner Arbeit immer wieder von vorne beginnen, ohne sein Ziel erreichen zu können; immer wieder und immer wieder dasselbe sinnlose Unterfangen – den gewaltigen Fels auf den Gipfel des Hügels zu schieben, um ihn dann wieder zurück zum Fuße des Hügels rollen zu lassen. Obwohl er inzwischen wusste, dass das Ganze keinen Sinn hat, hatte er keine Wahl. Er musste immer wieder von neuem anfangen. Er wusste, dass alle seine Mühen sinnlos sind. Trotzdem ging das so über die Jahrhunderte. Über die Jahrtausende. Eine ewige Sinnlosigkeit und eine sinnlose Ewigkeit. Die höchste aller Strafen!

Sisyphos war zur Höchststrafe, die es im griechischen Hades gab, zur Sinnlosigkeit, verurteilt worden, weil er zweimal Thanatos, den Gott des Todes, überlistet hatte, um dem Tod zu entgehen. Das war eine unerhörte Hybris, schwerste Sünde! Denn unsterblich sind nur die Götter. Sterbliche, die nach Unsterblichkeit streben, verletzen die den Sterblichen auferlegte unverletzbarste aller Grenzen: die Grenze, die die Natur stellt! Solche Menschen maßen sich an, absolute Herrscher der Natur zu sein, meinen, deren Gesetze unbegrenzt manipulieren und außer Kraft setzen zu können.

Höchste Hybris, die die Höchststrafe verdient: die Sinnlosigkeit eben!

Man verletzt nicht straflos die Unverletzbarkeit der Naturgesetze!

Ähnlich, meine geschätzten Zuhörer, erging es auch den fünfzig Danaiden, die als Strafe für die Tötung ihrer Ehemänner in der Hochzeitsnacht in der Ewigkeit der Unterwelt Wasser holen mussten. Aber in löchrigen Gefäßen, aus Weidenzweigen geflochten, so dass kein Tropfen sein Ziel erreichen konnte. Und sie mussten immer wieder von vorn anfangen, wieder und wieder und wieder, wie in einer kollektiven Zwangsneurose.

Die absolute Sinnlosigkeit.

> **Das Lied von der Würze des Lebens**
> Und die Seele sang der immerwährenden Gültigkeit geflügelte Worte:
>   Auf Eurer Fahrt durchs Leben könnt auch Ihr vielleicht erkennen, dass das Erleben der Sinnlosigkeit des Tuns und des eigenen Lebens das Leben lebensunwert macht. Der Sinn im eigenen Handeln, in der eigenen Lebensgestaltung, ist nicht nur der Träger, der die Last des Lebens trägt, sondern auch die Würze, die das Leben schmackhaft macht.
>   Das ist Homers odysseische Botschaft.

Immer noch hörten die im Palast anwesenden Zuhörer Odysseus gebannt zu, während er weiter erzählte: „Ich habe dort in der Welt des Todes noch viele andere gesehen, Helden und Sünder. Zu meiner Überraschung sah ich auch Herakles, der zwar zum Gott erhoben wurde und somit unsterblich war, der auf dem Olymp wohnte und mit Hebe, der Göttin der ewigen Jugend, verheiratet war; aber er stattete – wie auch ich – dem Hades gerade einen Besuch ab.

Vor allem von den Helden war ich so beeindruckt, dass ich gerne weitere von ihnen gesehen hätte. Aber die unzähligen Scharen von Toten, die sich mit furchterregenden Schreien und grauenvollem Zischen um mich drängten, machten mir riesige Angst. Und die Befürchtung, dass Persephone eventuell auch furchtbare Monster zu mir schicken könnte, versetzte mich in Panik."

> **Das Lied von den lauernden Monstern**
> Und die Seele sang der immerwährenden Gültigkeit geflügelte Worte:
> Auf Eurer Fahrt durchs Leben könnt auch Ihr vielleicht erkennen, dass je länger man in der Dunkelheit seiner Tiefe oder in der Tiefe seiner Dunkelheit wühlt, desto größer die Gefahr wird, dass man mit Monstern konfrontiert wird.
> Das ist Homers odysseische Botschaft.

„Getrieben von dieser Panik lief ich schließlich zurück zum Schiff, gab meinen Kameraden hastig den Befehl, sofort den Anker zu lichten. Wir ruderten mit allen Kräften, und mit günstigem Fahrtwind erreichten wir – zu unserer unbeschreiblichen Erleichterung – schließlich das offene Meer. Und das Licht!

Wir hatten die Welt der Dunkelheit hinter uns gelassen. Endlich! Man schätzt das Licht erst, wenn man aus der Dunkelheit kommt. Endlich im Reich des Lichtes!"

> **Das Lied von der Hochschätzung eines Kontrastes**
> Und die Seele sang der immerwährenden Gültigkeit geflügelte Worte:
> Auf Eurer Fahrt durchs Leben könnt auch Ihr vielleicht erkennen, dass wenn man Freudlosigkeit, Passivität, Dahinvegetieren, Schattendasein und Finsternis erlebt hat, umso mehr die Segnungen der Freude, der Aktivität, des Kampfes, des Lebens, des Lichtes schätzen kann.
> Das ist Homers odysseische Botschaft.

Ja, werte Zuhörer, das Reich des Lichtes beglückt des Menschen Herz mit seinem Reichtum! Oder:
„Licht, mein Licht, du welterfüllendes,
Mein Auge küssendes, mein Herz erhebendes Licht![4]"

---

[4] Ich hoffe, dieser sentimentale Ausbruch findet Euer Verständnis. Aber diese schönen Verse eines fernen, fremden Dichters aus der jüngeren Zeit – dem ich mich, muss ich zugeben, sehr nahe und sehr vertraut fühle – fallen mir spontan bei dieser Szene ein. Der ferne, fremde – so nahe und so vertraute – Dichter ist Rabindranath Tagore, und er sagt so etwas Schönes in seiner Gedichtsammlung „Gitanjani".

10

Der Verführung Lockrufe und die Qual des Dilemmas

> **Zusammenfassung**
>
> Aus dem zwölften Gesang meiner Odyssee werde ich Euch erzählen, was Odysseus den Phäaken erzählt: Mit seinen verbliebenen Kameraden erreichte er wieder die Insel der Kirke. Die Nymphe beschrieb die Route und die bevorstehenden Gefahren und gab wertvolle Hinweise, wie man ihnen entkommen könne. Die Route führte zunächst an der Insel der Sirenen vorbei, die die Vorbeifahrenden mit ihren Liedern lockten und ins Verderben zu führen versuchten; dank Kirkes Empfehlungen konnten sie ohne Verluste vorbeisegeln. Dann mussten sie zwischen den beiden Seeungeheuern Skylla und Charybdis hindurch, wobei dank Kirkes Hinweisen „nur" sechs Kameraden der Skylla zum Opfer fielen. Die nächste Station war die Insel des Sonnengottes Helios, wo Odysseus Kameraden – ohne sein Wissen und gegen sein ausdrückliches Verbot – die Rinder des Sonnengottes schlachteten. Zur Bestrafung wurde das Schiff zerstört und die Männer vernichtet. Odysseus überlebte auf einem Schiffsbalken, wurde aber durch den Sturm wieder zurück zwischen Skylla und Charybdis getrieben. Mit großer Not konnte er entkommen und erreichte die Insel der göttlichen Nymphe Kalypso, die ihn sieben Jahre lang gegen seinen Willen festhielt. Von dort aus führte seine Reise mit vielen Qualen und Plagen schließlich zur Insel der Phäaken.
>
> Und die uns begleitende Seele wird dabei geflügelte Worte von immerwährender Gültigkeit singen, wie über die Last der Verantwortung, zwischen zwei Übeln abwägen zu müssen, über die Verführungskraft des Allwissens und über die gelegentliche Notwendigkeit von Einschränkung und Disziplinierung. Und vom Dilemma zwischen strategischem Schweigen und Offenbarung der gefährlichen Wahrheit und von der Not, die kein Gebot kennt. Sowie auch von manchem anderen.

Der Entwurf einer Schreckensroute

„Und so ließen wir das Totenreich endgültig hinter uns. Nachdem wir auch die Strömung des Okeanos durchfahren hatten, brachte uns ein günstiger Wind ohne irgendwelche Zwischenfälle zurück zur Insel Ää, Kirkes Insel. Müde und erschöpft erholten wir uns erst einmal am Strand, wo wir in einen tiefen Schlaf fielen. Als die rosenfingrige Göttin der Morgenröte erschien, schickte ich Gefährten zu Kirkes Palast, um die sterblichen Überreste des jungen Elpenor zu holen. Ich wollte ihn bestatten, wie es sich gehört und wie ich ihm es versprochen hatte. Wir führten eine Feuerbestattung durch; für die Überreste errichteten wir einen Grabhügel mit einem Grabstein, und daneben pflanzten wir ein gut bearbeitetes Ruder auf. Kirke, die über unsere Rückkehr aus dem Hades Bescheid wusste, kam eilends herbei, schön geschmückt. Ihre Dienerinnen brachten uns Speisen und guten Wein. Kirke bedauerte uns, weil unsere Reise in den Hades bedeutet hatte, dass wir zweimal in das Reich der Schatten hinab steigen müssen, während alle anderen Sterblichen das nur einmal tun müssen, also erst wenn sie sterben. Sie ermunterte uns, unsere Stimmung durch reichliches Essen und guten Wein zu verbessern, und versprach, uns am Morgen den Heimweg zu zeigen. Sie würde uns auch Hinweise geben, wie wir manche Tücken und Gefahren vermeiden könnten. Nachdem wir unser Mahl beendet hatten, begann die Göttin der Nacht Nyx die Erde mit ihrem dunklen Schleier zu umhüllen. Meine Gefährten legten sich am Strand schlafen, während Kirke mich an der Hand nahm, mich zur Seite führte und bei mir lag. Sie fragte mich auch weiter zu meiner Reise in die Unterwelt, und ich berichtete ihr.

Ich erhielt von ihr dann eine Reihe von Anweisungen und Ratschlägen für die bevorstehende Heimreise. Kirke bereitete mich darauf vor, dass wir als erstes auf unserer Reise den Sirenen begegnen würden, die alle Menschen, die in ihre Nähe kommen, verzaubern und verführen. Derjenige, der ihnen unwissentlich zu nah komme und ihren bezaubernden Gesang höre, vergesse Frau und Kinder und Heimat und werde sie alle nie wieder sehen. Die Sirenen säßen am grünen Ufer, und fortwährend sängen sie ihre verführerischen Lieder; um sie herum häuften sich die in der Sonne bleichenden Knochen dort verstorbener Menschen.

‚Du sollst vorbeifahren', sagte Kirke eindringlich, ‚nachdem du die Ohren deiner Kameraden mit Wachs gut verstopfst hast, so dass sie nicht den leisesten Ton hören können. Falls du selbst aber den verführerischen Gesang unbedingt hören willst, ohne verführt zu werden, dann befiehl deinen Männern, dich an Händen und Füßen am Mast festzubinden und dich mit festen Tauen zu umschlingen. Und sage deinen Kameraden, dass sie dich mit noch mehr Tauen und noch fester binden sollen, wenn du sie während des verführerischen Gesangs mit wilden Kopfbewegungen anflehst, dich von deinen Fesseln zu befreien.

Erst wenn die Küste der Sirenen hinter euch liegt und kein Ton mehr von ihnen zu hören ist, erst dann dürfen sie deine Fesseln lösen.

Danach könnt ihr aus zwei Routen wählen; ich überlasse es dir, welcher von den beiden Strecken du folgen willst. Ich werde dir beide beschreiben, aber du hast die Qual der Wahl. Die eine Route führt zwischen zwei steilen Felsen hindurch – die Götter nennen sie ‚Plagtas Petras', was ‚prallende Felsen' bedeutet, auf denen die Wellen der meeresblauäugige Amphitrite brausen.'"

10 Der Verführung Lockrufe und die Qual des Dilemmas

Ich gehe davon aus, meine geschätzten Zuhörer, dass nicht alle Amphitrite und ihre Launen kennen, so dass ich das flankierend kurz erläutern möchte: Amphitrite war die Ehefrau von Poseidon und Teilherrscherin der Meere. Manche sagen, sie sei die Tochter von Okeanos und seiner Frau Tethys gewesen, andere wiederum halten sie für die Tochter vom Meeresgott Nereus und seiner Frau Doris.

Wie auch immer, ihre Vermählung mit Poseidon hatte etwas Romantisches an sich, dies will ich Euch nicht vorenthalten. Amphitrite nämlich lehnte zuerst die Annäherungsversuche des obersten Gottes aller Gewässer ab, weil sie eigentlich unverheiratet bleiben wollte; deswegen suchte sie Hilfe bei Atlas. Ihr kennt Atlas, den Titanen, den Bruder von Prometheus, der wegen seiner Teilnahme am Krieg gegen die olympischen Götter, die sogenannte Titanomachie, von Zeus verurteilt wurde, den Kosmos auf seinen Schultern zu tragen.

Am Fuße des Atlasgebirges, das seinen Namen trägt, in einer Bucht des Meeres, das ebenfalls nach ihm benannt ist, des Atlantiks also, hatte sich die meeresblauäugige Amphitrite versteckt. Aber der Erderschütterer und Gewässerherrscher, der unsterbliche Poseidon, war so unsterblich in Amphitrite verliebt, dass sogar die Delphine des Meeres wegen der unerfüllten Liebe mit ihm litten. Und so sandte Poseidon den schönsten und elegantesten der Delphine als Brautwerber aus. Der Delphin erfüllte seine Mission und kehrte, elegant auf den Wellen gleitend, zu Poseidon zurück – mit Amphitrite auf seinem Rücken reitend. Sie heirateten und bekamen einen Sohn; Triton, auch eine Meeresgottheit.

Nun aber zurück zu Kirkes Routenbeschreibung.

„‚Diese steilen Felsen, die auf der einen möglichen Route liegen, nennen die Unsterblichen also ‚Plagtas Petras', ‚Prallende Steine', und die Sterblichen nennen sie ‚Symplegaden', was in etwa ‚die Zusammenschlagenden' heißt. Sie werden so genannt, weil sie immer wieder zusammenprallen und nichts durchlassen, nicht einmal fliegende Vögel, ja nicht einmal die Tauben, die Ambrosia zu Zeus bringen. Immer wieder fällt eine davon den zusammenschlagenden Felsen, den Symblegaden, zum Opfer, so dass Zeus sie ersetzen muss. Kein Schiff – mit nur einer einzigen Ausnahme – hat es bisher geschafft hindurchzukommen; deswegen findet man um die Felsen herum unzählige Schiffswracks mit menschlichen Knochen. Die erwähnte Ausnahme ist die weltberühmte ‚Argo', sie hat es als einzige geschafft. Die ‚Argo' war das Schiff, mit dem Jason und die Argonauten nach Kolchis segelten, um das goldene Vlies zurück nach Griechenland zu holen. Und es ist ihnen nur deshalb gelungen, weil die mächtige Hera sie geführt und beschützt hat[1].'"

---

[1] Ich kann leider, meine treuen Zuhörer, die faszinierende Geschichte der Argonauten und ihre Reise, die erste große Expedition des Abendlandes in weit entfernte Länder und bis dahin unbekannte Meere, die viel älter ist als der Kampf um Troja, hier nicht erzählen. Ich habe aber zustimmend und lobend

> **Das Lied von der Gefahr, zerquetscht zu werden**
> Und die Seele sang der immerwährenden Gültigkeit geflügelte Worte:
> Auf Eurer Fahrt durchs Leben könnt auch Ihr vielleicht erkennen, dass da, wo Symplegaden, zusammenprallende, zusammenschlagende Felsen zu erkennen sind, niemand versuchen soll, dazwischen zu gehen – denn er wird zerquetscht. Man muss erkennen, dass das Zusammenprallen von Mächten, Interessen, Positionen, Bestrebungen und Gewalten, die stärker sind als man selbst, ein Dazwischengehen nicht erlauben, sondern tödlich verhindern.
> Man muss stattdessen eine andere Route wählen.
> Das ist Homers odysseische Botschaft.

„'Nun weißt du, wie gefährlich diese Route ist', fuhr Kirke nach einer kurzen Pause fort. Aber höre zuerst, was die andere Strecke bringt, und dann wähle. Keineswegs möchte ich dich für die eine oder die andere voreinnehmen.

Auf der anderen Route gibt es zwei mächtige Felsen. Der eine ist so hoch, dass er mit seiner scharfen Spitze den Himmel berührt. Um seinen spitzen Gipfel sammeln sich dunkle Wolken das ganze Jahr über, so dass von dort oben weder die Sonne noch die Sterne zu sehen sind. Kein Mensch könnte diesen vollständig glatten Fels erklimmen, auch wenn ihm zwanzig Hände und zwanzig Füße zur Verfügung stünden. Inmitten dieses glatten Felsens befindet sich eine Höhle, gefüllt mit Gischt, deren Öffnung in Richtung des Wohnortes von Erebos, des Gottes der Finsternis, liegt – also in Richtung Westen. Ihr sollt in ihrer Nähe vorbei fahren, allerdings kann nicht einmal ein Pfeil, von einem kräftigen guten Schützen geschossen, die Öffnung der Höhle erreichen. Darin wohnt das Ungeheuer Skylla; sie bellt fürchterlich, und ihre Stimme ist einem neugeborenen Welpen gleich[2]. Aber in Wirklichkeit ist sie ein schreckliches Ungeheuer. Niemand ist erfreut, ihr zu begegnen, nicht einmal, wenn er ein Gott ist. Die Skylla hat nämlich zwölf missgestaltete Füße und sechs überlange Hälse, jeder von denen endet in einem grausigen Kopf, in dessen Mund je drei dichte Reihen starker todbringender Zähne sitzen. Bis zur Mitte liegt sie in der Höhle verborgen, sie streckt aber die sechs Köpfe heraus und fischt Delphine, Seehunde und jeden vorbeiziehenden Ketos, wie die riesigen Meeresbewohner, Wale und ihre walartigen Verwandten, heißen, aus dem Wasser. Kein einziger der Seeleute, die vorbei fuhren, ist ihr bisher entkommen. Sie schnappt alle aus ihren Schiffen und verschlingt sie im Nu.

Wie ich dir schon sagte, gibt es dort zwei Felsen. Auf dem einen wohnt also die Skylla, und auf dem gegenüberstehenden kleineren lebt unter einem

---

beobachtet, wie einer meiner jüngeren Kollegen namens Apollonios Rhodios minutiös die Geschichte dieser Expedition in seinen „Argonautika" dokumentierte. Falls Ihr Interesse daran habt, könnt Ihr einen Blick in die „Bibliografischen Anmerkungen" werfen.
[2] Noch ein Hinweis, meine verehrten Zuhörer, Skylla heißt auf Griechisch die Hündin.

üppigen Feigenbaum die mächtige Charybdis, finsteres Wasser schlürfend. Dreimal am Tage speit sie es aus, und dreimal schlürft sie es in grauenerregende Weise wieder ein. Kommst du im Moment des Schlürfens vorbei, bist du verloren; nicht einmal Poseidon kann dir dann helfen. Ich rate dir, halte dich in der Nähe der Skylla, weil es besser ist, sechs Gefährten zu verlieren als alle; denn das wird der Fall sein, wenn du der Charybdis zu nahe kommst.'"

> **Das Lied von der Last der Verantwortung**
> Und die Seele sang der immerwährenden Gültigkeit geflügelte Worte:
> Auf Eurer Fahrt durchs Leben könnt auch Ihr vielleicht erkennen, dass jedes Verantwortlichen schlimmster Moment ist, wenn man zwischen zwei Übeln abwägen muss. Wenn man in Kauf nehmen muss, dass egal welche Entscheidung man trifft, Opfer und Schaden zu beklagen sein werden. Egal für welche Opfer und für welchen Schaden man sich entscheidet – es bringt Schmerz und Leid für irgendjemanden. Das gehört zur Last der Verantwortung.
> Das ist Homers odysseische Botschaft.

„So sprach Kirke zu mir; und ich bat sie, sehr betroffen und tief beunruhigt, mir zu verraten, ob es nicht eine Möglichkeit gebe, nicht nur die Charybdis zu vermeiden, sondern auch meine Gefährten vor dem Zugriff der Skylla zu retten. Sie riet mir aber, nicht mit neuen Kämpfen zu beginnen, sondern mich endlich dem Willen der Götter zu beugen. Ich solle nicht versuchen, die Skylla mit Waffen zu töten, denn sie sei unsterblich, fürchterlich und unbesiegbar. Wenn wir Zeit mit irgendwelchen sinnlosen Attacken gegen sie verlören, dann sei zu befürchten, dass sie noch weitere sechs Kameraden schnappe. Das Beste wäre, im Vorbeifahren ihre Mutter, die Göttin Kratäis, flehend anzurufen, dass diese ihre Tochter zurückhalten möge."

> **Das Lied vom sinnlosen Kampf**
> Und die Seele sang der immerwährenden Gültigkeit geflügelte Worte:
> Auf Eurer Fahrt durchs Leben könnt auch Ihr vielleicht erkennen, dass das Verlieren von Zeit und das Verpassen von Chancen durch zwecklose und sinnlose Kämpfe bittere Konsequenzen haben kann. Und dass zu dem unvermeidlichen Schaden noch vermeidbares Leiden hinzukommt.
> Das ist Homers odysseische Botschaft.

„Dann sagte sie: ‚Wenn ihr den Ungeheuern Skylla und Charybdis entflohen seid, dann werdet ihr die Insel Thrinakia erreichen. Dort weiden die Rinder und Schafe des Helios Hyperion, des himmelwandernden Sonnengottes – sieben Rinderherden und sieben Schafherden mit jeweils fünfzig Tieren. In diesen Herden wird kein neues Tier geboren, aber es stirbt auch keines;

insofern bleibt die Zahl der Tiere immer gleich. Die Herden werden von zwei schöngelockten Nymphen gehütet, von Phaëthusa und Lampetia, Töchtern des Helios Hyperion. Von diesen Tieren sollt ihr unter allen Umständen die Finger lassen. Tut ihr das, dann werdet ihr alle Ithaka erreichen. Raubt ihr aber von des Helios Insel Tiere, dann wird das euer Verderben sein. Und selbst wenn du allein entfliehen kannst, wirst du erst nach langer Zeit und nach vielen Leiden, ohne eigenes Schiff und ohne einen einzigen deiner Kameraden, nach Ithaka gelangen.'"

Der Sirenen Lied richtig gehört

„So sprach sie zu mir, und mit ihren letzten Worten erschien die goldthronende Eos. Kirke, die mächtige Göttin mit der zauberhaften Stimme, die wir zu Beginn als gefährlichste Feindin trafen, verabschiedete sich jetzt von mir als beste Freundin und Helferin. Ohne Verzögerung stachen wir ins Meer, unterstützt durch einen günstigen Fahrtwind, den Kirke uns geschickt hatte. Unterwegs beschloss ich, meine Gefährten einzuweihen und berichtete alles – naja, fast alles – was mir die göttliche Kirke gesagte hatte. Inzwischen hatte ich nach reiflicher Überlegung beschlossen, die Route der Symplegaden nicht zu nehmen, sondern die von Skylla und Charybdis, sie schien mir die weniger gefährliche. Ich bereitete meine Kameraden also vor, und sie waren über alle Gefahren, die mit den Sirenen, mit Skylla und Charybdis und mit dem Vieh des Helios Hyperion verbunden waren, unterrichtet. Allerdings habe ich ihnen nicht gesagt, dass wir durch die Skylla mindestens sechs Männer verlieren würden, damit sie nicht in Panik gerieten. Unsere Stimmung war sowieso tief gesunken; Traurigkeit beherrschte uns.

Während ich meinen Gefährten noch die letzten Dinge erklärte, kam schon die Insel der Sirenen in Sicht. Der günstige Fahrtwind, der uns so schnell so weit getragen hatte, hörte plötzlich auf, in die Segel zu blasen. Das Meer wurde unheimlich ruhig und glatt, so als ob die Wellen durch den Befehl eines Gottes zum Schlafen gelegt worden wären. Da tat ich alles getreulich so, wie Kirke mich angewiesen hatte, ihrem Rat vertrauend und ihrem Wissen gehorchend: Die Ohren meiner Kameraden habe ich mit Wachs gut verstopft; anschließend ließ ich mich von ihnen mit starken Tauen an den Schiffsmast fesseln. Ich wollte unbedingt das Lied der Sirenen hören, ohne ihm zu verfallen.

Die Männer saßen an den Rudern, in Ermangelung von Wind hatten wir inzwischen die Segel gerafft. Sie legten sich so stark sie konnten in die Ruder, damit wir so schnell wie möglich an der Insel vorbei kämen. Als die Sirenen unser Schiff bemerkten und es ihnen so nahe war, dass ich ihre Stimmen hören konnte, begannen sie zu singen.

Ich traute meinen Ohren nicht. Mit ihrem Gesang sprachen sie mich direkt an: ‚Komm, gepriesener Odysseus, du Stolz der Griechen, steuere dein Schiff hierher, um unsere Stimmen zu hören. Niemand ist mit seinem Schiff vorbeigefahren, ohne den schönen Liedern zu lauschen, die wir mit unserer honigsüßen Stimme singen. Und dann fährt man weiter, der Freude voll, aber auch reicher an Wissen. Denn wir wissen alles, nicht nur das, was in Troja die Griechen und die Trojaner nach dem Willen der Götter durchgemacht haben. Wir besitzen auch das Wissen über alles, was sonst auf der Mutter Erde geschieht."

> **Das Lied von einer zerstörerischen Jagd**
> Und die Seele sang der immerwährenden Gültigkeit geflügelte Worte:
> Auf Eurer Fahrt durchs Leben könnt auch Ihr vielleicht erkennen, dass es im Leben viele Verführungen gibt; aber die stärkste von allen ist das Streben nach Pangnosie, nach Allwissen. Ein Grund, warum die Menschen sich das Allwissen so stark wünschen, ist, dass Wissen Macht bedeutet.
> Aber Pangnosie, also Allwissen, und Pantodynamie, Allmacht also, sind für die Sterblichen unerreichbar! Nun, weil Allwissen und Allmacht den Sterblichen verwehrt sind und immer verwehrt bleiben werden, zerstört die Jagd nach ihnen den Jäger.
> Das ist Homers odysseische Botschaft.

Ja, werte Zuhörer, ich weiß, dass das Lied der Sirenen fester Bestandteil der abendländischen Kultur geworden ist. Alle sprechen vom „Lied der Sirenen" und meinen damit die Verführung. Richtig! Aber welche Verführung? Manche meinen damit den betäubenden verzaubernden Gesang, andere wiederum einen damit verbundenen erotischen Reiz. Wenige haben bemerkt, dass ich die wirkliche Verführung der Sirenen im letzten Satz ihres Gesangs versteckt habe und dass sie nur dort zu finden ist: Die Verführung ist das Angebot von Allwissen, von Pangnosie. Die Sirenen wussten schon, was für eine Verführungskraft für den Menschen die Pangnosie besitzt, dass er sich ihr kaum entziehen kann. Die Dynamik dieses Strebens formulierte mein Landsmann Aristoteles viele Jahrhunderte später als Prinzip: *„Alle Menschen streben von Natur aus zum Wissen*[3]."

Etwa siebenhundert Jahre, nachdem ich zum ersten Mal meine Odyssee der Welt präsentierte, und fast dreihundert Jahre, nachdem Aristoteles, der Lehrer des Abendlandes, sein Prinzip formuliert hatte, machte der junge römische Gelehrte Cicero die Welt darauf aufmerksam[4].

---
[3] Dieses aristotelische Prinzip kennt Ihr schon. Ich habe es erwähnt, als wir über Neugier und Philomathie sprachen.
[4] Er tat es in seinem Werk „De finibus bonorum et malorum".

Cicero verweist auf meinen „Gesang der Sirenen", um die darin enthaltene Doppelbotschaft an jeden Wissenssuchenden zu verdeutlichen: In der Passage über die Sirenen ist die Botschaft über das natürliche Streben des Menschen nach Wissen enthalten, aber gleichzeitig auch eine zweite Botschaft, nämlich dass das menschliche Wissen begrenzt und das Streben des Menschen nach Pangnosie, nach Allwissen, unerfüllbar ist, ja tödlich enden kann.

Das ist die Verführung, die mörderische Falle der Sirenen! Ich glaube, es gibt keine andere Stelle in meinen Epen, die so gründlich und von so vielen Menschen missverstanden wurde, wie die Szene mit den Sirenen. Seit den alten Zeiten bis heute wird von der Verlockung der Sirenen mit einer eindeutigen Zweideutigkeit gesprochen, nämlich Verführung durch betörenden bezaubernden Gesang, durch sagenhafte Schönheit, durch unwiderstehliche erotische Reize, durch nicht ablehnbare sexuelle Verheißungen oder auch durch handfeste materielle Angebote. Aber das Wesentliche wurde und wird von den meisten dabei übersehen. Allerdings nicht von Menschen wie dem jungen Cicero, der die Welt darauf aufmerksam machte, dass es das Wissen, die Gnosis, war, was die Sirenen den Sterblichen verhießen. Denn Wissen ist für Menschen wie Odysseus *das* Verführerische – nicht der Gesang, nicht die Schönheit, nicht die Erotik. Odysseus war gerade der Kirke entflohen, einer Göttin, die ihn trotz ihres bezaubernden Gesangs, ihrer sagenhaften Schönheit, ihren erotischen Reizen und ihrer Zauberkunst nicht hatte fesseln können. Wie hätten denn die Sirenen schaffen sollen, was die becircende Kirke nicht vermocht hatte? Nur durch das Wissen wäre es möglich gewesen, und zwar das Allwissen, die Pangnosie.

„Es war so verführerisch, dieses Lied, das sie sangen, so dass ich wie verrückt versuchte, meinen Schiffskameraden mit Schreien – die sie natürlich nicht hören konnten – und mit wildem Grimassieren – das sie deutlich sehen konnten – klar zu machen, dass ich unbedingt von den Tauen gelöst werden wollte. Zwei der Männer sprangen auf, kamen zu mir und, ja, sie fesselten mich noch fester und mit noch dickeren und strafferen Tauen – entsprechend meinen vorherigen Befehlen, aber trotzdem zu meinem tiefsten Bedauern. Erst als sie sicher waren, dass ich vom Sirenengesang nicht mehr den leisesten Ton hörte, und wir die Insel unbeschadet hinter uns gelassen hatten, befreiten sie mich von meinen Fesseln und sich selbst vom Wachs."

Das Lied von der beschränkten Widerstandsfähigkeit

Und die Seele sang der immer währenden Gültigkeit geflügelte Worte:
  Auf Eurer Fahrt durchs Leben könnt auch Ihr vielleicht erkennen, dass es nicht immer ausreicht, sich auf die eigene Kräfte, die eigene Widerstandsfähigkeit, die eigene Überlegenheit zu verlassen, sondern dass es hilfreich sein kann, Maßnahmen zu treffen, um den Gefahren zu entgehen.

10 Der Verführung Lockrufe und die Qual des Dilemmas 143

> Die Fesselung an irgendeinen Mast, um nicht irgendetwas oder irgendjemandem zu verfallen, kann davon zeugen, dass man den eigenen Kräften nur wenig vertraut; ja es ist Einschränkung und Disziplinierung. Aber es ist auch weise. Überschätze nicht deine Kräfte, deine Intelligenz, deine Möglichkeiten. Das ist Homers odysseische Botschaft.

Der Vollständigkeit halber muss ich Euch erzählen, verehrte Zuhörer, dass lange vor Odysseus und seinen Männern schon einmal eine griechische Mannschaft die Insel der Sirenen unbeschadet umfahren konnte. Das waren Jasons Argonauten bei ihrer Rückfahrt aus Kolchis, mit dem goldenen Vlies im Gepäck. Dieses Wunder aber war nicht das Werk des Anführers der Argonauten Jason, sondern eines Mitreisenden, des legendären Musikers und Dichters Orpheus aus Nordgriechenland. Manche von Euch haben wahrscheinlich schon von ihm gehört, dem Sohn von Kalliope, der Musa der epischen Dichtung, Elegie und des Saitenspiels – unter anderen. Man munkelt, dass sein Vater Apollon gewesen sei, wobei dies als nicht ganz gesichert gilt; an anderer Stelle wird auch behauptet, dass der Vater ein Flussgott war. Ganz sicher ist aber, dass Apollon, unter anderen Gott der Musik, ihm eine göttliche goldene Lyra geschenkt hat, als er noch ein Kleinkind war. Kein Wunder also, dass Orpheus als der Beste unter den Sängern galt. Mit seiner Musik betörte er Götter, Menschen, ja sogar Tiere, Pflanzen und Steine. Die Bäume neigten sich ihm zu, wenn er spielte, und die wilden Tiere scharten sich friedlich um ihn; selbst die Felsen weinten angesichts seines schönen Gesangs. Dieser Orpheus schaffte es, dass die Argonauten unversehrt an der Insel der singenden Sirenen vorbei rudern konnten, und zwar mit Hilfe seiner göttlichen Musik: Als die Argo, das legendäre Schiff der Argonauten, sich der Insel der Sirenen näherte und diese begannen, ihr Lied anzustimmen, begann Orpheus, begleitet von seiner göttlichen Lyra, ein lautes, lebhaftes und schnelles Lied zu singen. Diese orpheische Musik übertönte vollständig das Lied der Sirenen, sodass keiner der Männer es hören konnte – nicht einmal Orpheus selbst. Und so wurden die Argonauten gerettet[5].

Odysseus also, meine werten Zuhörer, war der einzige Sterbliche, der es je geschafft hat, das Lied der Sirenen anzuhören, ohne ihm zu verfallen! Als einziger Sterblicher wusste er nun, was die Verführung war. Denn alle anderen Sterblichen, die den Gesang hörten und ihm verfielen, starben sofort. Ihre Gebeine bleichen am Strand der Insel der Sirenen. Und die Sterblichen, die das Lied nie gehört haben, weil sie eben die Ohren verschlossen hatten, rudern weiter durchs Leben – unwissend. Doch auch ihr wisst es nun; die Muse

---

[5] Diese Episode erzählt mein jüngerer Kollege Apollonios Rhodios im vierten Gesang zwischen den Versen 891 und 911 seiner „Argonautika", die er um das Jahr 265 herum, natürlich vor Eurer neuen postolympiadischen Chronologie, schrieb.

hat mir erlaubt, es Euch zu enthüllen – dieses verpflichtende Wissen um das Allwissen.

Aber was ist aus den Sirenen geworden, nach ihrer schmachvollen Entmachtung durch einen Sterblichen? Anders als bei den Argonauten und Orpheus hatte ein Sterblicher ihr verführerisches Lied von Anfang bis Ende gehört, und sie mussten machtlos mit ansehen, wie er ihnen unversehrt entkam. Konnten die Sirenen diese unerwartete Niederlage, diese erniedrigende Entmachtung durch einen Sterblichen verkraften? Oder bedeutete der Verlust ihrer Macht, die sie durch ihr Wissensmonopol und ihre unwiderstehliche Anziehungskraft besessen hatten, ihr Verschwinden oder gar ihre Vernichtung? Die Muse hat es uns leider nicht verraten. Sie überlässt es Eurer Fantasie, Eurer Kreativität und Vorstellungskraft, meine wissbegierigen und Antworten suchenden Zuhörer!

Zwischen Skylla und Charybdis

„Wir waren also den Sirenen entflohen. Aber unser Glück währte nicht lange. Dichte Gischt, dumpfes Getöse und eine riesige Welle kündigten das nächste Übel an. Meine Gefährten waren so erschrocken, dass ihnen die Ruder ins Wasser fielen und das Schiff von den Wellen hin und her geworfen wurde. Ich versuchte, den Männern Mut zu machen und ihr Vertrauen in mich und zu sich selbst zu stärken. Ich erinnerte sie daran, dass wir schon so viel Gefährliches und Furchtbares überstanden hatten, und auch daran, wie ich uns durch meine Intelligenz und Tapferkeit aus der Höhle des Kyklopen gerettet hatte. ‚Habt also auch jetzt Vertrauen zu mir', sagte ich. Im Übrigen könne es nicht sein, dass das, was uns jetzt erwarte, schlimmer sei als der Kyklop. Wenn sie auch diesmal alles so machen würden, wie ich es anordne, dann würden wir es schaffen."

> **Das Lied von einer Waffe des Führenden**
>
> Und die Seele sang der immerwährenden Gültigkeit geflügelte Worte:
> Auf Eurer Fahrt durchs Leben könnt auch Ihr vielleicht erkennen, dass es legitim sein kann, eigene Stärke, Intelligenz und Überlegenheit zu betonen, um die Moral der Truppe zu stärken. Dies gehört zu der Rüstung des Führenden und nicht zu den Mängeln des Narzissten.
> Das ist Homers odysseische Botschaft.

„Ich befahl also den Männern, die Ruder aus dem Wasser zu fischen und kräftig weiter zu rudern. Dem Steuermann gab ich die Anweisung, das Schiff weg von der Gischt und der Welle zu steuern. Damit wären wir fern von Charybdis, aber in der Nähe der Skylla, so wie die göttliche Kirke es mir empfohlen hatte. Eine andere Wahl hatten wir nicht. Aber wie schon erwähnt sagte ich den Kameraden nicht, was uns bei der Skylla erwartet; ich wollte nicht, dass sie in Panik gerieten und sich im Bauch des Schiffes versteckten."

> **Das Lied vom Verschweigen der Wahrheit**
> Und die Seele sang der immerwährenden Gültigkeit geflügelte Worte:
> Auf Eurer Fahrt durchs Leben könnt auch Ihr vielleicht erkennen, dass man manchmal vor das Dilemma gestellt werden könnte: Strategisches Schweigen oder die gefährliche Wahrheit offenbaren? Nicht jede Wahrheit kann oder muss gesagt werden. Ihr Verschweigen kann manchmal mehr Vorteile als Nachteile für alle Beteiligten mit sich bringen.
> Das ist Homers odysseische Botschaft.

„Einem Rat der göttlichen Kirke aber bin ich nicht gefolgt. Sie hatte mir nämlich gesagt, ich solle keine Waffen tragen und auch keine gegen Skylla einsetzen, denn die sei sowieso unsterblich. Doch ich ergriff meine Waffen und ging an die Stelle auf Deck, von der ich dachte, dass die Skylla dort zuerst erscheine. Durch den Nebel, in den die Felsen gehüllt waren, konnte ich jedoch überhaupt nichts erkennen. Unbeschreibliche Angst herrschte in unseren Herzen, auch in meinem, da wir uns genau zwischen Skylla und Charybdis befanden."

> **Das Lied von der Qual der Wahl**
> Und die Seele sang der immerwährenden Gültigkeit geflügelte Worte:
> Auf Eurer Fahrt durchs Leben könnt auch Ihr vielleicht erkennen, dass man häufig im Leben nur zwischen zwei Übeln wählen kann, weil eine dritte – übelfreie – Wahl nicht verfügbar ist. Beide verfügbaren Wahlmöglichkeiten sind unmögliche Möglichkeiten, eine davon muss aber um jeden Preis möglich werden! Das ist die lähmende oder antreibende Qual der Wahl!
> Das ist Homers odysseische Botschaft.

„Die Skylla konnten wir nicht sehen, aber umso deutlicher die schreckliche Charybdis: Die saugte gurgelnd das salzige Wasser des Meeres hinunter, und dann spuckte sie es wieder empor. Das Meer schäumte, gleich einem Kessel über mächtigem Feuer, siedend und wirbelnd, und die Gischt sprang hoch bis zur Spitze beider Felsen. Wenn die Charybdis das salzige Wasser des Meeres wieder in sich hinein schlürfte, dann schüttelte sich mit großem Getöse ihr ganzes Innere; so fürchterlich, dass die Felsen entsetzlich erdröhnten und sich finster der Erde grausandiger Grund zeigte.

Die Männer wurden grün vor Angst. Gebannt vom höllischen Spektakel der Charybdis war unsere ganze Aufmerksamkeit bei ihr. Und gerade in dem

Moment, als wir dem Felsen mit der unsichtbaren Höhle den Rücken zuwandten, schnappte sich die Skylla mit ihren sechs Köpfen sechs unserer Gefährten, mit jedem monströsen Maul einen. Ich konnte noch sehen, wie sie hoch in den Mäulern der Skylla mit Armen und Beinen schlugen, und auch hören, wie sie voller Schmerz und Verzweiflung um Hilfe riefen. So wie Fische im Netz des Fischers zappeln, so zappelten fürchterlich – nur dazu noch fürchterlich schreiend – meine Kameraden in den Mäulern der Skylla. Und sie verschlang sie alle. Das war das Schlimmste, was meine Augen während der ganzen Zeit meiner Irrfahrt durch die Meere mit ansehen mussten.

Aber dadurch konnten wir Verbliebenen entkommen, dicht an Skyllas Felsen und in gehörigem Abstand von Charybdis navigierend, mit aller Kraft rudernd."

Menschlicher Frevel und göttlicher Zorn

Gebannt und still lauschten die Phäaken der dramatischen Erzählung, von Müdigkeit trotz fortgeschrittener Nacht keine Spur. Nachdem er sich gesammelt hatte, fuhr Odysseus fort:

„Nach einer Weile erreichten wir die schöne Insel des Helios Hyperion. Dort weiden seine besagten sieben Rinderherden und seine sieben Schafherden mit je fünfzig prächtigen Tieren. Und in diesen Herden, das hatte ich ja von Kirke gehört, wird weder geboren noch gestorben. Die Tiere wurden von den wunderschönen Nymphen Phaëthusa und Lampetia, Helios Töchtern, gehütet.

Noch während unser Schiff inmitten des Meeres war, hörten wir schon das Brüllen der Rinder und der Schafe Geblök. Mir kamen sofort die Empfehlungen und Prophezeiungen des toten Sehers Teiresias und der göttlichen Kirke in den Sinn, und ich erinnerte auch meine Kameraden daran. Ich habe sie dringend beschworen, die Insel zu umfahren und dort keine Rast zu machen. Aber meine verbliebenen Gefährten waren zu erschöpft und zermürbt durch den Schock mit Skylla und Charybdis, so dass sie unbedingt die Insel ansteuern wollten, auch gegen meinen erklärten Willen. Eurylochos, der schon auf Kirkes Insel versucht hatte, eine Meuterei gegen mich anzuzetteln, ergriff auch jetzt das Wort und rief rebellisch: ‚Du bist hart gesotten, Odysseus, deine Kraft hat kein anderer, und deine Glieder kennen keine Müdigkeit. Alles scheint bei dir aus Eisen gemacht. Anders aber bei deinen Kameraden, die Menschen aus Blut und Fleisch sind; deshalb sind sie, im Gegensatz zu dir, erschöpft und müde von den Anstrengungen der furchtbaren Erlebnisse und der Schlaflosigkeit. Sie benötigen Erholung, aber du zeigst kein Verständnis dafür. Im Gegenteil, du versuchst uns zu zwingen, in der Dunkelheit der Nacht weiter durch das finstere Meer zu rudern. In der Nacht sind Meeresstürme nicht ungewöhnlich, und wenn sie kommen, bringen sie den Schiffen Elend und Not. In unserem Zustand werden wir einer Katastrophe nicht entgehen können. Warum verbietest du uns, auf der Insel zu rasten, zu essen und zu trinken, zu schlafen und uns auszuruhen? Wir wollen die Nacht auf der Insel verbringen, uns dort erholen und erst morgen früh weiterfahren.'

Die komplette Mannschaft stimmte Eurylochos lebhaft zu. Mir war sofort klar, dass ein böser Dämon unsere Katastrophe schon vorbereitet haben musste. Ich erwiderte, dass ich nur unter einer Bedingung bereit wäre, dem Landgang zuzustimmen: Alle Männer müssten mir mit einem bindenden Eid schwören, dass wenn wir auf der Insel Rindern oder Schafen begegneten, niemand eines der Tiere erlegen würde. Wir würden nur von den noch vorhandenen Vorräten essen, die uns Kirke mitgegeben hatte.

Jeder der Männer schwor den heiligen Eid, einer nach dem anderen, und erst nach dieser Zeremonie erlaubte ich ihnen, an der Insel anzulegen.

Wir verspeisten unser Abendessen, und dann gedachten wir unserer sechs von der Skylla geraubten Kameraden. Erschöpft schliefen wir schließlich ein. Aber im letzten Drittel der Nacht, als die Sterne schon zu sinken begannen, erhob der wolkenzusammenballende Zeus heftige Winde; finstere Wolken bedeckten den Himmel, und tiefe Dunkelheit verbreitete sich wieder über Land und Meer. In den Morgenstunden zogen wir unser Schiff in eine sichere Uferhöhle und warteten auf das Ende des Sturms. Noch einmal warnte ich meine Kameraden davor, ein Rind oder ein Schaf zu töten, weil die Tiere dem mächtigen Gott Helios gehören, der alles sieht. Die Männer verstanden das, und sie waren ja auch durch ihren heiligen Eid gebunden.

Aber das stürmische Wetter dauerte schließlich einen Monat an. So lange die Vorräte reichten, verschwendete keiner meiner Gefährten einen Gedanken daran, eines der Rinder oder Schafe zu schlachten. Als aber die Vorräte zur Neige gingen, kam der Hunger. Zuerst versuchten die Männer, durch Fischen und die Jagd nach Vögeln und anderen kleinen Tieren ihren Hunger zu stillen. Ich ahnte nichts Gutes. Ich entfernte mich von meinen Kameraden, suchte einen windgeschützten Ort, um zu den Göttern zu beten, dass sie die Katastrophe von uns abwenden mögen. Nach einer Weile wurde ich aber von Müdigkeit überwältigt und schlief dort ein.

Wie ich später erfuhr, war das wieder die Stunde des meuternden Eurylochos. Er sprach zu meinen Kameraden die geflügelten Worte, die schicksalhaften; ‚Jede Art zu sterben ist unschön und von den Menschen gehasst. Aber am schlimmsten ist der Hungertod. Also schlage ich vor, dass wir anstatt den Hungertod zu erleiden, ihm durch das Schlachten von Rindern des Helios entrinnen. Vorher wollen wir den Göttern große Opfergaben spenden, in der Hoffnung, dass sie uns wohlwollend beurteilen werden. Und wir werden dem Helios Hyperion versprechen, dass wir ihm als Versöhnungsgeste einen prächtigen Tempel bauen und den mit vielen kostbaren Schätzen bestücken werden, wenn wir es zurück nach Ithaka schaffen. Wenn er uns aber nicht verzeihen, sondern uns zerstören will, dann ist mir jede andere Art des Sterbens lieber als der Hungertod.'

Alle Kameraden waren damit einverstanden."

> **Das Lied von der Not**
>
> Und die Seele sang der immerwährenden Gültigkeit geflügelte Worte:
> Auf Eurer Fahrt durchs Leben könnt auch Ihr vielleicht erkennen, dass die Not kein Gebot kennt und das rettende Verbot brechen kann.
> Ich habe Euch aber schon gemahnt, dass es nicht gut ist, ein Verbot immer nur als Einschränkung von Freiheit und Autonomie zu betrachten! Manchmal können einschränkende Verbote rettende Gebote sein! Deswegen muss man zuerst den Sinn des Verbotes suchen!
> Aber noch einmal: Leider gilt auch das eben Gesagte: Die Not kennt kein Gebot und kann das rettende Verbot brechen.
> Das ist Homers odysseische Botschaft.

„Gesagt, gemeutert, geschlachtet!

Sie wählten die besten Rinder aus, brachten sie in die Nähe des Schiffes und veranstalteten notdürftig, weil sie die entsprechende Mittel nicht mehr hatten, eine Spendenzeremonie für die Götter. Sie schlachteten die Rinder und opferten große Teile des Fleisches den Göttern, indem sie es im Feuer verbrannten, während sie zu dem jeweiligen Gott beteten. Den Rest des Fleisches verspeisten sie, sobald es über dem Feuer gebraten war. Wein, um ihn ebenfalls den Göttern zu spenden, gab es nicht mehr; anstelle dessen gossen sie während der Gebete Wasser auf die Erde.

Zu dieser Zeit war ich endlich aufgewacht und machte mich auf den Weg zum Schiff. Schon von weitem nahm ich den Duft gebratenen Fleisches wahr. Und da wusste ich, dass wir dem Untergang geweiht sind. Ich fühlte mich schuldig, weil ich eingeschlafen war und sie nicht daran gehindert hatte. Und ich klagte Zeus an, dass er Hypnos, den Gott des Schlafes, zu mir geschickt hatte.

Zum zweiten Mal konnte ich durch meine Unachtsamkeit und weil ich vom Schlaf überwältigt worden war, die Katastrophe nicht abwenden: Das erste Mal, als ich kurz vor der Landung auf Ithaka einschlief und die Kameraden den Äolossack öffneten. Und nun wiederholte sich das, was damals die Katastrophe brachte!"

10 Der Verführung Lockrufe und die Qual des Dilemmas

Helios erfährt vom Schlachten seiner Rinder

Das Lied vom schwachen Menschen

Und die Seele sang der immerwährenden Gültigkeit geflügelte Worte:
  Auf Eurer Fahrt durchs Leben könnt auch Ihr vielleicht erkennen, dass die Wiederholung von Fehlern und Sünden der Vergangenheit schlimme Folgen haben kann. Der kluge Mensch lernt aus seinen Fehlern und Versäumnissen und versucht, sie nicht zu wiederholen.
  Aber der Mensch, so intelligent und lernfähig er auch sein mag, ist gegenüber der Natur schwach und machtlos. Die Kräfte der Natur – Müdigkeit und Schlafbedürfnis gehören dazu, Hunger und Durst nicht zu vergessen – können ihn rasch überwältigen und Willen und Intelligenz mit Leichtigkeit außer Kraft setzen.
  Das ist Homers odysseische Botschaft.

Und Odysseus fuhr nach einem Moment nachdenklicher Stille fort: „Eine der Nymphen, die die Rinder des Gottes hüteten, die Heliostochter Lampetia, flog sofort zu ihrem Vater und überbrachte ihm die erschütternde Nachricht."

„Der maßlos erzürnte Helios verlangte von Zeus und den anderen olympischen Götter die sofortige Bestrafung der Täter und drohte, dass wenn dies nicht geschehe, er hinunter in das finstere Schattenreich des Hades gehen und mit seinem Licht die Unterwelt hell erleuchten und damit der Erde das Sonnenlicht entziehen würde, mit allen damit verbundenen Konsequenzen. Vater Zeus sagte ihm, er solle ruhig bleiben und weiter wie immer den Himmel und die Erde beleuchten und nicht die Unterwelt; er werde das Schiff der Täter mit seinen Blitzen in der Mitte des Meeres in tausend Stücke zerschlagen. All dies hörte ich viel später von der Göttin Kalypso, der wiederum Hermes davon erzählt hatte. Der hatte den Wutausbruch des Sonnengottes selbst miterlebt und auch das Gespräch zwischen Helios und dem Herrscher der Blitze und des Donners, dem wolkenzusammenballenden Zeus, mitangehört.

So schnell ich konnte, lief ich zu meinen Kameraden. Ich schrie sie an und tadelte jeden für die frevelhafte Tat. Aber es gab keinen Ausweg aus der Katastrophe, die Rinder waren geschlachtet. Ich befürchtete das Schlimmste. In der Tat begannen die Götter schon furchtbare Zeichen zu geben: Die Häute der geschlachteten Rinder begannen zu kriechen, das Fleisch an den Spießen, gebraten oder noch roh, brüllte wie Rinder eben brüllen.

Sechs Tage noch dauerte das stürmische Wetter; sechs Tage lang aßen meine Kameraden von den geschlachteten Rindern des Helios – trotz aller schaurigen Zeichen.

Am siebten Tag beruhigte sich der Sturm, und wir konnten in See stechen, weg von der Insel. Als wir aber auf offenes Meer kamen und kein Land mehr zu sehen war, schickte der wolkenzusammenballende Zeus eine schwere dunkle Wolke über unser Schiff. Ein stürmischer Wind zerstückelte den Schiffsmast, der auf den Steuermann fiel und ihn zerquetschte. Donnernd warf der Blitzeherrscher seine Blitze gegen das Schiff, das Feuer fing und wirbelnd herumstrudelte, in der von Schwefeldämpfen geschwängerten Luft. Alle Gefährten wurden ins Meer geschleudert, und damit nahm der Gott ihnen Heimkehr und Leben. Ich selbst war noch auf dem zerschlagenen und brennenden Schiff und irrte von einer Ecke zur anderen, derweil die Wellen die Planken des Schiffes vom Kielbaum rissen. Plötzlich erblickte ich ein Tau aus starker Rindshaut; damit band ich den Kiel und was vom Mastbaum übrig war, zusammen, setzte mich darauf und trieb durch den tobenden Sturm übers Meer. Die ganze Nacht warfen mich die Wellen hin und her, und in den Morgenstunden entdeckte ich, grün vor Angst, wohin ich getrieben worden war – oh, du erbarmungsloser Zeus:

Zwischen Skylla und Charybdis!

Wieder!

Mitten zwischen die längs als überwunden geglaubten Großgefahren."

Das Lied von der Bewahrung des Erreichten

Und die Seele sang der immerwährenden Gültigkeit geflügelte Worte:

Auf Eurer Fahrt durchs Leben könnt auch Ihr vielleicht erkennen, dass das Erreichte, das Geschaffene, das Errungene achtsam, wachsam und aufmerksam bewahrt und geschützt werden muss. Sonst droht die Rückkehr in die Fänge von schon als überwunden geglaubten Gewalten und Mächten.

Das ist Homers odysseische Botschaft.

„Die Charybdis war gerade dabei, das salzige Wasser des Meeres zu verschlucken und zog dabei auch mein kleines Floß aus zusammengebundenem Kiel und Mast mit sich. Gerade rechtzeitig konnte ich auf die Äste des wilden Feigenbaums springen, unter dem die Charybdis hauste, und mich daran festhalten. Wie eine Fledermaus klammerte ich mich an die Zweige und hoffte, dass das Ungeheuer mein Floß mit dem nächsten Schwall Wasser wieder nach oben speien würde. Ich hatte das Gefühl, dass es ewig dauerte, bis ich endlich den Mast den Fluten entsteigen sah. Ich ließ mich fallen, in die Mitte des Strudels neben den langen Balken. Mit der ganzen Kraft meiner Hände konnte ich mich daran festklammern und dann auch auf ihm reiten. Heftig mit den Händen rudernd trieb ich weg von dem Ungeheuer; von Skylla unbemerkt, Zeus, dem erbarmungsvollen, sei Dank.

Neun Tage lang trieb ich so umher. Am zehnten Tag wurde ich an den Strand von Ogygia gespült, der Insel der schönen Göttin Kalypso. Sie rettete mich und pflegte mich lange, lange Zeit. Aber diesen Teil meiner Geschichte habe ich Euch schon erzählt."

11
Das unerkannte Paradies

> **Zusammenfassung**
>
> Aus dem dreizehnten Gesang meiner Odyssee werde ich Euch erzählen, wie die Phäaken Odysseus reichlich beschenken und ihn mit ihrem gedankenschnellen Schiff nach Ithaka bringen. Dafür werden sie später von Poseidon hart bestraft. Odysseus wird schlafend in seine Heimat gebracht und erkennt sie nicht, als er erwacht. Er gerät in Verzweiflung, weil er denkt, er sei von den Phäaken getäuscht worden. Athena erscheint ihm und offenbart, dass er doch auf Ithaka ist. Er soll aber unerkannt bleiben, bis er die Freier bestraft hat, die seine Frau bedrängen und sein Vermögen vergeuden. Nach Anweisung der Göttin soll er zunächst aufs Land gehen zu seinem treuen Schweinehirten Eumaios. Sie selbst wird nach Pylos fliegen, um seinem Sohn Telemachos ein Zeichen zu geben, dass die Zeit gekommen ist, nach Ithaka zurückzukehren. Er ist auf ihre Empfehlung unterwegs, um Informationen über den verschollenen Vater zu sammeln.
>
> Und die uns begleitende Seele wird dabei geflügelte Worte von immerwährender Gültigkeit singen, wie etwa über die katastrophalen Folgen der Kränkung der Mächtigen, über das Nicht-Erkennen der Erfüllung der eigenen Sehnsüchte, über Demütigung und Demut, über Geduld und Duldungsfähigkeit, über die Rationalität und die Beherrschung von Gefühlen und über die Wertigkeit des Selbsterreichten im Vergleich zum Geschenkten. Und über manches mehr.

Verschlafene Ankunft, bestrafte Erhabenheit

Und damit kam Odysseus zum Ende seiner Erzählung. Die Phäaken waren so beeindruckt, dass sie sprachlos versuchten zu verarbeiten, was der vielgeprüfte Mann ihnen in den letzten Stunden erzählt hatte.

Als erster sprach nach einer Weile des Schweigens König Alkinoos und sagte, dass nun Schluss sein müsse mit des Gastes Irrfahrt und Plagen; er werde bald seine Heimat sehen. Es sei seine, König Alkinoos, Pflicht, ihm, Odysseus, dabei zu helfen, nachdem dieser sich hilfesuchend an ihn gewandt habe. Und nun an die anwesenden phäakischen Aristokraten gerichtet, fuhr er fort, dass sie dem Fremden zwar schon viele Kostbarkeiten geschenkt hätten. Nach diesen Berichten sei es allerdings angebracht, dass jeder der Anwesenden ihm auch noch ein kostbares dreifüßiges Becken und einen ebenso wertvollen Kessel zum Geschenk mache. Er wisse jedoch, fügte er hinzu, dass so viele kostbare Gaben, Gold und Silber und anderes, selbst für einen Aristokraten eine kaum zu tragende finanzielle Belastung seien. Deshalb werde er eine Sammlung in der Gemeinde anordnen, um die Last in Grenzen zu halten. Damit waren alle einverstanden.

Schon in der Morgendämmerung wurde ein Schiff mit den vielen Geschenken beladen. Die ganze Aristokratie der Insel kam, um sich von dem Gast zu verabschieden; nicht ohne dass die Fürsten vorher die zusätzlichen Gaben überreicht hatten. Vor der Abfahrt wurde ein Rind geschlachtet. Als erstes wurden dem wolkenzusammenballenden Zeus die fetten Keulen geopfert, mit der Bitte um eine sichere Rückkehr des Fremden; dann wurde üppig gespeist und getrunken. Demodokos, der blinde Sänger, sang dazu schöne Weisen. Odysseus allerdings wurde immer ungeduldiger. Er wollte so schnell wie möglich die Heimreise antreten.

Mit Einbruch der Dunkelheit richtete Odysseus warme Worte der tiefen Dankbarkeit an König Alkinoos und sein Volk. Und er bat ihn, so bald wie möglich das Ablegen des Schiffes anzuordnen. Alle waren damit einverstanden, und Alkinoos veranlasste eine Gute-Reise-Spende an die Götter mit kostbarem süßen Wein. Sichtlich bewegt verabschiedete sich Odysseus mit Gesten der Dankbarkeit auch von der großherzigen Königin Arete.

Vom Königspaar begleitet machte er sich auf den Weg zum Schiff; letzte Abschiedsworte wurden ausgetauscht. Bedienstete des Palastes und drei Dienerinnen der Königin hatten saubere Gewänder und Proviant herbeigebracht, und im Bauch des Schiffes hatten die Diener ein bequemes und warmes Lager bereitet. Als alles fertig war, legte das Schiff ab und nahm schwungvoll Kurs in Richtung Ithaka. Odysseus legte sich zu Bett und schlief sofort ein; sein Schlaf war tief und süß.

Das Schiff, das nur durch Gedankenkraft gesteuert wurde, fuhr viel schneller als ein Falke fliegen kann und verließ das glückliche Land mit den überaus erhabenen Menschen, das Land der Phäaken. An Bord trug es einen Mann, der wie ein Gott denken konnte, dessen Seele in der Vergangenheit viel gelitten hatte und der unendlich viel durchmachen musste.

Als der Morgenstern am Himmel erschien, um die Nacht von Himmel und Erde zu verjagen und den anbrechenden Tag anzukündigen, gelangte das Schiff der Phäaken zu einem natürlichen Hafen, der dem greisen Meeresgott Phokrys gewidmet war.

Der Hafen des Phokrys liegt in Ithaka!

Odysseus war in seiner Heimat angekommen!

Doch Odysseus erreichte das Land seiner Sehnsüchte schlafend! Er kam in sein Ithaka, ohne es wahrzunehmen!

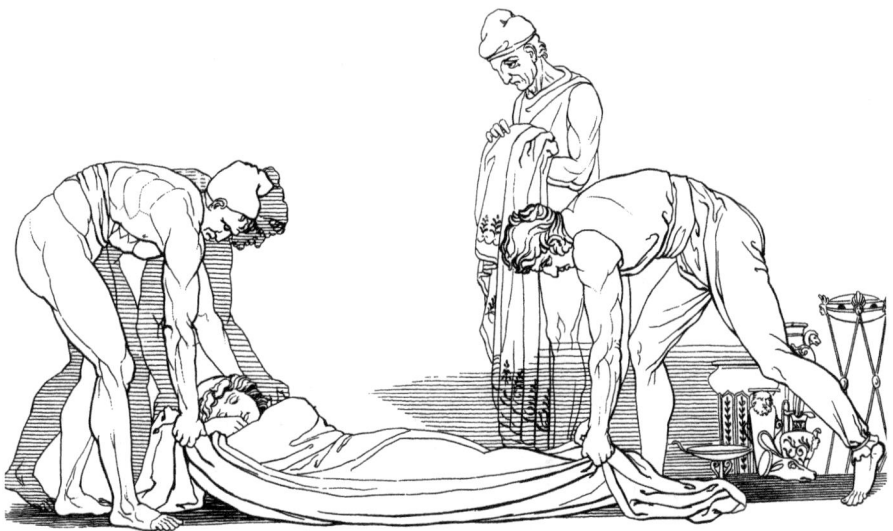

Der schlafende Odysseus wird von den Phäaken nach Ithaka gebracht

Das Lied vom Verschlafen der Ankunft

Und die Seele sang der immerwährenden Gültigkeit geflügelte Worte:
 Auf Eurer Fahrt durchs Leben könnt auch Ihr vielleicht erkennen, dass man manchmal das Ziel seiner Sehnsüchte, die Objekte seiner Träume, den Hafen, die Endstation seiner Irrfahrt erreicht, ohne es wahrzunehmen. Man verschläft den Moment.
 Das ist Homers odysseische Botschaft.

Der natürliche Hafen des Phokrys, in dem die Phäaken mit dem schlafenden Odysseus ankamen, war durch zwei große Felsen geschützt und dadurch so ruhig und sicher, dass die Schiffe ohne Anker und ohne Tau unangebunden bleiben konnten, durch die Wellen nicht gefährdet. Am Ufer, am Ende des Hafens, gab es einen üppig belaubten Olivenbaum und neben ihm eine schöne schattige Grotte, die den Meeresnymphen gewidmet war. Die Grotte hatte zwei Eingänge; der nördliche Eingang war der für die Sterblichen, der südliche der für die Unsterblichen; Zugang durch diesen Eingang war für die Sterblichen verboten. In der Grotte gab es Amphoren und große Krüge aus Stein, in denen emsige Bienen hausten und reichlich aromatischen Honig produzierten.

Die Phäaken schoben das Schiff an das sandige Ufer, und als erstes brachten sie den noch schlafenden Odysseus samt des Bettes an den Strand – ohne ihn zu wecken. Dann luden sie die zahlreichen kostbaren Geschenke aus und legten sie ordentlich an den Fuß des Olivenbaums, aber unsichtbar von der

Straße, damit niemand sie sehen und stehlen konnte. Nachdem sie alles erledigt hatten, legten sie ab, und das Schiff der Phäaken machte sich auf den Weg zurück nach Scheria, in die Heimat – deren Ufer es aber nie erreicht hat, wie ich euch leider berichten muss.

Als Poseidon nämlich merkte, dass die Phäaken Odysseus nach Hause gebracht hatten, war er empört. Sein Zorn gegen den doch heimgekehrten Ithakier war noch immer nicht verraucht. Wütend sagte er zu Zeus die geflügelten Worte, die verbitterten: „Bruder, was ist da unten auf der Erde los? Wie konnte das geschehen? Mein Respekt bei den Unsterblichen wird schwinden, wenn sie merken, wie die Sterblichen mich behandeln und meinem Willen nicht folgen. Ausgerechnet diese Phäaken, die aus meinem Geschlecht stammen, respektieren meinen Willen überhaupt nicht. Sie bringen den mir verhassten Odysseus sicher und unversehrt nach Ithaka zurück und dazu noch mit so vielen Kostbarkeiten, wie er sie nie als Beute aus Troja hätte mitnehmen können, selbst wenn seine Heimreise völlig problemlos gewesen wäre. Ich habe zwar zähneknirschend zugestimmt, dass er in seine Heimat zurückkehren darf, aber nur deswegen, weil dies dein Wille ist und weil du es so beschlossen hast. Aber ich habe nur unter der Bedingung zugestimmt, dass er erst heimkehren soll, wenn er unterwegs genug Leid erfahren hat. Und das ist meines Erachtens noch nicht so gewesen; er hat noch nicht genug gelitten!"

Der wolkenzusammenballende Zeus beruhigte den gekränkten Poseidon, er solle sich keine Sorgen machen; sein Respekt bei den Unsterblichen sei unerschüttert, unerschütterbar gar, weil er so ein mächtiger Gott sei. Und wenn ihn irgendein Sterblicher nicht respektiere, dann könne er ihn doch bestrafen. Nichts leichter als das!

Der Erderschütterer und Gewässerherrscher erwiderte, wenn dem so sei, dann werde er die Phäaken für die Unterstützung und Gastfreundschaft bestrafen, die sie dem ihm verhassten Odysseus gewährt hätten. Er werde ihr prächtiges Schiff mitten im weiten Meer zerschmettern, so dass sie künftig keine Hilfsbedürftigen mehr in ihre Heimat begleiten könnten. Darüber hinaus werde er ihre Stadt mit einer mächtigen Bergkette umschließen, sodass sie keinen Zugang mehr zum Meer hätten, und ihnen damit ihre Lebensader nehmen.

Aber der wolkenzusammenballende Zeus riet seinem Bruder Poseidon etwas anderes, nämlich das Schiff nicht mitten im weiten Meer zu zerschmettern, sondern es zu versteinern; und das erst, wenn es in Sichtweite der Phäaken sei, mitten in ihrem Hafen. Damit sollten die Menschen in Staunen versetzt werden und ihre Lehren daraus ziehen; darüber hinaus wäre es auch eine beeindruckende Machtdemonstration des mächtigen Herrschers der Gewässer und von allem, was sich darin und darauf bewege. „Nicht wahr Bruder?" fügte beruhigend der Oberste Gott hinzu. Und wenn er dann immer noch nicht ganz zufrieden sei und es immer noch wolle, könne er die Stadt mit einer mächtigen Bergkette umziehen. Poseidon freute sich über die Zustimmung des Obersten Gottes und nahm dessen Rat an.

Geraten, gefreut, getan.

Und unverzüglich versteinerte Poseidon das gedankengetriebene und mit Geisteskraft gesteuerte Schiff der Phäaken, mitten im Hafen von Scheria, bevor es das Ufer erreichte.

> **Das Lied von den Feinden des Geistes**
> Und die Seele sang der immerwährenden Gültigkeit geflügelte Worte:
> Auf Eurer Fahrt durchs Leben könnt auch Ihr vielleicht erkennen, dass Egoismen und narzisstische Kränkungen ebenso wie der Drang zu Machtdemonstration und roher Gewalt die Kraft der Gedanken und den Antrieb des Geistes zum Feind erklären können – und sie zur Versteinerung bringen.
> Das ist Homers odysseische Botschaft.

Die Phäaken, sowohl die auf dem Schiff wie auch die in der Stadt, kamen angesichts des Spektakels aus dem staunenden Entsetzen nicht heraus. Als König Alkinoos, der zum Hafen geeilt war, sobald die Kunde von der Ankunft des Schiffes ihn erreicht hatte, das sah, erinnerte er seine Landsleute an die Prophezeiung, von der sein Vater ihm einst erzählt hatte. Es war nämlich prophezeit worden, sagte der tiefst betroffene und äußerst beunruhigte König, dass Poseidon die Phäaken eines Tages bestrafen würde, weil sie Schiffbrüchigen helfen und ohne Eigennutz zu deren Heimatorten bringen. Eines Tages werde Poseidon das Schiff, wenn es von einer solchen Rettungsmission zurückkehre, zerstören und die Stadt mit einer mächtigen Bergkette umziehen; die Gefahr bestehe vor allem, wenn der Gerettete ein besonderer Gast sei, ein dem Poseidon nicht genehmer. Und nun sei es offensichtlich so weit, sagte der König, die Prophezeiung werde Wirklichkeit. Er forderte seine Landsleute auf, Poseidon das Versprechen zu geben, dass sie mit den Rettungsmissionen aufhören würden. Sie sollten sofort prächtige Opferzeremonien veranstalten und dem zornigen Gott zwölf fette Ochsen opfern – in der Hoffnung, dass ihn das milde stimme und die Stadt wenigstens vor der Einkesselung durch die mächtige Bergkette verschont werde. Die Phäaken folgten eilig der Anweisung des Königs.

In der Tat fand ich, meine geschätzten Zuhörer, keinen Hinweis darauf, dass Poseidon die Stadt tatsächlich mit einer mächtigen Bergkette umschlossen hat; es könnte sein, dass er mit der Versteinerung des prächtigen Schiffes schon so zufrieden war und sein Geltungs- und Rachebedürfnis befriedigt war, sodass er den zweiten Teil seiner Drohung vergaß. Oder er war so besänftigt durch die zwölf fetten Ochsen, dass er von weiteren Racheaktionen und Machtdemonstrationen abgesehen hat. Mit der Versteinerung des Schiffes hatte er doch deutlich seine ungeheure Macht gezeigt. Damit tilgte er die von ihm erlebte narzisstische Kränkung; durch die huldigenden üppigen Opfergaben wurde die Befriedigung seines Narzissmus komplettiert. Eine weitere Machtdemonstration war offensichtlich nicht nötig.

Auf die moralischen Fragen, die mit der Haltung der Phäaken und ihrer unwiderruflichen Bestrafung verbunden sind, habe ich Euch, werte Zuhörer, schon nachdenklich-eindringlich hingewiesen.

Das Lied von der Rücksichtslosigkeit der Mächtigen

Und die Seele sang der immerwährenden Gültigkeit geflügelte Worte:
    Auf Eurer Fahrt durchs Leben könnt auch Ihr vielleicht erkennen, dass die Mächtigen die Befriedigung ihrer narzisstischen Bedürfnisse so rücksichtslos betreiben können, dass es nicht nur einzelnen Menschen schadet und sie zerstören kann, sondern auch ganze Völker. Sogar außergewöhnliche Völker wie das edle Volk der Phäaken.
    Das ist Homers odysseische Botschaft.

Das Erwachen am unerkannten Sehnsuchtsort

Zur gleichen Zeit erwachte Odysseus am Meeresstrand von Ithaka.
    Aber er erkannte seine Heimat nicht!
    Der ithakische König war ja sehr lange weg gewesen. Der wichtigste Grund für das Nicht-Wiedererkennen lag jedoch darin, dass dies die Absicht von Pallas Athena war, die um ihn herum Nebel aufwallen ließ. Es gehörte zu ihrem Plan, dass er von seinen Landsleuten unerkannt blieb, bis er mit den Freiern abgerechnet hatte. Und so wirkte die ganze Umgebung für Odysseus fremd und unwirklich. Er geriet in Verzweiflung, jammerte furchtbar und seufzte die geflügelten Worte, die wehklagenden: „Oh, ich unglücklichster aller Menschen, wohin bin ich geraten? In welchem Land bin ich nun schon wieder? Lebt auch hier ein wildes Volk, das das Recht nicht kennt und weder Gast noch Gott respektiert? Wo irre ich hier herum? Wo soll ich alle meine Schätze in diesem fremden Land verstecken? Ich weiß nicht, wie ich sie vor Räubern schützen kann. Besser wäre ich bei den Phäaken geblieben. Denn dann hätte mir vielleicht ein anderer edler König geholfen, hätte mir die Heimreise ermöglicht. Ich habe wohl die Phäaken falsch eingeschätzt, sie sind offensichtlich doch nicht so edel, wie sie sich geben. Sie haben mir doch versprochen, mich nach Ithaka zu bringen; aber nun haben sie mich betrogen und in ein fremdes Land gebracht. Ich wünsche ihnen eine Bestrafung durch Zeus, der den in ihrer Not flehenden und den guten Menschen hilft. Ich muss unbedingt meine Schätze

noch mal betrachten und zählen; es könnte wohl sein, dass die Phäaken einiges davon auf ihrem Schiff zurückbehalten haben."

> **Das Lied von voreiligen Schlussfolgerungen**
> Und die Seele sang der immerwährenden Gültigkeit geflügelte Worte:
> Auf Eurer Fahrt durchs Leben könnt auch Ihr vielleicht erkennen, dass auf dem Boden von voreiligen Schlussfolgerungen unbegründetes Misstrauen, falsche Verdächtigungen, Undankbarkeit und andere Übel üppig gedeihen. Deren gemeinsames Werk ist des Menschen Unglücklichsein.
> Das ist Homers odysseische Botschaft.

Hastig überprüfte Odysseus seine Schätze und stellte fest, dass nichts fehlte. Trotzdem konnte er keine Freude empfinden, denn er war traurig darüber, dass er nicht in der Heimat war. Und deshalb jammerte er; herzerweichend klagend wälzte er sich im Sand des Meeresufers vor Wut, Verzweiflung und Enttäuschung.

Aber da erschien ihm Pallas Athena in Gestalt eines jungen Schafhirten, der so schön und edel aussah wie ein Prinz. Der Hirte trug ein schön geschnittenes Tuch, an seinen weißen Füßen Sandalen, und in der Hand hielt er einen Speer. Als Odysseus die Göttin sah – natürlich konnte er sie nicht als solche erkennen – war er sehr froh und sprach zu dem Jüngling die geflügelten Worte, die erwartungsvollen: „Sei gegrüßt, mir unbekannter Herr. Du bist der erste Mensch, der mir in diesem fremden Land begegnet, und ich hoffe sehr, dass du keine bösen Absichten gegen mich hegst und dass du mich und meine Besitztümer schützen wirst. Ich flehe dich an, sag mir die Wahrheit: Wo bin ich hier? Was für Menschen leben in diesem Land? Ist das eine Insel oder die Küste eines Festlandes?"

Die himmelblauäugige Athena antwortete mit den geflügelten Worten, den zielgerichteten: „Du bist ja völlig ahnungslos, Fremder! Das Land, in dem du dich befindest, ist keineswegs unbekannt; im Gegenteil, es ist vielen Menschen wohl bekannt, sowohl im leuchtenden Osten als auch im dunklen Westen." Dann begann sie, das Land zu beschreiben: wie es aussieht, was darin produziert wird, was nicht, seine Flora und seine Fauna. Und dann sagte sie als letztes und wie nebenbei auch folgendes:

„Der Name dieses Landes, Fremder, ist Ithaka!

Der Name Ithaka ist bis nach Troja bekannt geworden, wovon man sagt, es sei weit weg von Griechenland."

Die Freude war unendlich groß bei Odysseus. Schon bei der Beschreibung des Landes durch Athena hatte er sehr wohl seine Insel erkannt; die Nennung des Namens bestätigte dann seine mit jedem ihrer Worte wachsende Hoffnung.

Er bedankte sich für die Auskunft – höflich und äußerlich kühl. Es gelang ihm meisterhaft, sich zu beherrschen und die Freude, die in seiner Brust tobte, nicht nach außen zu zeigen. Er wollte zunächst noch unbekannt und unerkannt bleiben. Deshalb sagte er dem vermeintlichen Schafhirten nicht die Wahrheit, weder bezüglich seiner Person, noch woher er komme. Er erzählte Athena also eine falsche Geschichte, ein abenteuerliches Märchen – scheinbar ungerührt und neutral:

Ach ja, Ithaka, jawohl, Ithaka, davon habe er schon gehört, wohl auf der fernen Insel Kreta, woher er gerade gekommen sei. Er habe seine Schätze von dort mitgebracht, nachdem er seinen Kindern ebenso viel zurückgelassen habe. Er habe mit Idomeneus, dem berühmten Führer der Kreter, in Troja gekämpft und sei mit ihm dann heil nach Kreta zurückgekehrt. Er habe große und kostbare Beute in die Heimat mitgebracht, aber ein Sohn des Idomeneus, der berühmte Läufer Orsilochos, habe ihm die Beute streitig machen wollen. Angeblich habe die ganze Beute dessen Vater gehört, was aber keineswegs zutreffend gewesen sei. Er sei schon seit Jahren kein Untergebener des Idomeneus mehr gewesen, sondern habe eine eigene Streitmacht geführt. Im Rahmen der folgenden Auseinandersetzungen habe er Orsilochos mithilfe eines Freundes getötet. Um der befürchteten Strafe zu entgehen, habe er Kreta heimlich verlassen müssen. Er habe phönizische Seeleute gebeten, ihn nach Peloponnes zu bringen, und ihnen dafür reiche Belohnung versprochen. Allerdings habe ungünstiger Wind das Schiff der Phönizier in dieses Land gebracht, wo er jetzt gelandet sei; das, wie er gerade gehört habe, wohl Ithaka heiße. Sie hätten ihn zusammen mit seinem Besitz am Strand abgesetzt und seien weiter in Richtung auf ihre Heimat Sidon gesegelt.

Diese falsche Geschichte erzählte Odysseus der unsterblichen Zeustochter. Es war die erste von noch etlichen falschen Geschichten, die der vielbewanderte Odysseus nach seiner Rückkehr erzählte. Davon werdet Ihr noch hören, aber auch, warum er das für notwendig erachtete.

Athena hörte sich dieses unglaubliche Märchen an, lächelte wissend, berührte seine Hand – nachdem sie sich in eine stattliche Frau verwandelt hatte – und sprach die geflügelten Worte, die offenbarenden: „Nun wollen wir aufhören, uns gegenseitig anzulügen: Du bist Odysseus, und ich bin Athena, die Göttin! Du bist der intelligenteste, der einfallsreichste und der bewandertste unter den Sterblichen, und ich bin die Göttin der Weisheit und der Intelligenz. Also hören wir auf mit den Versuchen, den anderen hinters Licht zu führen".

Und weiter gütig lächelnd tat sie so, als ob sie ihn tadele: „Hörst du nicht einmal in deinem eigenen Land auf, listige Lügengeschichten zu erzählen, um die Leute hinters Licht zu führen? Trotz deiner Klugheit konntest du nicht erkennen, dass ich Athena bin, diejenige, die deine Rückkehr möglich gemacht hat, diejenige, die dir geholfen hat, das Herz der Phäaken zu gewinnen. Jetzt bin ich hier, um dich vorzubereiten und zu informieren, was noch auf dich zukommen wird. Ich werde dir auch helfen, die Schätze zu verbergen, die dir mit meinem Zutun die Phäaken geschenkt haben." Und sie fügte hinzu: „Du sollst aber in der Tat alles geheim halten! Keinem Menschen darfst du offenbaren, wer du in Wirklichkeit bist, bevor ich dir nicht ein deutliches Signal gebe. Das bedeutet natürlich auch, dass du vorerst ohne Reaktion alles erdulden und sogar Demütigungen und Gewalt über dich ergehen lassen musst, wenn du dein Ziel erreichen willst, selbst in deinem eigenen Haus."

Das Lied von Geduld und Duldung
Und die Seele sang der immerwährenden Gültigkeit geflügelte Worte:
Auf Eurer Fahrt durchs Leben könnt auch Ihr vielleicht erkennen, dass es manchmal erforderlich ist, den Weg des Martyriums zu gehen, um die Auferstehung zu feiern; den Weg der Demütigung und der Demut um des Sieges und des Triumphes willen. Geduld- und Duldungsfähigkeit sind dabei hilfreiche Wegbegleiter.
Das ist Homers odysseische Botschaft.

Odysseus, etwas beschämt ob der doppelten Täuschung, bat um Verständnis dafür, dass er die Göttin nicht erkannt hatte. Es sei ja für Sterbliche schwierig, die Unsterblichen in ihren Metamorphosen zu erkennen. Er dankte Athena dafür, dass sie ihm während des Krieges tatsächlich mehrfach geholfen hatte. Aber Dank war nicht alles, was Odysseus der Göttin in seinen Worten entgegenbrachte. Er fügte hinzu, dass er allerdings ihre Hilfe während der vielerlei Gefahren oftmals vermisst habe, denen er während seiner Irrfahrt ausgesetzt war. Erst mit seiner Ankunft bei den Phäaken habe er ihre Hilfe wieder gespürt, klagte er zu Unrecht.

Das Lied von der klaren Haltung
Und die Seele sang der immerwährenden Gültigkeit geflügelte Worte:
Auf Eurer Fahrt durchs Leben könnt auch Ihr vielleicht erkennen, dass zwar niemand Anspruch auf Hilfe und Unterstützung erheben kann, aber doch Anspruch auf eine klare Haltung.
Andererseits ist es töricht, Schlussfolgerungen zu ziehen und zu verurteilen, wenn man die Hintergründe und die Fakten nicht genau kennt.
Das ist Homers odysseische Botschaft.

Misstrauisch geworden fragte er die weise Göttin, ob er denn jetzt tatsächlich auf Ithaka sei oder ob seine Prüfungen und Leiden durch die Götter weitergingen.

Und Pallas Athena antwortete ihm: „Immer wieder hast du solche hinterfragenden und Dinge infrage stellenden Gedanken. Das ist der Grund, warum ich dich nicht alleine lasse. Du bist intelligent, besonnen, hinterfragend und infrage stellend. Und du lässt dich auch nicht von deinen momentanen Gefühlen steuern. Jeder Mensch, der nach so vielen Jahren so nah bei seiner Frau und seinen Lieben ist, wäre nur noch von der Sehnsucht nach ihnen gesteuert. Aber nicht du! Du willst unerkannt bleiben, um erst alles prüfen zu können. Das ist auch gut so".

> **Das Lied von den zwei Gesichtern der Gefühle**
> Und die Seele sang der immerwährenden Gültigkeit geflügelte Worte:
> Auf Eurer Fahrt durchs Leben könnt auch Ihr vielleicht erkennen, dass es unerwünscht und armselig ist, wenn man gefühllos ist, statt mit reichen Gefühlen sich selbst und seine Mitmenschen zu beschenken. Aber in gleichem Maße unerwünscht und töricht ist es, von seinen Gefühlen getrieben und gesteuert zu werden, das Denken und den Intellekt dabei ausschaltend.
> Das ist Homers odysseische Botschaft.

Ich habe Euch die Geburt der Rationalität in „Der Seele erste Worte" beschrieben und dort ihren Geburtsort und ihre Geburtszeit mitgeteilt. Nun könnt Ihr erkennen, dass sie mit Odysseus zu ihrer Triumphfahrt durch die Äonen aufbricht – sicherlich nicht zufällig angeführt durch die Göttin der Rationalität und der Weisheit. Diese Stelle meiner Odyssee bezeichnet eine herrlich schreibende Wissenschaftlerin – mich richtig verstehend – als Schlüsselszene[1]. Die Rationalitätsautorin ist offenbar von der Rationalität der Szene sehr beeindruckt, und so schreibt sie: „Zwar gibt die Göttin sich hiernach Odysseus zu erkennen und versichert ihn ihrer Gunst, dennoch zeigt dieser auf ihre Eröffnung hin nicht die leiseste Gefühlsregung, aus Furcht vor List und neuer Gefahr. Athena ist darob keineswegs beleidigt, sie lobt ihn viel mehr für seine Selbstbeherrschung, die so deutlich dem Diktat der Vernunft folgt", wie Ihr, meine aufmerksamen Zuhörer, Athenas Worten sicherlich entnommen habt. Dadurch ist für die Rationalitätsautorin klar: „Vernunft muss die Regungen von Freude, Ärger, Liebe und Verzweiflung in Schach halten", so wie Odysseus es praktizierte und Athena es guthieß.

Ja, richtig, genau das tut der rational handelnde Odysseus, der sonst so reichlich mit Gefühlen gesegnete, an dieser Stelle – von der eben zitierten Wissenschaftsautorin als „Schlüsselszene" bezeichnete. Apropos „Schlüssel-

---

[1] Ich habe schon in „Der Seele erste Worte" darauf hingewiesen, wie herrlich zu lesen ist, was Lorraine Daston, Direktorin am Max-Planck-Institut für Wissenschaftsgeschichte in Berlin, dazu schreibt. Ich hatte die Freude, sie beim Verfassen ihres Buches „Wunder, Beweise und Tatsachen. Zur Geschichte der Rationalität" (2014) von hier oben zu beobachten und sie zu inspirieren.

szene"; ich habe beim Inspirieren der genannten Autorin von „einer der entsprechenden Schlüsselszenen" gesprochen, allerdings habe ich wahrscheinlich die ersten Worte etwas zu leise gesagt, so dass sie nicht deutlich gehört wurden.

„Was deine Frau Penelope angeht", fuhr die himmelblauäugige Athena fort, „kann ich dir versichern, dass sie immer treu zu dir gestanden hat und vieles erduldend all die Jahre auf dich wartet. Was mich betrifft, habe ich immer an deiner Rückkehr gearbeitet. Du beklagst dich, dass ich nicht ständig bei dir war. Der Grund dafür ist, dass es nicht klug gewesen wäre, mich offen gegen Poseidon zu stellen, den mächtigen Herrscher der Naturgewalten. Es war besser, im Verborgenen klug an dem Ziel zu arbeiten. Er ist ja so unglaublich wütend gegen dich, weil du seinen geliebten Sohn, den Kyklopen Polyphemos, geblendet hast.

Aber nun haben wir es endlich geschafft" fügte sie lächelnd hinzu, „du bist auf Ithaka. Komm, ich zeige dir deine Insel, so dass sie dir wieder vertraut wird."

> **Das Lied von der Überlegenheit des planenden Geistes**
> Und die Seele sang der immerwährenden Gültigkeit geflügelte Worte:
> Auf Eurer Fahrt durchs Leben könnt auch Ihr vielleicht erkennen, dass im ewigen Kampf zwischen abwägender Weisheit und roher Gewalt, zwischen planender Intelligenz und ausbrechenden Emotionen der abwägende und planende Geist die Überlegenheit behält.
> Das ist Homers odysseische Botschaft.

Mit den letzten Worten entfernte Athena vor ihm den Nebel, so dass er die Umgebung klar und deutlich wahrnehmen konnte. Nachdem die Sicht wieder klar war, wies sie ihn auf Ithakas markante Wahrzeichen hin.

Damit wurde der skeptische Odysseus endgültig überzeugt, dass er nach zwanzig langen Jahren doch endlich wieder in seiner Heimat war. Sehr bewegt und mit Tränen in den Augen kniete er nieder und küsste in feierlicher Weise die heimatliche Erde. Er bedankte sich bei den Göttern, insbesondere bei den Meeresnymphen, vor deren Heiligtum sie gerade standen. Athena versprach ihm, weiter an seiner Seite zu stehen. Sie half ihm dabei, seine Schätze im Heiligtum der Meeresnymphen zu verstecken. Nachdem das geschehen war, sicherte Athena den Eingang der Grotte mit einem Felsblock.

Anschließend saßen sie zusammen unter dem Heiligen Olivenbaum, die Göttin der Weisheit und der intelligenteste der Menschen, und planten die Vernichtung seiner Feinde. Athena teilte Odysseus mit, für ihn sei die Zeit gekommen, die frevelhaften Freier zu bestrafen. Odysseus bat die himmelblauäugige Göttin, ihm auch dabei zu helfen. Athena sagte ihm ihre uneingeschränkte Unterstützung zu.

Ihre erste Empfehlung war, sofort seinen alten Schweinehirten Eumaios aufzusuchen, der sowohl Odysseus als auch seinem Sohn und der tugendhaften Penelope gegenüber all die Jahre freundschaftliche und solidarische Gefühle gehegt habe. Er könne ihn jetzt gerade am Stein des Korax, am Rabenfelsen, neben der Quelle von Arethusa treffen, da wo die Tränke der Schweine sei. Er solle zu ihm gehen und ihn alles Mögliche fragen; er solle so lange bei ihm bleiben, bis sie selbst aus Sparta zurückkomme. Sie müsse unbedingt dorthin fliegen, um seinen Sohn Telemachos zu motivieren, so schnell wie möglich zurückzukehren; er werde gerade in Ithaka gebraucht. Sie habe ihn dorthin geschickt, um Informationen über seinen Vater einzuholen; und nun müsse sie Sorge dafür tragen, dass er nicht nur so schnell wie möglich, sondern auch sicher und unversehrt nach Ithaka zurückkehre.

Odysseus zeigte sein Befremden darüber, dass die Göttin den jungen Telemachos auf die beschwerliche und nicht ungefährliche Reise geschickt hatte, um angeblich Informationen über seinen Vater einzuholen – und das in dem Moment, in dem sie ihm alles selbst hätte sagen können. Die Göttin der Weisheit gab ihm zur Antwort, dass man nur durch eigenes Tun Erfahrung und Respekt erlange; deshalb sei es wichtig gewesen, dass sein Sohn in die Fremde gezogen sei.

> **Das Lied von der eigenen Kraft**
>
> Und die Seele sang der immerwährenden Gültigkeit geflügelte Worte:
> Auf Eurer Fahrt durchs Leben könnt auch Ihr vielleicht erkennen, dass das, was man selbst erreicht oder erlangt hat, mit eigenen Kräften geschaffen und gesammelt hat, kostbarer, beständiger und unvergleichbar viel wertvoller ist als das, was man mühelos geschenkt bekommt.
> Das ist Homers odysseische Botschaft.

Um seinen Sohn brauche er sich also keine Sorgen zu machen, versicherte ihm die Göttin, obwohl ein Mordkommando der Freier auf Telemachos lauere, um ihn zu töten. Aber das werde nicht geschehen.

Dann verwandelte sie Odysseus in einen sehr alten und armen Mann: Sein blondes Haar wurde schütter, die Schönheit seiner Augen verschwand ebenso wie die Beweglichkeit seines Körpers, der plötzlich von oben bis unten tiefe Falten zeigte. Die Kleider wurden lumpig und schmutzig, völlig unansehnlich. In die Hand gab sie ihm einen ärmlichen Stock, über seine Schulter hängte sie eine mehrfach zerrissene Betteltasche.

Und so trennten sie sich: Odysseus machte sich mit beschwerlichen Schritten im alten geschundenen Körper auf zu dem treuen Schweinehirten Eumaios; Pallas Athena schoss wie ein Falke in Richtung Sparta.

12
Die falschen Geschichten in des Menschen Geschichte

> **Zusammenfassung**
>
> Aus dem vierzehnten Gesang meiner Odyssee werde ich Euch erzählen, wie Odysseus, von Athena in einen alten gebrechlichen Bettler verwandelt, den treuen Schweinehirten Eumaios erreicht. So kann der ihn wie von Athena gewollt nicht erkennen, behandelt den Fremden aber dennoch freundlich und erzählt ihm alles über die Zustände im königlichen Palast. Odysseus tischt ihm eine unwahre Geschichte bezüglich seiner Herkunft und seiner angeblichen Abenteuer auf, versucht aber gleichzeitig, dem Hirten Hoffnung zu machen, dass sein Herr bald zurückkehren und die Freier hart bestrafen wird. Der Schweinehirt glaubt ihm zwar nicht, dass sein Herr Odysseus bereits unterwegs ist – so viele andere haben mit der Hoffnung auf Belohnung ähnliche Geschichten erfunden – aber das ändert nichts an seiner rührenden Gastfreundschaft.
>
> Und die uns begleitende Seele wird dabei geflügelte Worte von immerwährender Gültigkeit singen, wie etwa über den Schmerz, der Erleichterung durch Erzählung sucht, über die Entstehung von Misstrauen aus Enttäuschungen, über falsche Geschichten, die zur Geschichte des Menschen gehören und über die Gütigkeit, die bei der Einfachheit wohnt. Und über manches andere.

Gütigkeit und Einfachheit

Den Anweisungen von Pallas Athena folgend machte sich Odysseus also auf den beschwerlichen Weg zu Eumaios, dem treuen Vorsteher der Schweinehirten der Königsfamilie; dieser kümmerte sich am meisten um den Besitz seines Herrn. Er fand Eumaios im prächtigen Vorhof des Hauses sitzend, offensichtlich doch von der Quelle der Arethusa zurückgekehrt, wo er, nach Angaben der Göttin, zum Zeitpunkt des Gespräches zwischen Athena und Odysseus sein sollte. Den Vorhof hatte er selbst aus gut bearbeiteten Steinen gebaut – oben befriedet mit Dornen, vorne geschützt durch dicht nebeneinander eingeschlagene Pfähle. Drinnen hatte Eumaios zwölf Ställe für je fünfzig Sauen eingerichtet, während für die Eber draußen Platz vorgesehen war; die waren aber viel weniger als die Sauen, weil von den Freiern ständig welche geschlachtet und gegessen wurden. Alles dies machte der Schweinehirt aus ei-

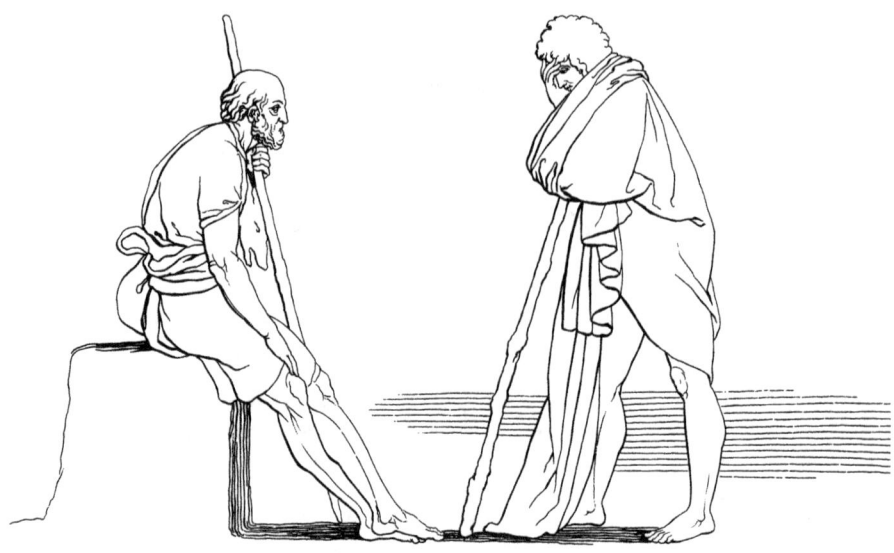

Odysseus trifft den treuen Schweinehirten Eumaios

gener Initiative, ohne Anweisungen des alten Herren Laërtes oder der Herrin Penelope.

Als Odysseus hinzukam, war Eumaios gerade dabei, Sandalen für sich anzufertigen; neben ihm lagen vier riesige Hunde. Sie hatten den Fremden als erste bemerkt, begannen zu bellen und waren kurz davor, ihn anzugreifen. Odysseus machte sich klein, setzte sich auf die Erde und ließ seinen Stock fallen. Schnell sprang Eumaios hinzu und rettete den Fremden vor dem Angriff der Hunde. Er rief ihm laut zu: „Alter Mann, beinahe wärest du von meinen Hunden zerfleischt worden, und das wäre eine große Schande für mich; als ob ich nicht schon genug Kummer hätte wegen meines geliebten Herrn. Während er nämlich irgendwo verschollen ist und leidet, verzehren die unverschämten Freier seinen Besitz. Nun aber komm in meine Hütte; und wenn du genug gegessen und getrunken hast, erzähle mir, wer du bist und was deine Geschichte ist."

Der Schweinehirt führte den so schrecklich aussehenden, in zerfetzte Lumpen gehüllten Fremden in seine Hütte. Er nahm reichlich Laub, streute es auf die Erde, dann legte er ein Ziegenfell von seinem eigenen Bett darauf und bereitete damit einen weichen Sitz für den Gast. Odysseus freute sich sehr über diesen Empfang und bedankte sich überschwänglich bei Eumaios. Dieser erwiderte: „Alter, es steht mir nicht zu, einen fremden Menschen abzuweisen, selbst wenn er sich in einem noch elenderen Zustand befände als du. Sowohl die Fremden wie auch die Armen werden von Zeus hierhergeführt. Ich habe nicht viel anzubieten, aber das wenige, das ich dir geben kann, kommt von Herzen."

> **Das Lied von der Gleichwertigkeit**
> Und die Seele sang der immerwährenden Gültigkeit geflügelte Worte:
> Auf Eurer Fahrt durchs Leben könnt auch Ihr vielleicht erkennen, dass der größte Kontrast die größte Gemeinsamkeit in sich birgt.
> Was für ein Kontrast, würde jemand sagen: Als Gast in den sagenhaften Palästen des Alkinoos, überschüttet mit kostbaren Geschenken, empfangen mit Festen, Musik, Tanz und Wettkämpfen; nun in der Hütte des Schweinehirten, auf Laub und Ziegenfell sitzend, in Lumpen gekleidet, armer Leute Speisen essend.
> Die große Gemeinsamkeit besteht darin: Es kommt von Herzen.
> Was von Herzen kommt, ist gleichwertig – ob Gold, ob Holz!
> Das ist Homers odysseische Botschaft.

„Leider ist mein geliebter Herr nicht mehr da." fuhr der Schweinehirt fort, „Wäre er hier gewesen, hätte er mich reichlich für meine guten Dienste belohnt. Aber er ist verschollen, nachdem er für die Söhne des Atreus, Agamemnon und Menelaos, und deren Ehre nach Troja in den Krieg gezogen ist. Verflucht sei das ganze Geschlecht der Atriden, weil sie uns so viel Leid gebracht haben."

Dann brachte er Fleisch von zwei für die Dienerschaft frisch geschlachteten Schweinen, briet es am Spieß und bot Odysseus davon an; dazu reichte er ihm süßen Wein in einem hölzernen Becher.

Während sie aßen, beklagte er sich bei dem Fremden über das unverschämte und frivole Benehmen der Freier, die nicht nach Recht und Gesetz handelten, sondern auf Kosten seines verschollenen Herrn lebten. Odysseus sei ja bekanntlich einer der reichsten Könige, seine Ländereien und seine Rinder-, Ziegen-, Schaf- und Schweineherden seien zahlreich und sehr groß. Aber nun würden sie durch die Unersättlichkeit und Gier der Freier ständig dezimiert.

> **Das Lied vom Weg der Erleichterung**
> Und die Seele sang der immerwährenden Gültigkeit geflügelte Worte:
> Auf Eurer Fahrt durchs Leben könnt auch Ihr vielleicht erkennen, dass wenn Kummer die Brust schwer drückt und so der Schmerz aus dem Herzen quillt, auch aus dem Mund die Rede und die Klagen strömen – selbst wenn der Zuhörer ein Fremder ist. Kummer und Schmerz suchen sich immer den Weg der Erleichterung, und das ist einer davon.
> Das ist Homers odysseische Botschaft.

Odysseus aß und trank, solange Eumaios sprach, aber vor allem dachte er schon darüber nach, wie er die Freier am härtesten bestrafen könnte. Und nachdem er Hunger und Durst gestillt hatte, fragte er den treuen Schweinehirten: „Sag mir, mein Freund, wer ist denn dieser berühmte Mann, der gute und reiche, den du deinen Herrn nennst? Du sagtest, er habe für der Atriden Ehre in Troja gekämpft. Es könnte sein, dass ich etwas von ihm gehört habe oder ihm vielleicht sogar begegnet bin; ich bin ja viel herumgekommen."

> **Das Lied vom Weg des Wissens**
> Und die Seele sang der immerwährenden Gültigkeit geflügelte Worte:
> Auf Eurer Fahrt durchs Leben könnt auch Ihr vielleicht erkennen, dass wenn man sich nicht als Wissender oder gar Vielwissender ausgibt, man viel mehr Möglichkeiten hat zu erfahren, was man wissen möchte; und auch zu prüfen, was man prüfen will.
> Das ist Homers odysseische Botschaft.

Eumaios, der schon vieles in seinem Leben erfahren musste und dadurch vorsichtig geworden war, antwortete ihm mit den geflügelten Worten, den misstrauischen: „Alter Mann, keiner der vagabundierenden Fremden wird je seinen Sohn und seine Frau mit seinen Märchen überzeugen. Es gibt viele Betrüger, die meiner Herrin Lügengeschichten erzählen, auf wohlwollende Behandlung und reiche Belohnung hoffend. So könntest auch du, alter Mann, eine solche Lügengeschichte erfinden, die Belohnung im Blick."

> **Das Lied von der schützenden und gefährdenden Vorsicht**
> Und die Seele sang der immerwährenden Gültigkeit geflügelte Worte:
> Auf Eurer Fahrt durchs Leben könnt auch Ihr vielleicht erkennen, dass Erfahrungen, die sich auf Enttäuschungen stützen, zu Vorsicht, ja auch zu Misstrauen führen. Dies schützt und gefährdet zugleich. Es schützt vor neuen Enttäuschungen und neuen bitteren Erfahrungen; es birgt aber auch die Gefahr in sich, Chancen zu verpassen und hilfreiches Wissen abzulehnen.
> Das ist Homers odysseische Botschaft.

Traurig und resigniert sprach der Schweinehirte weiter: „Ich befürchte, dass die Leiche meines Herrn inzwischen entweder auf dem Land von Hunden und Geiern oder im Meer von Fischen gefressen wurde. Seine Verwandten und auch ich sind darüber sehr traurig. Ich bin mir sicher, ich werde keinen großherzigeren Menschen finden als ihn; niemanden, der so gut zu mir ist, wie er es war. Aus Respekt scheue ich mich, meines lieben Herren Namen, Odysseus, in den Mund zu nehmen."

Ihm antwortete der vielgeplagte Odysseus, jetzt gerade in Gestalt des alten Bettlers, mit den geflügelten Worten, den vielversprechenden: „Mein Freund, obwohl du es nicht mehr glauben kannst; ich versichere dir, dein Herr wird zurückkehren. Ich sage das nicht bloß so, sondern ich versichere es dir mit einem heiligen Eid. Nur wenn er tatsächlich eines Tages zu Hause ist, sollst du mir gute Kleider geben, falls du es denn willst. Wie den Tod hasse ich denjenigen, der falsche Nachrichten bringt – auch wenn er durch seine Armut dazu gezwungen wird. Zeus und alle anderen Götter sind meine Zeugen: Odysseus wird zurückkehren, und zwar bald. Spätestens mit Ende dieses Monats oder mit Beginn des nächsten wird er nach Hause zurückkehren und alle, die seiner Frau und seinem Sohn Unrecht angetan haben, fürchterlich bestrafen."

„Alter Mann" erwiderte der treue Eumaios, „lass das doch. Iss und trink bei mir so viel du willst. Ich werde dir keine Belohnung für diese Nachricht geben, und genauso wenig wird Odysseus zurück in die Heimat gelangen. Lassen wir also diese Geschichten, die mich so traurig stimmen. Im Moment mache ich mir ganz große Sorgen um Odysseus Sohn. Er wurde von den Göttern so beschützt, dass er sich in Körper und Geist hervorragend entwickelt hat. Ich bin der Überzeugung, dass er eines Tages ein genauso hervorragender König wird wie sein göttlicher Vater. Aber leider hat irgendein Gott oder auch ein Sterblicher es geschafft, diesen so vernünftigen jungen Mann seines Verstandes zu berauben: Stell dir vor, er ist über das weite Meer nach Pylos gefahren, um Informationen über das Schicksal seines Vaters einzuholen! Und nun lauern die Freier mit einem Mordkommando auf seine Rückkehr, um ihn schon auf dem Schiff umzubringen, noch bevor er wieder einen Fuß nach Ithaka setzen kann. Aber das ist eine andere Geschichte, und wir hoffen das Beste für ihn. Doch nun musst du mir erzählen, alter Mann, wer du bist, woher du kommst und wie du nach Ithaka gelangt bist."

Aufrichtigkeit und unwahre Geschichten

Odysseus versprach seinem alten Diener, ihm alles wahrheitsgemäß zu erzählen. Allerdings habe er so viel erleben und erleiden müssen, so dass er ein Jahr davon erzählen könnte. Er würde deshalb versuchen, die gestellten Fragen in einer sehr kurzen Fassung zu beantworten.

Dann tischte er dem alten Schweinehirten ein Märchen auf, eine andere Lügengeschichte als er vorher schon Athena erzählt hatte. Er komme aus Kreta, sei der Sohn eines sehr angesehenen und besonders reichen Aristokraten. Allerdings sei er nicht der Sohn der legitimen Ehefrau, sondern einer Zweitfrau, die sein Vater gekauft habe. Nichtdestotrotz habe der Vater ihn in gleicher Weise geliebt wie seine anderen Kinder. Er sei aber leider jung gestorben, und seine Reichtümer seien zwischen den legitimen Söhnen aufgeteilt worden; er selbst habe kaum etwas bekommen. Glücklicherweise habe er eine reiche Frau geheiratet. Aber das geordnete Leben habe ihm nie gefallen; er habe immer den Krieg und Raubzüge gegen fremde Länder bevorzugt. Arbeit, das Bewirtschaften des Familienbesitzes und die Familie selbst hätten ihn nie interessiert, sondern nur Dinge, die andere Menschen hassen, eben Krieg und Waffen und Kriegsschiffe. Dadurch habe er viel Beute gemacht und viele Reichtümern gehortet. Er habe auch am Kampf um Troja teilgenommen, als einer der Führer der Kreten, zusammen mit Idomeneus.

Nach dem Ende des Krieges habe er es nur einen Monat bei seiner Familie ausgehalten. Dann habe er seine Gefährten zu einem Feldzug nach Ägypten geführt. Das sei eine Katastrophe gewesen; die meisten seiner Kameraden seien getötet worden, die übrig gebliebenen in Gefangenschaft geraten. Er selbst habe seine Ausrüstung weggeworfen und sich dem König der Ägypter als hilfsbedürftig präsentiert. Der König habe Mitleid mit ihm gehabt, habe ihn auf seinem Wagen mitgenommen und in seinen Palast geführt. Das Volk dagegen hätte ihn gerne getötet, aber sie hätten es nicht gewagt, weil sie Angst vor Zeus gehabt hätten, der bekanntlich für Fremde Schutz und Asyl von den Menschen verlange. Dort sei er sieben Jahren lang geblieben und habe viele Reichtümer gesammelt, weil er sich mittlerweile bei den Menschen dort beliebt gemacht habe und sie gut zu ihm gewesen seien. Doch im achten Jahr habe ihn ein phönizischer Betrüger mit falschen Versprechungen nach Phönizien gelockt. Nach einem Jahr habe dieser phönizische Betrüger versucht, ihn als Sklaven nach Libyen zu verkaufen. Unterwegs aber habe Zeus das Schiff des schlechten Mannes mit seinen Blitzen zerstört, die ganze Besatzung sei ertrunken, nur ihn habe Zeus gerettet. Auf dem Schiffmast hätten ihn die Wellen neun Tage lang durchs Meer getrieben und schließlich in Thesprotien angespült, in Westnordgriechenland, wo auch das älteste griechische Orakel, das von Dodone, sich befinde. Der Königssohn habe ihn gerettet, in den Palast seines Vaters Pheidon aufgenommen und ihn sehr gut behandelt.

Dort habe er auch von Odysseus Schicksal gehört. Der König habe ihm erzählt, Odysseus sei noch bei ihm; er besitze eine immens kostbare Kriegsbeute, die er nach Ithaka mitnehmen werde. Zu dem Zeitpunkt, als er selbst dort gewesen sei, sei Odysseus zu dem eben erwähnten Orakel und Zeusheiligtum von Dodone unterwegs gewesen. Man habe ihm gesagt, dass er von den Priestern dort Rat einholen wolle, wie er am besten nach Hause komme. Das Schiff für seine Heimreise sei zu diesem Zeitpunkt aber schon bereit zur Abfahrt gewesen. Er selbst sei vor Odysseus abgereist. Unterwegs habe ihn aber leider die Schiffsbesatzung beraubt und ihn als Sklaven zu verkaufen beabsichtigt. Als das Schiff nach Ithaka gekommen sei, habe er sich – obwohl gefesselt – befreien können, sei unbemerkt davon geschwommen und an das Ufer gelangt. Und so sei er nun hier und in diesem Zustand.

Das Lied von den falschen Geschichten

Und die Seele sang der immerwährenden Gültigkeit geflügelte Worte:
  Auf Eurer Fahrt durchs Leben könnt auch Ihr vielleicht erkennen, dass zwar falsche Geschichten zur Geschichte des Menschen gehören können, dass sie aber verschiedenen und unterschiedlichen Zwecken dienen können; als sogenannte soziale Lüge auch nicht-verwerflichen Zwecken. Sie können von jemandem verwendet werden, um andere zu prüfen, irrezuführen, zu täuschen, zu manipulieren. Oder um sich selbst aufzuwerten, sich interessant zu machen, sich Vorteile zu verschaffen oder das eigene Gesicht zu verschleiern.
  Die Lügenfamilie hat zahlreiche Mitglieder, die nicht alle schädlich sind. Im Gegenteil: Die gerade angesprochene soziale Lüge soll dem Wohl des Belogenen oder der Harmonie oder der Leistungsmotivation einer Gruppe dienen. Und meist dem friedlichen Miteinander nützen.
  Das ist Homers odysseische Botschaft.

Und wie Ihr leicht erkennen könnt, meine geschätzten Zuhörer, können soziale Lügen aber auch dazu dienen – wie von Odysseus gerade eben praktiziert –, jemanden zu trösten und ihm Hoffnung zu geben.

Eumaios war zwar nicht so einfach zu trösten, aber er machte dennoch dazu die Bemerkung, dass die Geschichte des Fremden ihn sehr bewegt habe und ihm sein Mitgefühl gehöre. Allerdings habe er Schwierigkeiten, den Teil mit Odysseus zu glauben. Solche und ähnliche Berichte habe er schon von manchem anderen gehört. Zuletzt von jemanden aus Ätolien, der erzählt habe, dass er Odysseus auf Kreta bei König Idomeneus begegnet sei. Aber nun solle der Gast mit seinen Geschichten aufhören, fügte der Schweinehirt verständnisvoll, bereit zu verzeihen und gütig hinzu. Er werde trotzdem weiter seine Gastfreundschaft genießen, aber nicht wegen der angeblichen Nachrichten, sondern weil Zeus Gastfreundschaft verlange.

Das Lied vom edlen Geist

Und die Seele sang der immerwährenden Gültigkeit geflügelte Worte:
  Auf Eurer Fahrt durchs Leben könnt auch Ihr vielleicht erkennen, dass ein edler Geist auch in einfachen Verhältnissen leben kann. Selbst die Vermutung oder gar das Erkennen von Täuschung und Betrug ist nicht in der Lage, höhere Gebote außer Kraft zu setzen. In solchen Fällen erweist sich auch das sprichwörtliche „einfache Gemüt" als erhabener Geist.
  Das ist Homers odysseische Botschaft.

Der getarnte Odysseus spielte den Entrüsteten und Enttäuschten; enttäuscht darüber, dass seine Geschichte trotz des Eides, mit dem er sie beschworen hatte, Eumaios nicht hatte überzeugen können. Er schlug vor, dass der Schweinehirt ihn in gute Gewänder kleiden solle, sobald Odysseus zurückkehre; wenn das aber nicht geschehe, dann dürfe er ihn von einem hohen

Felsen werfen lassen. Diesen seltsamen Vorschlag lehnte der gute Eumaios natürlich empört ab; er wolle schließlich in keinem Fall jemanden umbringen!

Dann bot er dem Fremden ein reiches Abendessen aus Schweinefleisch, Brot und viel Wein; vorher bekundeten beide den Göttern ihre Dankbarkeit mit reichlichen Spenden. Die Nacht war sehr regnerisch und kalt, sodass sie sich – ebenso wie die anderen Hirten – nach dem Essen zum Schlafen legten. Alle deckten sich mit ihren dicken Mänteln zu; nur Odysseus hatte keinen.

Um zu prüfen, wie sein treuer Diener Eumaios reagieren würde, erzählte er noch eine erfundene Geschichte. Er, der Gast, sei während des Kampfes um Troja zusammen mit Menelaos und Odysseus und ein paar von deren Männern auf einer nächtlichen Mission vor Trojas Mauer unterwegs gewesen. Sie hätten weit weg von den Schiffen im Freien übernachten müssen. Die Nacht sei sehr kalt gewesen, Frost habe sich auf dem Boden verbreitet, auf den Schilden hätten sich Eiskristalle gebildet. Er selbst habe keinen warmen Mantel dabeigehabt, so wie heute; im Gegensatz zu allen anderen, die gut vor der Kälte geschützt schliefen; naja, auch so wie heute. Da er nur mit einem dünnen Gewand bekleidet gewesen sei, hätte er die Nacht nicht überlebt, wenn Odysseus ihm nicht geholfen hätte. Der habe nämlich jemanden zu den Schiffen geschickt, um Agamemnon eine angebliche Botschaft zu überbringen. Um schnell genug laufen zu können und nicht behindert zu werden, habe der Bote seinen dicken Mantel zurückgelassen. Den habe Odysseus ihm für die Nacht gegeben, so dass er, der Gast, einen Mantel gehabt habe, um sich vor der Kälte zu schützen. Eine kalte Nacht wie die heutige sei es gewesen, die er dank Odysseus überlebt habe.

Eumaios verstand den Hinweis sofort und lieh ihm für die Nacht einen Mantel; den müsse er allerdings am nächsten Tag zurückgeben, weil keiner der Hirten Kleider zu verschenken habe. Doch wenn Telemachos zurückkehre, werde der ihm sicherlich warme Kleider geben. Eumaios, selbst dick angezogen, nahm seine Waffen und ging zu den Schweinen, um in ihrer Nähe zu schlafen und Wache zu halten.

Ja, meine verehrten Zuhörer, der Meister der List und der unwahren Geschichten erreichte damit sein Ziel. Aber fragt Ihr Euch nicht, ob er nicht auch auf dem direkten Weg sein Ziel hätte erreichen können? Doch, bei einem so großherzigen Menschen wie Eumaios sicherlich. Aber warum lasse ich Odysseus dann den indirekten Weg gehen? Ich antworte Euch mit einer Gegenfrage: Wäre Odysseus dann noch Odysseus?

Apropos List! Nachdem wir genau die Mitte meiner Erzählung erreicht haben, denke ich ist die Zeit gekommen, um über eine der wichtigsten odysseischen Eigenschaften zu sprechen: seinen Listenreichtum. Ein Reichtum des göttlichen Odysseus, der mit dem der Götter konkurrieren kann. Ach, werte Zuhörer, dabei fällt mir eine amüsante Aussage ein, die diesbezüglich

12 Die falschen Geschichten in des Menschen Geschichte

ein großer Gelehrte Eurer neuen postolympiadischen Chronologie einmal gemacht hat. Er schrieb sinngemäß folgendes: Was könnte köstlicher, was wertvoller sein als das Leben selbst? Aber wie kommt es zu seiner Entstehung? Also nicht die Lanze der Pallas Athena, die nicht einmal selbst geboren ist; auch nicht die Furcht und Schrecken verbreitende Ägis des wolkenzusammenballenden Zeus, Symbol seiner Macht und Herrschaft über das Universum, erzeugten das Menschengeschlecht und pflanzen es fort. Nein, der Vater der Götter und König der Menschen höchstpersönlich tut es – aber wie?

Mit List!

Der den gesamten Olymp durch einen einzigen Wink erbeben lässt, muss seinen dreizackigen Blitz ablegen und auf seinen grimmigen Titanenblick verzichten, mit dem er je nach Laune alle Götter in Schrecken versetzt, und er muss, der Ärmste, ganz nach Schauspielermanier eine fremde Maske aufsetzen, wenn er einmal Lust hat, das zu tun, was er fast immer tut, nämlich ein Kind zu machen[1].

Also ist List des Obersten Gottes fruchtbarste Eigenschaft!

Ich weiß, ich weiß, seit Jahrhunderten hat bei Euch die List eine negative Konnotation. Aber zu meiner Zeit, wie Ihr sicherlich erkannt habt, meine geschätzten Zuhörer, war die List göttlich.

Ich wurde von manchen neuzeitlichen Philosophen richtig verstanden, wenn sie die List, mit der ich Odysseus bewaffnet habe, als die wichtigste Angriffs- und Verteidigungswaffe verstehen, ja sogar als das Organ des Selbst, durch welches das Überleben und Existieren gewährleistet ist.[2] Ich überlasse es aber Euch zu beurteilen, ob sie auch recht haben, wenn sie denken, dass das Urbild der odysseischen List „das Moment des Betrugs im Opfer" ist. Alle menschliche Opferhandlungen, planmäßig betrieben, seien ein Versuch, den Gott zu betrügen; somit entspringe List dem Kultus[3].

Wie auch immer, Odysseus war sehr gerührt vom Pflichtbewusstsein seines Dieners, der unbeirrt seinem alten Herrn treu diente – auch gerade jetzt, ohne es zu wissen.

Auch sonst war der König von dem Hirten sehr angetan.

Und davon, dass die Erhabenheit in eines Hirten Hütte wohnen kann.

---

[1] Der von mir so spöttisch-philosophisch inspirierte und beim Schreiben Supervidierte ist der junge Erasmus von Rotterdam in seinem Werk „Das Lob der Torheit" aus dem Jahre 1509/1512.
[2] So die von mir ebenfalls inspirierten und supervidierten Philosophen Max Horkheimer und Theodor Adorno in dem schon mehrfach zitierten Werk „Dialektik der Aufklärung" (1947).
[3] Das sagen dieselben Philosophen, wahrscheinlich in einem Moment, wo meine Supervision nachgelassen hat.

13

Göttlicher Motivationsschub und menschliches Mutigwerden

> **Zusammenfassung**
>
> In einer Synthese bestehend aus dem fünfzehnten, sechzehnten und ersten Gesang meiner Odyssee werde ich Euch erzählen, wie Telemachos, Odysseus Sohn, plötzlich in der Hütte des Schweinehirten Eumaios erscheint, wo sich sein Vater – der Bettler – aufhält. Telemachos kehrt von seiner Reise zurück, einer Reise mit langer Vorgeschichte. Athena animierte Telemachos zu dieser Reise und begleitete ihn dabei in verschiedenen menschlichen Gestalten. Sie machte ihm Mut, dass sein Vater mit Sicherheit zurückkehren werde, allerdings brauche er Informationen; am besten von Nestor, dem König von Pylos, einem alten Freund und Weggefährten seines Vaters. Und auch von Menelaos, dem König von Sparta. Mit dieser Reise verfolgt die Göttin unter anderem das Ziel, dass der junge Prinz Erfahrungen sammelt und Autorität erlangt. Sie gibt dem Jüngling genug Mut, um den Freiern zu widersprechen und eine Ratsversammlung einzuberufen, bei der er einflussreiche Ithakier um Unterstützung gegen die Freier ersucht. Nach einem kräftigen Motivationsschub verschwindet Athena vorerst und überlässt Telemachos die Initiative.
>
> Und die uns begleitende Seele wird dabei geflügelte Worte von immerwährender Gültigkeit singen, wie etwa über die Erleichterungen, die man hat, wenn man über seine Probleme, Konflikte und Irrungen spricht, über das Wunschdenken, das aus der Ohnmacht kommt, und die Tagträume, die aus Wunschdenken entstehen. Und über die Illusion, dass Einfachheit und Unbedeutsamkeit Freiheit und Ruhe bedeuten. Und über manches andere.

In des Hirten Hütte menschelt es sehr

In Eumaios Hütte saßen am nächsten Morgen die Hirten mit dem als Bettler getarnten Odysseus zum Frühmahl zusammen. Um seinen rechtschaffenen Gastgeber zu testen, ob der bereit wäre, ihn noch weiter zu beherbergen, sagte Odysseus irgendwann während des Essens, er wolle in die Stadt gehen, um dort ein wenig zu betteln. Er wolle ihm und den anderen Hirten nicht weiter zur Last fallen, sie seien ja auch keine reichen Leute. Er bat um einen kundigen Führer, der ihn in die Stadt bringen könne. Vielleicht wolle ja auch die Königin seine Nachrichten zu ihrem Gemahl hören; das wäre dann eine gute Gelegenheit, mit den Freiern in Berührung zu kommen. Vielleicht bekomme er bei denen etwas zu essen und zu trinken oder sogar eine Anstellung als Diener, er habe ja viele Fähigkeiten. „Was meint ihr dazu?" fragte er scheinheilig.

Eumaios reagierte mit Empörung, es sei undenkbar, dass er den Gast mit diesem Ziel in die Stadt gehen lasse, vor allem zu den frivolen Freiern. Diese Gesellschaft der Freier, deren Gewalt und Überheblichkeit zum Himmel schreie, sei für ihn nicht geeignet. Ja, es könnte für ihn sogar gefährlich werden. Nicht von seiner Art seien deren Diener, sondern junge Leute in schönen Kleidern mit gesalbten Häuptern und frischem blühendem Aussehen. Er solle auf jeden Fall bei ihm bleiben, von Last könne keine Rede sein. Und wenn Telemachos, der erhabene Sohn des Odysseus, zurückkehre, werde der ihm Kleider geben und was er sonst noch brauche.

Odysseus zeigte sich glücklich und dankbar für Eumaios Gastfreundschaft, wünschte ihm andauerndes Wohlwollen der Götter und fügte noch hinzu, er sei ihm auch dankbar, weil er nicht betteln müsse; es gebe ja nichts Schlimmeres als Bettelei, um den quälenden Hunger zu stillen.

Dann bat er seinen Gastgeber, ihm etwas von Odysseus Eltern zu erzählen, ob und wie sie lebten.

Der rechtschaffene Vorsteher der Hirten, Eumaios, berichtete ihm daraufhin, dass Odysseus Vater Laërtes zwar noch lebe, allerdings sehr unglücklich sei wegen seines verschollenen Sohnes. Nach dem Tod seiner Frau sei er schlagartig gealtert und bete jeden Tag zu Zeus, ihm das Sterben zu ermöglichen; aber er könne den Weg zu Hades Reich noch nicht finden. Seine Frau sei vor Kummer um ihren verschollenen Sohn gestorben; es sei ein trauriges Dahinsiechen gewesen, wie er es keinem guten Menschen wünsche.

Als die Mutter von Odysseus noch lebte, habe er sie oft und gern getroffen. Sie habe ihn in vielen Angelegenheiten beraten, obwohl sie selbst so unglücklich gewesen sei. Er sei ja von ihr zusammen mit ihrer schönen und erhabenen jüngsten Tochter Ktimene erzogen worden; und sie habe ihn wie ihr eigenes Kind geliebt und behandelt. Als sie beide das Jugendalter erlangt hätten, habe sie die Tochter in Sami für viele und kostbare Brautgeschenke verheiratet. Ihm habe sie schöne Kleider und Schuhe geschenkt und ihm diese Stelle auf dem Land als Führer der Hirten verschafft. Bis zu ihrem Tod habe sie ihn immer sehr geliebt. Jetzt fehle sie ihm sehr! Aber was solle es, er könne von seiner Arbeit leben und sogar den Armen etwas spenden. Von seiner Herrin Penelope aber sei leider nichts Freundliches mehr in Wort und Tat zu spüren, seit die frivolen Freier sie heimgesucht hätten. Besonders die Knechte hätten immer gerne direkt mit Penelope gesprochen und über die Angelegenheiten der Arbeit mit ihr diskutiert, und auch mit ihr gegessen und getrunken. Das habe den Bediensteten immer sehr gut getan. Doch das sei vorbei, seit die Plage mit den Freiern begonnen habe. Aber man habe Verständnis für sie, da ihre Bedrängnis so unermesslich groß sei.

13 Göttlicher Motivationsschub und menschliches Mutigwerden

> **Das Lied von einem Elixier**
> Und die Seele sang der immerwährenden Gültigkeit geflügelte Worte:
> Auf Eurer Fahrt durchs Leben könnt auch Ihr vielleicht erkennen, dass die Anerkennung, die der Bedienstete von seinem Vorgesetzten genießt, sein Elixier ist. Ihr Ausbleiben bedeutet die Nicht-Befriedigung eines wichtigen Bedürfnisses jedes Untergebenen.
> Das ist Homers odysseische Botschaft.

Anschließend bat Odysseus ihn, auch etwas über sein eigenes Leben zu erzählen. Eumaios sagte gerne zu; Zeit dafür gebe es, die Nächte seien ja lang, und langes Schlafen sei auch nicht gut für den Menschen. Er sei auch bereit, von seinem eigenen Leiden zu berichten, weil es gut tue, wenn Menschen mit anderen Menschen über ihre Leiden und ihre Irrungen sprechen könnten.

> **Das Lied vom „Sprich darüber"**
> Und die Seele sang der immerwährenden Gültigkeit geflügelte Worte:
> Auf Eurer Fahrt durchs Leben könnt auch Ihr vielleicht erkennen, dass über das eigene Leid, Probleme, Konflikte und Irrungen zu sprechen der richtige Weg ist, den Druck wegzunehmen, den sie auf den Menschen ausüben. „Sprich darüber" ist ein guter Rat, ja eine gute Methode, deren Diktatur abzuschütteln; der Macht, die sie über den Menschen ausüben können, zu entfliehen; die Wunden, die sie reißen, zu heilen. Unterdrücktes Leid und in das Reich des Schweigens verdrängte Probleme dagegen machen den Menschen zu ihrem gequälten Knecht.
> Das ist Homers odysseische Botschaft.

Eumaios erzählte also von seiner Heimatinsel Syria, die nördlich von Ogygia liege, dort wo die Sonnenwende stattfinde. Dort wachse und gedeihe vieles im Überfluss, die Menschen seien gesund und glücklich; sie stürben erst im hohen Alter und friedlich – metaphorisch gesagt, sanft durch die silbernen Pfeile von Artemis die Frauen und durch die des Apollon die Männer.

Auf dieser Insel der glücklichen Menschen gebe es zwei Städte, sein gottähnlicher Vater sei der König von beiden gewesen. Eines Tages seien Phönizier – berühmte Seeleute, aber Betrüger! – gekommen und hätten unzähligen aber wertlosen Schmuck mitgebracht. Im Palast habe es eine schöne und tüchtige Phönizierin gegeben, sie habe sich von den schlauen Phöniziern einwickeln lassen. Sie sei von einem der Seeleute verführt worden, als sie in der Nähe des Schiffes Wäsche wusch; er habe ihr die große Liebe versprochen. So etwas trübe den Verstand selbst von tugendhaften Frauen. Sie habe ihrem Liebhaber erzählt, dass sie aus Sidon stamme, aus einer sehr reichen Familie; dass sie aber von Piraten aus Taphos entführt und hierher gebracht worden sei, wo man sie als Sklavin gekauft habe. Der Liebhaber habe ihr gesagt, dass er ihre

Artemis und Apollon über Syria

Eltern kenne; sie seien noch am Leben und wohlhabend. Er wäre bereit, sie zu ihnen zurückzubringen, wenn sie mit ihnen ginge. Die schöne Phönizierin sei begeistert gewesen und damit einverstanden – aber nur, wenn die Seeleute schwören würden, dass sie nur das und nichts anderes täten, wie etwa sie weiter verkaufen. Die Phönizier hätten den Eid geleistet.

Alles solle konspirativ ablaufen, habe sie zu denen gesagt; niemand von ihnen dürfe sie auf der Straße ansprechen, damit ihr alter Herr, der König von Syria, keinen Verdacht schöpfe. Sonst würde sie hart bestraft, und die Phönizier hätten auch einiges zu erleiden. Als Gegenleistung habe sie versprochen, so viel Gold wie möglich aus dem Palast zu entwenden, um die Fahrt damit zu bezahlen. Als Zugabe sozusagen habe sie angekündigt, noch dazu das Kleinkind des Königspaares, um das sie sich kümmere und das ihr fast immer und überall hin folge, zu entführen und den Piraten zu übergeben, so dass sie es für einen sehr hohen Preis verkaufen könnten. So sei es geschehen. Das kleine Kind sei er selbst, Eumaios, gewesen. Nach sieben Tagen Fahrt sei die schöne Phönizierin plötzlich vom Pfeil der Artemis getroffen worden und gestorben. Die Phönizier hätten sie ins Meer geworfen, als Fraß für Fische und Seelöwen. Das Königskind hätten sie dann in Ithaka an König Laërtes verkauft.

Odysseus äußerte sich sehr bewegt zur Geschichte des Schweinehirten; er tröstete ihn mit dem Hinweis, dass er zumindest in gute Hände geraten und vom Königspaar von Ithaka gut behandelt worden sei. Nicht wie er selbst, der unterwegs nur Schlimmes erfahren musste. Und mit diesem Trost gingen beide schlafen.

Am nächsten Morgen waren Odysseus und Eumaios in dessen Hütte gerade dabei, das Frühstück zuzubereiten, als sie bemerkten, dass sich jemand der Hütte näherte. Die sonst wütenden Hunde bellten aber überhaupt nicht, wie sie es sonst taten, wenn ein Unbekannter sich den Ställen näherte; vielmehr wedelten sie freundlich mit den Schwänzen. Odysseus schloss aus dem Verhalten der Hunde, dass sich ein Freund oder ein Bekannter der Hütte näherte, und machte Eumaios auf den unerwarteten Besucher aufmerksam. Noch bevor die letzten Worte gesprochen waren, trat ein strahlender junger Mann vor die Hütte.

Es war Telemachos! Odysseus Sohn!

Er kehrte gerade aus Pylos zurück.

Athenas Reifeprüfung hatte er demnach erfolgreich bestanden!

Athenas Reifeprüfung deshalb, weil sie Telemachos Abfahrt und Ankunft genau zu diesem Zwecke arrangiert hatte. Aber lasst mich, geschätzte Zuhörer, berichten, wie das ganze vonstattenging:

Des langen Dramas lange Schlussphase

Ich hoffe, Ihr erinnert Euch noch daran, dass Athena, nachdem sie Odysseus offenbart hatte, dass er in der Heimat angekommen sei, und ihm Anweisungen für das weitere Vorgehen gegeben hatte, ohne weitere Zeit zu verlieren nach Sparta flog. Ihr Ziel war, Telemachos dazu zu bringen, so schnell wie möglich in die Heimat zurückzukehren. Ich hoffe, dass Ihr Euch auch noch daran erinnert, was ich Euch zu Beginn von Zeus Entscheidung, den vielgeplagten Odysseus endlich nach Hause fahren zu lassen, erzählt habe.

Die himmelblauäugige Zeustochter Athena war hocherfreut über die Entscheidung des Vaters von Menschen und Göttern, Odysseus endlich die Heimfahrt zu ermöglichen. Sie machte Zeus den Vorschlag, er solle Hermes, den blitzschnellen Botengott, unverzüglich zur Insel Ogygia, Kalypsos Insel, schicken. Dort solle Hermes der schönumlockten Göttin die weitreichende Botschaft überbringen: Es sei der Götter unwiderrufliche Entscheidung, dass Odysseus nachhause zurückkehren dürfe. Kalypso solle ihn nicht weiter festhalten.

Und so geschah es. Von den Folgen dieser Botschaft habe ich Euch in den bisherigen Gesängen schon berichtet.

Athena machte aber noch einen weiteren Vorschlag: Sie selbst wolle nach Ithaka fliegen, um eine andere Mission zu erfüllen. Dort wolle sie Telemachos, dem jungen Sohn von Odysseus, Mut machen, für die Rückkehr des Vaters aktiv zu werden. Dazu solle er zuerst die Männer von Ithaka auf dem Marktplatz, auf der Agora, versammeln und mit ihnen gemeinsam beraten, wie die Freier seiner Mutter Penelope aus dem Palast geworfen werden könnten. Und wie es gelingen könnte, sie daran zu hindern, weiter das königliche Vieh zu schlachten und das fremde Vermögen zu verschleudern. Dann, so die himmelblauäugige Göttin weiter, wollte sie ihm raten, nach Pylos zum alten weisen König Nestor und nach Sparta zu König Menelaos zu gehen und von denen Informationen über seinen Vater einzuholen. Athena sagte, sie bezwecke mit all diesen Aktivitäten auch eine Reifung der Persönlichkeit des jungen Mannes und – wenn seine Mission erfolgreich abgeschlossen sei – einen Zuwachs an Autorität für ihn in seinem Volk.

Vater Zeus widersprach seiner weisen Tochter nicht und stimmte zu, was Athena sehr freute.

Gefreut, gesagt, getan.

Und so leitete Athena des langen Dramas lange Schlussphase ein.

Am Beginn der Schlussphase standen, wie vereinbart, zwei Flüge: der Flug des Hermes nach Ogygia, Kalypsos Insel – davon habe ich Euch schon erzählt – und Athenas Flug nach Ithaka.

Und so kam es, dass die Göttin der Weisheit sich unverzüglich die ewig schönen goldenen Sandalen unter die Füße band, die sie wie der Hauch der Winde über das Meer und das Land tragen. Sie nahm auch den unbesiegbaren Speer mit der ehernen Spitze in die Hand, mit dem sie schon ganze Armeen missliebiger Gegner in die Flucht geschlagen hatte. Und dann stürmte sie los, vom Gipfel des Olympos zur Insel Ithaka.

Dort landete sie vor dem Tor des Odysseus-Palastes, am Eingang zum Hof, und nahm die Gestalt eines Gastfreundes von Odysseus an, die von Mentis, dem Führer der Taphier. Beim Eintreten fiel ihr Blick auf die arroganten Freier, die Backgammon spielten, auf Bergen von Rinderfellen sitzend – es erübrigt sich zu sagen, dass die Felle von Rindern aus den königlichen Ställen stammten, die sie für ihre Gelage hatten schlachten lassen. Zahlreiche Diener wirbelten um sie herum, vollends damit beschäftigt, krügeweise Wein und Unmengen von Fleisch zu servieren.

Telemachos – theoides kann man ihn nennen, der wie ein Gott aussehende also – war der erste, der die Göttin in der Gestalt des Fremden bemerkte, allerdings ohne sie zu erkennen. Er, der betrübten Herzens bei den Freiern saß und ihr frivoles Treiben zum wiederholten Male mit ansehen musste, fühlte sich ohnmächtig und unfähig, die Situation zu ändern. Wegen seines jungen Alters und seiner Unerfahrenheit und nicht zuletzt durch die Menge und Stärke der Freier war er einfach eingeschüchtert. Er flüchtete sich wieder einmal in Gedanken an seinen Vater. Oh wie schön wäre es, wenn der jetzt hier wäre, dachte er für sich. Möge er doch plötzlich erscheinen, diese furchtbaren Parasiten verjagen und seinen Thron und seinen Besitz wieder in die eigenen Hände nehmen.

Das Lied von den Tagträumen

Und die Seele sang der immerwährenden Gültigkeit geflügelte Worte:
Auf Eurer Fahrt durchs Leben könnt auch Ihr vielleicht erkennen, dass Ohnmacht Wunschdenken erzeugt und Wunschdenken Tagträume. Sie ersetzen weder den Plan, noch das Handeln; aber sie können – obwohl Tagträume und Wunschdenken selbst nicht so wünschenswert sind – den Boden vorbereiten für das Gedeihen von Plan und Handeln.
Das ist Homers odysseische Botschaft.

Aus diesen Gedanken gerissen, erblickte Telemachos die als Mentis erschienene Athena. Er war empört, dass ein Fremder vor dem Tor stand und niemand ihn, die Regeln der Gastfreundschaft respektierend, hereinbat.

Sofort erhob er sich, ging zu dem Unbekannten, begrüßte ihn mit Handschlag und sprach die geflügelten Worte, die erhabenen: „Sei gegrüßt, oh Fremder, tritt ein. Mach es dir bequem und esse und trinke, was du möchtest. Und dann sage mir, wer du bist und den Grund deines Besuches."

Er führte den Gast – Athena in der Gestalt von Mentis – in einen Raum des Palastes, wo er ungestört vom Lärm der Freier seine Mahlzeit einnehmen konnte. Er nahm ihm den göttlichen Speer aus der Hand und stellte ihn neben die Speere seines Vaters; dann bot er ihm einen bequemen Sessel sowie einen kunstvollen Schemel für die Füße an. Er selbst setzte sich neben den Gast in einen ebenfalls kunstvollen Sessel. Dann brachte eine Dienerin für den Fremden Waschwasser in einer schönen goldenen Kanne und ein silbernes Becken, in dem er seine Hände waschen konnte. Sie brachte auch einen glattpolierten Tisch, auf dem die Diener reichlich Fleisch verschiedener Sorten und guten Wein in einem goldenen Becher servierten. Noch während der Fremde mit seinem Mahl beschäftigt war, kamen die lauten überheblichen Freier in den Saal. Sie nahmen unaufgefordert Platz neben den beiden, befahlen den Dienern, Fleisch und Wein für alle zu servieren, und zwangen den berühmten Kitharaspieler und begnadeten Sänger Phemios, für sie zu spielen. Nach ausgiebigem Mahl widmeten sie sich dann fast oder gar vollends betrunken dem wilden Tanze.

Die vorgespielte Erkundungsmission

Der davon angewiderte Telemachos flüsterte seinem Gast, der als Mentis getarnten Athena, seinen Kopf dicht zu ihr beugend, so dass die Freier es nicht hören konnten, zu: „Mein lieber Gast, nimmt es mir nicht übel, was ich dir jetzt sage, aber ich kann es nicht ertragen, was diese Leute da tun. Sie amüsieren sich mit Kitharaspielen und Tanz und verzehren seit Jahren fremdes Eigentum ohne jegliche Gegenleistung. Sie leben auf Kosten eines Mannes, dessen Gebeine wahrscheinlich im Regen verfaulen oder am Boden des Meeres von den Wasserströmungen hin und her gewälzt werden. Aber falls diese Typen da ihn einmal sähen, dann würden sie sich wünschen, die schnellsten Beine statt der größten Reichtümer zu haben. Aber ich fürchte, dass das nie der Fall sein wird. Das grausame Schicksal hat es wohl gewollt, dass er leider für immer verschollen bleibt." Nach einer kummervollen Pause sammelte sich Telemachos und fuhr fort: „Aber ich möchte dich, verehrten Gast, mit meinem Kummer nicht weiter belästigen. Erzähle mir jetzt, wer du bist und was dich hierher führt. Berichte mir alles von dir und deinem Land. Wie bist du nach Ithaka gekommen? Und vor allem lasse mich wissen, ob du schon einmal meinen Vater, König Odysseus, getroffen hast."

Darauf antwortete ihm die himmelblauäugige Athena in Mentis Gestalt mit einer zweckmäßig falschen Geschichte und sprach zu ihm die geflügelten Worte, die halbwahren, aber zielführenden: „Ich bin Mentis, der Sohn des weisen Anchialos, Herrscher der Taphier, der begnadeten Seeleute. Ich navigiere mit meinen Leuten durch die Meere, und wir besuchen die Städte von vielen fremden Menschen, um Handel zu treiben; wir suchen Kupfer in Temessa auf Zypern und bringen Eisen. Mein Vater und dein Vater waren vor langer Zeit Gastfreunde. Du kannst deinen Großvater Laërtes danach fragen. Wie ich gehört habe, kommt er aber nicht mehr in die Stadt, sondern erduldet seine Leiden auf seinem Landgut, unterstützt von einer treuen Dienerin. Ich bin hierhergekommen, weil ich gehört habe, dass dein Vater inzwischen zurück sein soll; das ist aber offensichtlich nicht der Fall. Mache dir trotzdem keine Sorgen; ich habe keinen Zweifel daran, dass der große Odysseus noch lebt, wahrscheinlich auf einer Insel gefangen genommen von wilden, grausamen Männern. Aber bei einem bin ich ganz zuversichtlich; diese Zuversicht haben mir die Götter gegeben, obwohl ich weder ein Seher noch ein ausgezeichneter Deuter von Himmelszeichen bin: Dein Vater wird nicht mehr lange fern der Heimat sein, auch wenn er mit eisernen Ketten gefesselt wäre. Er wird mit Sicherheit einen Weg finden, um sich zu befreien; denn Odysseus ist der einfallsreichste Mensch unter den Erdenbewohnern.

13 Göttlicher Motivationsschub und menschliches Mutigwerden

Und du? Du bist doch der Sohn des großen Helden Odysseus! Oder etwa nicht? Du siehst ihm übrigens verblüffend ähnlich, dein Gesicht und deine schönen Augen sind wie die seinen. Ich kannte ihn sehr gut; wir haben uns oft getroffen, bevor er mit den anderen tapferen Griechenfürsten nach Troja segelte. Seither habe ich ihn aber nie wieder gesehen."

Der resignierte Telemachos reagierte erstaunlicherweise nicht mit Freude und Neugier auf diese hoffnungsschwangeren Worte des Gastes, geschweige denn mit Begeisterung. Eigentlich beachtete er sie nicht einmal! Viel zu viele Fremde hatten immer wieder falsche Geschichten erzählt, die ähnliche Hoffnungen brachten. Falsche Geschichten, die falsche Hoffnungen weckten und in tiefen Enttäuschungen endeten.

> **Das Lied von den enttäuschten Hoffnungen**
> Und die Seele sang der immerwährenden Gültigkeit geflügelte Worte:
> Auf Eurer Fahrt durchs Leben könnt auch Ihr vielleicht erkennen, dass die Summe der enttäuschten Hoffnungen gleich dem Grad der Abstumpfung gegenüber neuen Hoffnungsankündigungen ist. Es ist also eine Sache der Lebenserfahrung, ja der Lebensweisheit, auf Wiederholungen von enttäuschten Hoffnungen mit Zurückhaltung zu reagieren, um nicht weiter enttäuscht zu werden. Der damit verbundene Schutz vor Enttäuschungen gehört zum Arsenal der psychischen Hygiene.
> Das ist Homers odysseische Botschaft.

Der besonnene Telemachos reagierte deshalb nur auf die letzte Bemerkungen des Gastes: „Natürlich bin ich der Sohn des großen Odysseus, zumindest versichert mir das meine Mutter. Das muss ich wohl glauben! Kein Mensch kann seine Herkunft selbst mit Sicherheit beweisen. Es wäre aber für mich wahrhaftig besser, wenn ich der Sohn eines einfachen, aber glücklichen Mannes wäre, der bis zum greisen Alter im Schoß seiner Familie seine Güter genießt. Ich jedoch bin als Sohn eines berühmten Vaters geboren, des wohl unglücklichsten aller Menschen."

> **Das Lied von einer Illusion**
> Und die Seele sang der immerwährenden Gültigkeit geflügelte Worte:
> Auf Eurer Fahrt durchs Leben könnt auch Ihr vielleicht erkennen, dass manchmal die Herkunft, das Amt, die Position wie ein schwerer Felsbrock auf die Brust des Menschen drücken. Diese Last presst aus der so bedrückten Brust die Sehnsucht nach Einfachheit und Unbedeutsamkeit, frei von Amt und Würden zu sein, heraus. Dabei entpuppt sich die damit verbundene Hoffnung auf Ruhe, Freiheit und Muße aber leider nicht selten als Illusion.
> Das ist Homers odysseische Botschaft.

Und die himmelblauäugige Athena bemerkte dazu: „Ach grübele nicht so viel darüber! Ich bin davon überzeugt, dass die Götter auch in Zukunft viel Ehrenvolles mit dem Geschlecht vorhaben, aus dem du stammst, wenn ich sehe, was für einen prachtvollen Sohn Königin Penelope hat. Aber sage mir nun, was ist los hier? Was wird hier gefeiert? Es scheint mir kein normales Fest zu sein, wo jeder zum Schmaus etwas beisteuert und etwas mitbringt. Vielmehr scheint es mir hier eine unverschämte Ausnutzung und Willkür zu sein, wobei auf Kosten des Hauses orgiastisch gefeiert wird. Jeder ehrliche, redliche Mensch wird beim Anblick einer solchen Frechheit entrüstet sein!"

Daraufhin sprach der verständige Telemachos die geflügelten Worte, die traurigen: „Wenn du so fragst, werde ich dir offen sagen, was hier los ist, mein Gastfreund. Einst war dieses Haus sehr reich und hoch respektiert, nämlich solange der Herr des Hauses, mein Vater Odysseus, anwesend war. Nun aber ist er seit einer Ewigkeit spurlos verschwunden; das waren offensichtlich der Götter böse Pläne. Ehrlich gesagt, wäre ich nicht so traurig wie jetzt, wenn ich wüsste, dass mein Vater in Troja gefallen ist. Dann hätte ich wenigstens die Sicherheit, dass die Griechen ihn ehrenvoll bestattet und ihm dort ein Ehrengrabmal errichtet haben. Dann hätten wir durch seinen heroischen Tod Ruhm und Ehre erfahren. Auch wenn er zuhause im Kreise seiner Familie und Freunde gestorben wäre, wäre es für mich leichter. Aber jetzt haben ihn wohl die Harpyien, diese furchtbare Winddämonen, halb Frau, halb Vogel, ruhmlos dahingerafft. Spurlos und unauffindbar verschwunden ist er! Damit hinterließ er mir nur Schmerz und Kummer, so wie meiner Mutter. Aber das ist nicht der einzige Kummer, den mir die Götter bereitet haben. Genauso schlimm ist es, dass die Fürsten der benachbarten Inseln, aber auch Leute aus Ithaka, die sich für Fürsten halten, um die Hand meiner Mutter werben und währenddessen das Vermögen der Familie verzehren. Meine Mutter aber schlägt denen weder die Heirat ab, noch ist sie in der Lage, dem unseligen Treiben ein Ende zu bereiten. Inzwischen richten uns diese Freier mit ihrer Gefräßigkeit zu Grunde; am Ende werden sie sogar mich noch verschlingen."

Ein motivationstherapeutischer Einsatz

Und so sah Pallas Athena die Zeit gekommen, um der Götter Lieblingstherapie anzuwenden, die Motivationstherapie. Erinnert Ihr Euch, was ich Euch in „Der Seele Erste Worte" dazu erzählt habe? Kurz zur Erinnerung:

Die Motivationstherapie ist nicht nur die Lieblingstherapiemethode der Götter, sondern auch, wie die Erfahrungen des Krieges um Troja zeigten, eine bei weisen Männern wie Odysseus oder Nestor beliebte. Was die heutige Motivationspsychologie erklärt und lehrt, nämlich das Streben des Menschen nach wünschenswerten Zielen und den Beweggründen, die zur Handlungsbereitschaft führen, und wie sie in therapeutischem Sinne zu verstärken sind, ist nichts anders als das, was Götter und weise Heeresführer mit der flüchtenden geschlagenen Armee, griechisch oder trojanisch, wiederholt getan haben. Die göttlichen und menschlichen Iliadischen Therapeuten haben nichts anderes getan als die modernen Psychotherapeuten: Sie aktivierten beiden Quellen der Motivation, die sogenannte intrinsische und extrinsische. Die intrinsische in dem Sinne, dass man das sogenannte „interne Selbstverständnis" der Betroffenen, das sich an inneren Standards und Maßstäben orientiert, aktiviert und verstärkt; die extrinsische indem man zusätzlich externe Motivationsquellen aktiviert. Um beim Beispiel des Krieges um Troja zu bleiben: zum einen indem die mit dem Ruf des tapferen und furchtlosen Kriegers verbundenen Erwartungen in Erinnerung gerufen werden, zum anderen durch die Darstellung der Vorteile des Sieges und der eigenen Rettung.

Und wie ihr seht, wendete genau das die Weisheitsgöttin jetzt bei Telemachos an; bei dem noch schüchternen, noch unsicheren Jüngling mit noch gering ausgeprägtem Selbstbewusstsein.

Und so richtete die Zeustochter in Mentis Gestalt an den aufgewühlten Telemachos die geflügelten Worte, die therapierenden: „Oh wie entsetzlich ist all das, was du gerade berichtest. Oh je! Ich fürchte doch, dass du dem göttlichen Odysseus das Wasser nicht reichen kannst. Wäre er an deiner Stelle, dann hätte er sofort zugeschlagen. Ich stelle mir vor, wie er es getan hätte, wenn er plötzlich in dieser Tür stünde mit seinen zwei Speeren und so tatkräftig wäre, wie ich ihn zum ersten Mal gesehen habe, als er meinen Vater besuchte. Er war unterwegs auf der Suche nach wirksamem Gift für die bronzenen Spitzen seiner immer treffenden Pfeile. Die Fürsten der verschiedenen Inseln, die er dafür aufsuchte, haben es ihm verweigert, aber mein Vater gab es ihm, weil er ihn über alle Maßen mochte. Wäre Odysseus also jetzt hier, hätten alle Freier durch ihn einen schnellen Tod gefunden. Aber leider ist er noch nicht da. Wann er zurückkommt, wissen nur die Götter. Deswegen meine ich, sollst du handeln, wenn du sein Sohn bist. Denn du bist kein Kind mehr, sondern ein erwachsener und noch dazu starker und strahlender junger Mann.

Handele also endlich entsprechend!"

Und dann, nach diesem motivationspsychologisch fundierten sanften Einpeitschen, schlug Athena dem Sohn des großen Helden folgenden Plan vor:

Er solle schon morgen eine Ratsversammlung einberufen, um die Elite von Ithaka zu informieren, was mit den Freiern los sei und was er dagegen zu tun gedenke. Dann solle er den Freiern befehlen, sich aus dem Palast zu entfernen und in ihre Unterkünfte zu gehen – die meisten der Freier kamen von den benachbarten Inseln oder wohnten auf dem Land, nur wenige kamen aus der Stadt –, um dort die Entscheidung seiner Mutter abzuwarten.

Seiner Mutter solle er empfehlen, falls sie tatsächlich heiratswillig sei, zurück zu ihrem mächtigen Vater Ikarios zu gehen, ihn um eine gebührende Mitgift zu bitten und ihre Wahl zu treffen. Aber vorher solle er, Telemachos, das beste Schiff mit zwanzig Ruderern nehmen und sich auf die Suche nach seinem verschollenen Vater begeben. Er solle verschiedene Menschen fragen, ob sie etwas von ihm wüssten oder ob sie irgendwelche verschlüsselten Botschaften des Zeus Odysseus betreffend wahrgenommen hätten. Zuerst solle er den alten weisen König von Pylos, den ehrwürdigen Nestor, aufsuchen. Von dort solle er nach Sparta gehen, um den blonden Menelaos nach dem Schicksal seines Vaters zu befragen. Menelaos sei ja der letzte der bronzegepanzerten Griechen, der Odysseus gesehen haben solle.

Falls er bei seinen Nachforschungen erfahre, dass sein Vater noch lebe und auf dem Weg in die Heimat sei, solle er Geduld zeigen und die Plage der Freier noch ein Jahr über sich ergehen lassen. Falls er aber erfahre, dass sein Vater tot sei, dann solle er dem Toten die gebührenden Ehren erweisen und zu seinem Andenken ein würdiges Grabmal errichten; der Mutter solle er dann die Heirat ermöglichen. Wenn das alles erledigt sei, dann könne er darüber nachdenken, wie er die Freier loswerde – mit einer List oder im offenen Kampf.

Das Lied von der Geduld

Und die Seele sang der immerwährenden Gültigkeit geflügelte Worte:
Auf Eurer Fahrt durchs Leben könnt auch Ihr vielleicht erkennen, dass Geduld eine große Tugend ist, die zielführend sein kann, während Ungeduld zielzerstörend wirken mag.
Das ist Homers odysseische Botschaft.

Das Lied vom Erdulden

Und die Seele sang weitere der immerwährenden Gültigkeit geflügelte Worte:
Auf Eurer Fahrt durchs Leben könnt auch Ihr vielleicht erkennen, dass Geduld auch Erdulden beinhaltet. Die Fähigkeit, Demütigungen, Schikanen, Gewalt – physische und psychische – und auch die Qual des langen Wartens zu erdulden, ist der Geduld wertvoller Begleiter. Gedulden und Erdulden sind nicht nur Tugend und Fähigkeit, sondern auch der Vernunft kluge Strategie.
Das ist Homers weitere odysseische Botschaft.

Und dann fügte Athena durch Mentis Mund noch die geflügelten Worten hinzu, die weiter motivierenden: „Du kannst es schaffen! Du bist kein Kind mehr. Wenn du alles das tust, was ich dir vorgeschlagen habe, dann wirst du ewigen Ruhm erlangen. Denk an den göttlichen Orestes, den Sohn des Agamemnon, der ewigen Ruhm erlangt hat, weil er seinen ermordeten Vater gerächt hat. Auch du sollst so handeln und dich nicht wie ein Kind benehmen. Ich hab es schon einmal gesagt: Du bist jetzt ein erwachsener, starker Mann. Zeige Tapferkeit und handele mutig, so dass die nachkommenden Generationen ehrenvoll über dich reden. Ich gehe jetzt, aber du sollst über meine Worten nachdenken."

> **Das Lied von den Vorbildern**
>
> Und die Seele sang der immerwährenden Gültigkeit geflügelte Worte:
> Auch Eurer Fahrt durchs Leben könnt auch Ihr vielleicht erkennen, dass die bloße Aufzählung von Fähigkeiten und Tugenden, die man haben sollte, um seine Ziele, Sehnsüchte und Träume zu verwirklichen, alleine schwach ist. Zu abstrakt für den menschlichen, noch zögernden, noch schüchternen Geist. Vorbilder sind deren Verwirklichung stärkste Verstärker.
> Das ist Homers odysseische Botschaft.

Telemachos war tief beeindruckt und aufgewühlt durch die Worte des Gastes – auch wenn er nicht wusste, dass es göttliche Worte waren; er versprach darüber nachzudenken. Er bat den Freund seines Vaters, noch ein wenig bei ihm zu verweilen, sich ein Bad bereiten zu lassen und von ihm ein kostbares Gastgeschenk anzunehmen. Der Gast erwiderte, dass dafür leider keine Zeit sei; doch er versprach, noch einmal zu kommen, und dann würde er gerne das Geschenk annehmen.

Mit diesen letzten Worten verschwand Athena wie ein Vogel durch die Dachluke; da erkannte Telemachos, dass ein Gott am Werk war. Davon beflügelt und mit neuem, ihm bis dahin unbekanntem Selbstwertgefühl und erfüllt von einem ihm bis dahin fremdgebliebenen Selbstvertrauen machte er sich auf zu den Freiern.

> **Das Lied vom Beflügeln des Selbstvertrauens**
>
> Und die Seele sang der immerwährenden Gültigkeit geflügelte Worte:
> Auf Eurer Fahrt durchs Leben könnt auch Ihr vielleicht erkennen, dass nicht selten wenige Worte ausreichen, um Selbstvertrauen zu erwecken und das Selbstwertgefühl steigen zu lassen; wie auch die Erinnerung an manche Vorbilder oder der Hinweis auf vorhandenes, offensichtliches noch verborgenes Potenzial. Davon beflügelt fliegt man schnurgerade zum Ziel.
> Das ist Homers odysseische Botschaft.

Neue Stärke, neuer Mut

Die Freier lauschten gerade dem Gesang des berühmten Sängers Phemios, den sie gezwungen hatten, für sie bei ihren Gelagen zu singen und Kithara zu spielen. Er sang gerade vom langjährigen Krieg um Troja und der verlustreichen Rückkehr der Griechen über das das finstere Meer. Ihm hörte auch die überaus kluge und schöne Tochter des Ikarios, Odysseus Frau Penelope, zu. Sie kam die Treppe herab in Begleitung zweier Dienerinnen, blieb an der Tür zum Saal stehen, in dem die Freier feierten, und rief dem Sänger zu, er möge bitte etwas anderes singen; es gebe ja so viele schöne fröhliche Lieder, deshalb brauche er keine zu singen, die bei ihr schlimme Erinnerungen weckten. Sie denke sowieso Tag und Nacht an ihren geliebten Mann, dessen Ruhm in ganz Griechenland verbreitet sei. Und es sei nicht nötig, dass der Sänger ihren Schmerz durch seinen Gesang noch verstärke.

Telemachos aber nahm Phemios im Schutz. Der Sänger besinge bloß die unglückliche und verlustreiche Rückkehr der Griechen; er selbst sei nicht schuld an dieser Katastrophe, sondern ausschließlich die Götter, die sie verursacht hätten. Er bat seine Mutter, zurück in ihre Gemächer zu gehen und sich um ihre Dinge zu kümmern; alles andere werde er regeln. Er sei Manns genug dafür, er werde das schaffen! Penelope war verblüfft, aber auch erfreut und irgendwie beruhigt von dieser ihr bisher unbekannten entschiedenen Haltung ihres Sohnes. Erstmals trat er in ihrer Gegenwart wie ein erwachsener, bestimmender, selbstsicherer Mann auf, ja wie ein junger Führer. Unverzüglich folgte sie seiner Aufforderung und kehrte in ihre Räume zurück. Durch das jugendliche Ungestüm des Sohnes wurde sie aber auch an ihren geliebten heldenhaften Odysseus erinnert, und sie weinte bitterlich – bis Athena ihr aus Mitleid süßen Schlaf schenkte.

Währenddessen aber stritten die Freier laut miteinander. Sie waren in seltsamer Weise Verbündete und Rivalen zugleich; denn jeder begehrte Penelope als Frau. Da erklang des Telemachos laute Stimme und forderte energisch mit bis dahin unbekannter Entschiedenheit die Freier auf, die Streitereien zu beenden und dem begnadeten Sänger in Ruhe zu lauschen. Sobald aber der Gesang zu Ende sei, sollten sie zu ihren Unterkünften gehen und morgen in eine Versammlung kommen, die er einberufen werde. Und sie sollten endlich bei sich zuhause feiern, abwechselnd einmal beim einen, das andere Mal beim anderen. Wenn sie aber im Palast des Odysseus bleiben und alles verzehren würden, ohne Ersatz zu leisten, dann wären bald alle Vorräte vertilgt; und dann werde er sie mit Hilfe der Götter bestrafen. Wenn das Zeus Wille sei, dann werde das ihr Untergang.

13 Göttlicher Motivationsschub und menschliches Mutigwerden

Den verblüfften Freiern verschlug es förmlich die Sprache durch dieses unerwartet kühne Auftreten des jungen Prinzen. So hatten sie ihn bisher nicht kennengelernt; die meisten bissen sich vor Wut auf die Lippen. Antinoos, Sohn des Eupeithes, der Hauptanführer der Freier, fand als erster aus dem Staunen heraus und sagte, seinem Ärger respektlos Luft machend, zu Telemachos: „Was für freche und hochmütige Worte hören wir plötzlich! Als ob dir wahrhaftig Götter diese Worte in den Mund gelegt hätten. Möge Zeus verhindern, dass du eines Tages den Thron von Ithaka besteigst, obwohl du der legitime Nachfolger des Königs Odysseus bist."

Und Telemachos, voll des neugewonnenen Selbstvertrauens, erwiderte darauf die geflügelten Worte, die mutigen: „Es mag sein, dass du, Antinoos, mir das, was ich dir nun sage, übel nehmen wirst. Aber ich versichere dir, dass ich bereit bin, den Thron zu besteigen, wenn Zeus es so will. König zu sein ist schön und vorteilhaft. Gewiss gibt es viele Fürsten, auch auf dieser Insel, die König werden könnten. Allerdings erst nach Odysseus Tod. In meinem Haus bin ich derjenige, der die Macht ausübt."

Telemachos Äußerungen erzeugten wenig Beifall bei den Freiern. Einer davon mit Namen Eurymachos, der zweite Führer der Freier, sagte offen, dass es noch keine ausgemachte Sache sei, wer König von Ithaka werde. Telemachos könne zwar den Privatbesitz der Familie behalten, aber nicht unbedingt den Thron. Er fragte ihn sehr eindringlich, wer denn der Fremde gewesen sei und ob er irgendwelche Nachrichten bezüglich seines Vaters gebracht habe. Die Freier waren durch diesen Besuch beunruhigt, vor allem von der damit verbundenen plötzlichen Verwandlung des Telemachos von einem scheuen unerfahrenen Jüngling in einen entschiedenen Mann, der seinen Ansprüchen energisch Nachdruck verlieh. Dieser geheimnisvolle Gast habe edel ausgesehen, fügte Eurymachos hinzu; er sei ihnen aber nicht vorgestellt worden, und vor allem sei er so plötzlich und mysteriös verschwunden wie er gekommen sei. Was habe das alles zu bedeuten? – fragten auch andere der Freier alarmiert. Telemachos erkannte die in der aufkommenden Unruhe liegende Gefahr, beschwichtigte sie und bemühte sich, sie in falscher Sicherheit zu wiegen: Nein, sein Vater werde wohl leider nie zurückkommen, egal ob seine Lieben und seine Freunde es sich anders wünschten und immer noch hofften. Der Gast habe bedauerlicherweise keine guten Nachrichten gebracht. Und obwohl Telemachos insgeheim davon überzeugt war, dass der Gast niemand geringeres gewesen war als Athena, die Göttin der Weisheit höchstpersönlich, täuschte er die Freier: Es sei bloß ein durchreisender Freund der Familie gewesen, Mentis aus Taphos, genau gesagt.

Die Freier waren durch diese Auskünfte tatsächlich beruhigt und setzten Schmaus, Gesang und Tanz bis in die Nacht hinein fort; dann gingen sie in ihre Herbergen zum Schlafen.

> **Das Lied von den missratenen Kindern des Wunschdenkens**
>
> Und die Seele sang der immerwährenden Gültigkeit geflügelte Worte:
> Auf Eurer Fahrt durchs Leben könnt auch Ihr vielleicht erkennen, dass der Glaube an falsche Hoffnungen des Wunschdenkens Kind ist. Wenn das Hinterfragen und Erforschen ausbleibt, gibt es auch keine Bestätigung der Hoffnung. Und so eingewickelt in falsche Hoffnungen erntet man die bitteren Früchte seiner Leichtgläubigkeit – des Wunschdenkens weiteres missratenes Kind.
> Das ist Homers odysseische Botschaft.

Auch Telemachos ging in seine Schlafräume, um zu Bett zu gehen. Eine alte Dienerin, die treue und tüchtige Eurykleia, seine alte Amme, half ihm dabei. Als junges Mädchen war sie von seinem Großvater Laërtes als Sklavin teuer gekauft worden; sie war damals von ihm hoch geschätzt. Und unter uns gesagt, hätte Laërtes damals auch gerne mit ihr die Liebe genossen, wenn er nicht die Probleme mit seiner Frau gescheut hätte.

Telemachos konnte lange nicht schlafen. Intensiv dachte er darüber nach, wie er die ihm von der Göttin dargelegten Pläne am besten umsetzen könnte.

14
Die verblendende Macht der Überheblichkeit

> **Zusammenfassung**
>
> Aus dem zweiten Gesang meiner Odyssee werde ich Euch hier erzählen, wie es am nächsten Morgen in der großen Ratsversammlung zu heftigen verbalen Auseinandersetzungen zwischen Telemachos und seinen Verbündeten auf der einen Seite und den Freiern auf der anderen Seite kommt. Zeus schickt dabei göttliche Vogelzeichen, die der treffliche Seher Halitherses deutet und damit das Verderben der Freier prophezeit. Diese lachen ihn aus, drohen ihm und begegnen Telemachos Anliegen mit Ignoranz, Arroganz und Selbstüberschätzung; sie befehlen die Auflösung der Versammlung. Odysseus alter weiser Freund Mentor – in dessen Gestalt die Göttin Athena auftritt – nimmt Telemachos unter seine Fittiche. Er ermöglicht die Reise und begleitet den jungen Prinzen.
>
> Und die uns begleitende Seele wird dabei geflügelte Worte von immerwährender Gültigkeit singen, wie etwa über den beschwerlichen Weg der Reifung des Menschen, über die Arroganz der Macht, über die schweigenden Totengräber der Dankbarkeit. Aber auch vom Segen des Vorausdenkens und des Bis-zu-Ende-Denkens sowie von der orientierungsgebenden Funktion des Mentors. Und noch über einiges mehr.

Die Initiation eines Jünglings

Mit dem Auftreten der rosenfingrigen Göttin der Morgenröte Eos erwachte des Odysseus Sohn. Er schickte sofort Herolde los, um überall die von Athena empfohlene Ratsversammlung anzukündigen. Dann kleidete er sich in edle Gewänder, hängte sein scharfes Schwert über die Schulter und band elegante Sandalen unter die geschmeidigen Füße, so dass er wie ein Gott aussah. Nachdem alle Angehörigen der Insel-Aristokratie von Ithaka versammelt waren, ergriff er seinen bronzenen Speer und erschien in Begleitung von zweien seiner Hunde in der Agora, wo die Versammlung stattfinden sollte. Athena umhüllte ihn mit zusätzlicher Anmut und Stärke, so dass alle sehr beeindruckt von seiner Erscheinung waren. Sogar von den Älteren wurde er mit Respekt gegrüßt, als er den Platz seines Vaters einnahm.

Als erster sprach der alte Held Ägyptios, der nicht nur einen von den Jahren gebeugten Rücken hatte, sondern auch viel Erfahrung und Weisheit besaß.

Sein Sohn Antiphos hatte Odysseus auf dem Feldzug gegen die pferdebändigenden Trojaner und dann auch bei seiner Heimreise begleitet. Der Vater wusste übrigens nicht, dass sein Sohn als letzter von dem furchtbaren einäugigen Kyklopen Polyphemos getötet und grausam verspeist worden war. Ägyptios hatte noch drei weitere Söhne. Einer davon, Eurynomos, gehörte zu der Schar von Freiern, die beiden anderen aber kümmerten sich um den Familienbesitz. Der alte Mann machte die Teilnehmer darauf aufmerksam, dass die Einberufung dieser Versammlung ein historisches Ereignis sei. Seit dem Weggang des Odysseus nämlich, seit ganzen zwanzig Jahre also, finde zum ersten Mal eine Ratsversammlung statt. Dann stellte er die Frage, ob Anlass dafür die bevorstehende Rückkehr des Expeditionskorps aus Troja sei oder eine andere staatstragende Angelegenheit? Und wer der Initiator dieses historischen Ereignisses sei, um ihm dafür zu danken und ihn zu beglückwünschen?

Merkwürdig was der alte Ägyptios sagt? Zwanzig Jahre keine Ratsversammlung, und niemand fragt sich warum? Zwanzig Jahre keine Informationen über die Staatsangelegenheiten, und niemand macht sich Sorgen darüber? Viele Jahre lang ist der Palast durch eine Horde Freier besetzt, und niemand protestiert dagegen? Die Vernichtung des königlichen Vermögens wird einfach hingenommen? Und jetzt wird die Frage nach dem Initiator der Vollversammlung gestellt? Ist das denn nicht eine Selbstverständlichkeit, dass der Sohn des Königs und mögliche Thronfolger zu so etwas legitimiert ist?

Offensichtlich nicht, oder zumindest nicht für alle. In diesen urarchaischen Zeiten kannte die Welt so etwas wie eine Verfassung noch nicht. Der Stärkere hatte die Macht. Und die Stärkeren in diesem Falle waren die miteinander rivalisierenden mächtigen Familien von Ithaka und den umliegenden Inseln, aus deren Kreisen die Freier kamen.

Aber genau dieser Hintergrund ermöglichte Telemachos seinen großen ersten Auftritt!

Seine Initiation!

Und wie jede Initiation ist auch die von Telemachos eine Brücke zwischen dem Status eines Jugendlichen und dem eines Mannes. Eine Initiation ist immer begleitet von einer Mischung aus Selbstsicherheit und Selbstunsicherheit, aus Mut und Angst, aus Entschlossenheit und Selbstzweifeln.

Aber es ist eine Initiation. Ein Beginn. Der Beginn einer Entwicklung, die mit der Reife endet.

Telemachos erhob sich und trat in die Mitte des Platzes, um das Wort an die Versammelten zu richten. Der kluge Peisenor, der hervorragende Herold, legte ein Zepter in seine Hand, was ihm noch zusätzliche Würde und Autorität verlieh – offensichtlich eine Unterstützung von Seiten seiner Sympathisanten.

Telemachos begann seine Rede damit, dass er die Versammlung einberufen habe. Leider könne er nicht die Rückkehr der Soldaten aus Troja ankündigen. Er wolle aber die edle Runde über sein Leid und das seiner Mutter, der Königin, informieren und sie um Hilfe bitten. Dann beklagte er das Verhalten der Freier und die Vernichtung des Königsvermögens durch sie. Eindringlich beschrieb er, wie die Freier maßlos alles verschlängen, was Speisekammern, Weinkeller und Gärten des Palastes hergäben, und wie sie die Königin bedrängten. Willkür und Arroganz herrsche unter ihnen, frivoles und rücksichtsloses Verhalten seien ihre Merkmale. Er appellierte eindringlich, flehende Worte verwendend, an die Versammlung, ihm dabei zu helfen, menschliches und auch göttliches Recht wieder durchzusetzen. Die Götter würden ihnen sonst nicht mehr gnädig sein, und die Menschen der benachbarten Staaten würden sie verachten wegen dieser rechtlosen Zustände, sagte er. Leider sei kein Mann da wie Odysseus, der dem unheilvollen Treiben der Freier bald ein Ende bereitet hätte. Er selbst sei noch zu jung und unerfahren, um das alleine zu bewältigen. Nur mit Hilfe der angesehenen und einflussreichen Mitglieder dieser Ratsversammlung könne er dem Spuk ein Ende setzen. Leider befänden sich unter den Freiern auch einige Söhne der hier versammelten edlen Männer. Er und seine Mutter seien verzweifelt und flehten die Anwesenden um Hilfe an.

Telemachos bat um Hilfe und machte deutlich, dass er sie auch erwartete. Sein Vater, König Odysseus, habe niemanden etwas Schlimmes angetan; im Gegenteil, er sei immer wie ein Vater zu all seinen Untertanen gewesen.

Am Ende seines Vortrages war der junge Prinz sehr aufgewühlt, nach und nach war er immer mehr in Zorn geraten; er warf das Zepter auf den Boden und brach in Tränen aus. Die Anwesenden waren ergriffen und hatten offensichtlich Mitgefühl mit dem leidenden jungen Mann. Doch niemand wagte etwas zu sagen.

Das Lied von den Widersprüchen der Reifung

Und die Seele sang der immerwährenden Gültigkeit geflügelte Worte:
    Auf Eurer Fahrt durchs Leben könnt auch Ihr vielleicht erkennen, dass der Weg zur Reifung eines Jünglings eine Mischung von Zielsicherheit und Orientierungsschwäche, von Entschlossenheit und Überforderung ist. Trotz aller Motivation und allem Willen kann der noch nicht gefestigte Suchende und Handelnde der Last seines Vorhabens zum Opfer fallen. Es hat aber in der Regel wenig zu bedeuten: der Weg der Aufgaben- und Verantwortungsübernahme ist lang und erfordert Geduld. Rückschläge zu verkraften, wieder aufzustehen und weiterzugehen ist nicht Umweg, sondern notwendiger Bestandteil des Weges.
    Das ist Homers odysseische Botschaft.

Das betroffene Schweigen wurde von einem der anwesenden Freier unterbrochen – der Euch schon bekannte Hauptanführer Antinoos. Mit harten Worten beschimpfte er den klagenden und um Hilfe suchenden Telemachos. Er sei frech und ein arroganter Grünschnabel! Wie könne er es wagen! Die Freier würden zu Unrecht beschuldigt; die allein Schuldige für alle Probleme sei seine Mutter Penelope, die Tricksereien anwende, um eine Entscheidung hinauszuzögern. Seit über drei Jahren, bald vier, habe sie die Freier getäuscht. Jawohl, getäuscht und hingehalten habe sie sie! Sie mache allen Hoffnung, obwohl sie an eine neue Heirat überhaupt nicht denke. Sie wende immer wieder neue Tricks an, um die Hochzeit zu verhindern. Der letzte Trick sei der mit dem Weben gewesen: Auf einem großen Webstuhl habe sie angefangen, ein überdimensionales Tuch aus dünnen, feinen Fäden zu weben. Sie habe den Freiern mitteilen lassen, dass dieses Tuch das Leichentuch für ihren greisen Schwiegervater Laertes sei. Angeblich wolle sie nicht, dass ihr eines Tages der Vorwurf gemacht werde, dass ihr Schwiegervater, der früher so viel besaß, bei seinem Tod nicht einmal ein würdiges Leichentuch besessen habe. Wenn sie mit dem Weben des Tuches fertig sei, dann, aber erst dann, werde sie jemanden aus dem Kreise der Freier zum Ehemann wählen. Die Freier seien darauf hereingefallen und hätten ihr Wort gegeben, dass sie warten würden, bis das Tuch fertig gewoben sei. Aber sie habe nur am Tage gewebt; in der Nacht, im Licht von Fackeln, habe sie die tagsüber gewobenen Fäden gelöst und aufgetrennt. Nach drei Jahren erst habe eine der Dienerinnen das den Freiern verraten. Dann hätten sie sie auf frischer Tat ertappt und sie gezwungen, das Tuch fertig zu weben.

Antinoos schleuderte Telemachos entgegen, dass also niemand anders als seine Mutter dafür verantwortlich sei, was seit fast vier Jahren im Palast ablaufe; das sollten er und alle Griechen wissen. Die Freier trügen daran keinerlei Schuld.

Das Lied vom fehlenden Schuldbewusstsein

Und die Seele sang der immerwährenden Gültigkeit geflügelte Worte:

Auf Eurer Fahrt durchs Leben könnt auch Ihr vielleicht erkennen, dass fehlendes Schuldbewusstsein viele Gründe haben kann. Einer davon kann die Verleugnung sein, in der äußere Realitätsgegebenheiten zwar in ihrer Bedeutung und ihren Zusammenhängen wahrgenommen, jedoch nicht emotional erlebt und rational anerkannt werden. Oder die Verneinung von Motiven und Gefühlen. Oder die Verschiebung in dem Sinne, dass ursprünglich vorhandene Zusammenhänge ausgeblendet und neue hergestellt werden.

Das Resultat ist, dass die Situation vom Nicht-Schuldbewussten anders erlebt und präsentiert wird, als sie in der Wirklichkeit ist. Dadurch wird der Betroffene entlastet und die Entstehung von Schuldbewusstsein verhindert.

Das ist Homers odysseische Botschaft.

14 Die verblendende Macht der Überheblichkeit

Penelope wird von den Freiern bei ihrer List überrascht

Antinoos forderte Telemachos auf, seiner Mutter folgendes Ultimatum der Freier zu überbringen: Entweder gehe sie zu ihrem Vater und bitte um Zustimmung für einen ihr genehmen Bräutigam. Oder die Freier würden im Palast bleiben und das Familienvermögen verzehren, bis für ihn selbst nichts mehr übrig bleibe. Telemachos solle doch seine Mutter zwingen, den Palast zu verlassen und zurück zu ihrem Vater zu gehen, so dass von ihr eine Entscheidung zur Heirat erzwungen werde. Auf keinen Fall werde einer der Freier nach Hause gehen oder an seine Arbeit zurückkehren, bevor Penelope nicht eine Entscheidung getroffen habe. Bis dahin würden sie alle natürlich zu Lasten des königlichen Vermögens leben! Also, Telemachos müsse in diesem Sinne handeln, wenn er etwas vom väterlichen Besitz retten wolle.

Das Lied von der Erpressung

Und die Seele sang der immerwährenden Gültigkeit geflügelte Worte:
Auf Eurer Fahrt durchs Leben könnt auch Ihr vielleicht erkennen, dass es ein Ausdruck der Arroganz der Macht ist, wenn man mit Druck und Erpressung seinen Willen durchzusetzen versucht. Aber vielleicht habt auch Ihr schon die Erfahrung gemacht, dass die Arroganz der Macht selten ungestraft bleibt.
Das ist Homers odysseische Botschaft.

Ja, meine geschätzten Zuhörer, die Bestrafung der arroganten und mächtigen Freier wird kommen – so viel kann ich Euch schon jetzt verraten; und was für eine Bestrafung! Ihren Anfang hat sie spätestens mit dieser von Telemachos auf Athenas Rat hin initiierten Ratsversammlung genommen.

Der erhaben denkende Telemachos reagierte empört auf Antinoos unverschämte Forderung. Er trug mehrere Gründe vor, die ihm so etwas verböten. Erstens könne er nicht seine eigene Mutter, die ihn geboren und großgezogen habe, aus dem Haus weisen, zumal sein Vater sich in der Fremde befinde, tot oder lebendig. Zum anderen hätte er dann den mächtigen Ikarios, den Vater seiner Mutter, seinen Großvater also, gegen sich. Ikarios würde mit Sicherheit auch hohe materielle Entschädigungen aus dem königlichen Besitz verlangen. Darüber hinaus sei zu befürchten, dass seine Mutter ihn verfluchen würde, womit er der Verfolgung der Erinyen, der furchtbaren Bestrafungsgeister der Gewissensbisse, schutzlos ausgesetzt wäre.

Entschieden verlangte der junge Prinz von den Freiern, aus dem Palast zu verschwinden; er drohte ihnen sogar mit Vernichtung! Die Freier sollten – falls sie eine Spur von Selbstachtung hätten – nachhause gehen und ihre Gelage dort fortsetzen, abwechselnd einmal beim einen, dann beim anderen. Der Haushalt eines einzigen Menschen könne das jahrelang andauernde Schmausen nicht verkraften. Wenn sie sich aber weiter so verhielten wie bisher, dann werde er die Götter um Hilfe bitten; und falls die Götter seine Gebete erhörten, dann sei den Freiern der Untergang gewiss.

Unerhört! Unerhört war das für die Freier und für manchen anderen Anwesenden. Der Jüngling, der sich selbst noch vor kurzem als schwach und unerfahren bezeichnet hatte, drohte nun der mächtigen Horde der Freier mit dem Untergang! Und schien sich dabei noch göttlicher Hilfe gewiss!

Der Ignoranz Selbstüberschätzung

Als Telemachos zum Ende seiner Ansprache kam, geschah etwas Denkwürdiges: Der weitblickende Zeus sandte ihm vom hohen Gipfel des Berges herab zwei Adler. Zuerst segelten sie sanft, mit ausgebreiteten Flügeln vom Hauch des Windes getragen. Als sie aber die laute und vielstimmige Versammlung erreichten, begannen sie über den Köpfen der Männer wie wild im Kreise zu fliegen und kräftig mit den Flügel zu schlagen; sie attackierten sich gegenseitig, zerkratzten einander mit den Krallen die Köpfe und Hälse und schauten jedem einzelnen der anwesenden Freier bedrohlich direkt in die Augen. Dann drehten sie nach rechts ab und schossen über die Stadt hinweg. Als die Versammelten dieses unheimliche Schauspiel sahen, reagierten sie entsetzt; sie befürchteten Schlimmes.

Da stand der alte Held Halitherses auf, der beste Vogelzeichendeuter des Landes. Er bat das Volk von Ithaka und insbesondere die Freier, aufmerksam zuzuhören, was er zu sagen habe. Auf die Freier komme großes Unheil zu, eine Katastrophe; das und nichts anderes sei nämlich die Bedeutung des schaurigen Spektakels. Darüber hinaus deutete Halitherses die Vogelzeichen als eine Botschaft von Zeus, dass Odysseus bald zurückkehren werde; er sei irgendwo in der Nähe und plane die Vernichtung seiner Feinde. Das verheiße Unheil für die Freier und deren Tod, aber auch Probleme für andere Ithakier.

Halitherses appellierte an alle, seiner Prophezeiung Glauben zu schenken. Er habe schließlich den Ausgang des Feldzuges gegen Troja richtig vorausgesagt. Er habe doch prophezeit, dass Odysseus, nachdem er all seine Gefährten verloren und viel gelitten habe, nach zwanzig Jahren zurückkehren werde – unerkannt, sogar von den Seinen. Bald seien die zwanzig Jahre vorüber, verkündete er bedeutungsvoll. Er gab den Freiern den dringenden Rat, ihr Werben um Penelope samt allen unschönen Begleiterscheinungen zu beenden. Täten sie es nicht, dann sei ihr Verderben gewiss. Er appellierte auch an seine Landsleute, sich Gedanken darüber zu machen, wie man dem Treiben der Freier ein Ende bereiten könne, wenn diese es nicht freiwillig täten; nur so könne das in den Vogelzeichen so unmissverständlich angedrohte Unheil von der Insel abgewendet werden. „Habt nicht die falsche Hoffnung einer falschen Prophezeiung", sagte er. „Ich prophezeie nie falsch!" Bisher seien bekanntlich alle seine Prophezeiungen eingetreten, fügte er noch hinzu.

Wütend und drohend erwiderte Eurymachos, Sohn des Polybos und zweiter Führer der Freier, mit Worten der Überheblichkeit und Verachtung den altehrwürdigen Propheten Halitherses beleidigend: „Scher dich nachhause, Alter, und prophezeie schön für deine Kinder, so dass ihnen später nichts Schlimmes passiert. Uns kannst du nicht beeindrucken mit deiner Scharlatanerie; prophezeien können wir auch, besser als du. So viele Vögel fliegen im Lichte der Sonne, aber nicht alle und alles ist ein Zeichen der Götter. Odysseus ist in der Ferne gestorben, und nun Schluss damit! Jammerschade, dass du nicht mit ihm zusammen zu Grunde gegangen bist, dann hättest du uns nicht so einen Unsinn vortragen können!"

Das Lied von der Ignoranz der Arroganz

Und die Seele sang der immerwährenden Gültigkeit geflügelte Worte:
Auf Eurer Fahrt durchs Leben könnt auch Ihr vielleicht erkennen, dass es frevelhaft ist, wenn man der Erfahrung, die mit dem Alter des Menschen steigt, und dem Wissen, das mit der Kompetenz des Kundigen größer wird, mit Arroganz, Überheblichkeit und Respektlosigkeit begegnet. Die bitteren Konsequenzen des arroganten und respektlosen Verhaltens stehen beim so Handelnden schon bald vor der Tür.
Das ist Homers odysseische Botschaft.

Anschließend beschuldigte der entwürdigende Eurymachos den ehrwürdigen Halitherses der Schmeicheleien und Bestechlichkeit. Halitherses sage all dies unzutreffende und schwachsinnige Zeug, um sich beim jungen Telemachos beliebt zu machen, mit der Hoffnung auf reichliche Belohnung. Mit seinen Lügen und Hasstiraden hetze er diesen unreifen Hitzkopf Telemachos nur noch mehr gegen die unschuldigen Freier auf. Das werde aber sicherlich nicht gut für den Sohn des Odysseus ausgehen. Dem alten Propheten drohte der respektlose Eurymachos mit einer empfindlichen Strafe, die er nie vergessen werde, wenn er diesen Halbstarken, Telemachos, diesen aufgeregten Angeber, weiter in seiner Hetze gegen die Freier unterstütze.

Strotzend vor Überheblichkeit gab er dann Telemachos einen fast gleichlautenden Rat wie der Hauptanführer der Freier Antinoos vorher, nämlich dass er seine Mutter zur Hochzeit überreden solle. Sein Großvater Ikarios solle der Hochzeit seiner Tochter zustimmen, diese unverzüglich vorbereiten und dazu noch eine üppige Mitgift in Aussicht stellen; so wie es sich gehöre. Vorher, so fügte er hinzu, würden die Freier keinesfalls ihr Treiben beenden, weil sie nie und vor niemandem Angst hätten; vor Telemachos sowieso nicht, auch wenn er sich auf einmal so stark wähne und ihnen drohe. Und keine Deutung von Götterzeichen durch den selbsternannten Propheten, den senilen Halitherses, werde sie je von ihrem Vorhaben abhalten. Die Freier würden nicht ruhen, bis sie ihr Ziel erreicht hätten. Und sie würden auch weiterhin auf Kosten des Hauses Odysseus leben, bis das ganze Vermögen verbraucht sei; das wolle er ein für allemal klar stellen! Allerdings – und da stimme er Antinoos ganz zu – gebe es für all das nur eine einzige Schuldige: Penelope! Sie seien sich keiner Schuld bewusst!

Ja, meine verehrten Zuhörer, Ihr habt das Muster schon verstanden: Verleugnen, Verneinen, Verschieben!

Ihm erwiderte ruhig und besonnen Telemachos, dass er nicht im Geringsten daran denke, seiner geliebten Mutter das anzutun. Stattdessen wolle er einen Kompromiss vorschlagen – was nichts anderes war als das, was ihm zuvor die himmelblauäugige Göttin geraten hatte: die Freier sollten ihm ein Schiff mit zwanzig Ruderern zur Verfügung stellen; damit werde er nach Pylos und Sparta fahren, um Endgültiges und Zuverlässiges über das Schicksal seines Vaters zu erfahren. Dafür brauche er etwa ein Jahr Zeit. Falls er erfahren würde, dass Odysseus tot sei, und er ein Ehrengrabmal für seinen toten Vater errichtet habe, dann könne seine Mutter den Freier ihrer Wahl heiraten. Die Freier aber wollten sich auf diesen Kompromissvorschlag nicht einlassen.

Dann ergriff der allseits respektierte alte Mentor das Wort, ein enger Freund des göttlichen Odysseus; als der nach Troja aufgebrochen war, hatte er seine

Angelegenheiten und die Betreuung seines alten Vaters Laërtes diesem guten Freund überlassen. Mentor sagte nun zu den Versammelten, dass ihn das respektlose und arrogante Treiben der Freier und die Vergeudung des fremden Vermögens überhaupt nicht überrascht habe. Sie seien so von sich selbst überzeugt und so überheblich, sie glaubten so fest daran, dass Odysseus nie wieder zurückkehren werde, dass sie keine Skrupel hätten, das zu tun. Allerdings sei er sehr enttäuscht von der Haltung des Volkes von Ithaka, das so viel Gutes von Odysseus erfahren habe. Sei nicht der König immer wie ein Vater zu allen seinen Untertanen gewesen? Und nun lasse das undankbare Volk all dies ungestraft geschehen. Ein ganzes Volk wäre doch in der Lage gewesen, die wenigen Freier zur Ordnung zu rufen.

> **Das Lied von den Totengräbern der Dankbarkeit**
> Und die Seele sang der immerwährenden Gültigkeit geflügelte Worte:
> Auf Eurer Fahrt durchs Leben könnt auch Ihr vielleicht erkennen, dass Anpassung und Opportunismus, oder auch Angst und Feigheit, die schweigenden Totengräber der Dankbarkeit wie auch anderer Tugenden des Menschen sein können. Dadurch kann auch der vorher Dankbare zum Undankbaren werden – ob Individuum, ob Masse.
> Das ist Homers odysseische Botschaft.

Die klaren Worte des aufrichtigen und mutigen Mentor gefielen natürlich den Freiern überhaupt nicht. Voll des Zornes attackierte ihn einer von ihnen, mit Namen Leokritos. Er beschimpfte den ehrwürdigen Mentor als verblödeten alten Mann, einen Verrückten, der nur Schaden stiften wolle; er sei ebenso senil wie der alte Halitherses. Es sei töricht zu glauben, dass irgendjemand den Freiern etwas anhaben könne. Sie seien nicht nur stark und tapfer, sondern auch zahlreich. Selbst wenn Odysseus käme und sich mit ihnen anlegen würde, dann hätten sie nichts zu befürchten. Im Gegenteil, Odysseus würde es teuer bezahlen, mit seinem Leben nämlich. Niemand könne es mit der starken Gruppe der Freier aufnehmen, das solle jeder wissen. Was Telemachos anbelange, werde der nie ein Schiff von ihnen bekommen. Solle der doch seine beiden alten verrückten Freunde, Mentor oder Halitherses, darum bitten! Es werde für ihn kein Schiff geben. Basta! Und nun solle er sich ruhig in seine Ecke setzen und nicht so herumzappeln.

Und dann fügte der Freier noch hinzu, im Herrscherton und in Befehlshabermanier: Die Versammlung solle sich sofort auflösen, weitere Diskussionen würden nicht geduldet. Jeder habe nachhause zu gehen, und zwar sofort!

> **Das Lied von den Begleitern der Überheblichkeit**
>
> Und die Seele sang der immerwährenden Gültigkeit geflügelte Worte:
>   Auf Eurer Fahrt durchs Leben könnt auch Ihr vielleicht erkennen, dass Überheblichkeit nicht alleine in ihrem Sumpf haust; sie ist ständig in Gesellschaft von Respektlosigkeit, Verachtung, Verblendung, Realitätsverkennung, Ungerechtigkeit, Selbstgerechtigkeit, Selbstüberschätzung, Ichbezogenheit, Empathielosigkeit und anderen, die Menschlichkeit verdunkelnden Übeln.
>   Das ist Homers odysseische Botschaft.

Der Beginn einer Reifeprüfung

In der Tat löste sich die Versammlung auf und die eingeschüchterten Anwesenden gingen schweigsam und nachdenklich nachhause. Die Freier dagegen wandten ihre Schritte wieder zum Palast des Odysseus und setzten ihr Gelage unvermindert fort – natürlich wieder auf Kosten des Hauses.

Traurig ging Telemachos zum Strand, wusch sich Hände und Gesicht mit dem salzigen Wasser und betete zum dem unbekannten Gott, der ihm gestern in der Gestalt des Gastfreundes Mentis erschienen war, ihm zu helfen, das empfohlene Vorgehen verwirklichen zu können. Daraufhin erschien ihm wieder Athena, diesmal in Gestalt des weisen Mentors, der vorher in der Versammlung die tadelnden Worte gesprochen hat. Sie sprach – mit der Stimme und in der Art des väterlichen Freundes – zu ihm die geflügelten Worte, die ermutigenden und motivierenden: „Zeige, Telemachos, dass du weder ein Feigling, noch ein Dummkopf bist. Wenn du tatsächlich die starke Willenskraft deines Vaters geerbt hast, dann kannst du auch erfolgreich zu Ende bringen, was du dir vorgenommen hast. Du wirst es nur dann nicht schaffen, wenn du kein echter Sohn von Odysseus und Penelope bist; aber das ist ja nicht der Fall. In der Tat schaffen es nur wenige Söhne, so wie ihre Väter zu sein oder vielleicht sogar noch ein wenig besser. Die meisten Söhne sind ihrem Vater nicht ebenbürtig ..."

> **Das Lied von Übervater und Übermutter**
>
> Und die Seele sang der immerwährenden Gültigkeit geflügelte Worte:
>   Auf Eurer Fahrt durchs Leben könnt auch Ihr vielleicht erkennen, dass begabte und tüchtige Eltern nicht immer gleich begabte und tüchtige Kinder zeugen. Wie auch immer, der begabten und erfolgreichen Eltern weniger begabtes und weniger erfolgreiches Kind – und manchmal „bloß" gleich begabtes – ist selten zu

beneiden. Es muss sich immer mit Übervater oder Übermutter messen und wird von den Menschen mit denen verglichen. Nicht selten bleiben durch das Kräftemessen schmerzhafte Narben zurück. Oh weh dem schwächeren oder durch diese Narben geschwächten Kind!
Das ist Homers odysseische Botschaft.

Aber die himmelblauäugige Göttin und Meisterin der Motivationskunst, setzte – immer noch mit Mentors Stimme – die geflügelten Worte fort, die ermutigenden und motivierenden: „Aber weil du weder ein Feigling noch ein Dummkopf bist, sondern viel von der Klugheit und Tugend deines Vaters geerbt hast, wirst du es schaffen. Kümmere dich erst einmal überhaupt nicht um die frevelhaften Freier, die weder Gerechtigkeit noch Weisheit kennen; die haben ihre Sache nicht bis zu Ende gedacht. So erkennen sie auch nicht, dass am Ende ihres Tuns und Lassens die Keren lauern, die schwarzen Geister des plötzlichen Todes; sie verweilen schon ganz in der Nähe und warten gierig auf Beute."

> **Das Lied vom Vorausdenken**
> Und die Seele sang der immerwährenden Gültigkeit geflügelte Worte:
> Auf Eurer Fahrt durchs Leben könnt auch Ihr vielleicht erkennen, dass eine Sache bis zu Ende gedacht werden muss. Die Konsequenzen des eigenen Tuns und Lassens sollen vorausgedacht werden. Wenn Vorausdenken und Bis-zu-Ende-Denken nicht am Werk sind, dann ist die Vorbeugung von Schmerzen, Katastrophen, Enttäuschungen und die Abwehr anderer schwarzer Geister auch nicht tätig.
> Das ist Homers odysseische Botschaft.

Mentor – Athena, was Telemachos gottgewollt nicht wusste – versprach Hilfe. Er werde, als guter Freund des Vaters, für dessen Sohn das beste verfügbare Schiff ausrüsten und ihn sogar selbst auf der Reise begleiten. Darüber hinaus werde er sich darum kümmern, Freiwillige, tüchtige junge Männer, für die Schiffsbesatzung zu finden. Telemachos solle nun aber wieder zu den Freiern gehen und so tun, als ob er ihnen Gesellschaft leisten wolle. Nur heimlich solle er die Reise vorbereiten und Proviant zur Seite schaffen. Und dann solle er mit ihm und der Mannschaft zusammen so schnell wie möglich in See stechen.

Telemachos folgte dem Rat der Göttin – in der Gewissheit, damit dem Rat des weisen, ihn schützenden und fördernden älteren Freundes Mentor zu folgen. Im Palast angekommen, trübte sich sein Gemüt, als er sah, wie die Freier schon wieder verschwenderisch Ziegen und Schweine hatten schlachten und braten lassen. Als der Hauptanführer der Freier Antinoos ihn entdeckte, kam er mit breitem überheblichen Lächeln auf ihn zu, nahm seine Hand und sagte zu ihm: „Telemachos, du arroganter Grünschnabel, höre endlich auf, Böses gegen uns in deinem Kopf auszubrüten; vergiss die Worte als auch die Taten. Komm, tu mir den Gefallen und nimm an unserem Mahl teil. Wenn du das tust, könnte ich mir vorstellen, dass du von den Ithakiern doch ein Schiff mit tüchtigen Ruderern bekommen wirst und so nach Pylos fahren kannst, um Neues über deinen berühmten Vater zu erfahren."

Telemachos aber zog wütend seine Hand aus Antinoos Hand zurück, lehnte mit Empörung die Einladung ab und machte den Freiern noch einmal Vorwürfe, dass sie unverschämt fremdes Eigentum verzehrten. Und er wünschte ihnen den plötzlichen Tod, zu dem er selbst, jetzt nachdem er kein Kind mehr sei, beitragen werde. Er sei entschlossen, nach Pylos zu fahren, wenn es sein müsse, auch als einfacher Passagier auf einem fremden Schiff, denn er befürchte, er werde kein eigenes Schiff bekommen. Aber er sei überzeugt, dass diese Fahrt so oder so stattfinden und nicht ergebnislos bleiben werde.

Die Freier, in ihrer Überheblichkeit durch den krügeweise verzehrten Wein weiter enthemmt, begannen ihn auszulachen und zu verspotten. Manche äußerten den Verdacht, dass er ein Komplott zu ihrer Ermordung vorbereite, er würde dafür Mörder aus Pylos und Sparta anheuern; dies sei der wahre Grund der gewünschten Reise und kein anderer. Oder er fahre überhaupt nicht nach Pylos, sondern nach Ephyra, dort wo giftige Kräuter reichlich wachsen, um solche mitzubringen zwecks ihrer Vergiftung. Jemand äußerte den Wunsch, Telemachos möge während der Seefahrt genauso wie sein Vater verschollen gehen. Ungeachtet der Anwesenheit des jungen Prinzen dachte man sogar laut über Pläne nach, wie dann der königliche Besitz zu verteilen wäre. Sämtliches Eigentum solle unter den Freiern aufgeteilt werden; der Palast aber solle großzügigerweise Penelopes zukünftigem Ehemann überlassen werden, als Wohnsitz für das Brautpaar.

Angewidert vom Verhalten der Freier entfernte sich Telemachos und stieg heimlich in die Schatzkammer des Palastes hinab. Dort lagerten Gold und Kupfer, Truhen mit kostbaren Gewändern, Tongefäße voll mit duftendem Olivenöl und köstlich schmeckendem Wein. Über die Kammer hinter gut verschlossenen Türen wachte Tag und Nacht die erfahrene und kluge Eurykleia, die nicht nur Penelopes älteste Dienerin war und die Vorsteherin der anderen Palastdienerinnen, sondern auch Odysseus ebenso wie Telemachos liebe Amme und Erzieherin.

Telemachos vertraute ihr seine Reisepläne an und bat sie, heimlich Amphoren mit Wein und Säcke mit Mehl und sonstigen Proviant in ausreichender Menge dafür bereitzustellen. Die alte Eurykleia versuchte weinend, Telemachos von seinem Vorhaben abzubringen. Sie befürchtete nämlich, dass die

Freier seinen Tod in der Fremde oder unterwegs herbeiführen könnten und dann auch die Gelegenheit nutzen würden, den königlichen Schatz vollends zu plündern. Telemachos vertraute seiner lieben Amme an, dass der Plan göttlichen Ursprungs sei – der Gastfreund Mentis, der ihn empfohlen habe, sei nichts anderes als ein Gott gewesen; sie solle sich deswegen also keine Sorgen um ihn machen. Er bat sie aber, alles geheim zu halten, auch vor seiner geliebten Mutter. Erst am elften oder besser am zwölften Tag nach seiner Abreise dürfe sie es ihr sagen, und nur dann, aber wirklich nur dann, wenn die Königin danach frage. Eurykleia schwor bei den Göttern, dass sie es genauso tun würde wie von Telemachos erbeten. Gleich machte sie sich an die Arbeit, um die Vorräte für die Reise bereitzustellen.

Telemachos kehrte zu den Freiern zurück, um keinen weiteren Verdacht zu erregen.

Währenddessen organisierte die Zeustochter Athena, nun in der Gestalt von Telemachos selbst, die Reise. Sie rekrutierte heimlich geeignete Ruderer für das Schiff und bat einen edlen Mann, Noëmon, ein schnelles und tüchtiges Schiff zur Verfügung zu stellen, was er auch tat. Als die Göttin der Nacht Nyx mit ihrer dunklen Schleiern die Erde fest umhüllte, wurde das Schiff fast geräuschlos ins Meer gebracht, in der äußersten Ecke des Hafens versteckt und mit den notwendigen Gerätschaften ausgestattet.

Nachdem sie mit Schiffs- und Mannschaftsrekrutierung alles geregelt hatte, ging die himmelblauäugige Göttin, jetzt wieder in Gestalt von Telemachos schützendem und förderndem älteren Freund Mentor, in den Palast und teilte ihrem Schützling mit, dass ein Schiff und eine gut bewaffnete Mannschaft versteckt im Hafen auf ihn warteten. Zu guter Letzt übergoss Athena die zechenden Freier mit Weinrausch und Schlafmüdigkeit, so dass ihnen die Becher aus den Händen fielen und sie torkelnd in Richtung Stadt aufbrachen, wo ihre Unterkünfte waren.

Nachdem im Palast alles ruhig war, führte die mit Mentors Gestalt getarnte Zeustochter Telemachos zum Hafen. Erfreut erblickte er Schiff und Mannschaft, die bereit standen für die Reise; er bat die Männer, sogleich die Vorräte aus dem Palast zu holen und das Schiff zu beladen. So geschah es. Dann bereitete die Mannschaft das Schiff für die Abfahrt vor.

Pallas Athena, immer noch als Mentor, ging mit an Bord und nahm neben Telemachos Platz. Der von ihr erzeugte günstige Wind blies in die Segel und ließ das Schiff wie einen Pfeil über die Wogen gleiten. Die Mannschaft opferte den Göttern – allen voran Athena, während diese unerkannt in ihrer Mitte saß – süßen Wein und betete um sichere Reise. Das Schiff segelte die ganze Nacht durch ruhiges Meer, dank des günstigen Fahrwindes der Zeustochter, die als schützender, unterstützender und beratender Mentor Telemachos zur Seite stand.

> **Das Lied vom eigenen Mentor**
>
> Und die Seele sang der immerwährenden Gültigkeit geflügelte Worte:
> Auf Eurer Fahrt durchs Leben könnt auch Ihr vielleicht erkennen, dass der schützende, unterstützende, beratende, orientierungsgebende Ältere und Erfahrene für den Jüngeren und Unerfahrenen nicht nur eine unverzichtbare Hilfe ist, sondern auch für seine weitere Entwicklung und Reifung prägend und richtungsgebend ist; manchmal fürs Leben bestimmend. Beneidenswert sind diejenigen, denen ein Mentor zur Seite steht; nicht zu beneiden dagegen die, die eine solche geistige Vaterfigur vermissen müssen.
> Das ist Homers odysseische Botschaft.

Zu Recht also wird in Euren modernen Sprachen der schützende, unterstützende, beratende, orientierungsgebende Ältere und Erfahrene „Mentor" genannt. Der alte, weise Mann aus Ithaka hat es wohl verdient!

So begann Telemachos Reifereise.

Die vollendete Reife sollte am Ende der nun begonnenen langen Reise stehen.

Telemachos, verehrte Zuhörer, soviel kann ich Euch schon jetzt sagen, begann diese Reise als gerade initiierter Jüngling; als kampfbereiter und reif denkender Mann kehrte er von ihr zurück.

15
Der Suche bereichernde Folgen

> **Zusammenfassung**
>
> Aus dem dritten Gesang meiner Odyssee werde ich Euch erzählen von der großen Gastfreundschaft, mit der Nestor, der König von Pylos, Telemachos empfängt, obwohl er noch nicht weiß, wer der junge Mann und sein Begleiter sind. Nachdem Telemachos sich dem alten König offenbart hat, bittet er ihn um Informationen über seinen Vater. Nestor erzählte vieles vom Schicksal der nach dem Krieg gegen Troja heimgekehrten Griechen. So etwa über die Ermordung des Königs der Könige, Agamemnon, durch dessen Frau und ihren Liebhaber sowie über seine Rächung durch Orestes, Agamemnons Sohn. Vom Schicksal seines Freundes Odysseus kann er nur wenig berichten, weil sich ziemlich zu Beginn der Reise ihre Wege trennten. Er verweist auf Menelaos, den König von Sparta, der wahrscheinlich mehr Informationen geben kann, weil er vor nicht allzu langer Zeit in die Heimat zurückgekehrt ist. In Begleitung von Nestors Sohnes Peisistratos reist Telemachos am nächsten Tag nach Sparta.
>
> Und die uns begleitende Seele wird dabei geflügelte Worte von immerwährender Gültigkeit singen, wie etwa über die segensreiche Bescheidenheit des Unerfahrenen bei der Begegnung mit Autoritäten, über die ebenfalls segensreichen Folgen des Erkenne-dich-selbst und über das ergebnisoffene Ende der Suche nach der Wahrheit. Dann noch über die Verantwortung im Umgang mit Gunst und Wohlwollen sowie die Kraft und die Bürde von Vorbildern. Und über manches andere.

Die Gastfreundschaft, die nicht zuerst fragt

Und so begann Telemachos Suche nach dem verschollenen Vater. Er und seine Mannschaft fuhren die ganze Nacht über das Meer. Als der Sonnengott Helios den Schoß des Meeres verließ und hoch in den Himmel wanderte, um den Unsterblichen das Licht zu bringen und für die Sterblichen die ernährende Erde zu beleuchten, erreichte das Schiff der Ithakier die schön gebaute Stadt Pylos. Sie kamen an, als am Strand gerade die Bewohner der Stadt dem bläulichgelockten Poseidon einen Stier opferten.

Nachdem die Mannschaft das Schiff fest verankert hatte, gingen alle Männer an Land; allen voran Telemachos und neben ihm Athena, immer noch in der Gestalt von Mentor. Sie ermunterte den jungen Prinzen, sich mit Selbstvertrauen und festen Schrittes Nestor zu nähern, der am Strand in Begleitung der anderen Pylos-Bewohner mit der Opferzeremonie beschäftigt war. Denn das sei ja das Ziel der Reise, nämlich Nestor zu treffen, um von ihm zu erfahren, was er vom Schicksal des Vaters wisse. Aber Telemachos zögerte; er befürchtete, dass er – unerfahren und unsicher – nicht die richtigen Worte fände, wenn er vor einem so ehrwürdigen und berühmten Mann stünde.

> **Das Lied von einer Asymmetrie**
>
> Und die Seele sang der immerwährenden Gültigkeit geflügelte Worte:
> Auf Eurer Fahrt durchs Leben könnt auch Ihr vielleicht erkennen, dass das Gefühl, unsicher, unerfahren, ja unwichtig zu sein, wenn man vor einem Erfahrenen und Berühmten steht, nicht nur ein Ausdruck von Bescheidenheit, sondern auch ein Ausdruck des Erkenne-dich-selbst sein kann; und damit auch ein wichtiger Schritt zur eigenen positiven Entwicklung.
> Das Ende dieser Entwicklung könnte sein, dass man selbst, dann als Erfahrener und Berühmter, Menschen gegenüber steht, die sich unsicher, unerfahren, ja unwichtig fühlen, vor allem bei dieser Begegnung mit so einem, oder selbstverständlich einer, Erfahrenen und Berühmten.
> Wenn aber so ein Gefühl der Unsicherheit bei jemandem niemals vorkommt, dann könnte das Ausdruck einer persönlichkeitsgebundenen, ja auch krankhaften Selbstüberzeugung und Selbstüberschätzung und eines übertriebenen Selbstwertgefühls sein. Und das wären Hindernisse dabei, auf dem eigenen Weg eines Tages als Erfahrener und Berühmter – als ein Nestor – vor jüngeren und unerfahrenen Menschen stehen zu können.
> Das ist Homers odysseische Botschaft.

Die himmelblauäugige Göttin sprach daraufhin zu Telemachos – den schon vorher begonnenen Motivationseinsatz fortführend und wiederholend – die geflügelten Worte, die ermutigenden: „Du hast nicht den geringsten Grund, jetzt schüchtern oder unsicher zu sein. Denke an das Ziel deiner Reise. Du bist hierher gefahren, um etwas über das Schicksal deines Vaters zu erfahren; nun ist die Gelegenheit dazu. Der weise Nestor weiß sicherlich vieles über die Rückfahrt deines Vaters. Er wird dir ohne Zweifel behilflich sein; denn er ist ein hilfsbereiter, tugendhafter Mensch. Du sollst ihn nur darum bitten. Außerdem stehst du unter dem Schutz eines Gottes. Nun geh!"

Doch Telemachos zögerte weiterhin und sagte die geflügelten Worte, die unsicheren und scheuen: „Aber Mentor, wie soll ich das denn machen? Wie soll ich den alten weisen König anreden? Ich bin doch völlig unerfahren, kluge Worte kann ich noch nicht sprechen. Du weißt doch, wie unsicher ein unerfahrener Mensch ist, wenn er Berühmtheiten trifft."

> **Das Lied vom omnipräsenten Erkenne-dich-selbst**
>
> Und die Seele sang der immerwährenden Gültigkeit geflügelte Worte:
> Auf Eurer Fahrt durchs Leben könnt auch Ihr vielleicht erkennen, dass das Erkenne-dich-selbst jedem gut zu Gesicht steht, auch wenn es im ersten Moment

hemmend zu wirken scheint. Auch das gehört zum Reifungsprozess eines Menschen.
Das ist Homers odysseische Botschaft.

Mentor/Athena sprach dem zögernden Telemachos weiter Mut zu. „Mithilfe der Götter wirst du es schaffen", war die Antwort der Göttin. Und ohne Zögern ging sie voran; Telemachos folgte seinem Mentor.

Nestor saß in der Mitte der Opfergesellschaft, neben ihm seine Söhne. Als sie die Fremden näherkommen sahen, standen alle auf, reichten den Ankommenden die Hände, begrüßten sie freundlich und luden sie ein, am Opferschmaus teilzuhaben. Den Gästen wurden bequeme Sitze inmitten der königlichen Familie angewiesen, vor einem reichlich gedecktem Tisch. Nestors Sohn Peisistratos reichte dem älteren der beiden Fremden einen goldenen Becher mit Opferwein und forderte ihn auf, zuerst solle er, dann auch der ihn begleitende Jüngling dem Erderschütterer Poseidon spenden und zu ihm beten. Er gehe davon aus, dass die beiden an die Götter glauben, denn die Menschen bräuchten Götter, fügte er hinzu.

Telemachos folgt der als Mentor getarnten Athena

Das Lied von einem Höheren

Und die Seele sang der immerwährenden Gültigkeit geflügelte Worte:
Auf Eurer Fahrt durchs Leben könnt auch Ihr vielleicht erkennen, dass man ohne irgendwelche Götter nur schwerlich auskommt. Um was für Götter es sich handelt, himmlische oder irdische, ist letzten Endes weniger von Bedeutung; ein Höherer muss aber da sein, zu dem der Mensch aufschauen und an dessen Weisungen er sich orientieren kann.
Das ist Homers odysseische Botschaft.

Die Göttin der Weisheit freute sich, sowohl über das gastfreundliche Benehmen von Nestors Sohn wie auch über seine Frömmigkeit. Athena/Mentor sprach sofort ein Gebet an den Erderschütterer Poseidon, in das sie Nestor, die königliche Familie und alle Bewohner von Pylos einschloss. Sie betete auch für die Erfüllung des Zweckes der Reise und für eine sichere Rückfahrt. Nachdem sie aus dem wunderschönen doppelhenkligen goldenen Becher dem Gott Poseidon duftenden Opferwein gespendet hatte, reichte sie ihn Telemachos weiter; dieser sagte dann genau dasselbe wie sein Mentor, innerlich erleichtert, sich an dessen Worten orientieren und seine Schüchternheit überwinden zu können.

Das Lied vom wegweisenden Mentor

Und die Seele sang der immerwährenden Gültigkeit geflügelte Worte:
Auf Eurer Fahrt durchs Leben könnt auch Ihr vielleicht erkennen, dass die Wegweisung und Unterstützung und die Anleitung zur Überwindung eigener Unsicherheiten durch einen Mentor am leichtesten anzunehmen ist; vor allem dann, wenn er im konkreten Fall als lebendiges Beispiel dient.
Das ist Homers odysseische Botschaft.

Erst nachdem alle ausgiebig das Opfermahl genossen hatten, fragte der ehrwürdige Nestor die Fremden, wer sie denn seien, woher sie kämen und welcher der Zweck ihrer Reise sei. Seien sie friedliche Geschäftsleute oder doch Piraten, die die Meere verunsichern und Katastrophen bringen?

Das Lied von der höchsten Stufe der Gastfreundschaft

Und die Seele sang der immerwährenden Gültigkeit geflügelte Worte:
Auf Eurer Fahrt durchs Leben könnt auch Ihr vielleicht erkennen, dass der echten Gastfreundschaft höchste Stufe sich dadurch auszeichnet, dass sie nicht nach Herkunft und Eigenschaft fragt, nicht nach Ursprung und Ziel, sondern fraglos erteilt wird.

Vielleicht fragt Ihr euch, ob das klug oder leichtsinnig ist? Das kommt immer auf die Prioritäten an, die man sich selbst setzt. Für manche Menschen sind Offenheit, Freundlichkeit und Großzügigkeit höhere Güter als das Sicherheitsbedürfnis.
Das ist Homers odysseische Botschaft.

Der Wahrheitssuche bittere oder süße Früchte

Ihm antwortete der besonnene Telemachos, der sich durch die vorangegangene göttliche motivationstherapeutische Intervention und die Sicherheit gebende Anwesenheit des älteren Freundes selbstsicherer verhielt. Er erklärte Nestor, wer er sei, und woher er komme; dann nannte er ihm das Ziel der Reise: Sie seien einzig auf der Suche nach Hinweisen auf das Schicksal seines Vaters, des göttlichen Odysseus. Er suche nicht Trost oder falsche Hoffnungen, sondern die Wahrheit, und nur die Wahrheit – so bitter sie vielleicht auch sein möge. Nur wenn er erfahre, was wirklich geschehen sei, dann hätte seine Reise einen Sinn.

> **Das Lied von ergebnisoffener Suche**
> Und die Seele sang der immerwährenden Gültigkeit geflügelte Worte:
> Auf Eurer Fahrt durchs Leben könnt auch Ihr vielleicht erkennen, dass wenn man sich auf die Suche begibt, man auf ein offenes Ergebnis vorbereitet sein sollte, darauf, dass das Ergebnis nicht immer das Erhoffte ist. Auch bittere Wahrheiten können das Ende der Suche sein. Aber die Ergebnisoffenheit gibt der Suche ihren Sinn.
> Das ist Homers odysseische Botschaft.

Nestor freute sich, den Sohn seines alten Freundes Odysseus kennenzulernen. Er staunte über die Ähnlichkeit, die der junge Mann mit seinem Vater hatte, besonders was die Art zu sprechen betraf. Er erzählte dem jungen Prinzen, dass sein Vater der klügste und begabteste aller Kriegsteilnehmer gewesen sei und dass die Griechen die Eroberung Trojas ihm zu verdanken hätten. Er sei froh und stolz, dass Odysseus und er immer der gleichen Meinung gewesen seien. Gemeinsam hätten sie die übrige Heeresführung beraten, und gemeinsam hätten sie eine Reihe von brenzligen Situationen glücklich meistern und Probleme lösen können.

Traurig fügte er hinzu, dass das Schicksal der meisten siegreichen Griechen nicht besser als das der besiegten Trojaner gewesen sei. Um das Leid von Besiegten und Siegern zu schildern, brauche man Jahre. Was die siegreichen Griechen betreffe, müsse er sagen, dass viele der hervorragenden Helden vor den Toren Trojas ihr Leben gelassen hätten; so etwa Achilles und Ajax, Patroklos und auch sein eigener Sohn Antilochos – alles hervorragende Helden. Unendlich viel hätten die Griechen während des zehnjährigen Krieges gelitten.

Nachdem aber die siegreichen Griechen Troja erobert und zerstört hatten und in die Heimat zurückkehren wollten, habe sich gezeigt, dass die Götter ihnen gegenüber nicht mehr wohlwollend gewesen seien. Die Griechen selbst aber seien dafür verantwortlich, da sie nicht alle vernünftig und tugendhaft gewesen seien. Zeus habe deshalb entschieden, die Heimkehrenden wegen ihres frevelhaften Verhaltens zu bestrafen; er habe damit den Wunsch Athenas erfüllt. Ja, ausgerechnet der notorischen Philhellenin Athena, die am meisten gegen ihre einstigen Schützlinge erzürnt gewesen sei.

> **Das Lied von Gunst und Wohlwollen**
> Und die Seele sang der immerwährenden Gültigkeit geflügelte Worte:
> Auf Eurer Fahrt durchs Leben könnt auch Ihr vielleicht erkennen, dass die Gunst und das Wohlwollen der Schützenden, der Förderer, der Unterstützer verspielt werden kann, indem man die Voraussetzungen und Regeln, die Gunst und Wohlwollen erst ermöglichen, verletzt. Will man sie weiter genießen, verlangt das stete Wachsamkeit und anhaltenden Respekt.
> Gunst und Wohlwollen stellen kein gottgewolltes, in Stein gemeißeltes Recht dar. Götter und Gönner sind sehr empfindliche Wächter von Gunst und Wohlwollen.
> Das ist Homers odysseische Botschaft.

Was war geschehen? Was hatte Athena und die anderen Götter veranlasst, den Griechen ihre Gunst zu entziehen? Warum ausgerechnet Athena, deren Philhellenismus ich in meiner Ilias in hunderten von Versen besungen habe – wie Ihr, meine verehrten Zuhörer, die dabei waren, Euch sicherlich noch erinnern könnt.

Recherchen späterer Mythographen, die ich Euch jetzt in Ergänzung meiner Odyssee mitteile, haben folgendes ergeben:

Während der Eroberung Trojas habe die Seherin und Athenapriesterin Kassandra geheiligtes Asyl an Athenas Altar gesucht. Eine Einheit griechischer Soldaten unter der Leitung von Ajax, dem sogenannten kleinen, Sohn des Oineas, habe das Heiligtum gestürmt. Ajax sei sogar bis zum Altar vorgedrungen, was einer Entweihung gleich kam. Er habe Kassandra, die Prophetin und Athenapriesterin, an den Haaren aus dem Heiligtum gezerrt und sie zur Sklavin genommen. Diese Missachtung sowohl der die Griechen schützenden Göttin als auch des geheiligten Asyls sei der Grund für den Zorn der Göttin gewesen.

Die erzürnte himmelblauäugige Athena, so Nestor weiter, habe absichtlich Zwist zwischen den beiden Atriden, des Atreus Söhnen Agamemnon und Menelaos, gestiftet. Bei der Versammlung des vom Sieg und Wein berauschten Heeres, direkt nach der Eroberung Trojas, habe Agamemnon die Meinung vertreten, dass man noch einige Zeit im trojanischen Land bleiben solle, um prächtige Dankes- und Bitt-Zeremonien für eine sichere Rückkehr zu veranstalten; und vor allem den wegen der Schändung ihres Heiligtums befürchteten Zorn der Zeustochter Athena zu besänftigen. Der arme Agamemnon wusste aber offensichtlich nicht, dass die Gebete der Sündigen keine Chance hatten, erhört zu werden. Denn bekanntlich ändern die Götter nicht so schnell ihre Meinung.

> **Das Lied von geschehenen Torheiten**
> Und die Seele sang der immerwährenden Gültigkeit geflügelte Worte:
> Auf Eurer Fahrt durchs Leben könnt auch Ihr vielleicht erkennen, dass geschehene Torheiten mit einer Entschuldigung oder etwas ähnlichem nicht so leicht aus der Welt zu schaffen sind. Auf jeden Fall kann eine Opfergabe oder eine Entschuldigung Torheiten keineswegs einfach ungeschehen machen.
> Das ist Homers odysseische Botschaft.

Im Gegensatz zu Agamemnon habe der andere Atride, der blonde Menelaos, die sofortige Rückkehr in die Heimat ohne kostbaren Zeitverlust empfohlen. Tumulte seien den gegensätzlichen Vorschlägen der Brüder gefolgt, wobei der reichlich geflossene Wein eine nicht unwesentliche Rolle gespielt habe. Das Heer habe sich in Befürworter des einen und des anderen Vorschlags gespalten. Die ganze Nacht hätten die siegreichen Krieger gestritten und Gehässigkeiten ausgetauscht.

Am Morgen sei dann tatsächlich die eine Hälfte des Heeres in Richtung Heimat gesegelt, Menelaos folgend, während die andere Hälfte, so wie Agamemnon es wünschte, noch für eine Weile in Troja geblieben sei. Unter den Abfahrenden seien auch er selbst, fuhr Nestor fort, und sein Freund Odysseus gewesen. In Tenedos angekommen, hätten die Mannschaften den Göttern geopfert und um die sichere Durchquerung der Ägäis gebeten. Aber auf Tenedos sei ein neuer Streit entstanden und habe die Mannschaften wieder in zwei Gruppen gespalten: Die eine Gruppe sei Menelaos und Nestor in Richtung Heimat gefolgt, die andere Gruppe aber Odysseus, der zurücksegeln wollte zu Agamemnon; im Nachhinein habe er offensichtlich ein Gefühl von Illoyalität dem obersten Heeresführer gegenüber und deshalb ein schlechtes Gewissen gehabt. Er sei dem Ruf seines Gewissens gefolgt und habe seine Haltung korrigiert, was Agamemnon als sehr edel empfunden und sich sehr darüber erfreut habe.

> **Das Lied von der Stimme des Gewissens**
> Und die Seele sang der immerwährenden Gültigkeit geflügelte Worte:
> Auf Eurer Fahrt durchs Leben könnt auch Ihr vielleicht erkennen, dass man manchmal etwas tut, ohne auf die Stimme des Gewissens zu achten. Wenn sie dann später hörbar wird, ist es eine edle Haltung, ihr zu folgen und Getanes zu korrigieren. Reue, die zur Korrektur vorherigen Verhaltens führt, ist des erhabenen Menschen Eigenschaft.
> Das ist Homers odysseische Botschaft.

Nestors Flotte und die des blonden Menelaos seien gemeinsam mit der des edlen Diomedes in Richtung Griechenland gesegelt. In Lesbos angekommen, hätten sie diskutiert, welche Route die sicherste sei. Sie hätten den Gott der Meere, den Gewässerherrscher und Erderschütterer Poseidon, um Rat gebeten. Dieser habe ihnen dann das Zeichen gegeben, dass die sicherste Route direkt quer durch die Ägäis in Richtung Euböa führe; die Insel liege dicht am griechischen Festland, und wenn sie erreicht sei, sei jedes Unheil durch zorniges Meer und stürmische Winde abgewendet.

In der Tat habe sich das Zeichen Poseidons als zuverlässig erwiesen. Ohne Zwischenfall hätten sie die Küste des griechischen Festlandes erreicht. Mit reichen Opfergaben an Poseidon hätten sie ihre große Dankbarkeit und tiefe Erleichterung zum Ausdruck gebracht. Der günstige Fahrtwind habe lange angedauert, so dass die Schiffe, die mit Nestor und Diomedes unterwegs waren, ohne weitere Zwischenfälle nachhause gekommen seien. Menelaos aber habe unterwegs große Probleme gehabt, so dass er mit vielen Jahren Verspätung die Heimat erreicht habe; mehr wisse er darüber aber leider nicht.

Auch was mit dem anderen Teil des Heeres geschehen sei, das nicht mit ihm gesegelt sei, wisse Nestor aus eigener unmittelbarer Erfahrung nicht. Er habe aber gehört, dass Neoptolemos, der Sohn des großen Achilles, mit seinen Gefährten glücklich zurückgekehrt sei. Und auch Idomeneus, der edle rechtschaffene Führer der Kreter, habe alle seine Leute, die den Krieg überlebt hätten, ohne Zwischenfälle nach Kreta zurückführen können. Philoktetes, der Träger von Herakles Waffen, dessen Anwesenheit Voraussetzung für die Eroberung Trojas war, sei ebenfalls heil in der Heimat angekommen.

Und dann berichtete Nestor noch davon, wie Agamemnon umgekommen war, getötet von seiner Frau Klytämnestra und ihrem Liebhaber und gerächt von seinem Sohn Orestes. So wie Ihr die Geschichte schon kennt.

Orestes, der seinen ermordeten Vater gerächt hatte, solle ein Vorbild für Telemachos sein, fügte Nestor hinzu. Mit so einem Verhalten wäre auch Telemachos ein Vorbild für kommende Generationen.

Das Lied von motivierenden Vorbildern

Und die Seele sang der immerwährenden Gültigkeit geflügelte Worte:
Auf Eurer Fahrt durchs Leben könnt auch Ihr vielleicht erkennen, dass Vorbilder auf jemanden eine ungeahnte motivierende Wirkung haben können, deren Kraft nicht zu unterschätzen ist. Aber Vorbilder sind auch verpflichtend und insofern auch eine Bürde.
Das ist Homers odysseische Botschaft.

Nachdem Nestor noch einmal sein Bedauern geäußert hatte, dass er leider nicht mehr über Odysseus zu berichten habe, und am Ende seiner Erzählung angelangt schien, erwiderte ihm der Jüngling Telemachos mit den geflügelten Worten, den nachdenklichen: „Nestor, du ruhmreicher Fürst der Griechen, Orestes hat in der Tat in bewundernswerter Weise seine Pflicht erfüllt. Aber mit so einem Vorbild kann ich mich nicht messen. Hätten mir die Götter auch die gleiche Kraft und den gleichen Mut wie Orestes gegeben, dann hätte ich ebenso gehandelt wie er und die Freier, die meine Mutter belagern und das Vermögen der Familie verschleudern, für ihre Freveltaten hart bestraft. Aber weil mir diese Kraft und dieser Mut nicht gegeben sind, muss ich doch all das über mich ergehen lassen."

Das Lied von vermeintlich unerreichbaren Vorbildern

Und die Seele sang der immerwährenden Gültigkeit geflügelte Worte:
Auf Eurer Fahrt durchs Leben könnt auch Ihr vielleicht erkennen, dass man nicht selten geneigt ist, die Taten und die Haltung von Vorbildern von vornherein als unerreichbar zu erachten. Man fühlt sich klein und unwürdig im Vergleich zu ihnen. Die Funktion von Vorbildern soll aber genau das Gegenteil bewirken – motivierend, inspirierend und orientierend sein. Und ein bildhaftes Vorleben der zu erreichenden Tugenden.
Das ist Homers odysseische Botschaft.

Der alte weise Nestor erwiderte, dass er von den Untaten der unverschämten Freier schon gehört habe. Er fragte Telemachos, ob er eine solche Behandlung freiwillig ertrage oder ob die Menschen in Ithaka ihn nicht mögen und deshalb so etwas geschehen ließen. Ohne die Antwort abzuwarten, fügte er noch hinzu, dass er Hoffnung auf Odysseus Beschützerin, die Zeustochter Athena, setze. Er habe nie erlebt, dass eine Göttin einem Menschen so helfe und ihn so beschütze wie Pallas Athena den ruhmreichen Odysseus. Wenn sie auch ihn, Telemachos, so liebe und beschütze wie seinen Vater, dann sollten die Freier ein bitteres Ende ihres Frevels befürchten.

Doch selbst diese sehr hoffnungsvollen Worte des alten Königs konnten Telemachos nicht aus seinem tiefreichenden Pessimismus rausholen; er hatte auch das fast unsichtbare, aber bedeutungsvolle Lächeln von Nestor/Athena überhaupt nicht bemerkt. Im Gegensatz zu seinem letzten Auftreten auf Ithaka wirkte er wieder resigniert, selbstunsicher und überzeugt davon, dass er das nicht schaffen könne, nicht einmal mit Hilfe eines Gottes. Auch der Hinweis seines weisen Beschützers und Förderers Mentor – natürlich wissen wir, dass es Athena war –, dass für einen Gott nichts unmöglich sei, konnte den jungen Prinzen nicht aus seinem Pessimismus und der Resignation reißen. Dann fügte Athena noch hinzu, dass es nur eine Situation gebe, in der die Götter einen Schützling nicht vor dem Tode bewahren könnten, nämlich dann, wenn seine von den Göttern bestimmte Stunde geschlagen habe. Als Beispiel dafür erwähnte sie den Mord an Agamemnon durch Ägisthos und Klytämnestra, den die Götter nicht verhindert hätten.

Da lenkte Telemachos das Gespräch in eine andere Richtung, offensichtlich um einen Disput mit Mentor/Athena zu vermeiden. Er bat Nestor, ihm zu erzählen, wie es möglich gewesen sei, dass Ägisthos das alles tun konnte, obwohl Agamemnon, der König der Könige, ihm weit überlegen gewesen sei. Er wollte auch wissen, welche Rolle Menelaos dabei gespielt habe und warum der die Sache nicht schon bereinigt habe, bevor sein Bruder zurückgekehrt sei. Der habe, wie Nestor berichtet habe, doch schon lange vor Agamemnon die Rückreise angetreten.

Nestor erzählte ihm die Euch bekannte Geschichte von Agamemnons Ermordung. Menelaos habe nicht helfen und die Verhältnisse im Palast seines Bruders in Ordnung bringen können, weil er ein ungewolltes Abenteuer erleben musste. Als nämlich seine Flotte in der Nähe von Kap Sounion, einer Landzunge in der Nähe von Athen, segelte, sei plötzlich Menelaos Steuermann, der gerade am Steuer das Führungsschiff der Flotte navigierte, durch den Pfeil des Apollon getroffen worden.

Das sagte man damals, meine geschätzten Zuhörer, wenn ein Mann plötzlich tot umfiel; „Er ist durch Apollons Pfeil getötet worden." Wenn eine Frau den plötzlichen Tod fand, war sie durch die Pfeile der Artemis, Apollons Schwester, umgekommen. Aber das habe ich Euch schon erzählt, hier bloß eine kleine Spende an die Erinnerungsauffrischung.

Bis zu diesem Zeitpunkt seien Nestors Schiffe zusammen mit denen des Menelaos gesegelt. Da hätten sie sich getrennt, weil Menelaos mit seiner Mannschaft an Land gegangen sei, um eine würdevolle Bestattungszeremonie für den tüchtigen und allseits beliebten Hauptsteuermann zu veranstalten. Der Tod des erfahrenen Steuermannes aber, der viel kompetenter als alle anderen Seeleute gewesen war, habe verheerende Folgen gehabt. Als nämlich die Flotte um die südliche Küste des Peloponnes herumsegelte, habe Zeus einen schlimmen Seesturm geschickt, dem sie ohne den erfahrenen Navigator nicht zu entfliehen vermochten. Ein Teil der Schiffe sei an die Küste Kretas getrieben worden und an den Felsen zerschellt. Glücklicherweise habe sich die Mannschaft an Land retten können. Nur fünf Schiffe, darunter das des Menelaos, habe von Winden getrieben unversehrt an der Küste Ägyptens landen können. Dort seien sie lange geblieben und hätten viele Schätze in ihre Schiffe geladen. Inzwischen hätten Ägisthos und Klytämnestra über sieben Jahren in Agamemnons Reich nach dessen Ermordung regiert. Im achten Jahr sei Orestes gekommen und habe den Vater gerächt. Erst viele Jahre nach Agamemnons Ermordung also und auch erst unmittelbar nach Orestes Racheakt sei Menelaos im Palast seines Bruders eingetroffen.

Am Ende dieses Berichtes über Menelaos abenteuerliche Heimfahrt versicherte Nestor Telemachos noch einmal sein Bedauern, dass er ihm nichts über das weitere Schicksal seines Vaters Odysseus sagen könne. Er gab ihm aber die Empfehlung, sobald wie möglich nachhause zurückzukehren, weil sonst die unverschämten Freier alles völlig zu Grunde richten würden. Allerdings müsse er vorher noch etwas erledigen, sagte der alte König zu dem jungen Prinzen. Er solle unbedingt auch Menelaos aufsuchen. Der sei ja erst vor kurzem in die Heimat zurückgekehrt, und vielleicht habe er noch neuere Informationen über Odysseus. Falls Telemachos nicht mit dem Schiff zu ihm reisen wolle, sondern übers Land, dann biete er an, ihm Wagen und Pferde zur Verfügung zu stellen; und seine landeskundigen Söhne könnten ihn begleiten.

Inzwischen war es dank Nyx dunkel geworden, so dass sich alle, nachdem sie den Göttern erneut reichlich geopfert hatten, zum Abendmahl niedersetzten. Danach wollten sich Telemachos und Mentor/Athena auf den Weg zum Schiff machen. Nestor aber bestand darauf, dass sie als Gäste bei ihm im Palast schlafen und nicht auf dem unbequemen Schiff. Mentor/Athena schlug daraufhin vor, dass Telemachos bei Nestor bleibe und sich direkt früh am Morgen in Begleitung eines von Nestors Söhnen auf den Weg zu Menelaos mache. Er selbst wolle doch direkt zum Schiff gehen und sich um die Mannschaft kümmern; die bestehe aus vielen jungen Leuten in Telemachos Alter, so dass Unterstützung und Anweisungen bitter nötig seien. Mit diesen Worten verschwand Athena, nun nicht mehr in der Gestalt des alten gütigen Mentor; vielmehr flog sie davon wie ein Falke. Allen lief ein Schauer über den Rücken, und der weise Nestor, der sofort erkannte, dass die himmelblauäugige Athena nicht nur des Vaters Beschützerin, sondern auch die des Sohnes war, beglückwünschte den vor Staunen, Ergriffensein und Glück sprachlosen Telemachos zu dem großen Privileg, ein Auserwählter der mächtigen Göttin zu sein. Diesen Worten schickte er der Göttin ein Gebet hinterher.

Dann ging der alte König mit Söhnen und Schwiegersöhnen und in deren Mitte Telemachos zum Palast. Dort öffnete die Haushälterin ein Fass mit elf

Nestor bei der Opferzeremonie

Jahre altem duftenden Wein. Und wieder wurde den Göttern gespendet, bevor alle reichlich davon tranken und sich dann zum Schlafen hinlegten.

Als die rosenfingrige Göttin der Morgenröte die Erde zu streicheln begann, zelebrierte der alte Rosselenker Nestor eine reiche Opferzeremonie für Athena.

Danach lud Nestor die Gefährten des Telemachos, auch jene, die noch auf dem Schiff waren, zu einer üppigen Abschiedsmahlzeit. Nach Ende des Mahls stieg der nach einem erfrischenden Bad mit aromatischen Ölen gesalbte Telemachos, der wie ein junger Gott aussah und aus den Ereignissen gestärkt und selbstsicherer hervorging, auf einen schnellen Wagen. Unverzüglich brach er in Begleitung von Peisistratos, Nestors jüngstem Sohn, in Richtung Sparta auf, wo Menelaos regierte.

16
Die plötzliche Verdichtung des Lebens

> **Zusammenfassung**
>
> Aus dem vierten Gesang meiner Odyssee werde ich Euch erzählen von Menelaos prachtvollem Palast und seinen Reichtümern, die ihn dennoch nicht glücklich machen. Die schöne Helena, seine Gemahlin, erkennt Telemachos als Sohn des Odysseus wegen der frappierenden Ähnlichkeit. Sie wie auch Menelaos erzählen interessante Erlebnisse mit Odysseus. Menelaos berichtet, wie er durch einen Seesturm nach Ägypten getrieben wurde und während der siebenjährigen Reise viele Reichtümer gesammelt hat. Und wie er in Ägypten den Meeresgott Proteus überwältigen konnte und von ihm einiges über das Schicksal der heimkehrenden Griechen wie auch über seine eigene sichere Heimfahrt erfuhr. Von Proteus habe er gehört, dass Odysseus auf einer Insel von der Nymphe Kalypso gegen seinen Willen festgehalten werde.
>
> Auf Ithaka erfahren inzwischen die Freier durch eine Indiskretion, dass Telemachos es doch geschafft hat, nach Pylos zu fahren, und beschließen seine Ermordung, bevor er nach Ithaka zurückkehren kann. Auch die unglückliche Penelope erfährt von der Reise ihres Sohnes und den Plänen der Freier, was ihr Unglück noch schlimmer macht.
>
> Und die uns begleitende Seele wird dabei geflügelte Worte von immerwährender Gültigkeit singen, wie etwa über die Anti-Hybris und wie sympathisch sie ist, über des Reichtums Vermögen und Unvermögen, über die Grenzen der Trauer und das richtige Maß. Und weiter von der Externalisierung und von der Tatsache, dass die Wahrheit nur Fakten kennt, aber keinen Geschmack. Und über so manches mehr.

Ein prachtvolles Unglück

Nach zweitägiger Reise erreichten Telemachos und Peisistratos den Palast des Menelaos. Es liefen gerade Hochzeitsfeierlichkeiten für eine Doppelhochzeit. Zum einem heiratete die Tochter von Menelaos und Helena, die schöne Hermione, fast so schön wie Aphrodite; der Bräutigam war Neoptolemos, der Sohn des Achilles. Die Hochzeitsgäste waren gerade dabei, die Braut zu verabschieden, die sich mit vielen Pferden und Wagen auf den Weg zu ihrem zukünftigen Mann nach Phthia machte. Die zweite Hochzeit war die von Megapenthes, des jüngsten Sohnes von Menelaos, den ihm eine junge Sklavin geboren hatte, nachdem Helenas Schoß nicht mehr in der Lage war, Kinder zu gebären; dieser nahm ein edles Mädchen aus Sparta zur Frau. Als die Reisenden im Palast ankamen, hatte das Hochzeitsfest gerade seinen Höhepunkt erreicht. Als ein Diener die beiden vor den Toren des Palastes erblickte, lief er zu Menelaos und fragte, wie er sich verhalten solle. Die beiden sehr erhaben wirkenden Fremden hereinbitten oder ihnen eine andere Unterkunft empfehlen?

Menelaos tadelte den Diener für seine dumme Frage, wie er es ausdrückte; natürlich sollten die Fremden hereingebeten werden, um mit ihnen gemeinsam zu feiern. Obwohl man noch nicht wusste, wer die Ankömmlinge waren, wurden sie in dem Palast, dessen Pracht die beiden sprachlos machte, fürstlich empfangen. Diener kümmerten sich um ihre Pferde, die reichlich Wasser und Futter bekamen. Sklavinnen badeten die beiden Fremden, salbten sie mit ätherischen Ölen und reichten ihnen frische Gewänder. Dann wurden sie an den Tisch des Königs gebeten. Küchendiener servierten ihnen bestes Fleisch und erlesenen Wein. Nachdem er sie begrüßt hatte, lud Menelaos sie ein, mit dem Essen zu beginnen. Erst sollten sie sich stärken und ihm dann Namen, Herkunft und Ziel ihrer Reise nennen.

Wie Ihr sicherlich bemerkt habt, meine verehrten Zuhörer, lief es ähnlich wie bei Nestor und anderen Gastgebern der Odyssee – etwa bei Alkinoos, dem König der Phäaken, bei Eumaios, dem Schweinehirten, oder bei Telemachos selbst, als er Mentis empfing: Erst Empfang und Bewirtung des Fremden, später dann Fragen nach der Identität, Herkunft und Ziel der Reise. So groß war des Spartiaten-Königs Gastfreundschaft nicht nur deshalb, weil er selbst während seiner Reisen die große Gastfreundschaft fremder Menschen genossen hatte; vielmehr folgte er, genau wie die anderen Erwähnten, der bei den Griechen als heilig geltenden Pflicht der Gastfreundschaft.

Während des Mahls bewunderten die Fremden, sprachlos und ergriffen, die Pracht um sich herum. Der Palast funkelte von Gold und Bernstein, von Silber und Elfenbein, so als ob Sonne und Mond ihm gleichzeitig ihre Herrlichkeit geliehen hätten. Der ehrfürchtig staunende Telemachos flüsterte seinem Begleiter Peisistratos zu, dass so herrlich und so voller Kostbarkeiten wohl nur der Palast des olympischen Zeus sein könne. Menelaos hörte trotz des leisen Flüsterns Telemachos staunende Bemerkung und sprach zu ihm die geflügelten Worte, die weisen: „Es ist unmöglich, liebe Gäste, dass mein Palast oder der eines anderen Sterblichen es in Schönheit und Pracht mit dem des Vaters von Menschen und Göttern aufnehmen kann. Was wir Sterblichen besitzen, ist vergänglich; die Pracht der Unsterblichen dagegen ist ewig. Es könnte wohl sein, dass sich unter den Sterblichen jemand findet, der mit meinem Reichtum konkurrieren kann; aber vielleicht auch nicht. Keineswegs kann ich mich aber mit den Unsterblichen auf gleiche Stufe stellen, weder was Reichtum anbetrifft noch sonst."

> **Das Lied von der Anti-Hybris**
> Und die Seele sang der immerwährenden Gültigkeit geflügelte Worte:
> Auf Eurer Fahrt durchs Leben könnt auch Ihr vielleicht erkennen, dass es nicht nur Hybris, sondern auch eine Anti-Hybris gibt. Sie ist durch Bescheidenheit, Erkennen der eigenen Grenzen und Möglichkeiten sowie Anerkennung der Unverletzbarkeit von manchen allgemein geltenden Grenzen und Regeln gekennzeichnet; gegebenenfalls auch durch das Respektieren der Überlegenheit von anderen.
> Während die Hybris als unsympathisch gilt und meist bestraft wird, wird die Anti-Hybris als sympathisch erlebt und in der Regel gelobt.
> Das ist Homers odysseische Botschaft.

„Allerdings" fuhr Menelaos fort „habe ich diesen Reichtum durch viele Reisen und viele Leiden erlangt. Sieben Jahren lag irrte ich mit meinen Gefährten während unserer Rückfahrt von Troja über die Meere. Dabei kamen wir in unzählige reiche Länder, Zypern und Phönizien, Ägypten und Äthiopien, Sidonien und Libyen sind nur einige davon. Dort konnten wir viele Reichtümer ansammeln. Aber meint ihr etwa, dass mich das glücklich gemacht hat? Nein, im Gegenteil! Als wir im achten Jahr schließlich mit vielen Schätzen und Reichtümern in die Heimat gelangten, erfuhr ich von der großen Tragödie, die das Haus meines Bruders Agamemnon heimgesucht hatte. Und was soll ich nun mit den vielen, übermäßig vielen Reichtümern, die ich besitze? Ich wäre viel glücklicher, wenn mir nur ein Drittel davon gehörte, ich aber in der Heimat hätte bleiben können, das viele Leid nicht erlebt hätte, die vielen Schmerzen nicht erduldet und die vielen tapferen Kameraden nicht verloren hätte. Was ich vorher hatte, war reichlich genug. Wenn ich an die Tragödie im Hause meines Bruders und an die vielen in Troja gefallenen und in den Meeren verschollenen Gefährten denke, kann ich weder mit Genuss essen, noch ruhig schlafen. Ich bin traurig und unglücklich, und der Reichtum kann es nicht aufheben."

> **Das Lied von Reichtum und Harmonie**
> Und die Seele sang der immerwährenden Gültigkeit geflügelte Worte:
> Auf Eurer Fahrt durchs Leben könnt auch Ihr vielleicht erkennen, dass die alte Weisheit, die durch die ständige Wiederholung fast zur Trivialität geworden ist, dadurch nichts an Richtigkeit verloren hat: Reichtum bringt trotz manch begleitender Annehmlichkeiten keinesfalls zwangsläufig innere Ruhe und Gelassenheit, Frieden und Kontemplation, innere Harmonie und Zufriedenheit, Glück und Fröhlichkeit mit sich.
> Das ist Homers odysseische Botschaft.

Und der traurige reiche König fuhr fort mit den geflügelten Worten, den mitleidigen: „Aber besonders tut mir Odysseus leid, der meistgeplagte von uns Griechen. Ich bedauere ihn sehr. Noch jetzt, so viele Jahre später, denke ich häufig darüber nach, was für ein Schicksal ihn wohl ereilt hat. Niemand weiß, ob er noch lebt oder ob er den Tod gefunden hat. Das Leid seines alten Vaters Laërtes, seiner göttlichen Gattin Penelope und seines jungen Sohnes Telemachos, den er als Baby verlassen musste, ist sicher unendlich."

Als Telemachos diese Worte vernahm, konnte er seine Gefühle kaum beherrschen. Er senkte sein Gesicht in den purpurnen Mantel, um die Tränen nicht zu zeigen, die aus seinen Augen strömten. Aber Menelaos hatte sie bemerkt: Er kämpfte noch mit sich, ob schon die Zeit gekommen sei, den jungen Fremden nach seinem Namen und seiner Herkunft zu fragen, oder ob er es ihm überlassen solle, zu entscheiden, wann er darüber spreche.

In diesem Augenblick erschien Menelaos Gattin Helena, einer Göttin gleich.

Kein Wunder, denn sie war ja eine Zeustochter, das Kind Ledas, wie Ihr schon gehört habt.

Helena erschien also, von mehreren Dienerinnen begleitet, die all die kostbaren Utensilien trugen, die sie zum Sticken und Nähen benötigte. Als sie die Gäste sah, fragte sie Menelaos leise, ob er schon wisse, wer sie seien. Und dann fügte sie lauter und erstaunt hinzu: „Irre ich mich, oder ist nicht die Ähnlichkeit dieses jungen Mannes mit dem göttlichen Odysseus frappierend?" Mit diesen Worten Helenas fiel es auch Menelaos wie Schuppen von den Augen. Nun erkannte auch er die große Ähnlichkeit des Jünglings mit seinem verschollenen Freund: Gesicht und Augen, Hände und Füße, selbst Mimik und Gestik waren in der Tat zum Verwechseln ähnlich. Nun gab es keinen Zweifel mehr für Menelaos, warum seine Erwähnung des verschollenen Königs von Ithaka den jungen Gast zum Weinen gebracht hatte.

Telemachos schwieg verblüfft, aber Peisistratos, Nestors Sohn, bestätigte die Richtigkeit dieser Vermutung. Allerdings sei Telemachos sehr bescheiden und habe nicht mit seiner Herkunft hausieren gehen wollen, obwohl er in großer Bedrängnis sei und dringend Hilfe benötige. Während der Abwesenheit seines Vaters bedrängten nämlich unzählige Freier zuhause seine Mutter und vernichteten den Familienbesitz. Telemachos habe die lange Reise von Ithaka nach Sparta auf sich genommen, um von Menelaos Näheres über das Schicksal seines Vaters zu erfahren. Sein eigener Vater Nestor lasse herzlich grüßen und bitte ihn, den Freundessohn zu unterstützen, fügte Peisistratos hinzu.

Menelaos war durch Peisistratos Worte überrascht und erfreut – aber er bekannte sich auch schuldig an all diesem Leiden, denn er habe ja diesen verhassten Krieg mit Troja verlangt, um seine Ehre wieder herzustellen. Wie gerne würde er alles tun, um das wieder gut zu machen. Sichtlich wurde Menelaos von den Kriegserinnerungen überwältigt, vor allem von den Erinnerungen an die gefallenen Kameraden, zu denen auch Peisistratos Bruder, Nestors Sohn Antilochos, zählte. Und dann berichtete er so plastisch und echt, mit so viel tiefer Betroffenheit von den Kämpfen, dass alle traurig wurden und schließlich weinten. Da bat Peisistratos Menelaos, damit aufzuhören; es bringe nichts, wenn man ständig die Toten beweine.

> **Das Lied von den Grenzen der Trauer**
> Und die Seele sang der immerwährenden Gültigkeit geflügelte Worte:
> Auf Eurer Fahrt durchs Leben könnt auch Ihr vielleicht erkennen, dass es auch für die Trauer Grenzen gibt, so wie für alles auf Erden. Wenn diese Grenze überschritten wird, verlässt man den Bereich des Angemessenen und betritt den Bereich des Übertriebenen, ja des Abnormen und des Schädigenden.
> Das ist Homers odysseische Botschaft.

So ist es mit der übertriebenen Trauer, meine werten Zuhörer. Als klassisches Beispiel dafür gilt die Trauer des Achilles um seinen Freund Patroklos, wovon ich Euch in meiner Ilias ausführlich erzählt habe. Achilles Trauer ging so weit, dass dies Apollon, den Gott des Lichtes, zu den geflügelten Worte veranlasste, den wahrhaftigen: „Achilles übertreibt mit seiner Trauer. Auch wenn man jemanden verliert, der einem noch näher steht als ein Freund, jemanden wie den Bruder oder den Sohn, dann trauert und beweint man ihn für einige Zeit. Aber dann hört man auf. Nicht umsonst haben die Moiren den Menschen ein duldsames Gemüt gegeben."

Diese übertriebene Trauer ist eine abnorme Trauer; sie weicht in ihrer Dauer, ihrer Art und ihrer Intensität stark von den allgemeinen Erfahrungswerten und den Erwartungen der sozialen Umgebung ab. Übrigens, was in der Ilias schon vor dreitausend Jahren Thema war, wird auch von Euren modernen Asklepiaden, den Psychoheilern, als „Störung" betrachtet, wie ich mit Interesse festgestellt habe. Die Äonen kopieren sich!

Der junge Peisistratos hatte also erkannt, dass nach so vielen Jahren die Trauer über die gefallenen Kameraden nicht mehr das Verhalten der Menschen bestimmen sollte. Dieses und vieles andere im Benehmen und in der Erhabenheit auch des jungen Peisistratos, der darin Telemachos ähnlich war, beeindruckten Menelaos sehr. Der Jüngling hatte das wohl von seinem Vater geerbt, dachte er bei sich; Nestor sei zu einem solchen Sohn nur zu beglückwünschen. Und dem jungen Mann folgend machte er den Vorschlag, sich nun gemeinsam zu Tisch zu setzen und allen Kummer zu vergessen. Erst morgen wolle man dann über den Zweck des Besuches sprechen.

Des Zeus Tochter Helena ging einen Schritt weiter: Heimlich warf sie eine beruhigende Droge in den Wein der Anwesenden, die Zorn und Sorgen verschwinden lässt und womit man auch den schwersten Kummer vergessen kann. Man reagiert nicht mit verzweifelter Traurigkeit und Weinen, selbst wenn vor den eigenen Augen Vater oder Mutter, Bruder oder Sohn totgeschlagen werden. Diese Wunderdroge war ihr von Polydamna, einer Aristokratin aus Ägypten, geschenkt worden. Dort wachsen die meisten Drogen und Heilpflanzen, viele davon sind aber nur heilsam, wenn man sie maßvoll anwendet, sonst sind sie giftig. Die Menschen dort verstehen viel davon, und jeder ist ein ausgezeichneter Arzt; alle stammen nämlich von Päon, dem Hausarzt der olympischen Götter, ab.

Helena mischte also heimlich die Droge in den Wein der noch vor kurzem von Trauer überwältigten Männer; maßvoll dosiert, so dass sie heilsam und nicht giftig wirkte.

> **Das Lied von Maß und Mäßigung**
>
> Und die Seele sang der immerwährenden Gültigkeit geflügelte Worte:
> Auf Eurer Fahrt durchs Leben könnt auch Ihr vielleicht erkennen, dass alles Gute, alles Glückbringende, alles Beruhigende und alles Aufmunternde das richtige Maß braucht: zu wenig davon ist für den Menschen unwirksam, zu viel zerstört ihn. Maß und Mäßigung – die goldene Mitte – sollen des Menschen Wegweiser sein.
> Das ist Homers odysseische Botschaft.

Übrigens, die goldene Mitte ist der Maßstab auch an vielen anderen Stellen meiner Odyssee, wie Ihr sicherlich bemerkt habt, geschätzte Zuhörer. Was die Philosophen Jahrhunderte später zu einer der größten Tugenden auserkoren haben, nämlich die „goldene Mitte"[1], war schon mit dem Beginn der abendländischen Kultur das goldene Maß.

Entlastung und Verblendung

Nachdem die Wirkung der Droge eingetreten war und die Männer ihren Kummer vergessen hatten, heiter und fröhlich wurden, sprach Helena die geflügelten Worte, die bedeutsamen: „Mein geliebter Ehemann, liebe Anwesende; Zeus ist derjenige, der den Menschen einmal Gutes, einmal Schlimmes zuteilt. Alles liegt in seinen Händen – und nur in seinen Händen."

Diese Worte waren die Einführung zu einer Geschichte, die sie erzählen wollte. Sie sagte, man könnte lange über die heroischen Taten des göttlichen Odysseus sprechen, aber sie wolle nun eine von den vielen Geschichten erzählen, die sie selbst erlebt habe:

---

[1] Damit ist unter anderen auch der große Aristoteles gemeint, etwa in seinem Werk „Nikomachische Ethik".

Als sie noch in Troja lebte, sei eines Tages ein Bettler in die Stadt gekommen. Er habe elend ausgesehen, in Lumpen gekleidet, schmutzig von oben bis unten, das Gesicht durch Schläge entstellt und unverständlich sprechend. Weil sie ihm geglaubt hätten, dass er kein Grieche sei, sei ihm von den Trojanern erlaubt worden, die belagerte Stadt zu betreten. So sei es dem als Bettler getarnten Odysseus gelungen, mitten in die Höhle des Löwen zu gelangen. Sie aber habe gleich erkannt, dass er keineswegs ein Bettler sei, sondern kein geringerer als der große Odysseus höchstpersönlich. Sie habe ihm deshalb verschiedene Fragen gestellt, mit denen sie ihn habe entlarven wollen. Doch er habe auf alle Fragen schlau geantwortet, ohne sich zu verraten. Sie habe den Bettler dann in ihre Gemächer eingeladen, ihn baden und salben lassen und ihm saubere Gewänder gegeben.

Dann aber habe sie ihm ohne Umschweife gesagt, dass sie ihn erkannt habe. Als sie ihm versichert habe, dass sie ihn keinesfalls an die Trojaner verraten werde, und das auch mit einem Schwur besiegelt habe, habe er zugegeben, dass er Odysseus sei. In dem folgenden Gespräch habe er ihr den Grund seines Unternehmens anvertraut: Spionage eben und der Versuch, den Feind durch Tötung von wichtigen Kämpfern zu schwächen.

Es sei ihm später gelungen, unerkannt und unversehrt wieder aus der Stadt zu entkommen, nachdem er in der Tat wichtige Informationen gesammelt und mehrere prominente Kämpfer getötet hatte. Während die Bewohner der Stadt schockiert und mit großer Trauer wegen der Tötung von führenden Kriegern reagiert hätten, sei sie selbst sehr froh darüber gewesen – dem Vaterland auf diese Weise dienen zu können, sozusagen. Ihre patriotische Handlung sei nämlich ihrer übergroßen Sehnsucht nach ihrem Mann Menelaos, ihrer Tochter Hermione und nach ihrer Heimat entsprungen. Sie sei todunglücklich darüber gewesen, dass Aphrodite sie so verblendet und verführt und aus ihrem geliebten Heim herausgezerrt habe; ach diese erbarmungslose Liebesgöttin Aphrodite! Sie sei auch sehr unglücklich gewesen über ihr Leben, das sie in den Armen von Paris, diesem Verführer und Weichling, fern von Ehemann, Kind und Heimat in Troja haben führen müssen.

> **Das Lied von der häufigsten Abwehrstrategie**
>
> Und die Seele sang der immerwährenden Gültigkeit geflügelte Worte:
> Auf Eurer Fahrt durchs Leben könnt auch Ihr vielleicht erkennen, dass die Tendenz, die Verantwortung für eigenes Fehlverhalten auf andere Personen, auf Situationen bzw. Umstände außerhalb des eigenen Verantwortlichkeitsbereiches oder gar den Willen Gottes zu verschieben, dem Menschen nicht fremd ist. Dies ist viel leichter und erleichternder als in sich zu kehren und die inneren Zusammenhänge des eigenen Tuns und Lassens zu erforschen und eigene Verantwortung und Schuld anzuerkennen.

> Dieses Phänomen der Externalisierung ist, seit das Abendland – in der Ilias – seine ersten Worte ausgesprochen hat, eine der häufigsten Abwehrstrategien der Menschen. Folgt man ihr, irrt man sich.
> **Das ist Homers odysseische Botschaft.**

Ihr habt es sicher bemerkt, meine verehrten Zuhörer, dass Helena nicht ohne Grund die Geschichte von Odysseus riskanten Taten mit der Erwähnung begonnen hat, wie Zeus die Schicksale der Menschen bestimmt. Und Ihr habt sicherlich auch bemerkt, dass Helena es bei ihrem ersten Auftritt in meiner Odyssee geschafft hat, in diese kurze Geschichte, die sie erzählte, gleich vier Botschaften hinein zu packen: Erstens wie tapfer und klug Odysseus ist. Zweitens wie solidarisch sie sich ihren Landsleuten gegenüber verhalten hat, indem sie Odysseus nicht verraten hat. Drittens wie unschuldig sie selbst an der Affäre mit Paris und dem Leiden der Völker ist. Und viertens wie sie ihren legitimen Ehemann liebte, ebenso auch ihre Tochter und ihre Heimat; auch während der trojanischen Affäre, die ja schließlich nicht sie verschuldet habe, sondern allein die Göttin Aphrodite.

Was für eine grandios gekonnte Selbstentlastung!

Menelaos ließ die Selbstentlastungsakrobatik seiner schönen Helena gelten und warf ein, von diesem Punkt ablenkend, dass er keinen anderen Mann kennengelernt habe, der so klug, so erfindungsreich, aber auch so mutig sei wie Odysseus. Die Eroberung Trojas sei sein Werk gewesen. Der Bau des riesigen hölzernen Pferdes, in dessen Bauch sich die griechischen Elitesoldaten versteckt hätten und mit dem sie in die Stadt gelangt seien, sei allein seine Idee gewesen.

Nach einer kurzen Pause erzählte Menelaos dann auch die brisante Geschichte: Wie die meisten Trojaner sei auch Helena in Begleitung des Priamos-Sohnes Deïphobos zu dem hölzernen Pferd gegangen. Sie habe offensichtlich den Verdacht gehabt, dass es sich dabei um eine Falle ihrer Landsleute, der Griechen, handelte. Dreimal habe sie das riesige hölzerne Pferd umschritten und den Bauch des Pferdes mit dem Versteck darin von allen Seiten betastet. Dann habe sie begonnen, die Namen von verschiedenen ihr bekannten griechischen Heeresfürsten zu rufen, die sie im Bauch des hölzernen Pferdes vermutete, dabei Stimmen und Sprechweise ihrer Frauen imitierend, um sie zu irgendeiner Reaktion zu veranlassen. Entschuldigend fügte Menelaos hinzu, dass es sicher nicht Helena selbst gewesen sei, die so etwas Verwerfliches getan habe; gewiss habe sie ein böser Dämon dazu getrieben, gegen ihren Willen natürlich, der das Misslingen des griechischen Unternehmens und die Rettung der Trojaner wollte. Die Helden im Bauch des Pferdes seien sehr aufgewühlt gewesen, weil sie dachten, tatsächlich die Stimmen ihrer Ehefrauen zu hören;

unbedingt wollten sie aus dem hölzernen Pferd hinaus oder ihnen zumindest antworten. Aber der kluge Odysseus erkannte die Machenschaften dieses Dämons und hinderte die angesprochenen Gefährten daran zu reagieren, obwohl ihr Verlangen danach sehr groß war. Einen der eingeschlossenen Elitesoldaten drückte er sogar mit körperlicher Gewalt an die Wand, um ihn ruhig zu halten. Somit sei die Elite der griechischen Armee durch Odysseus Umsicht gerettet worden; er selbst sowie Diomedes und Neoptolemos, der Sohn des Achilles, seien wie viele andere erlesene Helden im Pferd versteckt gewesen. Und nur dadurch sei letztendlich die Eroberung der Stadt Troja ermöglicht worden.

Helenas Machenschaften – natürlich die des bösen Dämons, nicht der von Helena selbst, zumindest nach Menelaos Deutung – habe die Beschützerin der Griechen, die große Philhellenin Athena, auf den Plan gerufen; sie sei sofort erschienen und habe Helena umgehend entfernt.

Wie peinlich für Helena, die sich gerade als die große Patriotin, die liebende Ehefrau und Mutter, die reuevolle Sünderin, die willenlos Verführte dargestellt hatte! Aber Ihr, meine verehrten Zuhörer, habt es sicher bemerkt: Entlastungsmechanismen waren auch diesmal am Werk: ein Dämon! Ein böser Dämon war am Werk gewesen! Erstaunlicherweise wurden die Entlastungsmechanismen diesmal nicht vom Schuldigen, vom Täter selbst eingebracht, von Helena also, sondern vom Opfer, vom betrogenen und gefährdeten Menelaos, dem offensichtlich durch die Liebe Verblendeten.

> **Das Lied von der Entlastung des Täters durch das Opfer**
> Und die Seele sang der immerwährenden Gültigkeit geflügelte Worte:
> Auf Eurer Fahrt durchs Leben könnt auch Ihr vielleicht erkennen, dass Entlastungsmechanismen für schuldhaftes Verhalten am wirksamsten sind, wenn das Opfer den Täter entlastet. Dadurch wird ihm die komplizierte und schwierige Arbeit des Bewältigungswerkes erspart oder zumindest erheblich erleichtert, und vielmehr vom anderen – am effektivsten durch das Opfer selbst – fertig angeboten. Auf diesem hilfreichen Ross reitet der Schuldige am liebsten.
> Das ist Homers odysseische Botschaft.

Helenas zwielichtige Rolle – in zwei Teilen gespielt, erst war sie die Gute, dann die Böse – wurde nie aufgeklärt; wie auch sonst ihre Rolle in der trojanischen Tragödie. Interessanterweise sagte Helena selbst kein Wort zu ihrem gerade von Menelaos geschilderten merkwürdigen und für ihre Landsleute, die Griechen, höchstgefährlichen Verhalten. Naja, warum sollte sie auch? Der gute Menelaos hatte die Erklärung geliefert: Ein böser Dämon war dafür verantwortlich! Und Athena sei Dank! Die Göttin rettete die Griechen – und brachte damit den Trojanern das Verderben! Es bleibt offen, ob Menelaos Erklärung ihre Wurzel in Liebe oder in Verblendung hatte, oder in verblendeter Liebe.

> **Das Lied von den Kindern der Verblendung**
> Und die Seele sang der immerwährenden Gültigkeit geflügelte Worte:
>   Auf Eurer Fahrt durchs Leben könnt auch Ihr vielleicht erkennen, dass entlastende und entschuldigende Erklärungsversuche für Taten geliebter Personen – oder auch Personen, Gruppen und Institutionen, denen man wohlgesonnen gegenüber steht – zu den kleinen Schwestern der Externalisierung gehören. Und dass sie Kinder der Verblendung des Liebenden oder des Wohlwollenden sind.
>   Das ist Homers odysseische Botschaft.

Aber ist es nicht so, meine geschätzten Zuhörer, dass Menelaos selbst der große Profiteur, vermutlich der größte, von den genannten Entlastungs- und Entschuldigungsmechanismen war? Der größte Entlastete also? Wie konnte er sonst mit sich ins Reine kommen, dass er seine untreue Ehefrau, die Mutter, die ihr Kleinkind verlassen hatte, eine Vaterlandsverräterin, die Verursacherin eines zehnjährigen Krieges – ja eines Weltkrieges, wie ich Euch in „Der Seele erste Worte" erklärt habe – trotzdem in Herz, Haus und Land behielt? Wie war es möglich, dass er die mittelbare Vernichterin von Tausenden und Abertausenden von Menschenleben, die Verursacherin von unsagbarem Leid, die beinahe ein Desaster über ihre Landsleute gebracht hätte, weiter ehrte und liebte? All das war nur deshalb möglich, weil sie in seinen Augen an all dem unschuldig war – oder höchstens schuldlos schuldig!

> **Das Lied von Belasteten und Entlastenden**
> Und die Seele sang der immerwährenden Gültigkeit geflügelte Worte:
>   Auf Eurer Fahrt durchs Leben könnt auch Ihr vielleicht erkennen, dass nicht selten der den Belasteten Entlastende gleichzeitig – unbewusst oder halbbewusst – sich selbst von belastenden Tatsachen entlastet, die er sonst kaum zu ertragen vermag.
>   Das ist Homers odysseische Botschaft.

Telemachos war sehr aufgewühlt durch die Erzählungen der beiden, die seinen Vater so gut gekannt hatten, und sagte: „Umso trauriger ist es, dass alle diese Begabungen und Tugenden ihm nicht geholfen haben, dass sie ihn nicht vor seinem Schicksal, als Verschollener zu enden, schützen konnten."

Erschöpft von der langen Reise, überwältigt von der Dichte der erzählten Ereignisse, bat er seinen Gastgeber, sich zur Ruhe begeben zu dürfen – was ihm auch gewährt wurde.

Wechselhaftigkeit und übler Geruch

Am nächsten Morgen, direkt nachdem die rosenfingrige Göttin Eos ihre purpurnen Farben über die Erde verstreut hatte, sprang Menelaos aus dem Bett, kleidete sich an, hängte sich das Schwert um die Schulter – so sah er wirklich aus wie ein Gott – und ging zu Telemachos. Er fragte den Jüngling, was er für ihn tun könne. Telemachos berichtete sehr plastisch über die Euch bekannten Zustände in Ithaka und erbat vom König eine ehrliche Information über das Schicksal seines Vaters. Bitte keine schonende Antwort, keine Rücksichtnahme, keine Halbwahrheiten! Sondern die Wahrheit und nichts als die Wahrheit. Süß oder bitter!

> **Das Lied von der geschmacksneutralen Wahrheit**
> Und die Seele sang der immerwährenden Gültigkeit geflügelte Worte:
>   Auf Eurer Fahrt durchs Leben könnt auch Ihr vielleicht erkennen, dass die Wahrheit nur Fakten kennt, aber keinen Geschmack. Sie ist geschmacksneutral. Ob sie zu einer bitteren oder süßen Wahrheit wird, hängt vom Empfänger ab.
>   Allerdings habe ich Euch schon gesungen, dass manchmal die Unwahrheit oder die Verschleierung der Wahrheit – in Form der sozialen Lüge – auch guten Zwecken dienen kann, wenn sie etwa den Schmerz des Empfängers lindert oder ihm Trost spendet.
>   Das ist Homers odysseische Botschaft.

Die Wahrheit und nur die Wahrheit wollte der junge, schnellreifende Telemachos hören, und das war für Menelaos verpflichtend. Nachdem er von den Zuständen im Hause Odysseus erfahren hatte, äußerte er zunächst seine Empörung über die Freier. Dem fügte er die Überzeugung hinzu, dass sie alle ein bitteres Ende finden würden, wenn Odysseus eines Tages zurückkehre. Zur Hauptfrage des jungen Prinzen aus Ithaka, nämlich ob er etwas über das Schicksal seines Vaters wisse, versprach Menelaos ihm die Wahrheit und nur die Wahrheit. Dazu berichtete er Folgendes:

Er selbst habe Odysseus zum letzten Mal auf der Insel Lesbos gesehen, zu Beginn der Rückfahrt in die Heimat. Dort sei er noch gesund und stark gewesen und habe den Siegespreis beim Ringkampf mit dem König der Insel gewonnen. Danach habe er ihn selbst nicht mehr gesehen.

Aber er habe während seiner eigenen abenteuerlichen Heimfahrt einem unfehlbaren Meeresgott einiges an Informationen entlocken können, unter anderem auch über Odysseus. Es sei die Zeit gewesen, als er mit seinen Kameraden auf der ägyptischen Insel Pharos festgesessen habe; zwanzig Tage lang habe kein Hauch von Wind geweht; kein einziges Schiff habe ins Meer stechen können. Die Vorräte seien fast alle verbraucht gewesen, die Mannschaften zermürbt und vom Hungertod bedroht. Es wäre übrigens auch so gekommen, ließ Menelaos einfließen, wenn Eidothea, eine Meeresgottheit, nicht Erbarmen mit ihnen gezeigt und sie letztendlich gerettet hätte.

Eidothea habe erzählt, man sage – sie selbst habe aber keine Gewissheit darüber – , dass ihr Erzeuger der unfehlbare Meeresgott Proteus sei, ein ägyptischer Untertan von Poseidon; weil er uralt sei, nenne man ihn auch den Meeresgreis. Dieser Proteus sei ein ausgezeichneter Kenner der Meerestiefen und Meereswege. Wenn es Menelaos und seinen Kameraden gelingen würde, ihn gefangen zu nehmen, könnten sie ihn auch zwingen, ihnen einen Ausweg aus dem Zwangsaufenthalt zu verraten. Darüber hinaus könnten sie von ihm erfahren, was bei ihnen in der Heimat ablaufe.

Aber wie fange man einen Gott, und wie zwinge man ihn dazu, Geheimnisse zu verraten? Götter ließen sich gewöhnlich weder von Sterblichen gefangen nehmen, noch sich von ihnen zu etwas zwingen. Auch mit Proteus wäre das kein leichtes Unterfangen. Aber Eidothea habe ihm auf sein Bitten hin den Geheimtipp verraten, wie man den Meeresgreis gefangen nehmen und zur Preisgabe des Geheimnisses zwingen könne. Sie habe gesagt, dass wenn der Sonnengott Helios bei seinem Kreisen die Mitte des Himmels erreiche, Proteus die Gewohnheit habe, durch den Hauch von Zephyros, des Westwindgottes, aus dem Schoße der Wellen aufzutauchen, in das dunkle Gekräusel der Fluten gehüllt. Anschließend lege er sich in einer Grotte am Meeresufer in Gesellschaft von unzähligen Robben zur Ruhe; die Grotte stinke fürchterlich nach den Tieren.

Die Meeresgottheit Eidothea habe dann Menelaos, zusammen mit drei seiner tapfersten Gefährten, in der Morgendämmerung dorthin geführt. In der Grotte hätten sie Gruben in den Sand gegraben und sich darin versteckt. Eidothea habe zur Tarnung Robbenhäute von frisch erlegten Tieren über ihre Schultern und Rücken geworfen. Da der Geruch der toten Robben unerträglich für die Männer gewesen sei, habe Eidothea in ihre Nasen Ambrosia gestreut, so hätten sie ihn nicht mehr wahrgenommen. Sie habe ihnen auch erzählt, dass Proteus die Fähigkeit habe, seine Gestalt ständig zu verändern; und dies nicht nur, wenn er sich in seiner Grotte befinde, sondern überall, auch im Wasser und sogar im Feuer. Er könne die Gestalt von allen möglichen Tieren, Pflanzen und auch Gegenständen annehmen.

Dann habe Eidothea einen Plan vorgelegt, wie er mit seinen Männern den unsterblichen Gott gefangen nehmen könnte. Diesen Plan hätten Menelaos und seine drei Kameraden auch umgesetzt: Als Proteus am Mittag aus der Tiefe des Meeres zu seiner Grotte gekommen sei, habe er als erstes wie gewohnt seine Robben gezählt, so wie ein Hirt seine Schafe zählt – als erste die vier mit Robbenhäuten getarnten Griechen. Nachdem Proteus in seiner stinkenden Umgebung selig eingeschlafen war, hätten ihn Menelaos und seine drei Gefährten überwältigt. Der überraschte Gott habe sich zornig und kraftvoll zur Wehr gesetzt und ständig seine Gestalt gewechselt. Zuerst habe er sich in der Gestalt von Tieren präsentiert: eines Löwen, dann einer Riesenschlange, dann eines Leoparden, dann eines kräftigen Schweines. Dann habe er sich in einen Baum und zuletzt sogar zu Wasser verwandelt; aber das habe alles nicht geholfen. Am Ende habe er sich doch geschlagen geben müssen und seine ursprüngliche Gestalt, wie er sie im Schlaf hatte, angenommen.

> **Das Lied von der Wechselhaftigkeit**
> Und die Seele sang der immerwährenden Gültigkeit geflügelte Worte:
> Auf Eurer Fahrt durchs Leben könnt auch Ihr vielleicht erkennen, dass Wechselhaftigkeit nicht nur vom Meeresgott Proteus meisterhaft beherrscht wird, sondern dass manche Sterbliche mit ihm konkurrieren können: Meinungswechsel, Positionswechsel, Prinzipienwechsel, Frontenwechsel – in proteischer Vielfalt, Schnelligkeit, Skurrilität und Bizarrerie. Und nicht so selten auch in proteischer Umgebung, einer übelriechenden.
> Das ist Homers odysseische Botschaft.

Der Anweisung von Eidothea folgend, ließen die Männer den Gott in diesem Moment wieder frei und begannen sogleich, ihn zu befragen. Nur in seiner festen, ursprünglichen und authentischen Form konnte er von Nutzen sein und zuverlässige und glaubwürdige Antworten geben.

> **Das Lied von der Authentizität**
> Und die Seele sang der immerwährenden Gültigkeit geflügelte Worte:
> Auf Eurer Fahrt durchs Leben könnt auch Ihr vielleicht erkennen, dass man nur dann glaubwürdig ist, wenn man authentisch und fest in seiner ureigenen und originalen Gestalt bleibt und sich nicht irgendwelchen proteischen Metamorphosen unterzieht.
> Das ist Homers odysseische Botschaft.

Müde und besiegt habe Proteus sie gefragt, was sie von ihm wollten. Als erstes habe Menelaos wissen wollen, warum er mit seiner Mannschaft auf der Insel Pharos festsitze. Ganz einfach, habe der Meeresgott geantwortet, sie hätten vorher Zeus und den anderen Göttern reiche Opfergaben bringen müssen, um von ihnen eine sichere Fahrt nach Hause zu erbitten. Das hätten sie versäumt, könnten es aber noch nachholen. Allerdings müssten sie dafür die beschwerliche Reise zum mächtigen Fluss Ägyptos, wie der Nil damals auch hieß, auf sich nehmen, um dort den Göttern die heiligen Opfer zu bringen. Nur dann würden sie die Heimat und ihre Lieben jemals wiedersehen. Menelaos habe versprochen, das zu tun, obwohl ihm die Aussicht auf diese beschwerliche Reise Unbehagen bereitet habe.

Als zweites habe Menelaos den Meeresgott gefragt, wie es den anderen Griechen bei der Heimfahrt aus Troja ergangen sei. Proteus habe dann alles erzählt, was er über die Rückkehr der Helden nach Griechenland wusste. Unter anderem habe er auch ausführlich über die Ermordung von Menelaos Bruder Agamemnon berichtet.

Ihr kennt diese Geschichte ja bereits, meine geschätzten Zuhörer, aber für Menelaos war sie neu. Mit tiefer Betroffenheit und großer Aufmerksamkeit hörte er alles zum ersten Mal; aber Euch will ich nicht alles wiederholen. Dann habe Proteus den besonders denkwürdigen Tod von Ajax dem Kleinen geschildert. Erinnert Ihr Euch? Dass der kleine Ajax, Sohn von Oineas, so genannt wurde zur Unterscheidung vom großen Ajax, dem Telamonios? Dass der Unterschied nur die Körpergröße betraf – große Helden waren nämlich beide –, abgesehen von des kleinen Ajax Schandtat? An die Entweihung des Athena-Tempels durch die griechischen Soldaten unter seiner Leitung? An die Schändung der Prophetin und Athenapriesterin Kassandra? Und an die Rache der zornigen Göttin, die den Griechen eine höchst gefährliche Heimreise bescherte, auf der viele der Vernichtung nicht entgehen konnten?

Proteus Geschichte zufolge habe sein Obergott Poseidon, seiner Gewohnheit entsprechend, wieder einmal einen heftigen Seesturm erzeugt. Aus Mitleid habe er aber vorher Ajax auf eine große Felsklippe geworfen, um ihn vor dem Ertrinken zu retten – obwohl Athena ihn so gehasst habe. Ajax der Kleine wäre auch mit dem Leben davongekommen, wenn ihn sein Übermut nicht verblendet hätte. Auf der rettenden Felsklippe stehend habe er nämlich überheblich und übermütig gerufen, dass er dem todbringenden Meer wider der Götter Willen habe entfliehen können. Als Poseidon – dem er seine Rettung zu verdanken hatte – diese lautstarke Prahlerei vernahm, sei er bei so viel Hybris und Undankbarkeit in Zorn geraten und habe mit der Barmherzigkeit Schluss gemacht. Er habe seinen mächtigen Dreizack in die wuchtigen Hände genommen, damit auf den Felsen geschlagen und ihn in zwei Teile gespalten. Der eine Teil des Felsens sei stehen geblieben, der andere aber in tausend Stücke zersplittert und ins Meer gefallen. Und gerade auf diesem Teil hatte der überhebliche kleine Ajax gestanden. Inmitten der berghohen Wellen habe der Frevelhafte noch kleiner ausgesehen als er ohnehin war. Das wütende Meer habe den undankbaren Überheblichen verschlungen.

> **Das Lied von der Hartnäckigkeit der Überheblichkeit**
> Und die Seele sang der immerwährenden Gültigkeit geflügelte Worte:
> Auf Eurer Fahrt durchs Leben könnt auch Ihr vielleicht erkennen, dass Überheblichkeit und Übermut von manchen Menschen bis zum letzten Atemzug nicht lassen können. Deren Hartnäckigkeit und Resistenz sind der Unbelehrbarkeit und der Demutlosigkeit Erzeugnisse. Gemeinsames Resultat ist des Menschen Verderben.
> Das ist Homers odysseische Botschaft.

Ein anderer berühmter Grieche habe aber überlebt, berichtete Menelaos weiter, zumindest habe das der Meeresgreis Proteus behauptet. Nämlich Odysseus, Sohn des Laërtes, König von Ithaka. Der habe angeblich auf einer Insel gelebt, wo er gegen seinen Willen von der göttlichen Nymphe Kalypso festgehalten wurde. Er könne nicht nachhause fahren, weil er kein Schiff und keine Gefährten mehr habe. Er sei deswegen sehr unglücklich und denke Tag und Nacht tief betrübt nur an seine Lieben und an die Heimfahrt. Ja, so habe Proteus das gesagt!

Ihr könnte Euch vorstellen, meine hochgeschätzten Zuhörer: Nachdem Telemachos dies von Menelaos gehört hatte, hüpfte sein Herz wie ein wild gewordenes junges Kalb. Umso größer war seine Enttäuschung, als er feststellen musste, dass Menelaos darüber nicht mehr zu erzählen hatte; vom glaubhaft berichtenden Proteus hatte er nicht mehr erfahren.

Nachdem sie den Meeresgreis freigelassen und die Grotte wieder verlassen hätten, habe er, Menelaos, nach dessen Anweisungen gehandelt. Er habe die beschwerliche Reise auf sich genommen und den Göttern am Nil reiche Opfergaben gebracht; und so seien er und seine Mannschaft doch gerettet worden und sicher nach Sparta zurückgekehrt. Ihm habe Proteus übrigens außerdem ein glückliches Lebensende und einst das Verweilen im himmlischen Elysion prophezeit: In den Seligen Gefilden also, wo es keinen Regen, keinen Schnee und keinen Sturm gebe, sondern ewigen Frühling und immer eine liebliche Brise. Denn schließlich sei Menelaos als Ehemann der schönen Zeustochter Helena der Schwiegersohn des Obersten Gottes!

Nachdem der König von Sparta all das erzählt hatte, machte er Telemachos den Vorschlag, noch länger bei ihm zu bleiben, elf oder besser zwölf Tage; er wolle unbedingt sehr viele Gastgeschenke herbeibringen lassen für ihn. Den Jüngling aber zog es mit großer Ungeduld nach Ithaka zurück; auch das war Wirken der Athena, wie Ihr richtig vermutet, weshalb er die Einladung des Spartiaten-Königs mit höflichsten Worten ablehnte. Er könne der Heimat nicht fernbleiben, während zuhause die Probleme überhandnähmen. Nach Menelaos so überzeugend klingender Geschichte und dessen Beteuerung, dass er ihm nur die reine Wahrheit gesagt habe, keimte in Telemachos insgeheim Hoffnung auf, dass sein Vater vielleicht doch noch lebe und bald zurückkehre. Er bat Menelaos um Verständnis und versprach, dass er ein anderes Mal wiederkommen und die Geschenke entgegennehmen werde. Der König respektierte den Wunsch des aufgewühlten jungen Prinzen.

Des Gutmeinenden Leichtsinn, des Bösgesinnten Bössinn

Währenddessen ging in Ithaka das Treiben der Freier wie gewohnt weiter – mit Schmaus, Musik, Tanz und Spielen – alles in Odyseus besetztem Palast, alles weiter auf Kosten des Hauses. Als sie sich beim Diskuswerfen amüsierten, kam Noëmon – der Mann, der Telemachos das Schiff für die Reise nach Pylos zur Verfügung gestellt hatte – und fragte die Anführer der Freier, Antinoos und Eurymachos, wann denn Telemachos endlich aus Pylos zurückkehren werde. Er habe ihm ein Schiff zur Verfügung gestellt für seine Reise dorthin, aber offensichtlich sei er noch nicht zurück; und nun brauche er selbst dringend sein Schiff. Die beiden bis dahin ahnungslosen Freier waren wie vom Blitz getroffen und in höchster Weise alarmiert, als sie das hörten. Sie hatten zwar Telemachos Abwesenheit bemerkt, aber sie hatten gedacht, der sei irgendwo auf der Insel unterwegs, zu irgendwelchen Ländereien oder zu den Hirten. Oder er habe sich irgendwo verkrochen. Und nun diese überraschende Nachricht, er sei doch nach Pylos gefahren. Den Zweck der Reise kannten sie, Telemachos selbst hatte ihn verkündet. Sofort begannen sie darüber nachzusinnen, wie sie die Rückkehr des Odysseus-Sohnes verhindern könnten. Von Noëmon erfuhren sie auch, dass er mit einer Mannschaft junger Freiwilliger unterwegs und mit an Bord auch der alte weise Mentor sei. Allerdings, so Noëmon weiter, sei das schon merkwürdig, da man Mentor in der Stadt gesehen habe, während die anderen offenbar noch unterwegs seien. Und mehr zu sich selbst sprechend, fügte er leise murmelnd hinzu: „Ob doch ein Gott in Gestalt des alten Mentor der Reisebegleiter ist?"

> **Das Lied vom Leichtsinn**
>
> Und die Seele sang der immerwährenden Gültigkeit geflügelte Worte:
> Auf Eurer Fahrt durchs Leben könnt auch Ihr vielleicht erkennen, dass man auch ohne böse Absichten Böses verursachen kann. Durch Leichtsinn, ohne die Konsequenzen des eigenen Handelns zu berücksichtigen bzw. zu ahnen, kann auch der Gutmeinende manchmal genau den gleichen Schaden anrichten wie der Bösgesinnte.
> Das ist Homers odysseische Botschaft.

16 Die plötzliche Verdichtung des Lebens

Ja, meine verehrten Zuhörer, Noëmon gehörte zweifelsohne zu den Wohlwollenden und Gutmeinenden; schließlich hatte er Telemachos sein bestes und schnellstes Schiff für dessen Erkundungsreise zur Verfügung gestellt und ihm damit eine Möglichkeit eröffnet, die man ihm vorher verwehrt hatte. Ohne ihn wäre Telemachos Reise unmöglich gewesen. Doch nun gefährdete der gute Noëmon durch seinen Leichtsinn und seine Unbedachtheit nicht nur die Ergebnisse der Reise, sondern auch das Leben des Odysseus-Sohnes und seiner Gefährten.

Antinoos verlor keine Zeit mit der Antwort auf die spekulative Frage des Noëmon, ob der wie Mentor Aussehende wirklich Mentor war, sondern er handelte sofort. Hastig rief er die anderen Freier zusammen und berichtete vor Wut kochend, was „dieser Bursche" sich da erlaubt habe. Er forderte die anderen Freier auf, ihm das schnellste Schiff mit zwanzig Männern zur Verfügung zu stellen; die Zustimmung der Anwesenden war ihm gewiss. Er würde mit einem ausgewählten Mordkommando einen Hinterhalt für Telemachos legen und ihn töten, noch bevor dessen Schiff die Küste Ithakas erreichen konnte.

Allerdings hörte zufällig Medon mit, was die Freier planten; ein dem jungen Prinzen treu ergebener Herold, den die Freier gezwungen hatten, sie zu bedienen. Unverzüglich informierte er Penelope über das geplante Attentat auf ihren Sohn. Sie war schockiert über diese Nachricht; ihre Knie zitterten, die Augen füllten sich mit Tränen, und ihre Stimme versagte. Nach einer Weile fand sie ihre Sprache wieder und fragte Medon, was denn überhaupt der Grund für Telemachos Reise war. Die besorgte Mutter hörte bewegt zu, als er es ihr mit spürbarem Mitgefühl erzählte.

Penelope weinte und klagte um ihren Sohn; ihre Dienerinnen, die sie hörten, kamen sorgenvoll und mitfühlend herbeigeeilt. Ihr Wehklagen unterbrechend machte Penelope ihnen Vorwürfe, weil sie ihr nichts davon gesagt hätten; doch mit Ausnahme der alten Amme hatte ja keine von ihnen etwas gewusst. Sie befahl, dass eine von ihnen zu ihrem persönlichen treuen Diener, dem alten Dolios laufen sollte; dieser kümmerte sich draußen auf dem Lande als Vorsteher der Landarbeiter um die Felder. Sie solle ihm den Auftrag überbringen, zu ihrem Schwiegervater Laërtes zu eilen und ihn über die Geschehnisse zu informieren. Es könnte sein, dass der alte König wüsste, wie man Mitgefühl bei den Bewohnern Ithakas erzeugen, ihre Unterstützung erhalten und so die drohende Katastrophe abwenden könnte.

Da meldete sich entschieden die alte treue Amme Eurykleia zu Wort und sagte ihr, dass sie die Schuldige sei, die ihre Herrin nicht informiert habe. Sie erzählte Penelope, was geschehen war und dass sie Telemachos mit heiligem Eid geschworen habe, nichts zu verraten – es sei denn, dass der zwölfte Tag nach der Abreise vorbei wäre und auch erst, wenn Penelope nach Telemachos frage. Sie gab der Königin den Rat, den alten Laërtes nicht weiter zu belasten; er sei von Alter und Kummer genug gebeutelt. Besser sollten sie alle gemeinsam eine Gebetszeremonie veranstalten und Athena um Rettung des Telemachos bitten. Königin Penelope nahm den Rat der alten erfahrenen Dienerin an. Sofort gab sie Anweisungen zur Vorbereitung der Gebetszeremonie, die sie dann selbst leitete.

Die Gebete der Frauen wurden von der Zeustochter Athena erhört, die sowieso, wie Ihr inzwischen wisst, in Sachen Telemachos sichere Rückkehr unterwegs war. Der junge Prinz wurde von seiner Beschützerin beschützt, mit oder ohne Gebetszeremonie.

Währenddessen hatten die Freier mit der Umsetzung ihres Planes begonnen. Sie rüsteten ein schnelles Schiff, und Antinoos wartete mit zwanzig Gefährten bis zum Abend, um heimlich in See zu stechen. Als endlich die Nyx ihren nächtlichen Schleier über die Erde legte, ruderten sie ins offene Meer und warfen Anker an einer vor Ithaka gelegenen kleinen unbewohnten Insel mit Namen Asteris. Dort lauerten sie auf Telemachos.

Penelope, von Kummer und Angst fast überwältigt, lief unterdessen unruhig in ihren Gemächern auf und ab; schließlich warf sie sich weinend auf ihr Lager, wo sie irgendwann erschöpft einschlief. Die himmelblauäugige Athena konnte es nicht ertragen, Penelope so leiden zu sehen, und beschloss, die unglückliche Königin zu beruhigen. Sie erschien ihr im Traum in der Gestalt von Penelopes Schwester Iphthime und sagte zu ihr, sie solle sich keine Sorgen um Telemachos machen; er sei ein Liebling der Götter, und auf der Reise befinde

Der Traum der Penelope

er sich in Begleitung der Pallas Athena. Über das Schicksal ihres Mannes könne sie noch nichts sagen, aber über ihren Sohn wisse sie, dass er in Sicherheit sei.

Dieser Traum war so klar und eindeutig, dass Penelope mit Freude und erleichtertem Herzen erwachte und sich sofort erhob.

Ich habe Euch vieles zugemutet in diesem Gesang, meine verehrten Zuhörer: Der Reisenden herzlicher Empfang in Sparta, des Menelaos prachtvolles Unglück, desselben fabelhafte Gastfreundschaft, der Helena zwielichtige Rolle, des Proteus stinkende Wandelbarkeit, des Telemachos aufkeimende Hoffnung, des Leichtsinns Gefährlichkeit, des Telemachos Gefährdung, der Penelope Leiden, der Athena Fürsorge ...

Aber so ist das, geschätzte Zuhörer, manchmal – plötzlich und unerwartet – verdichtet sich das Leben und löst das vorher quälend lange Abwarten ab.

17

Die Metamorphosen des Glücks

Zusammenfassung

Aus dem fünfzehnten und sechzehnten Gesang meiner Odyssee werde ich Euch erzählen, wie Telemachos in Begleitung von Peisistratos am nächsten Morgen Sparta verlässt und wie er, in Pylos angekommen, sofort in See sticht. Vorher nimmt er den Propheten Theoklymenos an Bord, der bei ihm Asyl sucht. Mithilfe von Athena erreicht das Schiff unbemerkt vom Mordkommando der Freier Ithaka. Im Rahmen des göttlichen Planes geht Telemachos als erstes zur Hütte des Schweinehirten Eumaios. Dort treffen sich zum ersten Mal nach zwanzig Jahren Vater und Sohn; nach einer Metamorphose durch Athena ist Odysseus als dieser erkennbar. Es folgt eine rührende Wiederbegegnungsszene. Nachdem Telemachos seinen Vater über Zahl und Stärke der Freier informiert hat, entwerfen sie gemeinsam einen Plan, wie man sie vernichten kann. Dann wird Odysseus von Athena wieder zum alten zerbrechlichen Bettler verwandelt, so dass niemand außer Telemachos weiß, wer er tatsächlich ist. Inzwischen planen die Freier ein neues Mordkomplott gegen Telemachos. Penelope erfährt davon und prangert das heuchlerische Verhalten der Freier an.

Und die uns begleitende Seele wird dabei geflügelte Worte von immerwährender Gültigkeit singen, wie etwa über die Bürde, der Würde würdig zu sein, vom Misstrauen, das seine Wurzel in bittern Erfahrungen und Enttäuschungen hat, vom Göttlichen des Kämpfenden und vom Durchschauen der Heuchelei. Und noch über einiges mehr.

Der kostbarste Besitz als Geschenk

Athena war inzwischen in Sparta angekommen, um Telemachos nach Hause zu schicken. Telemachos und sein Begleiter Peisistratos, Nestors Sohn, hatten sich in Menelaos Palast zum Schlafen gelegt. Allerdings konnte Telemachos kein Auge zumachen, weil er ständig an seinen Vater und die Zustände zuhause denken musste. Athena flüsterte ihm ins Ohr, was Telemachos bloß als eine nächtliche Eingebung im Halbschlaf wahr nahm, dass er so bald wie möglich nach Hause müsse, weil Penelope unter dem Druck ihres Vaters und ihrer Brüder stehe, Eurymachos zu heiraten, einen der prominentesten Freier, den uns so bekannten zweiten Anführer. Er sei von ihnen auserwählt worden, weil er der Familie die meisten Geschenke gemacht habe und alle anderen Freier überbiete. Telemachos müsse unbedingt schnellstens zurückkehren, damit das ihm zustehende Vermögen nicht als Mitgift an Eurymachos gehe. Es sei eben

© Springer Fachmedien Wiesbaden 2017
A. Marneros, *Homers Odyssee psychologisch erzählt*, DOI 10.1007/978-3-658-13848-6_17

so, sagte die Göttin, dass Frauen, wenn sie eine neue Ehe eingingen, das ganze Hab und Gut aus der vorherigen Ehe zum neuen Ehemann mitbrächten, um sein Vermögen zu mehren; die Kinder aus der vorherigen Ehe blieben jedoch auf der Strecke. Es sei höchste Zeit für ihn zu handeln, bevor es zu spät sei. Er solle sich bei Menelaos wegen der plötzlichen Abreise entschuldigen und ihn um Verständnis bitten. Aber es dürfe keine weitere Verzögerung geben, er müsse sofort nach Ithaka aufbrechen.

Athena verriet dem jungen Prinzen noch, dass ein Schiff der Freier mit ausgewählter Mannschaft auf ihn laure, um ihn noch vor der Rückkehr in die Heimat zu töten. Sie gab ihm genaue Informationen, wo das Schiff auf ihn warte und wie er die tödliche Gefahr umfahren könne. Sie versprach, ihm dabei durch günstigen Wind zu helfen, und gab ihm noch folgenden Rat: Wenn er an die Küste Ithakas komme, solle er das Schiff mit seinen Kameraden zum Hafen der Stadt schicken; er selbst solle sich aber an einer vorherigen Bucht absetzen lassen und sich zur Hütte des Schweinehirten Eumaios begeben. Er solle dort übernachten und am nächsten Tag den treuen Diener zum Palast schicken, um Penelope von seiner gelungenen Rückfahrt wissen zu lassen. Nachdem Athena all dies in Telemachos Ohr geflüstert hatte, natürlich unerkannt, flog sie schnell wie ein Falke zurück auf den Olymp.

Nach dieser nächtlichen Eingebung weckte Telemachos seinen Begleiter Peisistratos und verlangte von ihm, ungeduldig und aufgewühlt, sofort die Rückreise anzutreten. Nestors Sohn konnte ihn jedoch überzeugen, bis zum Morgen zu warten, sich ordentlich und wie es sich gehöre, von Menelaos zu verabschieden und die obligatorischen Gastgeschenke entgegenzunehmen. So geschah es.

Nachdem die Göttin der Morgenröte Eos auf ihrem goldenem Thron saß und König Menelaos das Schlafgemach verlassen hatte, das er mit der schönen Helena teilte, bat ihn Telemachos um seine Erlaubnis abzureisen. Menelaos gab seine Zustimmung mit der Bemerkung, dass es genauso unanständig wäre, einen Gast länger zurückzuhalten, als es seinem Wunsche entspreche, wie wenn man jemanden dränge, nach Hause zu gehen, obwohl er noch gerne länger bleiben würde.

Vorher sollte aber noch gegessen werden, als Stärkung für die bevorstehenden Reisestrapazen. Und es müssten ja auch noch die Gastgeschenke auf den Wagen geladen werden, fügte König Menelaos hin. Er wäre bereit, so bot er an, die beiden jungen Leute auf ihrer Fahrt durchs Land höchstpersönlich zu begleiten; sie würden sicherlich überall mit kostbaren Gastgeschenken empfangen werden. Denn so behandele man Gäste in Griechenland überall, fügte er noch hinzu.

Telemachos bedankte sich mit höflichen Worten. Aber er beabsichtige nicht, andere Orte im Land aufzusuchen, vielmehr wolle er wegen der Probleme, die auf ihn warteten, so schnell wie möglich nach Hause zurückkehren. Wenn das so sei, sollten die Diener schnellstens ein nahrhaftes Mahl zubereiten, wies Menelaos sie an. Er selbst begab sich sogleich zusammen mit seiner Frau Helena und seinem Sohn Megapenthes in die Schatzkammer, um von dort kostbare Gaben zu holen. Der blonde Menelaos überreichte die Gastgeschenke und wünschte dem jungen Gast, dass die Reise zurück in die Heimat unter dem Schutz des Zeus stattfinden möge. Und dann präsentierte er dem Sohn des göttlichen Odysseus ein ganz besonderes Geschenk mit den Worten „Von allen Schätzen, die ich besitze, gebe ich dir das Schönste und Kostbarste – diesen kunstvoll gefertigten Krug. Er besteht aus reinstem Silber, und sein Rand ist aus purem Gold; es ist ein Werk des olympischen Gottes Hephästos, des unübertrefflichen Gottes der Schmiede. Der König von Sidon, Phädimos, hat ihn mir geschenkt, als ich bei ihm verweilte. Und diese Kostbarkeit soll nun dir gehören."

> **Das Lied vom Schenken des Kostbarsten**
> Und die Seele sang der immerwährenden Gültigkeit geflügelte Worte:
> Auf Eurer Fahrt durchs Leben könnt auch Ihr vielleicht erkennen, dass wenn jemand Jemandem sein Kostbarstes schenkt – materielles oder geistiges oder emotionales – dies beide auszeichnet, Schenkenden und Beschenkten. Den Schenkenden durch Großzügigkeit und Größe, den Beschenkten durch die ihm zuteilwerdende Ehre und Wertschätzung. Allerdings hat der Beschenkte eine nicht leichte Bürde zu tragen: Nämlich sich der Würde würdig zu erweisen.
> Das ist Homers odysseische Botschaft.

Die schöne Helena überreichte dem Prinzen einen von ihr selbst wunderschön bestickten Schleier für seine zukünftige Frau; sie fügte die Bemerkung hinzu, bis es soweit sei, könne das Kunstwerk seine liebe Mutter erfreuen.

Dann verabschiedeten sich die jungen Gäste, die ausgezeichnete Gastfreundschaft der Gastgeber preisend; Telemachos bedankte sich abermals für die kostbaren Geschenke. In dem Moment aber, als sie losfahren wollten, erschien rechts über ihnen ein Adler, der in seinen Klauen eine große, weiße Gans trug, die er vom Hof geraubt hatte; ihm liefen Männer und Frauen mit lauten Schreien hinterher. Aber der Adler flog ungestört weiter neben dem Wagen her. Dies wurde von den Anwesenden zwar als ein günstiges Zeichen von Zeus empfunden, aber Peisistratos wollte die genaue Bedeutung wissen und fragte Menelaos, was er dazu meine. Noch während der blonde König darüber nachdachte, kam ihm Helena zuvor und interpretierte das Erlebte als eindeutiges Zeichen ihres Vaters Zeus. Es bedeute, dass Odysseus schon zu Hause sei oder zumindest auf dem Weg dorthin.

Danach machten sich die jungen Männer eilig auf die Reise. In Pylos angekommen, bat Telemachos seinen Begleiter Peisistratos, mit dem ihn inzwischen eine Freundschaft verband, nicht darauf zu bestehen, dass er zuerst in den Palast gehe, sondern dass er ihm erlaube, direkt und ohne Umwege zu seinem Schiff zu eilen. Er wollte nämlich keine weitere Zeit verlieren und die Heimkehr nicht durch einen Aufenthalt in Nestors Palast verzögern. Peisistratos zeigte volles Verständnis für den Wunsch seines Freundes. Allerdings empfahl er, dass Telemachos dann auch so schnell wie möglich abfahren solle; denn wenn König Nestor erfahre, dass sein Sohn den Gast nicht in sein Haus gebracht habe, werde er ihn mit Sicherheit tadeln.

So geschah es. Nach einer kurzen Opferzeremonie für Athena machte sich Telemachos unverzüglich auf die Rückreise nach Ithaka. Unmittelbar bevor sie ablegten ergab es sich, dass ein Prophet mit Namen Theoklymenos Telemachos bat, ihn auf dem Schiff mitzunehmen; er müsse seine Heimat verlassen, weil er jemanden im Streit erschlagen habe. Telemachos verweigerte ihm das Asyl nicht und nahm ihn auf seinem Schiff mit. Und Athena, Telemachos olympische Beschützerin, schickte unverzüglich einen sehr günstigen Fahrtwind, so dass das Schiff mit großer Geschwindigkeit in Richtung Ithaka segeln konnte.

Als die goldthronende Göttin der Morgenröte kam, hatte Telemachos mit Schiff und Mannschaft sicher und unversehrt Ithaka erreicht. Pallas Athena schützte den Prinzen und seine junge Mannschaft, und so gelangten sie unbemerkt am Schiff mit dem Mordkommando der Freier vorbei. Gekonnt steuerten Telemachos Gefährten das Schiff in eine Bucht abseits der Stadt, wo sie anlegten. Erst nachdem sie alle zusammen gegessen hatten, schickte Telemachos seine Gefährten mit dem Schiff zum Stadthafen, er selbst wollte unbemerkt zu den Besitztümern der Familie auf dem Land gehen – so wie es ihm die himmelblauäugige Athena geraten oder besser gesagt eingegeben hatte.

Den Seher Theoklymenos, den er auf dem Schiff mitgenommen hatte, schickte er zum Haus von Eurymachos, einem der Freier aus Ithaka; dort gebe es wahrscheinlich eine Übernachtungsmöglichkeit für ihn. Wegen seiner eigenen Abwesenheit und der Freier Anwesenheit könne er ihn leider nicht als Gast im eigenen Palast beherbergen. Er werde ihn abholen, sobald er selbst in die Stadt komme.

In dem Moment, als Telemachos zu Theoklymenos sprach, flog zu seiner Rechten ein Habicht vorbei, der bekanntlich der schnelle Bote des Lichtgottes Apollon ist. Er trug in seinen Krallen eine gerupfte Taube, ihre Federn schwebten zur Erde nieder, genau in die Mitte zwischen dem Schiff und Telemachos selbst. Als der Seher dies sah, nahm er Telemachos beiseite und sagte ihm, das sei ein Zeichen Gottes und bedeute, dass nur sein Geschlecht Ithaka regieren und immer stark bleiben werde. Telemachos erwiderte, dass er sich wünsche, dass der Prophet Recht behalte; für diesen Fall versprach er ihm seine Freundschaft und viele Geschenke. Dann bat er seinen treuesten Gefährten Peiraios, den Fremden in die Stadt zu führen und sich um ihn zu kümmern.

So steuerte das Schiff den Stadthafen an, während sich Telemachos auf den Weg machte zur Hütte von Eumaios, dem Schweinehirten.

Der unheimlichen Begegnung bewegende Momente

Ich habe Euch schon erzählt, meine verehrten Zuhörer, dass während der Zeit, in der Telemachos unterwegs zu den Schweineställen war, in Eumaios Hütte dieser gemeinsam mit einem elend aussehenden greisen Gast – in Wirklichkeit der von Athena getarnte Odysseus – das Frühstück vorbereitete.

Als Telemachos sich der Hütte näherte, hatten die wütenden Hunde nicht furchtbar zu bellen begonnen, wie sie es sonst taten, wenn ein Unbekannter den Ställen nahekam, sondern freundlich mit den Schwänzen gewedelt, auch das habe ich schon erzählt. Odysseus hatte durch dieses Verhalten der Hunde sofort bemerkt, dass sich ein Freund oder Bekannter der Hütte näherte, und Eumaios das mitgeteilt. Noch bevor er die letzten Worte ausgesprochen hatte, trat Telemachos in den Vorhof der Hütte.

Überrascht von der unerwarteten Erscheinung sprang der Schweinehirt auf; die Schale, die er in den Händen hielt, fiel zu Boden. Mit Tränen in den Augen lief Eumaios zu seinem jungen Herrn und küsste ihm Stirn und Augen, und auch die Hände. Wie ein Vater seinen geliebten Sohn in die Arme schließt, wenn der nach zehn Jahren Abwesenheit zurückkehrt, so umarmte Eumaios den jungen Telemachos und fragte in liebevollen Worten, ob er gerade dem Tod entgangen sei. Er habe nicht geglaubt, dass er den jungen Herrn noch einmal lebend wiedersehen würde. Umso größer war seine Freude, umso liebevoller formulierte er die Begrüßungsworte. Telemachos erwiderte ihm in gleicher Weise und erkundigte sich besorgt nach seiner Mutter; auch stellte er die Frage, ob sie etwa inzwischen einen der Freier geehelicht habe. Nein, entgegnete der treue Schweinehirt, sie weine noch, Tag und Nacht.

Eumaios nahm Telemachos den bronzenen Speer ab und führte ihn in seine Hütte. Als Odysseus seinen Sohn erblickte, erhob er sich sofort, tief bewegt und innerlich aufgewühlt, um ihm seinen Platz anzubieten. Telemachos – der den Vater nicht erkennen konnte, nicht nur, weil er von Athena zum Greis gemacht worden war, sondern auch, weil er ihn nie bewusst gesehen hatte; er war ja ein neugeborenes Baby gewesen, als Odysseus nach Troja zog – grüßte ihn freundlich und bat ihn Platz zu behalten, er werde einen anderen Sitzplatz nehmen. Eumaios bereitete aus Zweigen und einem Ziegenfell einen Sitz für Telemachos. Anschließend bot er seinen beiden Gästen gebratenes Fleisch an, was er schon am Vortag zubereitet hatte, und dazu süßen Wein in hölzernen Bechern. Telemachos fragte dann den Schweinehirten, wer denn sein Gast sei, und wie dieser nach Ithaka gekommen sei. Eumaios erzählte ihm kurz die Geschichte – die falsche Geschichte –, die ihm Odysseus am Vortag berichtet hatte. Also dass der Gast aus Kreta stamme, vieles auf den Meeren erlitten habe und von einem Piratenschiff entwichen sei. Gerne hätte er den Fremden in seiner eigenen Hütte weiter beherbergt, aber er bitte um seine, Telemachos, Hilfe und Unterstützung.

Telemachos äußerte sein großes Bedauern, dass er ihm aufgrund der Zustände im Palast keinen Aufenthalt gewähren könne und auch keinen Schutz vor der Willkür der Freier. Allerdings könne der Fremde in der Hütte bleiben, und er werde dafür Sorge tragen, dass er anständige Kleider, gute Sandalen und ein scharfes Schwert bekomme; dazu auch genügend Lebensmittel, so dass er nicht den Hirten zur Last falle. Der Prinz fügte noch hinzu, dass er nicht wolle, dass der Gast mit den überheblichen Freiern in Berührung komme, weil er befürchte, dass diese ihn nicht gut behandeln würden. Ein einziger könne leider nicht die vielen Frivolen bändigen, und wäre er noch so stark.

Daraufhin sprach der erhabene Dulder Odysseus – in Gestalt des unbekannten bettelnden Greises – erstmals den jungen Herrn, seinen Sohn an: „Lieber Freund, es sei mir eine Bemerkung gestattet. Es bricht mir das Herz, wenn ich von den Dingen höre, die die Freier in deinem Palast veranstalten und wie unverschämt sie sich aufführen, und das im Hause eines so erhabenen jungen Mannes. Aber sage mir, warum lässt du dich so erniedrigen und demütigen? Mag dich dein Volk nicht, oder befindest du dich in Zwietracht mit deinen Brüdern und hast keinerlei Unterstützer? Wäre ich so jung wie du oder der Sohn des Odysseus oder gar Odysseus selbst – von dem übrigens in der Tat die Hoffnung besteht, dass er bald heimkehrt –, dann würde ich so etwas nicht dulden. Um mich daran zu hindern, in den Palast zu gehen und Tod und Verderben unter diesen unverschämten Kerlen zu säen, müsste man mir den Kopf abschneiden. Lieber wäre ich tot, als diese Schande über mich ergehen zu lassen und mitansehen zu müssen, wie sie meine Gäste behandeln, wie die dienenden Mädchen geschändet und von einem zum andern gezerrt werden und wie sie die Vorräte und das Vermögen verschleudern."

Telemachos erwiderte darauf: „Nein, Fremder, ich habe kein Problem mit dem Volk und auch nicht mit Brüdern, die ich leider nicht habe. Mein Großvater, mein Vater und ich sind Einzelsöhne. Mein Vater musste uns verlassen, als ich noch ein Baby war; bislang ist er nicht zurückgekehrt. Das ist der Grund, warum es in unserem Palast so viele unverschämte Kerle gibt. Viele

Aristokraten des Kephallonitischen Reiches[1], also von den umliegenden Inseln und aus Ithaka, werben um die Hand meiner Mutter. Sie vergeuden währenddessen unser Vermögen und schänden unser Haus. Meine Mutter will der Hochzeit nicht zustimmen und einen der Freier wählen, weil sie immer noch hofft, dass ihr Gemahl lebt, sie kann die Hochzeit aber auch nicht offen ablehnen. Und so leben alle auf unsere Kosten. Mich wollen sie sogar vernichten. Alles liegt in den Händen der Götter."

Nach diesen letzten Worten, die er mit sichtbarer Traurigkeit gesprochen hatte, gab Telemachos dem Schweinehirten die Anweisung, zu seiner Mutter zu gehen und sie zu benachrichtigen, dass er von der Reise heil zurückgekehrt sei. Aber niemand anderes solle das erfahren. Eumaios bat Telemachos darum, auch den greisen Laërtes benachrichtigen zu dürfen, denn seit auch noch Telemachos weggewesen sei, sei dieser geradezu vom Kummer überwältigt. Telemachos stimmte zu, dass eine Dienerin seiner Mutter ihm die Nachricht überbringe, während Eumaios auf direktem Wege zurückkehren solle.

Sobald der treue Schweinehirt die Hütte verlassen hatte, um Penelope die freudige Nachricht zu überbringen, erschien Athena in Gestalt einer strahlenden großen Frau auf dem Platz vor der Hütte. Nur Odysseus und die Hunde konnten sie wahrnehmen, nicht aber Telemachos. Die Hunde zogen sich erschrocken und ohne zu bellen winselnd in eine Ecke zurück. Die Frau zwinkerte Odysseus zu, führte ihn hinaus, ohne dass Telemachos ihre Anwesenheit bemerkte, und sagte ihm, dass die Zeit gekommen sei, seinem Sohn zu offenbaren, wer er sei. Dann sollten sie zusammen in den Palast gehen und mit den Freiern abrechnen, ihnen allen Tod und Verderben bringen. Sie werde in der Nähe bleiben, um ihnen Schutz zu gewähren. Sie brenne ja selbst vor Kampfeslust, fügte die Göttin hinzu.

Sie berührte den überraschten Odysseus sogleich mit ihrem göttlichen Stab und verwandelte ihn in den schönen kräftigen und strahlenden Mann, der er in seiner Jugendzeit gewesen war, gekleidet in schöne Gewänder. Seine Haut straffte sich, das ebenmäßige Profil wurde deutlich, die Wangen glänzten frisch, sein grauer Bart bekam seine frühere kräftige Farbe zurück. Danach verschwand die himmelblauäugige Zeustochter ebenso schnell wie sie erschienen war.

Als der so verwandelte Odysseus zurück in die Hütte kam, blickte der völlig entgeisterte Telemachos erschrocken auf ihn, dann schaute er weg; er war überzeugt, ein Gott stehe vor ihm. Ehrfürchtig staunend fragte er sich, was

---

[1] Falls Ihr es nicht wisst: das Kephallonitische Reich umfasst Ithaka und die umliegenden Inseln, benannt nach der größten Insel Kephallonia. König des Kephallonitischen Reiches war damals Odysseus. Eure modernen Geologen sagen sogar, dass Ithaka in der Bronzezeit, in der Zeit also, in der auch der Kampf um Troja stattfand, mit Kephallonia durch eine Landzunge verbunden war.

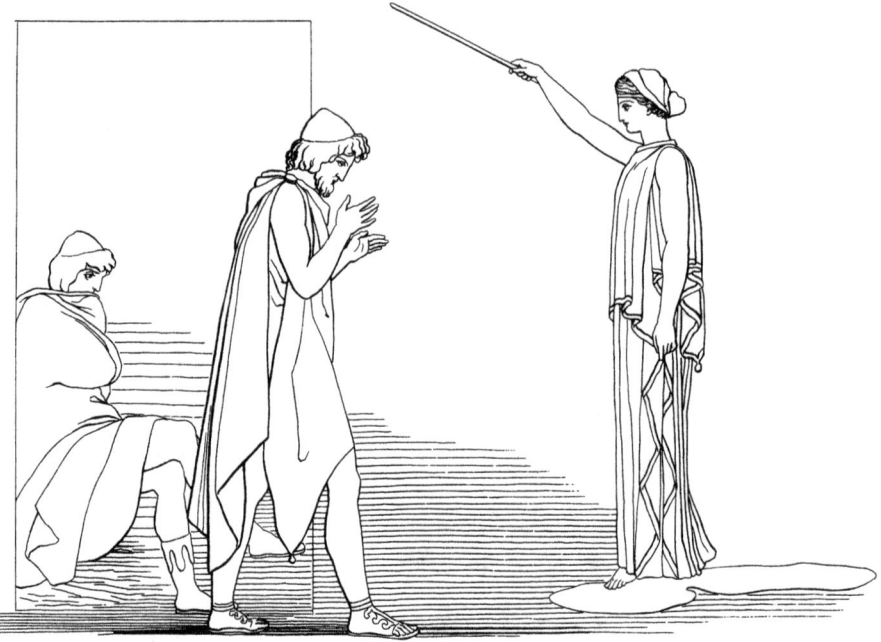

Odysseus Metamorphose

für eine Metamorphose und was für eine himmlische Erscheinung dies sei, welcher Gott da vor ihm stehe.

Odysseus zögerte nicht, dem jungen Prinzen die Wahrheit zu offenbaren:
„Ich bin dein Vater, auf den du so lange gewartet hast und wegen dem du so vieles erleiden musstest! Mein geliebter Sohn!"

Mit diesen Worten umarmte und küsste Odysseus seinen Sohn, und die so lange unterdrückten Tränen strömten aus seinen Augen. Telemachos aber konnte zunächst gar nicht glauben, was ihm die göttliche Gestalt da sagte. Plötzlich voll des Misstrauens sagte der Jüngling, nie und nimmer könne er der verschollene Vater sein. Offensichtlich sei ein Dämon am Werk, der ihn weiter prüfen und seine Enttäuschung noch größer machen wolle. So eine Verwandlung, die einen alten gebrechlichen Sterblichen wie einen Gott erscheinen lasse, sei für einen Menschen unmöglich. Nur die Unsterblichen könnten so etwas.

Das Lied von Vorsicht und Misstrauen

Und die Seele sang der immerwährenden Gültigkeit geflügelte Worte:
  Auf Eurer Fahrt durchs Leben könnt auch Ihr vielleicht erkennen, dass das Misstrauen, das – wie ich Euch schon gesungen habe – in bittern Erfahrungen seine

Wurzel hat, vor neuen bittereren Erfahrungen und Enttäuschungen schützen kann. Vorsichtig zu sein ist eine gute Funktion des ansonsten so negativ beladenen Misstrauens.
Das ist Homers odysseische Botschaft.

Mit sanften Worten versicherte der vielbewanderte Odysseus dem vorsichtig-misstrauischen Telemachos, dass er in der Tat sein Vater sei. Zwanzig Jahre lang sei er der Heimat fern gewesen, habe unterwegs viel gelitten und vieles erduldet, aber nun sei er endlich heimgekehrt. Die Verwandlung, so erklärte er seinem Sohn, sei Athenas Werk. Die Götter, die den unendlichen Himmel bewohnen, hätten ja die Macht, Sterbliche zu verklären oder sie auch furchtbar zu entstellen. „Das macht Athena in großzügiger Weise auch mit mir", fuhr er fort; „einmal verwandelt sie mich in einen elenden Bettler, dann wieder in den strahlenden heldenhaften Mann." Und gerade Athena sei immer geneigt, den Kämpfenden großzügig zu belohnen und ihm beizustehen, fügte er noch hinzu.

Das Lied vom Kämpfer
Und die Seele sang der immerwährenden Gültigkeit geflügelte Worte:
Auf Eurer Fahrt durchs Leben könnt auch Ihr vielleicht erkennen, dass nicht der Passive, der Resignierte, der Bequeme, der Initiativlose die Gunst der Götter genießt, sondern der Kämpfende, der sich den Widrigkeiten des Lebens Stellende, der sich seinen Weg selbst Bereitende. Dem, der sich selbst hilft, wird die Hilfe der Götter zuteil.
Das ist Homers odysseische Botschaft.

Ach, meine verehrten Zuhörer, dabei fällt mir eine Geschichte aus fernen Zeiten und fernen Ländern ein. Diese alte Legende erzählt folgendes: „Ich habe geschlafen, und ich habe geträumt, dass das Leben schön ist. Ich bin aufgewacht und habe festgestellt, dass das Leben ein Kampf ist. Ich habe den Kampf aufgenommen, und dann habe ich festgestellt, dass das Leben tatsächlich schön ist.[2]"

Und ich kann es mir nicht versagen, Euch noch an einem Spruch zum Thema Kampf teilhaben zu lassen, der mir gerade jetzt wieder in den Sinn kommt. Es ist der kämpferische Spruch eines jungen neuzeitlichen Nachfol-

---

[2] Jemand hat mir geflüstert, dass diese Legende, die hier so gut passt, nichts anderes ist als eine abgewandelte Form eines bekannten Aphorismus des bengalischen Dichters und Philosophen Rabindranath Tagore, der vor nicht allzu ferner Zeit schrieb: „Ich schlief und träumte, das Leben sei Freude. Ich erwachte und sah, das Leben war Pflicht. Ich handelte, und siehe, die Pflicht war Freude". Wie auch immer, wie und von wem dies zuerst gesagt wurde; ob die alte Legende so überhaupt existiert oder bloß eine Mutation des bengalischen Gedichtes im Kopf eines Menschen war; das ist letzten Endes unwichtig. Denn schön und von großem Wahrheitsgehalt sind doch beide!.

gers von mir, der eine monumentale Fortsetzung meiner Odyssee in 33.333 Versen geschrieben hat:

„Das Wesen unseres Gottes ist nicht nur der Schmerz; auch nicht die Hoffnung auf ein jenseitiges Leben oder ein hiesiges irdisches; auch nicht die Freude und der Sieg. Jede Religion, die nur eines dieser urtümlichen Gottesantlitze zur Anbetung auswählt, engt unser Herz und unseren Geist ein.

Das Wesen unseres Gottes ist der Kampf."[3]

So macht man sich sicherlich beliebt bei der Göttin, die mit kriegerischem Geschrei Geburt und Verbreitung von Rationalität und Weisheit bewacht und verteidigt hat[4]. Und so ist es auch verständlich, meine geschätzten Zuhörer, dass Odysseus Pallas Athena bescheinigt, sie sei immer geneigt, den Kämpfenden großzügig zu belohnen und ihm beizustehen.

Die letzten Worte von Odysseus überzeugten Telemachos, und dann folgte eine höchst rührende Szene: Vater und Sohn umarmten sich stürmisch, beide heftig weinend. Schriller und wilder und lauter als Geieradler, denen die Bauern ihre noch flugunfähigen Jungen geraubt haben, weinten die beiden Männer. Lange blieben sie in ihrer Umarmung vereint und hätten noch den ganzen Tag geweint, wenn nicht Telemachos darauf gebrannt hätte zu erfahren, wie es dem Vater gelungen sei, nach Ithaka zu kommen und was er nun weiter zu tun gedenke.

Die Möglichwerdung des Unmöglichen

Odysseus berichtete seinem Sohn genauestens, wie die Phäaken ihn nach Hause gebracht hatten, welche großen Schätze sie ihm geschenkt hatten und wie Athena ihn danach geführt habe. Dann aber wandte er sich dem liederlichen Treiben auf Ithaka, in seinen Gemächern und auf seinen Ländereien zu. Er befragte seinen Sohn in allen Einzelheiten zu den Freiern; was für Eigenschaften sie hätten und wie viele sie seien. Erklärend fügte er hinzu, dass er alle diese Informationen benötige, um einen klugen Plan für ihre Vernichtung zu entwerfen und damit den Anfang vom Ende der Plage einzuläuten. Dann könne er auch entscheiden, ob sie beide, Vater und Sohn, es alleine schaffen könnten.

Daraufhin erwiderte der besonnene Sohn mit den geflügelten Worten, den nicht unbegründeten: „Mein Vater, ich habe in der Tat viel über deinen Ruhm, deine Kraft, dein Können und deine Intelligenz gehört. Aber nun hast du ein

---

[3] Mein junger neuzeitlicher Nachfolger, der die monumentale Fortsetzung meiner Odyssee geschrieben hat, ist Nikos Kazantzakis; die Fortsetzung heißt wie das Original einfach „Odyssee". Der von mir erwähnte kämpferische Spruch findet sich in seinem großen Werk „Rechenschaft an El Greco", auch von mir kräftig inspiriert und streng supervidiert.
[4] So ungefähr formuliert es die uns schon bekannte Lorraine Daston in ihrem Buch „Wunder, Beweise und Tatsachen. Zur Geschichte der Rationalität" (2014).

zu großes Wort gesprochen, du planst Unmögliches. Es ist zweifelsohne unmöglich für zwei Männer, gegen so viele starke Feinde, wie die Freier es sind, zu kämpfen. Es sind viele, einhundertacht an der Zahl, und noch dazu acht Diener, ein Herold und ein Sänger. Ich fürchte, wir können es alleine nicht schaffen. Um das Unmögliche möglich zu machen, brauchen wir Unterstützung."

Odysseus sagte, sie hätten Unterstützung; sie hätten sogar zwei Unterstützer: Pallas Athena und ihren Vater, den Blitzeschleuderer Zeus, Herrscher der Welt. Und hinzu fügte er die geflügelten Worte, die nicht unironischen: „Was meinst du, reicht die Hilfe der beiden, oder benötigen wir noch mehr?"

Diese besondere Auskunft verfehlte ihren Zweck nicht und schien den vernünftigen Telemachos zu überzeugen: „In der Tat, du hast mächtige Verbündete, und obwohl sie hoch über den Wolken thronen, können sie viel mehr bewirken als alle Sterblichen, aber auch mehr als die anderen Unsterblichen."

Odysseus ließ seinen Sohn weiter an seinen Überlegungen teilhaben: „Wir werden sicher die Hilfe der beiden Götter haben, sobald der gewaltige Kampf zwischen uns und den Freiern im Palast beginnt. Trotz des göttlichen Beistandes brauchen wir aber einen intelligenten strategischen Plan. Ohne den geht es nicht."

> **Das Lied vom eigenen Beitrag zum Sieg**
> Und die Seele sang der immerwährenden Gültigkeit geflügelte Worte:
> Auf Eurer Fahrt durchs Leben könnt auch Ihr vielleicht erkennen, dass es gut ist, wenn man an seiner Seite mächtige Verbündete und Helfer hat, aber allein darauf sollte man sich nicht verlassen. Jeder Sieg braucht den Beitrag des Kämpfenden. Ohne eigenes Zutun ist sogar ein Geschenk des Himmels unsicher.
> Das ist Homers odysseische Botschaft.

„Also", fuhr Odysseus fort, „wenn die Morgenröte kommt, sollst du zum Palast gehen und mit den frivolen Freiern ins Gespräch kommen. Unser treuer Schweinehirt Eumaios wird mich, wieder als greisen bemitleidenswerten Bettler, in die Stadt und etwas später in den Palast führen. Wenn die Freier mich beleidigen und schlecht behandeln, übe dich in Geduld und reagiere nicht darauf, selbst dann nicht, wenn sie mich von den Beinen zerren oder sogar Pfeile gegen mich werfen. Wenn du so etwas siehst, sollst du nur mit sanften Worten versuchen, sie zu veranlassen, den Unsinn zu beenden. Sie werden freilich nicht auf dich hören. Das macht aber nichts; ihr bitterer Tag ist damit gekommen!

Und ich sage dir noch etwas, bitte merke es dir ganz genau. In dem Moment, in dem die Weisheitsgöttin beginnt, mein vernichtendes Handeln zu führen, werde ich dir mit einer Kopfbewegung ein Signal geben. Wenn du das siehst, sammele alle Waffen ein, die im Palast sind, und deponiere sie in einer Ecke der oberen großen Kammer. Aber bitte denke daran, alle Waffen einsammeln; hörst du, alle Waffen! Nur zwei Schwerter, zwei Lanzen und zwei lederne Schilde halte für uns beide bereit. Wenn die Freier das Verschwinden der Waffen bemerken, versuche sie mit klugen und beschwichtigenden Worten hinters Licht zu führen. Eine Wartung der Waffen sei nötig, Schutz vor Rauch oder ähnliches. Dir wird schon etwas Passendes einfallen. Außerdem sage ihnen, Zeus habe dir die Eingebung gegeben, zu ihrem Schutze die Waffen zu entfernen; denn sie würden ja so viel Wein trinken, und es könnte im Rausch zu Auseinandersetzungen kommen. Dann wäre es wohl möglich, dass der eine oder andere Freier verletzt oder gar tödlich getroffen werde, wenn Waffen im Spiel wären. Es sei ja bekannt, dass jeder Krieger eine Neigung habe, vorhandene Kriegsgeräte auch zu benutzen."

Das Lied von der Verführung durch gefüllte Arsenale

Und die Seele sang der immerwährenden Gültigkeit geflügelte Worte:
Auf Eurer Fahrt durchs Leben könnt auch Ihr vielleicht erkennen, dass gefüllte Arsenale eine große Verführung darstellen, die darin enthaltenen Waffen auch zu nutzen. Keine wesentliche Rolle spielt dabei die Art der Waffen, ob einfache Schwerter und Pfeile oder unvorstellbare allesvernichtende und die ganze Welt in Trümmer verwandelnde Konstruktionen einer pervertierten Technologie, die des Hephästos Gaben missbraucht.
Nur leere Arsenale sind ungefährliche Arsenale.
Das ist Homers odysseische Botschaft.

„Pallas Athena und Vater Zeus", so Odysseus weiter, „werden deinen Worten die nötige Überzeugungskraft verleihen, mein Sohn. Aber auf eines musst du ganz genau achten: Niemand, aber wirklich niemand darf wissen, dass Odysseus im Palast ist; weder mein Vater, noch deine Mutter, und auch nicht der Schweinehirt. Nur du und ich! Wir werden prüfen, wie die Dienerinnen sich verhalten und welche von ihnen auf unserer Seite stehen. Und dann wollen wir sehen, welche der anderen Bediensteten loyal zu uns stehen."

Telemachos bat seinen Vater, den Plan wenigstens in einem Punkt zu überdenken, nämlich was die Überprüfung der Leute außerhalb des Palastes betraf; der Bediensteten also, die auf den Ländereien und in der Fischerei arbeiteten. Er argumentierte damit, dass viel kostbare Zeit vergehen würde, bis Odysseus alle kennengelernt und geprüft habe, ob sie loyal seien oder nicht. Er schlug vor, zwar die Dienerinnen im Palast zu überprüfen, aber die Bediensteten außerhalb des Hauses in einer späteren Zeit. Odysseus widersprach dem Vorschlag seines Sohnes nicht.

Während Vater und Sohn Pläne schmiedeten, wie sie gegen die Freier vorgehen sollten, legte im Stadthafen von Ithaka das Schiff an, das Telemachos und seine Kameraden nach Pylos gebracht hatte und nun vereinbarungsgemäß ohne den Prinzen an Bord die Stadt erreichte. Die kostbaren Gastgeschenke, die Telemachos erhalten hatte, wurden von seinen Kameraden im Hause von Klytios, einem Vertrauten, versteckt, um sie vor dem Zugriff der Freier zu schützen. Die Gefährten schickten sofort einen Boten zum Palast, um Penelope über die Rückkehr ihres Sohnes zu informieren. Zufälligerweise trafen die beiden Boten, der vom Schiff und der Schweinehirt Eumaios, gleichzeitig im Palast ein. Während Eumaios seine Nachricht Penelope nur unter vier Augen mitteilte, verkündete der Herold vom Schiff die Neuigkeiten laut im Innenhof, so dass alle sie hören konnten; und so gelangte die Nachricht auch zu den Freiern. Gleich danach verließen die beiden Nachrichtenüberträger den Palast.

Die Neuigkeiten erfreuten Penelope sehr; die Freier dagegen beunruhigten sie in gleichem Maße. Sie sammelten sich vor dem Palast, und ihr zweiter Anführer Eurymachos schlug vor, das Mordkommando mit dem Hauptanführer Antinoos an der Spitze, das auf dem Meer Telemachos und seine Kameraden angreifen sollte, zu benachrichtigen und zurückzubeordern. „Nicht nötig", rief Amphinomos, einer von ihnen, „unser Schiff fährt gerade in den Hafen ein." Und er lachte sarkastisch, die Blamage des Mordkommandos damit unterstreichend.

Nachdem die Mannschaft des Schiffes an Land und die Waffen ausgeladen waren, veranstalteten die Freier eine Geheimversammlung am Ratsversammlungsplatz, mit Eintrittsverbot für nicht Befugte. Befragt, was geschehen sei, sagte Antinoos, der Anführer des Mordkommandos, es sei offensichtlich, dass ein Gott Telemachos auf dieser Reise geschützt habe. Sie hätten alles getan, um sein Schiff ausfindig zu machen; aber es sei kein Schiff am Horizont zu sehen gewesen. Ein Dämon müsse es vorbeigelotst haben!

Doch unbedingt müsse Telemachos sterben, sagte Antinoos noch; solange er lebe, werde er ein Hindernis für die Freier sein. Er sei gefährlich, weil er intelligent und entschieden sei, und kein unsicherer Jüngling mehr, wie noch vor kurzem. Außerdem hege das Volk in seiner Mehrheit keine Sympathie für die Freier, sodass zu befürchten sei, dass es bei einer Auseinandersetzung Telemachos unterstützen würde. Telemachos müsse so bald wie möglich den Tod finden, noch bevor er wieder eine Ratsversammlung einberufen könne. Es müsse jetzt geschehen, draußen auf dem Land, noch bevor er in die Stadt komme. Denn wenn eine Ratsversammlung stattfinde, dann würde er sicher auch bekannt machen, dass die Freier versucht hätten, ihn zu töten, aber dass es ihnen misslungen sei. Unterstützung durch das Volk wäre nach so einer Nachricht unmöglich zu erwarten. Es könnte sogar sein, fügte Antinoos hinzu, dass ein Volksaufstand entstehe und die Freier aus dem Land gejagt würden; dann würden sie alles verlieren. Falls es ihnen aber gelingen würde, Telemachos zu töten, bevor er Zeit habe zu agieren, dann wären alle ihre Probleme gelöst. Dann könnten sie sein Vermögen unter sich aufteilen und Penelope nur das Haus als Mitgift für den ausgewählten Bräutigam belassen.

Falls die anderen Freier mit seinem Vorschlag nicht einverstanden seien, damit den erneuten Mordplan meinend, dann müssten sie alle den Palast verlassen; nach solchen Ereignissen könnten sie dort nicht bleiben. Dann bleibe nur die Möglichkeit, Penelope aus der Ferne mit Geschenken zu umwerben und sie auf diesem Wege zur Frau zu gewinnen.

Amphinomos, auch einer der Anführer der Freier, der mit dem sarkastischen Lachen beim Anblick des Schiffes mit dem blamierten Mordkommando, der intelligent genug war und sogar ein nicht gänzlich unangenehmer Mensch, insofern Penelope irgendwie sympathisch, riet von der sofortigen Ermordung des Telemachos ab. Die Tötung eines Königssohnes sei ein sehr großes Verbrechen, das von den Göttern hart bestraft werde. Stattdessen schlage er vor, zunächst die Götter um ein Zeichen zu bitten. Falls sie ein Zeichen bekämen, dass die Götter mit Telemachos Ende einverstanden seien, wäre er notfalls sogar selbst bereit, ihn aus dem Weg zu räumen; falls jedoch die Götter dagegen seien, sollten sie es sein lassen. Die Freier waren mit diesem Vorschlag einverstanden und gingen ins Palastinnere, um danach zu handeln.

Der Herold Medon, der unfreiwillig den Freiern diente und ihre Absichten und Pläne mitgehört hatte, informierte unverzüglich Penelope. Sie entschloss sich zum sofortigen Einschreiten und ging tapfer und entschieden in Begleitung ihrer Kammerdienerinnen in den Saal, wo die Freier sich inzwischen wieder versammelt hatten. Neben einer Säule stehend sagte sie: „Antinoos, du bist ein böser Mensch mit bösen Gedanken, obwohl manche sagen, dass du besser seiest als die anderen. Was für ein Irrtum, undankbar bist du! Hast du gar keinen Respekt vor den Göttern? Du solltest Telemachos schützen und nicht seine Ermordung planen. Oder hast du etwa vergessen, dass dein Vater hier bei uns Asyl gefunden hat, als ein Volksaufstand gegen ihn im Gange war? Als seine Feinde ihn umbringen und sein ganzes Vermögen beschlagnahmen wollten, hat König Odysseus das verhindert und ihn gerettet. Hast du das vollständig vergessen? Und was machst du? Du versucht, dem Retter deines Vaters den Sohn zu nehmen, du freist um seine Frau und vernichtest sein Vermögen! Du bist eine große Enttäuschung, und ich fordere dich auf, damit Schluss zu machen und auch die anderen Freier davon abzuhalten."

Anstelle von Antinoos antwortete Eurymachos, der zweite Anführer der Freier, mit den geflügelten Worten, den heuchlerischen: „Penelope, Tochter des Ikarios, du bist besonnen und tapfer; aber verschwende keinen Gedanken daran. Niemand wollte deinen Sohn ermorden, niemand will es oder wird es jemals wollen. Solange ich lebe und meine Augen das Licht sehen, wird niemand Hand an Telemachos legen. Denjenigen, der es versucht, werde ich höchstpersönlich mit meinem Speer durchbohren. Ich selbst bin ebenfalls dem großen Odysseus zu Dank verpflichtet; er hat mich als Kind auf seinem Schoß gehalten und mich in späteren Jahren reichlich mit Fleisch gespeist und mir Wein zu trinken gegeben. Insofern ist mir auch Telemachos sehr lieb; deshalb versichere ich dir, dass keiner der Freier ihm jemals etwas Schlimmes antun wird. Wenn allerdings die Götter so etwas beabsichtigen, dann, aber eben nur dann, kann ich natürlich nichts dagegen tun."

So vordergründig besänftigend säuselte der Heuchler; doch in seinem Kopf und in seinem Herzen wüteten schon die Mordpläne an Telemachos. Auch Penelopes Belehrung in Sachen Moral und Anständigkeit ließ die Unbelehrbaren unbeeindruckt.

> **Das Lied vom Heuchler**
> Und die Seele sang der immerwährenden Gültigkeit geflügelte Worte:
> Auf Eurer Fahrt durchs Leben könnt auch Ihr vielleicht erkennen, dass der Heuchler anders spricht als er denkt, nicht selten sogar genau das Gegenteil von dem, was er an Gedanken hegt. Das Erkennen der heuchlerischen Diskrepanz liegt in der Menschenkenntnis, im Wissen und in der Erfahrung des kritischen Beobachters.
> Das ist Homers odysseische Botschaft.

Und all das hatte offensichtlich Penelope bemerkt. Die heuchlerischen Worte durchschauend, kehrte sie bedrückt in ihre Gemächer zurück. Wie jeden Abend weinte sie bitterlich, in Sehnsucht an Odysseus denkend, bis Athena ihr den rettenden Schlaf schickte.

Gegen Abend kehrte Eumaios zu Odysseus und Telemachos zurück, die gerade mit der Zubereitung eines jungen Schweins beschäftigt waren. Bevor er eintrat, erschien aber Athena, berührte Odysseus mit ihrem Stab und verwandelte ihn wieder in den greisen in Lumpen gekleideten Bettler, damit der treue Diener seinen Herrn nicht erkenne.

Der Schweinehirt brachte die Nachricht mit, dass das von den Freiern entsandte Schiff mit dem Mordkommando vermutlich zurückgekommen sei, allerdings wisse er nicht mehr darüber. Telemachos schaute wissend zu seinem Vater hinüber, dabei lächelte er diskret und bedeutungsvoll.

Nachdem sie ihr wohlschmeckendes Mahl genossen hatten, legten sich alle drei auf Stroh und Fellen zum Schlafen. Vater und Sohn voll des Glücks – aber auch der Sorge.

18
Des großen Dulders bedachtes Erdulden

> **Zusammenfassung**
>
> Aus dem siebzehnten Gesang meiner Odyssee werde ich Euch erzählen, wie sich Odysseus in Begleitung von Eumaios zum Palast aufmacht. Dort ist Telemachos schon angekommen und berichtet seiner Mutter über die Reise. Der aus Pylos mitgebrachte Prophet Theoklymenos versichert Penelope, dass ihr Mann sehr bald zurückkehren und die Freier hart bestrafen wird. Die Königin hofft zwar, dass der Prophet recht hat, ist allerdings skeptisch. Auf dem Weg in die Stadt wird Odysseus von einem Ziegenhirten, einem Anhänger der Freier, beschimpft und körperlich angegriffen. Alles dies erträgt er mit äußerlichem Gleichmut und hoher innerer Beherrschung. Vor dem Palast erkennt Odysseus seinen alten Hund Argos; als dieser die Stimme seines Herrn vernimmt, stirbt er glücklich. Im Palast begegnet Odysseus in Gestalt des Bettlers zum ersten Mal den Freiern, die ihn mit großer Arroganz behandeln und beleidigen. Der Anführer der Freier, Antinoos, treibt es am schlimmsten, was bei Telemachos große Wut erzeugt, die er aber beherrschen kann. Als Penelope von dem fremden Bettler erfährt, bittet sie den Hirten Eumaios, ihn zu ihr zu führen. Odysseus lässt sie jedoch bitten, sich zu gedulden, bis die Freier nach dem Abendgelage den Palast verlassen haben.
>
> Und die uns begleitende Seele wird dabei geflügelte Worte von immerwährender Gültigkeit singen, wie etwa über das Erdulden von Demütigungen und Schmerz als Waffe, über die stille Verbundenheit als Brutstätte der Emotionen, von der Erfüllung einer Sehnsucht als Erfüllung des Lebens selbst – und von manchem anderen.

Der König, der sich durch einen Ziegenhirten demütigen lässt

Am nächsten Morgen machte sich Telemachos auf den Weg in die Stadt zu seiner Mutter. Vorher gab er Eumaios die scheinbar neutrale Anweisung, den Fremden – der für ihn kein Fremder mehr war – in die Stadt zu führen, dort könne er betteln. Er selbst könne niemanden aufnehmen, denn er habe zurzeit nur Sorgen und Kummer. Odysseus zeigte demonstrativ Verständnis dafür, er sei damit völlig einverstanden – so wie es zwischen ihnen abgesprochen war. Odysseus fügte noch hinzu, wenn es Eumaios recht sei, wolle er gerne etwas später in die Stadt gehen; jetzt sei es noch viel zu kalt, seine Lumpen seien zu dünn für den Morgenreif. Auch das war abgesprochen.

Telemachos ging also alleine zur Stadt. Unterwegs grübelte er intensiv darüber nach, wie sein Vater und er mit den Freiern fertig werden könnten. Er betrat den Palast, ließ seinen Speer hinter einer Säule versteckt zurück und ging in die inneren Räume. Seine alte Amme Eurykleia erblickte ihn als erste; weinend lief sie zu ihm und umarmte ihn. Bald kamen alle Dienerinnen, die ihn ebenfalls voller Freude umarmten und küssten. Die erhabene Penelope erschien in der Tür, der strahlenden Artemis und der goldenen Aphrodite gleich; weinend umarmte sie ihren Sohn – weinend vor Freude, weil er lebend zurückgekehrt war. Sogleich fragte sie ihn, wie die Reise gewesen und wie es ihm ergangen sei. Telemachos bat sie, später darauf antworten zu dürfen. Jetzt solle sie sich hübsch machen und zu Zeus beten; ihm solle sie Hekatomben, Hunderte von Opferrindern, versprechen, falls sein Vater zurückkomme und die Feinde bestrafe. Er selbst werde zum Marktplatz gehen, weil er einen Gast von Pylos mitgebracht habe; um den kümmere sich zurzeit sein Freund Peiraios, er wolle ihn dort treffen und zu sich in den Palast holen. Penelope war ein wenig verwundert über dieses ihr noch nicht so bekannte bestimmende Auftreten ihres Sohnes. Aber sie stieg hoch in ihre Gemächer und tat, um was Telemachos sie gebeten hatte.

Als Telemachos mit dem Speer in der Hand, begleitet von zwei Hunden, wieder aus dem Palast trat, verlieh Athena ihm eine solche Strahlkraft, dass jeder Mensch auf seinem Weg ihn bewunderte. Sogar die Freier machten ihm Komplimente, auch wenn sie in Wirklichkeit sein Verderben wünschten. In der Agora angekommen, setzte er sich zu drei alten Freunden seines Vaters, die auch gerade dort waren, etwas abseits von den Freiern. Dorthin kam kurz danach auch sein Freund Peiraios mit dem Gast Theoklymenos, dem Propheten, den Telemachos freundlich in Empfang nahm. Peiraios sagte nach der Begrüßung als erstes zu Telemachos, er solle einen Diener zu ihm nach Hause schicken, um die kostbaren Gastgeschenke des Menelaos abholen zu lassen. Telemachos aber bat ihn, sie noch bei sich zu behalten, bis die Sache mit den Freiern geregelt sei. Falls er von denen getötet werde, könne sein Freund die Geschenke behalten und sich an ihnen erfreuen, aber eben nicht seine Feinde. Wenn die Sache aber anders ausgehe und die Freier die Verlierer wären, dann könne er seine Geschenke immer noch abholen lassen.

Anschließend führte der erhabene Prinz den Gast aus Pylos in den Palast. Dort ließen sie sich von Dienerinnen baden, salben und in edle Gewänder kleiden. Nachdem sie mit Wasser aus einem goldenen Krug über einem silbernen Becken ihre Hände gereinigt hatten, servierte man den beiden ein reiches Mahl. Ihnen gegenüber, neben eine Säule, setzte sich Penelope und spann fein leuchtende Fäden. Nachdem die beiden Männer gespeist hatten, bat Penelope ihren Sohn, ihr endlich – und bevor die Freier wieder ins Haus strömten – zu sagen, ob er etwas über seinen Vater erfahren habe.

Telemachos berichtete ihr daraufhin, dass er nach Pylos zu dem erfahrenen und weisen alten Nestor gefahren sei. Der erhabene König habe ihn wie einen lieben Sohn aufgenommen, ihm allerdings über das Schicksal seines Vaters nicht viel sagen können. Nestor habe von keinem Erdbewohner etwas darüber gehört, ob Odysseus noch lebe oder tot sei. Er habe ihm aber den Rat gegeben, zum Atriden Menelaos zu fahren, dem weltbekannten Speerwerfer, mit einer Stimme ähnlich der des Kriegsgottes. Für diese Reise habe ihm König Nestor nicht nur Wagen und Pferde, sondern auch seinen Sohn als Begleiter zur Verfügung gestellt.

Im Palast des großzügigen Menelaos habe er die schöne Helena getroffen, wegen der die Griechen und die Trojaner im Krieg so viel gelitten hätten. Menelaos habe seiner Überzeugung Ausdruck verliehen, dass Odysseus zurückkehren und furchtbare Rache an den Freiern üben werde. Denn er habe vom Meeresgreis Proteus, der nie etwas Unzutreffendes sage, während seines Aufenthaltes in Ägypten gehört, dass Odysseus in Ogygia sei, auf Kalypsos Insel; dort werde er von der göttlichen Nymphe gegen seinen Willen festgehalten. Das sei leider alles, was er während der Reise über den Verbleib seines Vaters erfahren konnte, fügte er bedauernd hinzu.

Auch wenn es nicht viel war, schien Penelope von diesen Nachrichten sehr bewegt.

Während sie sich noch bemühte, ihre Gefühle zu beherrschen, und bevor sie etwas sagen konnte, ergriff der göttliche Prophet Theoklymenos das Wort. Er versicherte der Königin unter Berufung auf Zeus und die anderen Olympier, dass der Götter Liebling Odysseus schon auf Ithaka sei! Ja, er sei hier, hier auf Ithaka! Er bereite sogar in diesem Moment die furchtbare Bestrafung der Freier vor. Er, Theoklymenos, habe geflügelte Gotteszeichen, Vogelorakel, gesehen und gedeutet. Und bisher habe er nie einen Fehler bei der Deutung der Vogelorakel gemacht; seine Prophezeiungen seien immer eingetroffen. Auch diese Prophezeiung werde mit Sicherheit in Erfüllung gehen, so der göttliche Seher. Penelope freute sich sehr über die prophetischen Worte des Sehers, bedankte sich herzlich und versprach ihm – falls seine Prophezeiung wahr werde – reiche Gastgeschenke.

Währenddessen amüsierten sich vor dem Palast die Freier mit Wettkämpfen im Diskus- und Speerwerfen – voller Überheblichkeit und Unverschämtheit. Nachdem frisch geschlachtete Tiere aus Odysseus Ställen eingetroffen waren, wurde von den Dienern das Abendessen bereitet; dann rief der Herold Medon zur Tafel.

Einige Zeit nachdem Telemachos aufgebrochen war, hatte Odysseus in Gestalt des zerlumpten Greises sich bereit gemacht, um mit dem Schweinehirten

Eumaios in die Stadt zu gehen. Eumaios sagte noch einmal, dass er ihn gerne weiter in seiner Hütte herbergen würde, aber er habe ja selbst gehört, was sein Herr befohlen habe. Und gut sei es nicht, dem Herrn nicht zu gehorchen. Odysseus stimmte ihm uneingeschränkt zu, warf die Lumpen über seine Schulter und bat Eumaios um einen Stock; er sei doch alt, und der Weg könnte rutschig sein.

Und so führte der ahnungslose Schweinehirt seinen König, als Greis und lumpiger Bettler getarnt, in die Stadt. Kurz bevor sie diese erreichten, kamen sie an eine schöne Quelle mit kristallklarem Bergwasser, von Ur-Ahnen mit einem Altar zu Ehren der Nymphen und einem Hain wasserliebender Pappeln prächtig ausgestaltet.

Dort trafen sie auf einen unverschämten Landbediensteten der Königsfamilie, den Ziegenhirten Melanthios, manche nennen ihn auch Melantheus, der dafür zuständig war, die prächtigsten Tiere aus Odysseus Ställen für die Freier auszuwählen und bereit zu stellen, was er auch gerne tat. Er war mit zwei weiteren Ziegenhirten unterwegs, um wieder einmal Tiere für das nächste Gelage zu liefern. Als er Eumaios und Odysseus traf, begann er in unverschämter Weise, die beiden zu provozieren und zu beleidigen: „Was sehe ich denn da? Ein Tor führt den anderen Tor. Klar, denn die Götter führen gleich und gleich zusammen. Wohin bringst du denn diesen lumpigen Kerl, diesen erbärmlichen Bettler und unnützen Schmarotzer, du idiotischer Sauhirt? Zu ehrlicher Arbeit taugt der Taugenichts sicherlich nicht; er wird lieber zwischen den Leuten umherschleichen und Futter für seinen unersättlichen Bauch erbetteln."

Als die beiden nicht antworteten, sondern schweigend ihren Zorn unterdrückten, fuhr der Ziegenhirt fort: „Aber eines will ich euch sagen: Wenn dieser Lump es wagt, Odysseus Palast zu betreten, dann werden Fußschemel auf seinem Kopf zerschlagen und seine Rippen durch Männerfäuste gebrochen. Ich hätte ihn als meinen Gehilfen genommen und ihm Ziegenmilch zur Stärkung gegeben, wenn er nicht so ein Taugenichts wäre." Und nachdem er so unverschämt gesprochen hatte, gab er dem unbekannten Bettler einen kräftigen Tritt. Der König von Ithaka, der große Dulder Odysseus, konnte seinen unbändigen Zorn über das Verhalten des boshaften Ziegenhirten, der in seinen Diensten stand, gerade noch bändigen und sich um der Sache willen beherrschen.

Das Lied von der Stärke des Erduldens

Und die Seele sang der immerwährenden Gültigkeit geflügelte Worte:
Auf Eurer Fahrt durchs Leben könnt auch Ihr vielleicht erkennen, dass das Erdulden von Demütigungen und Schmerz nicht immer Ausdruck von Unterwerfung, Servilität oder Ehrlosigkeit ist, sondern auch Stärke und Waffe und strategisches

Denken bedeuten kann. Schweres und langes Erdulden formt den langmütigen Dulder, der mit Geduld seine Ziele verfolgt.
Das ist Homers odysseische Botschaft.

Weil er nichts anderes tun konnte, betete der Schweinehirt Eumaios zu den Nymphen, dass sein Herr und König Odysseus bald kommen und auch diesen arroganten Mann bestrafen möge, wie er es verdient habe; denn schlechte Hirten würden auch die Herden verderben. Daraufhin spuckte der Ziegenhirte Melanthios – was übrigens „der schwarz Blühende" bedeutet, wobei die das Unheil symbolisierende Farbe gut zu seinen Taten passte – wieder verachtende Worte aus: „Was sagst du da, du schwarzer Hund, tückische Ausgeburt! Der Tag wird kommen, an dem ich dich auf ein Schiff werfen und bei Fremden für viel Geld als Sklaven verkaufen werde. Ich wünsche mir nur, dass dieser Telemachos, der dich beschützt, möglichst schon heute plötzlich stirbt oder durch die Freier getötet wird. Odysseus kehrt sowieso nie wieder nach Ithaka zurück."

Nach diesen frechen Worten entfernte er sich eiligen Schrittes, die Schlachttiere gemeinsam mit den beiden anderen Ziegenhirten zum Palast führend. Der Empfang der Freier für den widerwärtigen und boshaften Melanthios war überaus freundlich, ja herzlich; sie boten ihm reichlich Speis und Trank an – er war ja ihr Liebling.

Der Mann und sein Hund

Inzwischen näherten sich auch Eumaios und Odysseus, dieser natürlich weiter in seiner greisen Bettlergestalt, dem Palast und hörten schon aus der Ferne die Musik, die zur Unterhaltung der Freier erklang. Odysseus sagte: „Was für ein prächtiger Palast! Das muss wohl der von Odysseus sein, und offensichtlich wird dort ein großer Empfang gegeben. Ich rieche gebratenes Fleisch und höre die Klänge der Kithara, die immer einen großen Empfang begleiten".

Eumaios bestätigte des Fremden Feststellungen und fragte ihn dann, wie sie es am besten machen sollten. Eine Möglichkeit wäre, dass der Bettler als erster in den Palast eintrete und sich sofort zu den Freiern begebe; die andere Möglichkeit sei, dass er selbst vorgehe und der Gast ihm kurze Zeit später nachfolge. Allerdings solle er dann nicht zu lange warten, fügte der Schweinehirt hinzu, weil er die Befürchtung habe, dass ihn sonst irgendjemand weg jagen oder gar misshandeln könnte. Ihm antwortete der vielgeplagte göttliche Odysseus, er solle sich keine Sorgen um ihn machen; an Misshandlungen sei er gewöhnt, damit habe er reichlich schlechte Erfahrungen, sowohl aus dem

Krieg als auch während seiner Qualen auf den Meeren. Allerdings werde er seinen Hunger nicht verbergen können; wie könnte es auch anders sein, wenn für das Stillen von Hunger sogar Kriege und bewaffnete Überfälle stattfänden. Eumaios solle ruhig als erster den Palast betreten, er selbst werde in Kürze folgen.

Während die beiden miteinander sprachen, hob ein Hund, der in der Nähe auf dem Boden lag und die Stimmen hörte, interessiert seinen Kopf; er spitzte die Ohren und schaute in Richtung des Fremden. Es war Argos! Ja, der alte Hund war Argos; der Hund, den Odysseus einst großgezogen hatte, mit dem er aber keine lange gemeinsame Zeit hatte, weil er nach Troja ziehen musste. Dieser früher einmal edle Jagdhund wurde vernachlässigt, nachdem sein Herr weggegangen war, und musste auf dem Mist vor den Ställen hausen und von Abfällen leben, sein Fell voller Flöhe und Läuse. Doch jetzt erkannte er die Stimme seines Herrn Odysseus. Mit treuem Blick schaute er ihn an, die Augen vom Alter schon trüb, senkte die Ohren und wedelte mit dem Schwanz; erheben konnte er sich allerdings nicht, denn er hatte keine Kraft mehr. Odysseus wischte sich heimlich, so dass Eumaios es nicht bemerkte, eine Träne aus dem Auge.

Das Lied von den Brutstätten der Emotionen

Und die Seele sang der immerwährenden Gültigkeit geflügelte Worte:
Auf Eurer Fahrt durchs Leben könnt auch Ihr vielleicht erkennen, dass die uneigennützige Treue, die stille Verbundenheit, die gemeinsame Erinnerung, ob zwischen Mensch und Mensch oder zwischen Mensch und Tier, der Emotionen Brutstätten sind. Und das ist gut so!
Das ist Homers odysseische Botschaft.

Was denn mit diesem Hund los sei, fragte er Eumaios, und der antwortete: „Dieser Hund gehörte einst meinem Herrn, König Odysseus, der in der Fremde verschollen ist. Wenn der sich weiter um ihn hätte kümmern können, dann wäre er noch immer ein unübertroffener Jagdhund, mit Kraft und Geschwindigkeit wie damals. Nachdem aber sein Herr in der Ferne verschollen war, kümmerte sich keiner der Sklaven mehr um ihn, und deshalb ist er in diesem elenden Zustand. Leider geht es so, wenn der Herrscher nicht anwesend ist, um mit der nötigen Autorität Anweisungen zu geben; dann erledigt niemand seine Aufgaben korrekt. Zeus nimmt ja allen Menschen, die in Knechtschaft geraten, die Hälfte ihre Würde." Mit diesen letzten Worten ging Eumaios in den Palast.

Odysseus näherte sich seinem Hund.

In dem Moment starb Argos!

Argos stirbt glücklich, nachdem er seinen Herrn erkannt hat

In dem Moment, als er seinen Herrn wieder sah – nachdem er zwanzig lange Jahre auf ihn gewartet hatte.

> **Das Lied von der vollkommenen Erfüllung**
> Und die Seele sang der immerwährenden Gültigkeit geflügelte Worte:
> Auf Eurer Fahrt durchs Leben könnt auch Ihr vielleicht erkennen, dass die Erfüllung einer Sehnsucht, das Wirklichkeitwerden eines Traumes, das Ende eines Wartens, auch die definitive und vollkommene Erfüllung eines ganzen Lebens sein kann.
> Das ist Homers odysseische Botschaft.

Arroganz und Duldsamkeit

Telemachos erblickte als erster den hereinkommenden Eumaios und winkte ihn mit einem Zeichen herbei, zu einem Stuhl in seiner Nähe. Ein Diener brachte dem Hirten Essen und Getränk. Kurz darauf betrat auch Odysseus den Palast, in seiner uns wohlbekannten Tarnung als elender Bettler und schwacher Greis, der sich auf einen Stock stützen musste. Er setzte sich auf eine hölzerne Stufe und lehnte sich an einen Pfosten aus kunstvoll bearbeitetem Zypressenholz. Telemachos reichte dem Schweinehirten Brot und Fleisch, damit dieser es dem Alten gebe. Außerdem solle er ihn ermutigen, bei den Freiern um

Almosen zu bitten; Scham sei ja keine gute Genossin der bedürftigen Leute, fügte er noch hinzu. Eumaios brachte dem Bettler die Gaben und wiederholte Telemachos Worte. Odysseus bedankte sich dafür und sprach bedeutungsvoll den Wunsch aus, dass der junge Prinz alles erreichen möge, was er sich vornehme. Solange der Sänger seine Lieder erklingen ließ, verzehrte der Bettler schweigend sein Mahl.

Mit Ende des Gesanges fanden sich die Freier grüppchenweise im Saal zusammen und unterhielten sich laut miteinander. Athena näherte sich unbemerkt Odysseus und flüsterte ihm ins Ohr, dass nun der richtige Zeitpunkt gekommen sei, sich den Freiern zu nähern und sie um Almosen zu bitten; so könne er einiges über deren Charakter erfahren. Allerdings würde sie sowieso keinem von ihnen den bitteren Tod ersparen, egal wie Odysseus ihn einstufe, fügte sie unmissverständlich hinzu.

Odysseus begann, wie von der Göttin angewiesen, bei den Freiern zu betteln; so überzeugend, als ob er sein ganzes Leben nichts anderes gemacht hätte. Manche der Angesprochenen gaben ihm etwas von ihren Essensresten, drückten allerdings ihre Verwunderung darüber aus, wie denn dieser fremde, elend aussehende Bettler in den Palast gekommen sei. Melanthios, der boshafte Ziegenhirt, berichtete, dass er ihn zusammen mit dem Schweinehirten Eumaios gesehen habe, aber weder Namen noch Herkunft des Fremden kenne.

Antinoos, Hauptanführer der Freier, war am meisten aufgebracht; laut beschimpfte er den Schweinehirten Eumaios, weil der es gewagt hatte, so einen in ihre Mitte zu bringen. In der Stadt gebe es genug vagabundierende Bettler, die einen belästigten; und nun begegne man einem der Schmarotzer, diesem Fremden, auch schon hier im Palast.

Eumaios antwortete mit den geflügelten Worten, den trefflichen: „Antinoos, du bist nicht gerecht. In edlem Haus bist du geboren, aber was du nun sagst, ist unedel. Wer bitteschön macht sich denn extra auf den Weg, um aus der Ferne Fremde in die Stadt zu holen, die für die Gemeinde unnütz sind? Fremde holt man nur, wenn sie für die Gemeinde eine Bereicherung sind, wie etwa Zimmerleute, Seher, Heiler oder hervorragende Sänger, die die Menschen mit ihrem Gesang bezaubern. Solche Fremden hat man gern, überall da wo Menschen die Erde bewohnen. Aber auch Bettler? Nein die will niemand! Niemand geht und holt Bettler aus der Ferne hierher, auch ich nicht. Wenn sie nun aber einmal hier sind, brauchen sie doch auch etwas zu essen, oder nicht? Und warum richtest du deinen Zorn besonders gegen mich? Was soll das? Von allen Freiern bist du übrigens derjenige, der die Bediensteten in Odysseus Palast und Ländereien, mich eingeschlossen, am schlechtesten behandelt. Aber das kümmert mich nicht weiter, so lange die edle Penelope und der erhabene Telemachos in diesem Hause leben."

Telemachos versuchte Eumaios zu beruhigen, er solle ihm zuliebe schweigen. Es sei doch bekannt, dass Antinoos mit harten Worten zu provozieren pflege. Und an den Freier richtete er die geflügelten Worte, die unverkennbar ironischen: „Vielen Dank Antinoos, dass du dich so väterlich um mich kümmerst und den Bettler verjagen willst, um nicht meine Vorräte zu vergeuden. Aber möge der Himmel die Abweisung des Bettlers verhindern. Du darfst ihm ruhig noch etwas geben, es gehört sowieso mir, egal was du ihm gibst. Du brauchst dafür weder meine Mutter, noch unsere Bediensteten um Erlaubnis zu bitten. Aber sicher denkst du gar nicht daran, ihm ein Almosen zu geben; du willst ja alles für dich selbst behalten."

Noch zorniger als vorher beschimpfte der Hauptanführer der Freier Telemachos als prahlerischen Grünschnabel, der nicht einmal denken könne. Wenn nämlich jeder Freier dem Bettler so viel gebe wie er, bräuchte der für drei Monate nicht mehr zu betteln.

Andere der Anwesenden gaben dem Bettler Odysseus aber doch Fleisch und Brot; mit gefüllter Betteltasche strebte er in Richtung Türschwelle, wo er sich niederlassen wollte, um zu essen. Da blieb er plötzlich vor Antinoos stehen und sagte zu ihm: „Gibt mir etwas, lieber Herr. Ich glaube nicht, dass du der schlechteste unter den Gästen bist, sondern der beste, du siehst aus wie ein König. Doch dazu gehört es auch, dass du die größte Gabe gibst; ich werde dich dafür in der ganzen Welt loben. Auch ich gehörte einmal zu den glücklichen Menschen und wohnte in einem reichen Haus; damals habe ich jedem Bettler geholfen, der an meine Tür kam. Als ich so wohlhabend war, hatte ich unzählige Diener und alle Güter dieser Welt. Aber der Kronide Zeus hat mich zerstört. Er gab mir nämlich die Eingebung, zusammen mit vielgereisten Piraten nach Ägypten zu fahren. Das Schiff legte an der Mündung des großen Flusses Ägyptos an, den man auch Nil nennt. Meine Gefährten aber waren ungezügelt: Sie plünderten die Felder und Behausungen der ägyptischen Bauern, brachten viele um und entführten Frauen und Kinder der Landbewohner als Sklaven. Dann kamen ihnen die Stadtbewohner zu Hilfe und griffen uns an. Viele von uns wurden massakriert, andere gefangen genommen; auch ich kam in Gefangenschaft. Rein zufällig war der Sohn des Königs von Zypern in der Stadt zu Besuch; ihm wurde ich geschenkt, und seitdem lebte ich auf Zypern als Sklave. Von dort konnte ich entkommen und bin nun hier und in diesem Zustand."

Antinoos, der Hauptanführer der Freier, schrie daraufhin völlig außer sich: „Wer, verdammt noch mal, hat diesen Schwachkopf hierher gebracht, um unser Gelage zu stören? Bleibe meinem Tisch fern und verdirb mir nicht weiter den Appetit, sonst werde ich dich in unvergesslich bitterer Weise nach Zypern oder Ägypten zurückschicken. Ich habe selten einen so frechen und schamlosen Bettler getroffen wie dich. Die anderen Freier geben dir bedenkenlos Almosen, weil sie nicht ihr eigenes, sondern fremdes Eigentum verteilen."

Der weise Odysseus in Gestalt des Bettlers verlieh seiner Enttäuschung Ausdruck, bevor er Antinoos Tisch verließ. Antinoos Worte passten nicht zu dessen Aussehen, sagte er, und er bitte ihn immer noch um eine milde Gabe. Der Freier fühlte sich provoziert durch diese letzten Worte; er nahm einen Fußschemel und schlug ihn dem Greis auf die Schulter. Odysseus aber blieb unbewegt, wie ein Fels, er schüttelte nur den Kopf; innerlich aber sann er auf Rache.

Als er die Schwelle des Saales erreicht hatte, legte er seine Betteltasche nieder und rief den Freiern zu: Wenn es Götter gebe und Erinnyen, diese Quälgeister des schlechtes Gewissen, dann möchten sie doch den Tod des Antinoos schon vor seiner Hochzeit herbeiführen.

Antinoos forderte ihn daraufhin auf, sofort zu verschwinden, bevor man ihn ergreife und lebendig enthäute. Die anderen Freier tadelten Antinoos allerdings wegen der schlechten Behandlung des Greises; es sei ja bekannt, dass Götter oftmals als Bettler zu den Menschen kommen, um sie zu prüfen. Und wenn das jetzt so ein Fall sei, was dann? Aber Antinoos kümmerte sich nicht im Geringsten darum.

Telemachos versuchte, die in ihm aufsteigende Wut nicht zu zeigen. Als Penelope von den Vorfällen hörte, verwünschte sie den Täter; sie hoffe, dass er möglichst bald tot umfalle. Eurynome, die treue Haushälterin, wünschte gar allen Freiern einen plötzlichen Tod, noch bevor der Morgen graue. Penelope vertraute der treuen Haushälterin daraufhin an, dass sie alle Freier hasse; aber Antinoos sei der schlimmste von ihnen. Es sei unerhört, dass er einen armen Bettler so behandele.

Dann bat Penelope den Schweinehirten Eumaios, den fremden Bettler später zu ihr zu bringen, es könnte ja sein, dass er bei seinem Herumreisen auch etwas von Odysseus gehört habe. Eumaios erwiderte der Königin, wenn sie höre, was der Fremde erlebt und zu erzählen habe, werde sie sicherlich davon fasziniert sein. Er beherberge den Fremden seit drei Tagen, und dieser habe ihm erzählt, er komme aus Kreta und sei ein Freund des Odysseus. Er habe angeblich gehört, dass Odysseus sich zuletzt in Thesprotien an der Nord-Ost Küste Griechenlands, also nicht sehr weit von Ithaka entfernt, aufgehalten habe, aber in der Zwischenzeit sicherlich auf dem Weg nach Hause sei und sogar viele und kostbare Geschenke mitbringen werde.

Gerade deswegen solle der Fremde zu ihr kommen, sagte Penelope, das wolle sie hören. Und wenn es tatsächlich so mit Odysseus wäre, fügte sie mit Freude hinzu, dann bedeute es das bittere Ende der frivolen Freier. Falls der unbekannte Bettler die Wahrheit sage, werde sie ihm kostbare Kleider schenken. Eumaios ging also wie geheißen zu Odysseus und übermittelte ihm alles, was Penelope gesagt hatte. Dieser bat Eumaios, der Königin zu sagen, sie solle Geduld haben, bis die Dunkelheit komme; es sei schließlich nicht gut, wenn die Freier etwas mitbekämen. Aber abends am Kamin wolle er ihr alles über ihren Gatten erzählen. Penelope war einverstanden mit diesem vernünftigen Vorschlag.

Als der Hirte Eumaios in den Saal zurückkam, setzte er sich neben Telemachos und flüsterte ihm ins Ohr, so leise, dass die anderen nichts hören konnten, er werde jetzt zu den Schweineställen zurückkehren und sich um die Schweine kümmern. Telemachos aber solle äußerst vorsichtig sein, denn er befürchte, dass die Freier nichts Gutes im Sinn hätten. Telemachos versprach es, Eumaios ging, und die Freier amüsierten sich weiter mit Tanz und Gesang.

19
Der schnelle Wechsel von Anerkennung und Verachtung

Zusammenfassung

Aus dem achtzehnten Gesang meiner Odyssee werde ich Euch erzählen, wie der Bettler Iros den in der Gestalt eines Bettlers auftretenden Odysseus als Konkurrenz erlebt und ihn, angefeuert von den Freiern, zum Zweikampf herausfordert. Odysseus gewinnt den Kampf leicht und dadurch nicht nur den von den Freiern ausgesetzten Preis, sondern auch ihre Anerkennung. Einer der Freier, Amphinomos, behandelt Odysseus anständig; zum Dank gibt Odysseus ihm die Empfehlung, den Palast zu verlassen. Amphinomos bleibt, ohne zu wissen, dass das Athenas Wille ist – sie will, dass alle Freier bestraft werden. Die Göttin gibt Penelope die Eingebung, selbst zu den Freiern zu sprechen, diese für ihr Benehmen dem Fremden gegenüber zu tadeln und ein ordentliches Werben mit Brautgeschenken und allem, was dazu gehört, zu verlangen. Athena bezweckt mit dieser Eingebung, der die Königin folgt, die Aufwertung von Penelopes Autorität und Ansehen, nicht nur bei den Freiern, sondern auch bei Ehemann und Sohn. Odysseus übernachtet in seiner Gestalt als Bettler im Palast, was zu Auseinandersetzungen mit den Dienerinnen führt. Der durch den Sieg über Iros gewonnene Respekt hält nicht lange an, weil die Freier bald zu ihrem arroganten und menschenverachtenden Verhalten zurückkehren.

Und die uns begleitende Seele wird dabei geflügelte Worte von immerwährender Gültigkeit singen, wie etwa über das gegenseitige Bekämpfen von Verlierern und Benachteiligten zur Freude der Mächtigen, über das Erkämpfen von Anerkennung und Respekt, über das Gerechte, das Gute, das Tugendhafte, die aber auch die Mittel zu ihrer Durchsetzung benötigen – und über manches mehr.

Das Erkämpfen der Anerkennung

Plötzlich trat ein stadtbekannter Bettler namens Iros ein, er war ein dickbäuchiger unersättlicher Kerl. Sofort begann er herumzuschreien, dass der fremde Bettler verschwinden solle, dies sei einzig und allein sein Revier. Er drohte und beschimpfte den Fremden wortreich, während Odysseus versuchte, die Situation nicht eskalieren zu lassen. Es gebe für beide genug zu holen; sie seien doch beide unglückliche Bettler, deshalb sollten sie nicht auch dazu noch streiten. Als Iros keine Ruhe gab, fügte er hinzu, dass er ihn besser nicht mit Gewaltandrohungen provozieren solle, denn dann werde er der Verlierer sein, obwohl er jung sei und er selbst alt. Iros aber fühlte sich durch des Fremden

Worte zusätzlich provoziert und beschimpfte ihn umso mehr; er drohte mit geballten Fäusten und forderte schließlich Odysseus zum Zweikampf.

Antinoos, der Freier Hauptanführer, fand den Streit zwischen den beiden Bettlern sehr amüsant und feuerte die beiden zum Zweikampf an. Auch die anderen Freier ergötzten sich an dem Streit der in Lumpen gehüllten Männer, sprangen mit lautem Gelächter von ihren Plätzen und versammelten sich rings um sie. Antinoos schlug den Freiern vor, dass derjenige Bettler, der den Kampf gewinne, den gefüllten Ziegenbauch bekommen solle, der gerade auf dem Feuer briet; und dazu noch das Monopol darauf, im Palast zu betteln. Damit waren alle einverstanden. Odysseus sagte, er werde die Herausforderung annehmen, aber weil er viel älter und gebrechlicher sei als Iros, sollten die Freier schwören, dass niemand von ihnen sich einmische und ihn schlage oder sonstige Gewalt anwende. Alle schworen den Eid. Telemachos fügte mit Entschiedenheit hinzu, dass der Fremde sein Gast sei, und wenn er sich entscheide, mit Iros zu kämpfen, dann werde er persönlich dafür sorgen, dass der Eid auch gehalten werde.

Gesagt, getan, gekämpft.

Odysseus legte seine Lumpen ab und behielt nur ein Tuch an, das seine Blöße bedeckte. Nun konnten alle sehen, wie muskulös und kräftig der Alte noch war; allerdings konnten sie nicht wissen, dass das dem augenblicklichen Werk von Athena zu verdanken war. Iros bekam es mit der Angst zu tun, als er den kräftigen Odysseus sah, und hätte sich am liebsten zurückgezogen. Doch das ließen die Freier nicht zu; auf ihre Aufforderung hin zwangen die Diener die Bettler zum Kampf.

Antinoos beschimpfte Iros als Feigling und drohte ihm, falls er verliere, ihn zum bösen König Echetos zu schicken, dem König von Epirus und Schrecken aller Menschen; es hieß nämlich, dass der großen Spaß daran habe, Menschen bestialisch zu zerstückeln.

> **Das Lied von der Belustigung der Mächtigen**
> Und die Seele sang der immerwährenden Gültigkeit geflügelte Worte:
> Auf Eurer Fahrt durchs Leben könnt auch Ihr vielleicht erkennen, dass es tragisch ist, aber leider nicht so selten, dass zwei Benachteiligte zur Belustigung der Mächtigen aufeinander losgehen, um ein paar armselige Krümel von deren reichlich gedeckter Tafel zu ergattern. Und manchmal werden sie sogar von den Mächtigen aufeinandergehetzt.
> Das ist Homers odysseische Botschaft.

Apropos Echetos: Es wird über ihn nicht nur berichtet, dass er fremde Menschen mit Lust zerstückelte, sondern auch, dass er kein Problem damit gehabt habe, seiner eigenen Tochter zur Bestrafung für eine ihm nicht so genehme

19 Der schnelle Wechsel von Anerkennung und Verachtung

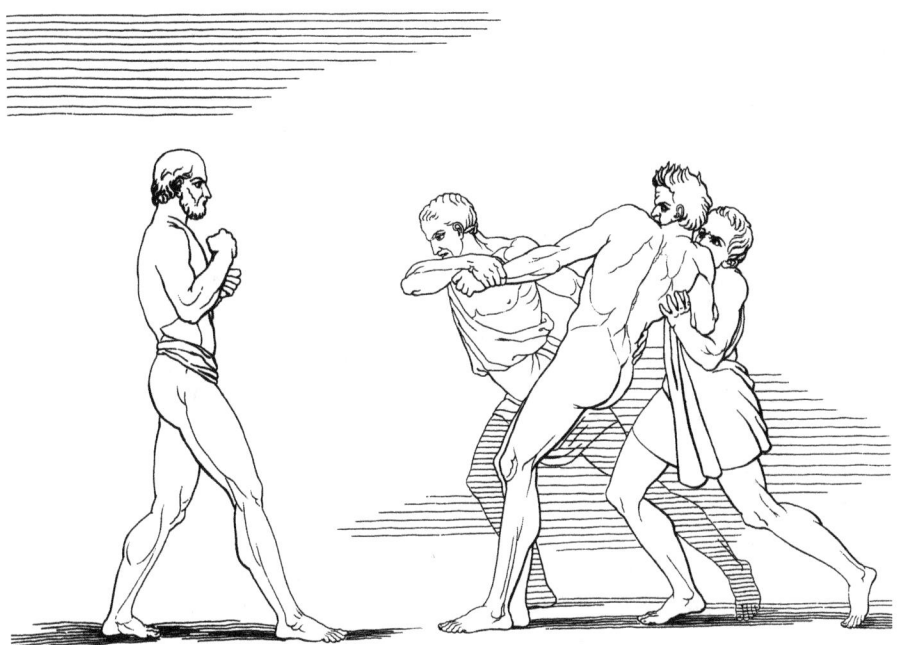

Der Kampf zwischen Odysseus und Iros

Liebschaft die Augen auszustechen und sie jahrelang in einem dunklen Raum einzusperren und zu quälen. Ihr erkennt also, meine geschätzten Zuhörer, dass das, was Ihr heute Sadismus nennt, auch den Menschen vor dreitausend Jahren nicht unbekannt war. Der Sadismus, diese Perversion des Menschen, Lust dabei zu empfinden, wenn andere leiden, und Spaß daran zu haben, andere zu quälen, ihnen Schmerzen zuzufügen, sie in Angst und Panik zu versetzen, sie zu verletzen oder gar zu töten, bis hin zur Zerstückelung, ist offensichtlich – so wie andere Perversionen – seit Anbeginn ein ständiger Begleiter des Menschen; erfreulicherweise aber, damals wie heute, einer kleinen Minderheit.

Der Kampf zwischen den beiden Bettlern dauerte nur sehr kurz, Odysseus gewann ihn spielerisch. Als Iros schon beim ersten Schlag seines Gegners zu Boden ging, ergriff ihn Odysseus am Fuß und zog ihn vor die Tür des Palastes. Die Freier amüsierten sich prächtig. Einer von ihnen versprach dem besiegten Iros, die vorher ausgesprochene Drohung in die Tat umzusetzen und ihn zu dem makabren Sadisten Echetos zu schicken.

Iros hatte mit der Niederlage seine gewohnten Vorrechte und die Gunst der Freier verspielt, Odysseus dagegen erntete Lob und Anerkennung für seinen Sieg. Antinoos selbst, der ihn vorher so übel beschimpft und bedroht hatte, überreichte ihm die versprochene Siegestrophäe, den gefüllten Ziegenbauch. Ein anderer Freier entnahm dem Korb zwei Brote und brachte sie zu Odysseus. Dieser Freier, es war Amphinomos, machte sogar noch etwas anderes, überraschend und bis kurz vorher undenkbar: Er trank nicht nur selbst auf die Gesundheit und das Glück des Bettlers, sondern reichte dem sogar seinen eigenen goldenen Becher, damit er daraus trinke!

> **Das Lied von der erkämpften Anerkennung**
> Und die Seele sang der immerwährenden Gültigkeit geflügelte Worte:
> Auf Eurer Fahrt durchs Leben könnt auch Ihr vielleicht erkennen, dass man sich Anerkennung oft erkämpfen muss und dass sie einem nicht in die Wiege gelegt wird. Durch die redlich erkämpfte Anerkennung werden frühere Erniedrigungen, Demütigungen und auch Verachtung oftmals wettgemacht. Alles, was selbst erkämpft, erlangt und errungen wird, ist wertvoller als aus Gewohnheit sich ergebende Privilegien.
> Das ist Homers odysseische Botschaft

Der vielbewanderte Odysseus nahm die Gelegenheit wahr und erwiderte: „Amphinomos, du scheinst mir ein weiser Mensch zu sein; ich habe auch vieles über deine edle Herkunft gehört. Aus diesem Grunde möchte ich dir etwas sagen und bitte dich, genau zuzuhören. Nichts ist vergänglicher von allem, was auf der Erde atmet und wandert, als der Mensch. Der Grund dafür liegt darin, dass der Mensch sich, solange er gesund und kräftig ist, nicht vorstellen kann, dass es ihm eines Tages schlecht gehen könnte. Solange er die Gunst der Götter hat, denkt er, es könne ihm nichts passieren ..."

> **Ein Flüstern im Hintergrund**
> Wie wahr, wie wahr!
> Hört man im Hintergrund die Seele der immerwährenden Gültigkeit geflügelte Worte flüstern.

„... Aber wenn die Götter ihn mit Plagen beladen, dann kann er doch lernen, auch das zu ertragen. Dann ändert sich die Einstellung des Menschen, so wie das Wetter umschlägt.

So war auch ich vor langer Zeit glücklich zwischen den Menschen; aber ich habe schwere Fehler gemacht. Verführt von meinem Mut und meiner Kraft wurde ich ungerecht und baute darauf, dass mein Vater und meine Brüder mich schon aus allen Schwierigkeiten herausholen würden. Und nun könnt ihr sehen, was aus mir geworden ist. Kein Mensch darf undankbar und ungerecht sein, vielmehr soll er sich mit den Geschenken, die ihm die Götter gemacht haben, begnügen und sie mit schweigender Dankbarkeit genießen. Aber was sehe ich hier? Ich sehe, dass ihr Freier schlimme, ja verbrecherische

Sachen tut: Ihr vernichtet den Besitz eines anderen Mannes und bedrängt seine Frau; die Gattin eines Mannes, der in kürzester Zeit hier sein wird, da bin ich mir ganz sicher. Ich wünsche dir Amphinomos, dass du von hier verschwindest, bevor er kommt, weil ich sicher bin, dass die Begegnung zwischen ihm und den Freiern sehr blutig wird."

Mit diesen Worten spendete Odysseus aus Amphinomos Becher den Göttern, trank daraus und gab ihn zurück. Der Angesprochene zog sich betrübt und nachdenklich mit schlimmen Vorahnungen zurück. Er verließ den Palast aber nicht und machte es sich wie die anderen Freier im Saal bequem. Allerdings hätte er nicht erklären können, warum er geblieben war, obwohl sein Kopf sagte, der Fremde habe Recht.

Aber Ihr wisst den Grund schon, meine gut informierten Zuhörer. Athena hatte nämlich noch etwas Besonderes mit ihm vor: seinen Tod durch Telemachos Speer.

> **Das Lied vom Erkennen von Warnungen**
>
> Und die Seele sang der immerwährenden Gültigkeit geflügelte Worte:
> Auf Eurer Fahrt durchs Leben könnt auch Ihr vielleicht erkennen, dass es klug ist, Warnungen und Alarmzeichen, die auf eine Änderung des Bisherigen drängen, möglichst frühzeitig zu erkennen und anzunehmen und es sich nicht bequem zu machen.
> Das ist Homers odysseische Botschaft.

Das Chaos, das nach Ordnung verlangt

Gleich nach den Ereignissen mit dem Bettler Iros und deren unmittelbaren Folgen schickte die himmelblauäugige Athena der vernünftigen Penelope die Eingebung, ihre Verachtung und Abneigung den Freiern gegenüber zu überwinden, zu ihnen zu gehen und mit ihnen zu sprechen. Athena bezweckte damit eine unmittelbare Aufwertung von Penelope – nicht nur bei den Freiern, sondern auch beim anwesenden Ehemann und beim Sohn. Penelope sagte zur treuen Haushälterin Eurynome, sie verspüre das Bedürfnis, mit den Freiern zu sprechen, obwohl sie sie nicht leiden könne. Sie wolle aber auch Telemachos zeigen, dass sie sich Sorgen um ihn mache, wenn er in der Gesellschaft dieser Männer sei, die das eine sagten, aber das anderen dächten. Eurynome fand Penelopes Entscheidung richtig, gab ihr allerdings den Rat, sich vorher besonders hübsch zu machen, weil durch das ständige Weinen ihr Aussehen gelitten habe. Sie fügte noch hinzu, dass das ewige Weinen sowieso nichts bringe. Die Königin müsse trotz allem das Gute und Schöne erkennen und sich darüber freuen. Und es sei doch eine Freude, ihren geliebten Sohn zu sehen, wie er zusehends erwachsen werde!

Penelope antwortete, dass sie keine Lust habe, sich hübsch zu machen, seitdem ihr geliebter Mann in die Fremde gegangen sei. Sie schickte Eurynome, um zwei Dienerinnen zu holen, die sie in den Saal begleiten sollten, wo sich die Freier gerade aufhielten. Sie wollte nicht als einzige Frau mit dieser Sorte von Männern allein sein. Aber Athena hatte andere Pläne mit Penelope: In der Zeit, in der Eurynome unterwegs war, versetzte die Göttin Penelope in einen süßen Schlaf, und dann begann sie mit ihr eine Schönheitskur, deren Ergebnis eine strahlende Schönheit war – wie die Schönheitsgöttin Aphrodite sah Penelope danach aus. Der kurze Schönheitsschlaf war bald zu Ende, und Penelope fühlte sich danach so wohl, dass sie am liebsten in diesem Wohlgefühl ihr Leben sofort beendet hätte, um nie wieder dieses Gefühl missen zu müssen.

Als die beiden Dienerinnen mit der Haushälterin zurückkamen, folgten sie Penelope zu den Freiern. Die Königin blieb an einer Säule stehen; sie strahlte wie Kypris Aphrodite, die Schönheitsgöttin. Die Freier waren von so viel unerwarteter Schönheit überwältigt, ihre Knie zitterten vor heißem Begehren.

Ohne dass die anderen Anwesenden mithören konnten, sprach Penelope zuerst zu ihrem Sohn und tadelte ihn, dass er zugelassen habe, dass der fremde Bettler in ihrem Haus schlecht behandelt worden sei. Ein gerechter und erhabener Mann lasse so etwas niemals zu, sagte sie ihm. Telemachos zeigte Verständnis für das Unbehagen seiner Mutter, verteidigte sich aber damit, dass er sehr wohl in der Lage sei, Recht von Unrecht zu unterscheiden; allerdings könne er es alleine und von diesen Männern bedrängt nicht durchsetzen.

> **Das Lied von Durchsetzung des Guten**
>
> Und die Seele sang der immerwährenden Gültigkeit geflügelte Worte:
> Auf Eurer Fahrt durchs Leben könnt auch Ihr vielleicht erkennen, dass es nicht ausreicht, das Gerechte, das Gute und das Tugendhafte zu erkennen und anzuerkennen, sondern dass man auch die Mittel braucht, um es durchzusetzen; sonst fühlt man sich ohnmächtig und frustriert. Und noch schlimmer: das Gerechte, das Gute und das Tugendhafte bleiben dadurch auf der Strecke.
> Das ist Homers odysseische Botschaft.

Der junge Prinz berichtete seiner Mutter noch über den Kampf zwischen Iros und dem fremden Bettler, der ganz anders verlaufen sei, als die Freier es sich gewünscht hätten. Der fremde sei dem einheimischen Bettler weit überlegen gewesen, so dass letzterer jetzt ohnmächtig vor der Tür liege und der Fremde triumphiere. Und mit hoffnungsvollem Unterton fügte er hinzu, dass er sich wünsche, dass die Götter es so richten mögen, dass genau das, was Iros geschehen sei, auch allen Freiern passiere.

Nach diesem Zwiegespräch zwischen Mutter und Sohn ergriff der Freier Eurymachos das Wort und sagte zu ihr: „Penelope, wenn mehr Männer dich in dieser Schönheit und mit einer solchen Ausstrahlung gesehen hätten, dann wären wir noch viel mehr Freier in diesem Haus!"

Die Königin entgegnete ihm, dass es keineswegs so sei; ihre Schönheit und ihre Ausstrahlung seien an dem Tag verschwunden, als Odysseus nach Troja aufgebrochen sei. Nur wenn er eines Tages zu ihr zurückkehre, könne sie ihre alte Schönheit und Ausstrahlung wieder erlangen.

Dann fügte sie hinzu, was Odysseus, bevor er sich auf den Weg nach Troja machte, ihr gesagt habe: Er befürchte, dass nur wenige Griechen aus dem Krieg zurückkehren würden. Die Trojaner seien nicht nur Meister im Speerwerfen und hervorragende Bogenschützen, sondern auch ausgewiesene Könner im berittenen Kampf; und dies alles könne kriegsentscheidend sein. Es bestehe also durchaus die Möglichkeit, dass er nie wieder zu ihr zurückkomme. Odysseus habe sie gebeten, sich um Vater und Mutter und um ihren Sohn zu kümmern, bis Telemachos ein Bart wachse. Falls er bis dahin nicht zurück sei, dann solle sie wieder heiraten.

Nun sei es also so weit, Telemachos sei ein Mann geworden. Bald sei der Tag gekommen, an dem sie zu ihrem Bedauern die Entscheidung treffen müsse, wen sie zum Bräutigam nehme. Das allein sei für sie schlimm genug; allerdings mache ihr das Verhalten der Freier zusätzlich großen Kummer. Ihr Verhalten sei nicht mit der Tradition vereinbar, die verlange, dass man in anständiger Weise um eine Frau werbe; das Gegenteil sei geschehen. Die Freier sollten eigentlich kostbare Geschenke bringen und Rinder und andere Tiere für die Familie der Braut spendieren. Hier seien stattdessen die versammelten Freier ungestraft dabei, das Familienvermögen der Braut zu vernichten.

Odysseus, der all dies mit anhörte, war sehr erfreut und der Hochachtung voll. Er erkannte, wie klug seine wunderschöne Frau war, indem sie die Freier animierte, Geschenke ins Haus zu bringen – auch wenn ihr nicht der Sinn danach stand, einen von ihnen zu ehelichen.

Der wie immer ungestüme Antinoos erhob sich und verkündete, dass jeder der Freier gerne bereit sei, ihr Geschenke zu bringen, dass aber niemand von ihnen nach Hause zu gehen gedenke, bevor Penelope eine Entscheidung getroffen habe, wen von ihnen sie zum Mann nehmen werde. Die anderen Freier stimmten ihrem Anführer zu und schickten sofort Diener, um Brautgeschenke zu holen. Und in der Tat sammelten sich in kurzer Zeit viele und kostbare Gaben. Penelope zog sich bald darauf in ihre Gemächer zurück, während die Freier sich wie immer bis in die Nacht hinein mit Musik und Tanz amüsierten.

Als Nyx, die Göttin der Nacht, die Erde mit ihren dunklen Schleiern umhüllte, begannen die Dienerinnen damit, im Saal Feuer zu machen und die Lampen zu entzünden. Odysseus sagte ihnen, sie bräuchten sich nicht darum zu kümmern; er werde das übernehmen, auch wenn die Freier die ganze Nacht blieben. Sie sollten stattdessen zu ihrer Herrin gehen und ihr helfen; sie könnten ihr auch ein wenig Gesellschaft leisten. Aber die Dienerinnen wollten nicht auf Odysseus Vorschlag eingehen; sie lachten ihn sogar aus. Besonders tat sich dabei eine bildhübsche Dienerin mit Namen Melantho hervor, die von Penelope wie ihre eigene Tochter selbst aufgezogen worden war, die aber Penelope nicht besonders mochte und ihr gegenüber nicht loyal war. Melantho schlich sich sogar nachts ins Bett des Freiers Eurymachos und genoss mit ihm die körperliche Liebe. Diese Dienerin beschimpfte Odysseus als dummen, alten Bettler; der Wein und der Sieg über Iros seien ihm wohl zu Kopf gestiegen. Er solle verschwinden und irgendwo in einer dreckigen Ecke Unterschlupf finden. Er benehme sich unglaublich respektlos und arrogant diesen feinen Herren gegenüber. Doch er solle vorsichtig sein, denn vielleicht komme bald ein Besserer als Iros und erteile ihm eine kräftige Lektion; dann werde er blutverschmiert den Palast verlassen.

Odysseus wies sie mit scharfen Worten zurecht und drohte mit harter Bestrafung durch Telemachos, so dass sie und auch die anderen Dienerinnen Angst bekamen; eilig verließen sie den Saal. Odysseus kümmerte sich um das Feuer und die Lampen; dabei studierte er die Freier und machte sich seine Gedanken, wie er sie am effektivsten vernichten könne. Aber Athena wollte, dass in Odysseus Herz die Wut gegen die Freier immer noch weiter und weiter wuchs.

So kam es dazu, dass die Freier im Laufe des Gelages den Respekt und die Anerkennung, die sie dem Bettler, der Iros besiegt hatte, nachmittags entgegengebracht hatten, vergaßen und wieder Spaß daran fanden, ihn zu beleidigen, ihn zu demütigen und sich über ihn lustig zu machen. Eurymachos, der besonders zu bösen Scherzen aufgelegt war, sagte Odysseus scheinheilig, er hätte für ihn niedere Arbeit auf seinen Feldern; allerdings befürchte er, dass das nichts für ihn sei, weil er Arbeiten nicht gewohnt sei und nur betteln könne. Odysseus erwiderte, er könne ihm beweisen, dass er sich sehr gut in der Landwirtschaft auskenne. Er könne es mit jedem aufnehmen und fordere ihn zu einem Wettbewerb in allen landwirtschaftlichen Bereichen, wenn Eurymachos Manns genug dafür wäre. Wenn es Krieg gäbe, dann hätte er ihm übrigens auch beweisen können, was für ein ausgezeichneter Kämpfer er sei. Dann würde Eurymachos auch mit seinen dummen Scherzen aufhören, fügte er noch hinzu. „Du glaubst, dass du stark und mächtig bist, weil du nur Nichtige und Schwache kennst. Käme aber Odysseus in dieses Haus, dann hättest du nur einen Wunsch, nämlich sofort von hier zu verschwinden."

Diese Worte machten Eurymachos wild vor Wut; er beschimpfte und bedrohte den Bettler fürchterlich. Er versuchte, ihn mit einem Stuhl zu schlagen, stattdessen traf er aber den Diener, der gerade Wein einschenkte, so dass der Krug mit großem Lärm zu Boden fiel. Die Freier brüllten nun laut durcheinander; es sei die Zeit gekommen, den Bettler los zu werden. Da aber mischte sich Telemachos energisch ein und wies die Freier mit fester Stimme in ihre Schranken. Für heute habe er genug von ihnen; es sei die Zeit gekommen, Schluss zu machen und schlafen zu gehen.

Die Freier waren überrascht von diesem energischen Ton des Telemachos, dennoch wollten sie den Palast nicht verlassen. Als aber Amphinomos, der vernünftige unter den Freiern, zum Aufbruch mahnte und sagte, dass es tatsächlich Zeit sei, das Gelage zu beenden, folgten sie ihm widerwillig und gingen in ihre Herbergen.

Odysseus blieb unter der Obhut von Telemachos im Palast.

20
Der mühsame Weg des Wiedererkennens

> **Zusammenfassung**
>
> Aus dem neunzehnten Gesang meiner Odyssee werde ich Euch erzählen, wie Odysseus und Telemachos mit den letzten Vorbereitungen zur Vernichtung der Freier beginnen. Heimlich verstecken sie alle Waffen. Eine persönliche Begegnung zwischen Odysseus – in seiner Bettlergestalt – und Penelope leitet den langen Prozess des Wiedererkennens ein; Vertrautheit zwischen beiden ist bald erkennbar, auch wenn es eine Grenze gibt, die sie nicht überschreiten. Penelope erkundigt sich nach Heimat und Geschichte des Fremden, der sehr überzeugend wieder eine unwahre Geschichte erzählt. Nach der fiktiven Beschreibung einer Begegnung zwischen dem Fremden und ihrem Gemahl weint Penelope, während Odysseus äußerlich unbewegt bleibt. Auf Penelopes Verlangen liefert der vermeintlich Fremde eine überzeugende Beschreibung von Odysseus Kleidung, was Penelope zusätzlich aufwühlt, aber den Gast auch glaubwürdig macht. Dennoch kann sie seine Überzeugung, dass ihr Mann bald zurückkommen wird, nicht teilen. Die Königin teilt ihm mit, dass der morgige Tag ein Schicksalstag sein wird. Sie beabsichtigt nämlich, dem Treiben der Freier ein Ende zu setzen. Sie will sie auffordern, den Bogen des Odysseus zu bespannen und damit einen Pfeil durch die Löcher von zwölf Äxten hindurch schießen, eine Fertigkeit, die nur Odysseus beherrscht. Derjenige, der das schafft, soll ihr Bräutigam werden, wobei sie insgeheim hofft, dass alle scheitern. Odysseus stimmt begeistert zu. Zwar erkennt Penelope ihren Ehemann noch nicht, wohl aber seine alte Amme Eurykleia, durch eine alte Narbe an seinem Bein. Sie verspricht Odysseus, niemandem zu verraten, wer er in Wirklichkeit ist.
>
> Und die uns begleitende Seele wird dabei geflügelte Worte von immerwährender Gültigkeit singen, wie etwa über die Selbstdisziplin und die Selbstbeherrschung als Voraussetzungen des Zielerreichens, über die schwierige Unterscheidung zwischen echten und falschen Geschichten und die schwere Last der Unbarmherzigkeit und Empathielosigkeit. So wie über manches andere.

Eine eisenherzige Begegnung

Odysseus blieb also doch im Palast, obwohl die Freier es anders wollten, und plante mit Telemachos deren Vernichtung. Er bat seinen Sohn nun, die im Palast vorhandenen Waffen zu verstecken, so wie es zwischen ihnen abgesprochen war. Und Telemachos machte es genauso, wie sein Vater es von ihm erwartete. Unter einem Vorwand bat er die Amme Eurykleia, heimlich die

Räume zu verschließen, in denen sich die Dienerinnen aufhielten. Er brauche ihre Hilfe nicht, das Feuer werde von dem Bettler unterhalten, der solle ja für sein Brot auch etwas tun. Eurykleia tat ohne weitere Nachfrage, was Telemachos von ihr verlangte. Sie verschloss die Türen zu den Räumen der Dienerinnen, so dass Odysseus und Telemachos alleine blieben und ungestört und unbeobachtet alle Waffen verstecken konnten. Athena ging ihnen unsichtbar voraus und brachte mit einer goldenen Fackel Licht in die dunklen Räume, so dass jede Ecke taghell erleuchtet war. Von diesem übernatürlichen Ereignis war Telemachos sehr beeindruckt und fragte verwundert seinen Vater, was das zu bedeuten habe; ob das die Wirkung eines der Götter sei, die den unendlichen Himmel bewohnten? Odysseus bestätigte flüsternd seinem Sohn, dass dies nur ein göttliches Wunder sein könne, aber er solle nun bitte keine Fragen mehr dazu stellen; so seien eben die Götter. Er bat ihn, schlafen zu gehen, weil er selbst mit Penelope etwas zu besprechen habe; die alte Amme könne jetzt im übrigen die Türen wieder öffnen.

Telemachos tat wie geheißen. Und Odysseus blieb alleine im Saal.

Da erschien Penelope, so schön und besonnen, als ob sie Artemis und Aphrodite in einem wäre. Die Dienerinnen schoben ihren Sessel nahe zum Kamin; dahin, wo sie gerne saß. Der Sessel war ein meisterhaft gearbeitetes Stück, vom berühmten Meister Ikmalios gezimmert, mit Einlegearbeiten aus Silber und Elfenbein versehen. Penelope nahm in ihrem Sessel Platz, und die Dienerinnen brachten Ordnung in den Saal. Melantho, Eurymachos zeitweise Bettgenossin, begann wieder, den Bettler zu beschimpfen und ihn lächerlich zu machen. Wenn er nicht freiwillig aus dem Palast verschwinde, so sagte sie zu ihm, werde sie ihn mit einer Fackel hinausjagen.

Odysseus, der vielbegabte und weise, erwiderte: „Du Armselige, warum greifst du mich an? Etwa weil ich ein armer Bettler bin, in schmutzige Lumpen gehüllt, und der Not gehorchend versuche, ein bisschen Essen zu ergattern? Ich war auch einmal wohlhabend und glücklich; ich hatte große Güter und viele Dienstboten; und immer habe ich den Bedürftigen geholfen. Doch Zeus hat mein Schicksal geändert. Du solltest aufpassen, dass dir nicht ähnliches widerfährt und du deine Schönheit verlierst, auf die du so stolz bist. Es könnte sein, dass deine Herrin dein Verhalten nicht tolerieren wird, oder dass Odysseus, der Großzügige, zurückkehrt und dich dafür bestraft; oder auch Telemachos, denn er ist ja kein Kind mehr und merkt, welche Dienerinnen gut und loyal sind und welche nicht. Pass also gut auf!"

Die tugendhafte Penelope, die den Wortwechsel gehörte hatte, tadelte die freche unbarmherzige Dienerin mit harten Worten; sie verlange Respekt für den Fremden, auch wenn er ein Bettler sei. Und sie fügte die geflügelten Worte hinzu, die entschiedenen. „Ich habe sehr wohl beobachtet, was du treibst. Dafür werde ich dich noch zur Rechenschaft ziehen. Du weißt genau, dass ich mit diesem Fremden unbedingt sprechen möchte, um ihn zu meinem verschollenen Gemahl zu befragen, dessen unbekanntes Schicksal mir so viel Kummer bereitet; ich habe es dir eben extra gesagt. Und nun geh!"

Der Haushälterin Eurynome gab sie Anweisung, dem Gast einen bequemen Sitz in ihrer Nähe zu bereiten, was diese sofort willig tat. Dann fragte die Königin den Fremden, wer er sei und woher er komme. Odysseus antwortete zuerst ausweichend, ihre Tugend und ihre Klugheit preisend. Dann fügte er hinzu, dass es besser wäre, wenn sie ihm solche Fragen gar nicht erst stelle. Denn er habe eine so traurige Geschichte; wenn er darüber sprechen müsse, könne er sein Weinen nicht unterdrücken. Und dann fühlten sich vielleicht sie oder auch die Dienerinnen gestört und könnten denken, dass er so weinerlich sei wegen des vielen Weins.

Die tugendhafte und kluge Penelope erwiderte, dass die Götter ihre Schönheit, ihre Ausstrahlung, ihr Glück zerstört hätten mit dem Beginn des Feldzuges der Griechen nach Troja. Sie sei tieftraurig, dass ihr geliebter Mann Odysseus noch nicht zurückgekehrt sei, obwohl schon zwanzig Jahre vergangen seien. Seit vielen Jahren würden diese Freier aus Ithaka und von den Nachbarinseln nun schon um ihre Hand werben. Auch die Verwandten übten inzwischen sehr viel Druck auf sie aus. Aber sie wolle nicht heiraten, sondern auf ihren als verschollen geltenden Gatten warten. Und dem Fremden ihr Vertrauen schenkend verriet sie ihm, dass sie einen Trick erfunden habe, um die Entscheidung verzögern zu können. Sie habe auf einem riesigen Webstuhl ein großes und sehr feines Tuch zu weben begonnen. Sie habe die Freier überzeugen können, dass es das Leichentuch für den greisen König Laërtes, Odysseus Vater, sein solle. Sie hätten anfangs Verständnis dafür gezeigt, dass sie nicht heiraten wollte, bevor das Tuch fertig sei; denn wenn der alte Laërtes eines Tages ohne würdiges Leichentuch bestattet werde, dann hätten weder Menschen noch Götter eine gute Meinung von ihr. Die Freier hätten zugestimmt, allerdings hätten sie nicht gewusst, dass sie das, was sie tagsüber gewebt habe, in der Nacht heimlich aufgetrennt habe! So sei es ihr möglich gewesen, die Entscheidung volle drei Jahre zu verzögern. Aber im vierten Jahr habe irgendeine von den Dienerinnen, illoyal und von zweifelhaftem Charakter, ihr Geheimnis entdeckt und es den Freiern verraten. Nun wachten sie darüber, dass sie das Tuch zügig fertigstelle.

Sie sei sehr verzweifelt, weil sie nun kein weiteres Argument habe, ihre Entscheidung hinauszuzögern, wen sie heiraten wolle; außerdem übe ihre Familie ständig mehr Druck auf sie aus. Und ihr Sohn Telemachos sei empört und verzweifelt, weil sich schon so lange so viele Freier im Hause aufhielten und das Vermögen seines Vaters, das eigentlich er erben sollte, auf diese Weise vernichteten. Ihr Kopf wisse ganz genau, dass die Situation aussichtslos sei; in ihrem Herzen jedoch gebe es immer noch Hoffnung.

Apropos Hoffnung, meine hochgeschätzten Zuhörer, da fällt mir etwas Bedeutsames ein, das ein bemerkenswerter Held der Neuzeit aus eigener schmerzhafter Erfahrung bekundet hat. Nachdem er festgestellt hatte, dass Hoffnung „besonders in besonders hoffnungslosen Situationen..., vor allem, ursprünglich und hauptsächlich ... ein Zustand des Geistes" und nicht der Umstände ist, und nachdem er die Wurzeln und den Sinn der Hoffnung im Transzendenten ausmachte, sagte er: „Das Maß der Hoffnung in diesem tiefen und starken Sinne ist nicht das Maß unserer Freude am guten Lauf der Dinge und unseres Willens, in Unternehmen zu investieren, die sichtbar zum baldigem Erfolg führen, sondern eher das Maß unserer Fähigkeit, uns um etwas zu bemühen, weil es gut ist, und nicht nur, weil es garantiert Erfolg hat. Je ungünstiger die Situation ist, in der wir unsere Hoffnung bewahren, desto tiefer ist diese Hoffnung. Hoffnung ist eben nicht Optimismus. Es ist nicht die Überzeugung, dass etwas gut ausgeht, sondern die Gewissheit, dass etwas Sinn hat – ohne Rücksicht darauf, wie es ausgeht."

Er sagte auch: „Hoffnung haben wir entweder in uns, oder wir haben sie nicht, sie ist eine Dimension unserer Seele und ist in ihrem Wesen nicht abhängig von irgendwelchem Beobachten der Welt oder Abschätzen von Situationen. Hoffnung ist keine Prognostik. Sie ist Orientierung des Geistes, Orientierung des Herzens..."

Penelope pur! Jawohl, Penelope pur, meine verehrten Zuhörer.

Ach, etwas grämt mich doch. Was das ist? Es grämt mich, dass ich damals, als er all das schrieb, diesen bewundernswerten neuzeitlichen Helden[1] nicht gefragt habe, ob Penelope – die er sicherlich gut kannte – ihm für diese seine Ideen Modell gestanden hat. Ich hoffe allerdings sehr, dass ich ihn hier oben im Elysion irgendwann einmal treffen werde und es ihn dann doch noch fragen kann.

Nun könne er, der fremde Bettler, so sagte noch die hoffnungslos hoffende Penelope, vielleicht erkennen, in welch unglücklicher Situation sie sich befinde und dass er sie mit seiner Geschichte nicht trauriger machen könne. Also solle er sie ruhig erzählen.

Darauf antwortete der vielbewanderte Odysseus: „Hochgeschätzte Gattin von Odysseus, des Laërtes Sohn, ich denke du wirst heute Abend keine Ruhe finden, bis ich dir mein Schicksal erzählt habe. Nun, ich werde es tun, obwohl mich schon das bloße Erzählen sehr traurig macht. Meine Geschichte ist deshalb so traurig, weil ich ein Mann bin, der lange Jahre seine Heimat

---

[1] Der bewundernswerte Held der Neuzeit, der die eben zitierte Hoffnungshymne, einer Penelopiade ähnlich und würdig, komponiert hat, ist der Kämpfer, Autor und Staatsmann Václav Havel in seinem Buch „Fernverhör. Ein Gespräch mit Karel Hvížďala" (1990).
Die Quelle seiner Weisheit: seine besonders hoffnungslose Situation im Gefängnis als politische Gefangener.

nicht gesehen hat, jemand, der durch die Städte der Menschen irrt und vieles erleiden muss.

Du willst wissen, welche meine Heimat ist? Ich sage es dir: Es gibt ein Land inmitten des glänzenden Meeres, eine große Insel, sehr schön und sehr fruchtbar. Sie hat viele Bewohner und neunzig Städte. Allerlei Dialekte werden dort gesprochen, und vielerlei Stämme bewohnen diese Insel: Achäer und Doreer, Kydoner und Pelasgier zusammen mit den Ureinwohnern. Die Hauptstadt der Insel ist Knossos, und dort regierte einst der göttliche Minos, Zeus Sohn und gleichzeitig sein Vertrauter. Der war der Vater meines Vaters, des erhabenen Deukalion. Mein älterer Bruder ist der weltberühmte Idomeneus, der zusammen mit den Atriden nach Troja zog. Mein Name ist Ähon, ich bin aber nicht so berühmt wie mein älterer Bruder.

Auf Kreta habe ich deinen Mann Odysseus getroffen und ihn gastlich bewirtet. Er war dorthin gelangt auf seiner Fahrt nach Troja, weil die Schiffe von ungünstigen Winden nach Kreta getrieben wurden. Er kam zu uns in den Palast, um meinen Bruder Idomeneus zu besuchen, den er gut kannte; der war aber schon zehn Tage vorher nach Troja aufgebrochen. Der Sturm dauerte zwölf Tage. Am dreizehnten Tag konnte dein Mann mit seinen Leuten weiterziehen, von uns mit einer großen Menge Proviant versorgt."

Obwohl Odysseus auch diesmal eine erdachte Geschichte erzählte, tat er das so überzeugend, dass Penelope weinen musste. Wie der Schnee von den Spitzen der hohen Berge dahinschmilzt und davon die Flüsse anschwellen und hinab strömen, so flossen die Tränen die schönen Wangen der Königin hinunter, die ihren verschollenen Ehemann beweinte – der aber vor ihr saß. Odysseus empfand großes Mitgefühl mit seiner weinenden Gemahlin, allerdings konnte er sich beherrschen und zeigte nicht die geringste Schwäche. Um sein Herz hatte er einen Panzer aus Eisen geschlossen, und reglos starrten seine Augen unter seinen Lidern hervor, trocken als ob sie aus Knochen wären.

> **Das Lied vom notwendigen Hartwerden**
>
> Und die Seele sang der immerwährenden Gültigkeit geflügelte Worte:
> Auf Eurer Fahrt durchs Leben könnt auch Ihr vielleicht erkennen, dass Selbstdisziplin und Selbstbeherrschung zwar wichtige Voraussetzungen für das Zielerreichen sind, dass sie aber von dem sich Selbstdisziplinierenden und sich Selbstbeherrschenden vieles verlangen. Manchmal sogar ein Hartwerden des Herzens, wie Eisen, und ein Trockenwerden der Augen, so als ob sie aus Knochen wären.
> Das ist Homers odysseische Botschaft.

Ja, meine verehrten Zuhörer, was für eine Tragik! Was für eine Tragik, könnte man vielleicht denken. Zwei Menschen sitzen sich gegenüber, die sich zwanzig lange Jahre nichts sehnlicher gewünscht haben, als sich zu begegnen.

Zwanzig Jahre lang haben sie gelitten, gekämpft, geträumt, gewünscht, geweint, getrickst, geduldet und vieles erduldet für diesen Moment. Und jetzt ist der Moment da! Doch die beiden fallen sich nicht in die Arme, bewegt von überkochenden Emotionen; sie sitzen sich bloß gegenüber. Sie schreien nicht den triumphalen Schrei des Sieges, sie flüstern auch nicht die warmen Worte der Liebe; sie erzählen bloß Geschichten, falsche und richtige, immer aber traurige. Sie geraten auch nicht in die Glückseligkeit der Sehnsuchtserfüllung; sie trösten sich bloß gegenseitig.

Der eine bewusst und strategisch, die andere unbewusst und gefühlsgeleitet.

Der eine braucht dafür Kraft und Selbstdisziplin, die andere Geduld und Leidensfähigkeit.

Das Zielerreichen braucht nicht viel mehr.

Und die geladenen, aber sich noch nicht berührenden Herzen – die Herzen, denen es noch nicht erlaubt ist, sich zu berühren – brauchen auch nicht viel mehr Spannung! Umso grandioser die spätere Entladung!

Der Wahrheit schrittweise Annäherung

Nach einer Weile des Weinens wollte Penelope doch näher prüfen, ob der Fremde die Wahrheit sagte. Deshalb befragte sie ihn nach dem Aussehen von Odysseus und was für Kleider er getragen habe. Darauf sagte der hochbegabte Odysseus: „Erhabene Königin, das ist sehr schwer zu sagen, seitdem sind zwanzig Jahre vergangen. Doch ich werde es versuchen, so gut ich kann. Odysseus hatte nach meiner Erinnerung einen purpurnen gefütterten Mantel aus Wolle; daran eine goldene Spange mit zwei Hülsen. Darüber hing ein kleines Kunstwerk: Vorne hielt ein Hund aus Gold ein farbig geflecktes zappelndes Hirschkalb fest. Ich kann mich daran erinnern, weil diese Darstellung so kunstvoll und so plastisch war, dass wir sie alle staunend betrachteten und bewunderten. Ich weiß auch noch, dass der König um seinen Körper einen glänzenden Leibrock trug, wie die schimmernde Schale einer feinen getrockneten Zwiebel, zart und wie die Sonne leuchtend; alles feinste Qualität. Ach ja, das darf ich auch noch sagen: Viele Frauen haben ihn bewundert und warfen ihm Blicke zu. Allerdings weiß ich nicht, ob Odysseus dies alles schon zu Hause getragen hat oder ob unterwegs ein Freund es ihm geschenkt hat. Odysseus hatte ja viele Freunde, kaum ein anderer Grieche wurde so bewundert wie er. Ich selbst habe ihm ein bronzenes Schwert, einen purpurfarbenen gefütterten Mantel und einen mit Leder gesäumten Leibrock geschenkt. Odysseus hatte übrigens einen Herold, etwas älter als er selbst. Die Schultern des Herolds waren leicht gebeugt, sein wolliges Haupthaar tiefbraun; ich glaube er hieß Eurybades; Odysseus schätzte ihn am meisten von allen seinen Männern."

Noch während der vermeintliche Bettler so sprach, begann Penelope zu schluchzen; an der genauen Schilderung von Odysseus Äußerem erkannte sie, dass er die Wahrheit sagte. Sie konnte nur nicht wissen, dass Odysseus selbst den Odysseus beschrieb.

> **Das Lied von den Schritten zur Wahrheit**
> Und die Seele sang der immerwährenden Gültigkeit geflügelte Worte:
>   Auf Eurer Fahrt durchs Leben könnt auch Ihr vielleicht erkennen, dass der erste Schritt zur Wahrheit mit Schmerz und Tränen verbunden sein kann. Aber der erste Schritt ist die unabdingbare Voraussetzung für den letzten.
>   Das ist Homers odysseische Botschaft.

Penelope sagte dem lumpigen Bettler schöne Kleider und eine gastliche Bewirtung im Palast zu, so wie sie es ihm schon vorher versprochen hatte. Die Kleidungsstücke, die er beschrieben habe, seien von ihr selbst vor Odysseus Abreise eingepackt worden. Tieftraurig und nachdenklich fügte sie hinzu, dass sie befürchte, ihren Ehemann nie wieder in Ithaka in die Arme schließen zu dürfen – auch wenn ihr Herz etwas ganz anders erhoffe und ersehne.

Odysseus versuchte mit sanften Worten, seine geliebte Frau zu trösten, und sprach zu ihr die geflügelten Worte, die ermutigenden und tröstenden: „Gnädige Herrin, höre auf zu weinen, dein wunderschönes Gesicht zerfließt geradezu, und du verdirbst es mit den ständigen Tränen um deinen Mann. Ich weiß, ich weiß, jede Frau weint beim Verlust des geliebten Ehemannes, auch wenn der nicht das Format deines Mannes hatte. Odysseus, so sagen die Leute, sei ja gottähnlich. Insofern ist deine beständige Treue verständlich. Aber nun höre auf zu weinen und höre, was ich von der Rückkehr deines Mannes weiß. Ich werde dir die Wahrheit und nichts als die Wahrheit über ihn erzählen."

Und so berichtete er, dass seines Wissens ihr Mann unterwegs nach Ithaka sei. Allerdings habe er alle seine Schiffe und Kameraden verloren, nachdem sie die Insel Thrinakia, das Land des Sonnengottes Helios, verlassen hatten; als Bestrafung dafür, dass die Gefährten trotz Odysseus ausdrücklichen Verbotes die Rinder des Sonnengottes geschlachtet und gegessen hätten. Odysseus selbst sei von den göttlichen Phäaken gerettet worden. Er sei aber nicht direkt nach Ithaka gekommen, sondern zunächst nach Thesprotien gefahren, um dort Gewinne zu machen und Schätze für die Heimat zu sammeln. Das habe er auch geschafft ...

Und dann folgte die ganze falsche Geschichte mit dem Orakel von Dodone und seiner Rückfahrt, die er schon in der Hütte des Schweinehirten Eumaios erzählt hatte und die ich Euch schon treulich berichtet habe, meine mir geneigten Zuhörer; Wiederholungen erübrigen sich.

> **Das Lied von der Verflochtenheit von Wahrem und Falschem**
> Und die Seele sang der immerwährenden Gültigkeit geflügelte Worte:
>   Auf Eurer Fahrt durchs Leben könnt auch Ihr vielleicht erkennen, dass wahre und falsche Geschichten sich nicht selten ablösen. Das Wahre und das Falsche sind schwer unterscheidbar durch ihre Verflochtenheit der dahinter stehenden Motive im Netz des Lebens. Die Erzählung von falschen Geschichten könnte auch ein gutes Motiv haben – so wie die von wahren ein schlechtes.
>   Das ist Homers odysseische Botschaft.

Als letztes versicherte Odysseus Penelope, dass ihr Mann bald, wirklich sehr bald, kommen werde; mit Sicherheit in diesem Jahr, vielleicht schon zu Beginn des nächsten Monats. Königin Penelope sagte, es möge so geschehen, wie er vorhersage; aber sie selbst glaube fast nicht mehr daran. Wenn dies eintrete, würde der jetzige Bettler zum bestangesehenen Gast in ihrem Palast. Aber in ihrem Kopf keime die Befürchtung, dass Odysseus doch nicht zurückkommen werde, auch wenn in ihrem Herzen weiter die gegenteilige Hoffnung niste, fügte sie traurig hinzu.

Sie gab dann noch ihren Dienerinnen Anweisung, sich um den Gast zu kümmern, ihm saubere und warme Kleidung zu geben, ihm ein bequemes Bett zu bereiten und ihn am Morgen zu baden und zu salben. Sie sollten auch Sorge dafür tragen, dass ein Platz neben Telemachos für ihn beim Essen freibleibe; und wehe demjenigen, der etwas Böses oder Beleidigendes zu ihm sage.

Und sie sprach noch die geflügelten Worte, die denkwürdigen: „Wie könntest du erkennen, Fremder, dass das, was man über mich sagt – ich sei klug und tugendhaft – wahr ist, wenn ich dich in diesen schmutzigen Lumpen am Tisch sitzen lasse? Das Leben ist zu kurz, um unbarmherzig zu sein und menschenhassende Gedanken zu hegen. So jemandem wird von den Menschen nicht nur während des ganzen Lebens alles Übel gewünscht; sogar nach seinem Tode verachten sie ihn."

> **Das Lied von der schweren Last der Empathielosigkeit**
> Und die Seele sang der immerwährenden Gültigkeit geflügelte Worte:
>   Auf Eurer Fahrt durchs Leben könnt auch Ihr vielleicht erkennen, dass Unbarmherzigkeit und Empathielosigkeit eine schwere Last für das kurze menschliche Leben sind, die man sich nicht leisten sollte. Derjenige, der die Mitmenschen hasst – der Misanthrop – vergeudet die Freuden, die die Menschlichkeit dem Menschen schenkt und die sein kurzes Leben schön macht.
>   Das ist Homers odysseische Botschaft.

Odysseus bedankte sich für ihre Großzügigkeit, fügte aber hinzu, dass er, seitdem er Kreta verlassen habe, nie mehr in einem bequemen Bett und sauberen Laken geschlafen habe. Deshalb sei er gar nicht mehr daran gewöhnt und benötige so etwas zurzeit auch nicht. Er wolle auch keiner jungen Dienerin zumuten, seine unansehnlichen Füße beim Waschen zu berühren, es sei denn, es handele sich um eine Greisin, die im Leben schon einiges erduldet habe, genauso wie er. Penelope war sehr beeindruckt von der Bescheidenheit und Gescheitheit des Fremden. Eine solche Greisin habe sie, erwiderte sie, so dass des Bettlers Wunsch erfüllt werden könne. Es sei Odysseus alte Amme, Eurykleia, die ihn nach seiner Geburt gestillt habe; sie habe ihn aufgezogen und betreut, bis er ein erwachsener Mann gewesen sei. Die Königin gab sofort Anweisung, Eurykleia zu informieren, was von ihr erwartet würde.

Die Finger auf der Narbe

Die alte Amme Eurykleia hatte Mitgefühl mit dem vermeintlichen Bettler, weil wie sie sagte das gleiche auch Odysseus zugestoßen sein könnte – dass er sich nämlich irgendwo als Bettler herumschleppe und irgendwelche respektlosen Dienerinnen ihn beschimpften und demütigten. Obwohl es nicht ihre Aufgabe wäre, die Füße des Fremden zu waschen, erklärte sie sich dazu bereit. Es gebe aber noch einen Grund, es zu tun, sagte sie: Odysseus Hände und Füße könnten jetzt ebenso geschunden, alt und verfallen sein. Menschen, die Schlimmes durchmachen, verfielen ja schnell, sagte sie.

Während sie also mit ihren Vorbereitungen begann, sagte sie nachdenklich, dass sie von all den Besuchern der letzten Jahre im Palast niemanden gesehen habe, der sie von Stimme und Gestalt, aber auch mit seinen Beinen so stark an Odysseus erinnere wie er. Diese Vorstellung bewegte die alte Amme so sehr, dass sie zu weinen begann.

Der kluge Odysseus erwiderte auf der Amme Worte, dass er so etwas interessanterweise immer wieder von Menschen höre, die Odysseus gekannt hätten. Er habe viel Ähnlichkeit mit ihm, werde gesagt. Also sei sie nicht alleine damit.

Diese Erklärung erschien der Alten plausibel; sie machte sich keine weiteren Gedanken darüber und brachte ein schönes Waschbecken, um des Fremden Füßen und Beine zu waschen. Allerdings war Odysseus durch Eurykleias Bemerkung doch etwas beunruhigt und wählte deshalb eine dunkle Ecke des Saales für die Waschung. Es gab einen Grund dafür: Er hatte nämlich eine deutlich sichtbare Narbe am Bein, von einer alten Verletzung durch einen Eber. Und Eurykleia kannte diese Narbe und ihre Geschichte sehr gut!

Die Entstehung dieser Narbe hat eine interessante Geschichte, meine verehrten Zuhörer; lasst sie mich deshalb so berichten, wie ich es auch damals getan habe, als ich meine Odyssee zum ersten Mal erzählte.

Diese Narbe war die Folge einer Verletzung, die sich Odysseus bei einer Jagd am Hof seines Großvaters Autolykos zugezogen hatte. Autolykos – der Name bedeutet „Wolf für sich selbst" – war der Vater von Odysseus Mutter Antiklia und ein Meister in List, Diebstahl und Meineid. Hermes selbst, der Gott der Listen und der Diebe, war sein Lehrer, weil Autolykos ihm sehr häufig große Opfergaben machte. Eines Tages kam Autolykos nach Ithaka, kurz nachdem seine Tochter ein Kindlein geboren hatte. Die Amme des Kindes, besagte Eurykleia, nahm das Neugeborene und gab es Autolykos auf den Schoß, mit der Aufforderung dem Neugeborenen einen Namen zu geben, er habe sich ja so sehr ein Enkelchen gewünscht. Autolykos sagte darauf: „Schwiegersohn und Tochter, ich haben vielen Männern und Frauen auf dieser Erde Groll bereitet. Deshalb sollt ihr euer Kind 'Odysseus' nennen."

Meine verehrten Zuhörer, das griechische Verb für diese Umschreibung, das ich in meiner Odyssee verwende, ist „odýssomä", was bedeutet „ich bereite jemandem Groll".

Odysseus bedeutet also „der Groller".

Und Autolykos, der Namensgeber des Kleinen, sagte noch zu den Eltern, wenn Odysseus das Jugendalter erreicht habe, dann sollten sie ihn auf den Parnass schicken, wo er seine Ländereien habe und den Palast, in dem auch die Kindesmutter geboren wurde. Dort werde er seinen Enkelsohn reich beschenken.

So geschah es tatsächlich. Der Jüngling Odysseus wurde von seinen Großeltern herzlich empfangen und mit Geschenken überhäuft. Während seines Aufenthalts auf dem Parnass gingen eines Tages alle Männer der Familie gemeinsam auf die Jagd; der strahlende Jüngling Odysseus mit ihnen. Mutig verfolgte er weit vorne, vor allen anderen, einen wilden Eber, den er auch erlegte – aber nicht, bevor das wilde Tier dem jungen Jäger eine tiefe Fleischwunde am Bein zugefügt hatte. Bis die Wunde zugeheilt war, hatte es viel Zeit der guten Behandlung durch seine Amme Eurykleia gebraucht; daher kannte sie die Narbe sehr gut.

Und in der Tat: Sobald ihre Hände streichelnd die Stelle an seinem Bein berührten, erkannte die alte Amme die ihr so vertraute Narbe.

Und sie erkannte Odysseus!

Ihren Odysseus! Ihr Pflegekind, ihren König! Ihrer geliebten Königin und Herrin größte Sehnsucht!

Wie vom Blitz getroffen, ließ sie den Fuß des Königs fallen, das Becken kippte um, und das Wasser lief auf den Boden des königlichen Saals. Von Gefühlen überwältigt streichelte sie seinen Bart, und mit tränenerstickter Stimme sagte sie: „Oh, mein liebes Kind, du bist tatsächlich Odysseus. Doch ich habe dich nicht erkannt, bis ich dich berührt habe." Eurykleia drehte den Kopf in

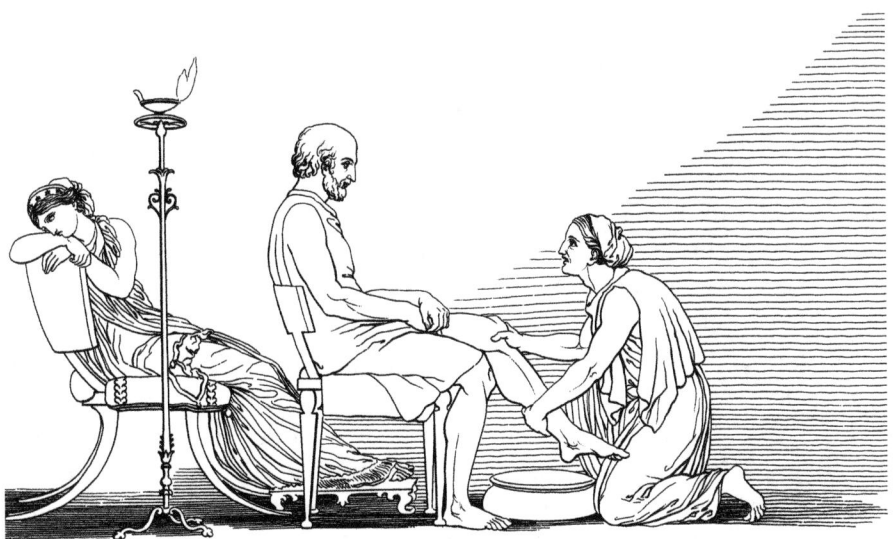

Eurykleia erkennt Odysseus

Richtung Penelope, um ihr mit den Augen zu bedeuten, dass der lang ersehnte Moment Wirklichkeit geworden sei. Die Königin hatte ja von all diesen Dingen, dank Athenas Einfluss, nichts bemerkt. Aber Odysseus fasste geistesgegenwärtig mit seiner rechten Hand seine alte Amme am Nacken, mit seiner linken zog er sie zu sich heran und flüsterte ihr ins Ohr: „Mütterchen, bitte kein Wort zu niemanden! Willst du denn meinen Tod? Bist du denn nicht diejenige, die mir selbst einst die Brust gegeben hat? Nun bin ich nach zwanzig Jahren, nach viel Kampf und viel Leid, endlich wieder zurück in die Heimat gekommen. Es war sicherlich eines Gottes Wille, dass du mich erkannt hast. Aber ich bitte dich von Herzen, verrate mich nicht! Niemand, aber wirklich niemand in diesem Haus, darf etwas davon erfahren, nicht einmal deine Herrin. Wenn du mich verrätst, muss ich dich leider gleichermaßen bestrafen wie die Freier und Bediensteten, die Verrat geübt haben und nicht loyal zu mir stehen. Vor der Todesstrafe kann dich dann nicht einmal retten, dass du meine geliebte Amme bist!"

Eurykleia, erschrocken und auch ein wenig empört über Odysseus Worte, erwiderte, es sei doch selbstverständlich, dass sie niemanden etwas davon wissen lasse, wenn er es nicht wolle. Sie fügte noch hinzu, wenn er die Freier besiegt habe, könne sie ihm auch sagen, welche von den Dienerinnen loyal und welche illoyal gewesen seien und welche dem Haus Schande bereitet hätten. Odysseus war durch diese Aussage seiner alten Amme beruhigt und ermahnte sie noch einmal eindringlich, unbedingt diskret zu sein. Um die illoyalen Dienerinnen werde er sich später kümmern. Nachdem sie sich gesammelt hatte, brachte Eurykleia neues Waschwasser und beendete glückselig ihre Aufgabe.

Nicht ohne zuvor die Narbe wieder sorgfältig bedeckt zu haben, kehrte Odysseus zu der Ecke des Saales zurück, in der Penelope immer noch saß. Er nahm wieder in ihrer Nähe Platz. Sie hatte, wie schon gesagt, von all dem durch Athenas Einwirken nichts bemerkt.

Die Königin richtete das Wort wieder an ihn: „Ich möchte dich noch etwas fragen, Fremder, obwohl die Zeit fortgeschritten ist und man eigentlich im Bett sein sollte, um den erholsamen süßen Schlaf zu genießen. Wenn man denn Schlaf finden kann! Mir schickte ein böser Dämon nicht enden wollende Leiden. Tagsüber geht es noch, weil ich mich mit der Hausarbeit und mit den Mägden ein wenig ablenken kann, auch wenn ich das Weinen nicht immer unterdrücken kann. Doch die Nächte sind am schlimmsten. Ich werde von Sorgen geplagt, finde keinen Schlaf, und ich weine, so wie die Aëdon, die Nachtigall, ergreifend singt, wenn der Frühling naht, hoch in den dichten Zweigen und grünen Blättern der Bäume, mit aufsteigenden und absteigenden Tönen. Sie klagt singend um ihr innig geliebtes Kind, das sie dem König Zethos geboren hat, ihren Liebling Itylos. Sie erstach ihn in Verblendung. Die Menschen erzählen so viele unterschiedliche Geschichten, wie es zu dieser Verblendung kam, so dass ich nicht weiß, welche von ihnen die richtige ist, und deswegen lassen wir es dabei. Tatsache aber ist, dass wie das Lied der armen Nachtigall schwankt, so schwankt nachts auch mein Herz.

Was ich dich aber fragen wollte, ist folgendes: Ich bin hin und her gerissen, ob ich eine neue Ehe eingehen soll, nachdem Odysseus zwanzig Jahre lang weg ist. Es wird großer Druck auf mich ausgeübt, endlich eine Entscheidung zu treffen. Solange Telemachos nicht erwachsen war, ging es noch, aber jetzt verlangt auch er klare Verhältnisse. Ich weiß nicht, was ich machen soll. Ich bin zwar eine gute Mutter, aber auch eine liebende und treue Ehefrau. Was ist dein Rat? Du hast Odysseus gekannt, und dein Alter hat dich mit Erfahrung beschenkt. Sag mir, was ich tun soll."

Ihr habt es schon bemerkt, meine aufmerksamen Zuhörer, dass diese beiden „Fremden" sich überhaupt nicht fremd sind und dass der unbekannte Gast der Königin nicht zu unbekannt ist. Im Gegenteil, es scheint so, dass er ein ihr sehr bekannter Unbekannter ist.

Und dann fügte Penelope noch die geflügelten Worte hinzu, die nicht so rätselhaften: „Höre, oh Fremder, was für einen Traum ich gehabt habe, und versuche ihn mir zu deuten: Zwanzig Gänse fressen hier im Palast den Weizen, den ich für sie in Wasser eingeweicht habe, und ich freue mich, sie anzusehen. Da erscheint vom Gebirge her ein Adler und tötet sie alle. Während sie tot im Palast verstreut liegen, verschwindet der Adler im Himmel. Ich aber klage und weine, obwohl sich um mich herum viele schöngelockte Frauen sammeln, um mich zu trösten. Der Adler aber kommt zurück und spricht mit menschlicher Stimme zu mir: ‚Tochter des berühmten Ikarios, sei froh, das ist die Wirklichkeit. Es ist kein Traum, sondern eine Vision, die sich erfüllen wird. Die Gänse stehen für die Freier, ich, der Adler, bin dein Mann. Und ich bin wieder zurückgekommen und werde sämtlichen Freiern ein schmähliches Ende bereiten.‘

Als ich erwachte, stand ich auf und stellte fest, dass die Gänse unverändert noch da waren und den Weizen fraßen." Der Traum sei also trügerisch gewesen, fügte Penelope nach einer kleinen Pause hinzu.

Nein, der Traum sei nicht trügerisch, erwiderte Odysseus, sondern ganz klar: Die Katastrophe für die Freier nähere sich, kein einziger werde dem Tod entrinnen.

Die kluge Königin zeigte sich dennoch skeptisch. Es gebe Träume, die Realität werden könnten, und es gebe solche, die für immer ein schöner, aber leerer Traum blieben. Sie denke, dass ihr Traum einer von der zweiten Sorte sei; es sei ihr Wunschdenken, das ihr als Traum erschienen sei.

> **Das Lied vom Ursprung vieler Träume**
> Und die Seele sang der immerwährenden Gültigkeit geflügelte Worte:
> Auf Eurer Fahrt durchs Leben könnt auch Ihr vielleicht erkennen, dass es ein großer Schutz für jemanden ist, Wunschdenken zu erkennen und Traum von Realität unterscheiden zu können. Der Wunsch ist nicht nur der Vater des Gedankens, sondern auch Ursprung von vielen Träumen.
> Das ist Homers odysseische Botschaft.

Die besonnene Penelope sagte noch vertrauensvoll zu dem ihr vertrauenswürdig erscheinenden Fremden „Ich möchte dir noch etwas anvertrauen. Der morgige Tag wird ein sehr wichtiger Tag für mich und meinen Sohn. Ich kann nämlich die Entscheidung nicht weiter verzögern. Deswegen werde ich morgen einen Wettkampf organisieren und vorher bekanntgeben, dass ich dem Sieger als Ehefrau folgen werde.

Der Wettbewerb wird so aussehen: Als Odysseus in diesem Palast lebte, reihte er Äxte auf, genau zwölf an der Zahl, und dann durchschoss er, weit aus der Ferne, mit seinem Pfeil von seinem außergewöhnlich starken Bogen alle zwölf Löcher der zwölf Äxte; nie verfehlte er das Ziel. Diesen Wettkampf werde ich morgen den Freiern anbieten. Derjenige, der es schafft, einen Pfeil mit Odysseus Bogen durch alle zwölf Äxte hindurchzuschießen, den werde ich zum Ehemann nehmen. Ich werde diesen Palast verlassen und ihm folgen, nur in meinen Träumen werde ich ihn dann noch besuchen können."

Und ihr erwiderte der vielbewanderte Odysseus: „Oh, erhabene Gemahlin von Odysseus, Laërtes Sohn, veranstalte unbedingt und unverzüglich diesen Wettkampf; du brauchst ihn nicht länger hinauszuschieben. Ich bin davon überzeugt, dass noch bevor diese Kerle den Wettkampf beenden, dein wahrer Ehemann, der kluge Odysseus, erscheinen wird."

Penelope, sichtlich angetan von dem Fremden, verabschiedete sich von ihm mit den Worten: „Ach, Fremder, ich wünschte, ich könnte die ganze Nacht hier sitzen und mit dir sprechen. Aber die Menschen werden irgendwann müde und brauchen Schlaf. Alles hat seine Zeit, so haben es die Götter gewollt. Deshalb muss ich mich jetzt in meine Gemächer zurückziehen und zu schlafen versuchen."

Damit verabschiedete sich Penelope, obwohl sie gerne noch geblieben wäre. In Begleitung ihrer Dienerinnen ging sie in ihr Schlafgemach und legte sich mit Tränen in den Augen und Gedanken an Odysseus zur Ruhe.

Ja, meine geschätzten Zuhörer, in dieser Nacht spielten sich vor dem Kamin in Odysseus Palast wundersame Dinge ab. Eine davon war das unverkennbare Erscheinen des Vorpostens der Liebe. Penelope wusste nicht, dass der ihr Unbekannte kein anderer war als ihre große Liebe, das Objekt ihrer Sehnsüchte, Wünsche und Träume. Sie war unwissend, und dennoch entwickelte sie offensichtlich eine Sympathie zu ihm, eine beginnende Zuneigung, eine deutlich erkennbare Affinität.

Alles sichere Zeichen einer tief verwurzelten Liebe – und der erwähnten Spannung zwischen den vor Sehnsucht überquellenden Herzen, die sich noch nicht berühren dürfen! Ein ungewollter Test für die Beständigkeit und die Echtheit dieser Liebe noch dazu!

Davon werde ich Euch, werte Zuhörer, in den nächsten Gesängen noch mehr erzählen.

21
Das Zusammenballen von finsteren Wolken

> **Zusammenfassung**
>
> Aus dem zwanzigsten Gesang meiner Odyssee werde ich Euch erzählen, wie Odysseus in der Nacht vor dem entscheidenden Tag nicht schlafen kann und wie er die Untreue mancher Dienerinnen miterleben muss. Athena versetzt ihn schließlich in Schlaf, damit er Kräfte für den morgigen anstrengenden Tag sammeln kann. Am nächsten Morgen vernimmt Odysseus göttliche Anzeichen, dass der Tag gut für ihn verlaufen wird. Vormittags kommen zwei Hirten in den Palast, die Odysseus treu geblieben sind, der uns schon bekannte Schweinehirt Eumaios und der Kuhhirt Philoitios; ebenfalls trifft der boshafte Ziegenhirt Melanthios ein. Als die Freier in den Palast kommen, beginnen sie in übelster Weise Odysseus zu beleidigen – nach einem Plan von Athena, um damit die Wut bei Odysseus, Telemachos und ihren Anhängern zu verstärken. Der Prophet Theoklymenos prophezeit den Freiern ihr baldiges finsteres Ende. Die Spannung steigt, das Finale steht unmittelbar bevor.
>
> Und die uns begleitende Seele wird dabei geflügelte Worte von immerwährender Gültigkeit singen, wie etwa über die blinde Ignoranz der dummen Arroganz, über den Bau des Zukünftigen auf der Erfahrung des Vorherigen – wie auch über manches mehr.

Hab Geduld, mein Herz!

Odysseus hatte es sich auf einem provisorischen Lager aus einem Rinderfell und einigen Schaffellen in der Vorhalle bequem gemacht; bald darauf kam die fürsorgliche Haushälterin Eurynome und deckte den armen Bettler mit einer wollenen Decke zu. Aber schlafen konnte Odysseus nicht. Wie denn auch? In seinem Kopf nahmen seine Pläne zur Vernichtung der Freier immer konkretere Formen an. Diese Gedanken wurden von den Mägden unterbrochen, die mit Gelächter und Scherzen zu den Betten der Freier schlichen. Odysseus sah ihr Treiben mit wilder Empörung. Er kämpfte mit sich, ob er sich schon jetzt auf sie stürzen und jedes dieser illoyalen und amoralischen Mädchen töten oder ob er sie ein letztes Mal mit den frivolen Freiern schlafen lassen sollte. Er konnte seine Wut zügeln und entschloss sich zu letzterem, denn er wollte seine Pläne nicht gefährden.

Während er ihrem Treiben zuhörte, klopfte das Herz in seiner Brust wie ein wildes Tier, voll der Empörung gegen diese ihrer Herrin gegenüber unsolidarischen Frauen, die sie so schamlos verrieten. Er schlug sich mit den Fäusten auf die Brust und sagte zu sich: „Hab Geduld, mein Herz! Bleibe ruhig! Du hast Schlimmeres erduldet. Denk doch daran, wie du dich in der Höhle des Zyklopen in Geduld übtest, während er deine geliebten Gefährten verschlang; du hast so lange gewartet, bis der geeignete Moment gekommen war, um dich und deine Kameraden mit einem intelligenten Plan aus dieser schlimmen Situation zu befreien. So halte es auch jetzt." So sprach er zu seinem wild gewordenen Herzen und disziplinierte es mit der Faust; das Herz gehorchte und wurde ruhiger. Und er übte sich in Geduld, auch wenn er sich von einer Seite auf die andere wälzte, ohne Schlaf zu finden.

Das Lied von den Fäusten des Geistes

Und die Seele sang der immerwährenden Gültigkeit geflügelte Worte:
Auf Eurer Fahrt durchs Leben könnt auch Ihr vielleicht erkennen, dass manchmal animalische Kräfte im Menschen mit den Fäusten des Geistes und der Vernunft im Zaum gehalten werden müssen; und dass sie so domestiziert in den Dienst der höheren Vernunft gestellt werden können.
Das ist Homers odysseische Botschaft.

Nach dieser erneuten Selbstdisziplinierung verfiel er wieder ins Nachdenken, wie er – nur mit der Unterstützung seines kampfunerfahrenen jungen Sohnes – gegen die vielen Freier kämpfen und sie vernichten könnte.

Athena, die ihn von oben in den letzten Stunden aufmerksam beobachtet hatte, kam ihm zu Rat. Sie fragte ihn, wieso er sich noch quäle, obwohl er in seinem Haus bei seiner Frau und seinem Sohn sei. Der vielgeprüfte Odysseus antwortete ihr: „Es ist alles richtig, was du sagst, oh Göttin. Aber ich frage mich, wie ich als einzelner, nur mit Hilfe meines kampferprobten Sohnes, diese vielen Männer besiegen soll? Hundertacht insgesamt, und dazu die Dienerschaft! Und ich frage mich auch, was danach kommt, selbst wenn ich mit deiner und mit Zeus Hilfe einen Sieg erringe; was geschieht dann? Wie werden ihre Verwandten und ihre Anhänger reagieren? Wie soll ich ihnen begegnen? Gibt mir bitte einen Rat, oh Göttin."

Und die himmelblauäugige Athena erwiderte: „Du bist unverbesserlich! Andere Menschen vertrauen schwächeren Freunden als mir, sogar wenn die sterblich und nicht so weise und mächtig sind wie ich, die Unsterbliche. Bitte denke übrigens daran, dass ich dich bisher in allen Nöten beschützt und unterstützt habe. Nun aber sage ich dir folgendes: Auch wenn uns fünfzig Hundertschaften von Kriegern menschlichen Geschlechtes umzingelten, von Mordlust entbrannt, um uns im Kampf zu töten; du würdest sie besiegen und sogar ihre Rinder und Schafe in Besitz nehmen. Doch genug davon, schlafe jetzt, du musst Kraft sammeln." Und mit diesen letzten Worten versetzte sie ihn in einen tiefen Schlaf und flog zurück zum Olympos.

> **Das Lied vom Vertrauen in gemachte Erfahrungen**
> Und die Seele sang der immerwährenden Gültigkeit geflügelte Worte:
> Auf Eurer Fahrt durchs Leben könnt auch Ihr vielleicht erkennen, dass es statt ins Grübeln zu verfallen ratsam ist, auf gemachte Erfahrungen zu vertrauen und das Zukünftige darauf zu bauen.
> Das ist Homers odysseische Botschaft.

Als Odysseus endlich schlief, wachte Penelope auf; kaum hatte sie die Augen geöffnet, liefen ihr wieder Tränen über das Gesicht. Weinend begann sie den schicksalhaften Tag, der mit dem Wettkampf beginnen sollte und an dessen Ende sie eventuell einen Bräutigam haben würde. Sie klagte bei den Göttern über ihr Schicksal und wünschte sich zum wiederholten Male den Tod. In Hades Reich hätte sie wenigstens die Möglichkeit, den von ihr totgeglaubten Gatten zu treffen.

Die Königin betete zu Artemis, der Zeustochter, und sprach die geflügelten Worte, die verzweifelten: „Artemis, du mächtige Jägerin, wenn du mich schon nicht mit deinen Pfeilen tötest, warum schickst du nicht einen kräftigen Sturm, der mich ans Ende der Welt zum gewaltigen Okeanos bringt? Es wäre für mich eine Erlösung, wenn ich genauso verschwände, wie die Töchter des Pandareos, die der Sturmwind entführt hat. Ihnen hat Zeus die Eltern getötet, nachdem ihr Vater Pandareos so schwer gesündigt hatte; er hat ja den goldenen Hund, der als Wächter vor Zeus Tempel auf Kreta stand und dem Zeus das Leben geschenkt hatte, entführt. Die kleinen Töchter blieben alleine in der Welt zurück, aber die Göttinnen hatten Mitleid mit ihnen. Kypris Aphrodite sorgte für ihre Nahrung; Hera gab ihnen Schönheit und überdurchschnittliche Klugheit; du, Artemis, schenktest ihnen eine schlanke Figur; Athena die Kunstfertigkeit. Als sie ins heiratsfähige Alter kamen, ging Aphrodite zu Vater Zeus, um ihn zu bitten, für die Töchter des Pandareos eine Heirat zu arrangieren. Während Kypris Aphrodite noch auf dem Olymp verweilte, um dem Vater von Menschen und Göttern ihre Bitte vorzutragen, wurden die Töchter des Pandareos von den Harpyien, den wilden Töchtern des Nordwindes und Geistern der Sturmwinde, in die Höhe gerissen und als Sklavinnen der Erinnyen in die finstere Unterwelt gebracht. Genauso mögen mich die Götter entführen, mit Odysseus in meinem Herzen, bevor ein geringwertigerer Mann mich zur Frau bekommt."

Die Entführung der Töchter des Pandareos durch die Harpyien

Sonnenfinsternis und blutiges Drama

So verzweifelt betete Penelope, dass Odysseus ihre ihm so vertraute Stimme hörte. Im Halbschlaf dachte er für einen Moment mit großem Schrecken, sie hätte ihn erkannt und stehe neben ihm. Beruhigt aber stellte er fest, dass dem nicht so war, und erhob sich von seinem Lager. Nachdem er die Ecke, in der er geschlafen hatte, sorgfältig aufgeräumt hatte, betete er zu Zeus und bat ihn um ein Zeichen der Unterstützung. Das sollte darin bestehen, dass ein Mensch im Palast, der schon wach war, etwas für ihn Erfreuliches sagen würde; zudem solle der Himmel ein besonderes Zeichen geben. Und tatsächlich warf der Herrscher der Welt einen seiner Blitze in den klaren, wolkenlosen Himmel. Odysseus erkannte das göttliche Zeichen und war hoch erfreut. Und dann sah er zu allem noch eine Dienerin, die mit dem Mahlen von Weizen beschäftigt war; sie war als einzige wach, obwohl sie zierlich und schwach aussah, während die anderen elf Dienerinnen erschöpft über der Weizenmühle eingeschlafen waren. Er hörte die Dienerin, wie sie zu Zeus betete und ihn darum bat, dass der heutige Tag der letzte Tag der Freier sein möge, so dass sie im Palast des Odysseus keine Mahlzeiten mehr einnehmen würden; sie und die anderen Bediensteten müssten nämlich bis zu Erschöpfung arbeiten, um ihre Gelage vorzubereiten. Das hörte Odysseus und war erfreut. Nun hatte er die von ihm erbetene doppelte göttliche Bestätigung.

Inzwischen war der ganze Palast erwacht und das geschäftige Treiben des Tages begann. Telemachos, der wie ein strahlender junger Gott aussah, ergriff seine Rüstung und seine Waffen. Als er auf dem Weg in den Hof die alte Amme Eurykleia traf, fragte er sie besorgt, ob seine Mutter den fremden Bettler gut behandelt habe. Eurykleia beruhigte ihn mit der Zusicherung, dass es ihm gut ergangen sei, ihre eigenen aufgewühlten Gefühle sorgsam verbergend, wie sie es Odysseus geschworen hatte. Telemachos war damit zufrieden und ging zur Agora. Eurykleia gab den Dienstboten die Anweisung, alles sauber zu machen; bald würden die Freier kommen. Und der heutige Tag werde für alle ein bedeutender sein; es sei Vollmond und damit werde das Apollonfest gefeiert. Die Palastdienerinnen taten wie von der alten Amme geheißen; schon bald trafen auch die Diener der Freier ein, um für ihre Herren den Tag vorzubereiten.

Der Schweinehirt Eumaios musste noch einmal zum Palast kommen, um für das Festmahl der Freier drei fette Schweine zu bringen. Als er den Bettler sah, fragte er mitfühlend und interessiert, ob er im Palast gut behandelt worden sei oder ob ihn die Freier weiter belästigt hätten. Odysseus bedankte sich für Eumaios Anteilnahme und antwortete dem gutherzigen Schweinehirten, dass es auch sein Wunsch sei, wie es Eumaios wiederholt geäußert habe, dass die frechen und frivolen Freier bald ihre furchtbare Bestrafung bekämen für all das, was sie Odysseus Familie und Vermögen zumuteten.

Während sie noch miteinander sprachen, traf auch der boshafte Ziegenhirt Melanthios in Begleitung von zwei anderen Hirten ein und brachte die besten Ziegen für das Gelage. Als er Eumaios wieder mit dem greisen Bettler sah, setzte er sofort an, den Alten zu beleidigen, zu provozieren und ihm zu drohen. Der kluge Odysseus aber sprach kein Wort, sondern schwieg und dachte daran, wie er diesem bösen und widerwärtigen Mann die härteste Strafe zukommen lassen würde.

Des bösen Melanthios schreckliche Strafe, über die ich Euch bald berichten werde, meine verehrten Zuhörer, wurde längst vorher in Odysseus Geist geplant; der unsagbaren Strafe Architekt war Melanthios selbst.

Dann trat noch ein weiterer Hirte hinzu, ein Rinderhirt namens Philoitios, mit einem Rind und weiteren Ziegen, die er extra vom Festland mit der Fähre auf die Insel gebracht hatte. Als er den Bettler sah, zeigte er sofort eine spontane Sympathie für ihn und fragte Eumaios, wer denn der Fremde sei; irgendwie habe der Ähnlichkeit mit ihrem geliebten König Odysseus! Er begrüßte den Fremden außerordentlich freundlich, zeigte Mitgefühl mit ihm, weil er offensichtlich durch unbarmherzige Götter viel gelitten habe. Er sagte ihm auch, dass er ihn an seinen geliebten König, den großen Odysseus, erinnere. Er habe die Befürchtung, dass dieser sich womöglich auch in fremden Ländern als Bettler durchschlagen müsse, wie er, oder – was noch schlimmer wäre – inzwischen im Reich der Toten wohne. König Odysseus habe ihn schon als Kuhhirt angestellt, als er noch ein Kind gewesen sei; für Odysseus habe er Kühe einer edlen Rasse gezüchtet und die Herden stetig vergrößert. Doch nun hätten diese frivolen Freier fast alles vernichtet, und sie hätten sogar noch Schlimmeres vor. Philoitios fügte noch hinzu, dass er sich längst einen anderen Herrn gesucht hätte, wenn er nicht immer noch die Hoffnung hegen würde, dass sein geliebter König eines Tages zurückkomme und all diese Bösewichter bestrafe.

Odysseus lobte den Kuhhirten für seinen Charakter und seine Denkweise und prophezeite ihm, dass sein Wunsch bald in Erfüllung gehen und er die Vernichtung der bösen Freier erleben werde. Sowohl Philoitios als auch Eumaios äußerten ihre Hoffnung, dass der Fremde Recht behalte.

Während die drei miteinander im Gespräch waren, hatten sich auch die Freier konspirativ zusammengefunden: Wieder einmal planten sie Telemachos Ermordung. Während sie noch darüber berieten, erschien über ihnen auf ihrer linken Seite ein Adler; in seinen Krallen hielt er eine scheue Taube. Amphinomos deutete das als schlechtes Zeichen; die Mordpläne gegen Telemachos seien zum Scheitern verurteilt. Es wäre wohl besser, jetzt endlich mit dem Mahl zu beginnen, als weiter über derartiges nachzudenken.

Als gerade die Speisen aufgetragen waren und die Freier mit dem Essen beginnen wollten, stellte Telemachos einen kleinen Tisch und einen unscheinbaren Sitz für Odysseus in die Nähe der Türschwelle, dabei eine bestimmte Absicht verfolgend: Odysseus sollte von dort aus alles im Blick haben. Dann sprach er die geflügelten Worte, die mutigen und bestimmenden: „Du sitzt hier bei den Freiern, Fremder, und du isst und trinkst mit ihnen. Ich werde dafür sorgen, dass niemand dich beleidigt und dass es nicht zu Handgreiflichkeiten gegen dich kommt. Denn das hier ist der Palast des Odysseus, das Haus, das einmal mein sein wird. Hier habe ich das Sagen und kein anderer. Ich hoffe, ich wurde von allen verstanden, und niemand wagt es, sich gegen meine Worte zu stellen."

Die Freier bissen sich vor Wut auf die Lippen und schwiegen, allerdings nicht ohne über Telemachos Mut zu staunen. Nachdem er seine Sprache wieder gefunden hatte, forderte ihr Anführer Antinoos die anderen Freier auf, Telemachos Äußerungen hinzunehmen; Zeus habe es ihnen schließlich nicht erlaubt, ihre Mordpläne gegen ihn zu verwirklichen.

Während des Essens stachelte aber Athena die Freier an, Odysseus zu beleidigen, dabei ebenfalls eine Absicht verfolgend: Sie wollte, dass die Wut in Odysseus Brust steigt und steigt. Ein Freier mit Namen Ktesippos ging so weit, dass er den fremden Bettler nicht nur mit Worten beleidigte, sondern auch ein fettverschmiertes Stück eines Kuhbeines mit Schwung in dessen Richtung

21 Das Zusammenballen von finsteren Wolken

warf. Doch Odysseus beugte sich rechtzeitig vor, so dass das fettige Wurfgeschoss an die Wand prallte; Odysseus lachte insgeheim spöttisch. Unter dem lauten Beifall seiner Kumpane sagte Ktesippos, das tue er bloß, um Telemachos zu gefallen; denn der habe ja die Freier aufgefordert, den Gast gut zu behandeln. Und höhnisch fügte er hinzu, er gebe nur dem Fremden etwas Gutes zu Essen, denn bisher habe der ja nur eine Sklavenportion bekommen.

Telemachos schrie ihn an, er habe Glück gehabt, dass er den Fremden nicht getroffen habe, sonst hätte er ihn eigenhändig mit seinem eigenen Speer durchbohrt. Dann hätte Ktesippos Vater das Gold, das er für die Hochzeit vorgesehen habe, für seine Bestattung ausgeben können. Keiner solle etwas Ähnliches wagen. Es reiche ihm schon, mit ansehen zu müssen, wie sein Vermögen Tag für Tag verschleudert werde. Er wisse auch, dass die Freier ihn ermorden wollten. Sie sollen es nur versuchen; der Tod sei sicherlich besser als diese Gesellschaft, die Recht von Unrecht nicht zu unterscheiden wisse. Fremde würden misshandelt, Sklavinnen geschändet und Recht mit Füßen getreten.

Alle schwiegen nach diesem Gefühlsausbruch von Telemachos betreten. Nach einer Weile ergriff ein Freier namens Agelaos das Wort und sagte, dass Telemachos im Grunde genommen Recht habe. Man dürfe den Fremden nicht schlecht behandeln und auch keinen der Dienstboten des Hauses. Allerdings, fuhr er fort, gehöre zur Wahrheit auch folgendes: Solange berechtigte Hoffnung bestanden habe, dass der weise Odysseus zurückkehren würde, habe man Verständnis für die Hinhaltetaktik seiner Mutter aufbringen können. Nun aber, da keine begründete Hoffnung mehr bestehe, müsse er, Telemachos, mit ihr sprechen und ihr empfehlen, den Freier, den sie als den besten erachte, zu ehelichen. Dann könne Telemachos sein Erbe ungestört selbst verwalten, und seine Mutter werde Herrin in einem anderen Haus.

Telemachos antwortete, dass er mit seiner Mutter sprechen werde; allerdings würde er sich schämen, sie gegen ihren Willen zur Heirat zu zwingen und sie aus dem Haus zu jagen. Darauf reagierten die Freier mit spöttischem Gelächter und dummen Sprüchen. Das war auch Athenas Werk; sie hatte nämlich ihren Verstand getrübt. Die Freier sprachen verworren, lachten wie verrückt, konnten gar nicht mehr aufhören, ihre Gesichter zu Fratzen verzerrt, dabei Tränen des Übermutes in den Augen.

Bei diesem Anblick erhob sich empört der Seher Theoklymenos, den Telemachos aus Pylos mitgebracht hatte; mit drastischen Worten prophezeite er die Katastrophe, die bald auf die Freier zukommen werde. Er sprach zu ihnen die geflügelten Worte, die prophetischen: „Oh, ihr Elenden, was für ein Verderben steht euch bevor! Ich sehe Finsternis um eure Gesichter, um eure Köpfe, bis hinab zu euren Füßen. Großes Heulen bricht aus, Tränen der Verzweiflung laufen über eure Wangen, Blut fließt überall und färbt Wände und

Säulen rot. Die Vorhallen und der Hof sind voll von geisterhaften Schatten, die sich bereit machen, in die Schattenwelt abzuwandern. Die Sonne hat sich verfinstert, eine unheimliche Dunkelheit breitet sich über alles."

Doch die Freier mit ihrem höhnischen Gelächter und den stumpfsinnigen Sprüchen waren nicht mehr zu bremsen; nun machten sie sich gar über den weisen Seher lustig. Eurymachos erklärte ihn für verrückt, er solle aus dem Saal geworfen werden, es sei ja so dunkel geworden durch seine finsteren Prophezeiungen. Und alle brachen erneut in lautes Gelächter aus über diesen bösen Scherz.

Mit mächtiger Stimme, so dass er den Tumult der Freier übertönte, sprach Theoklymenos, der unfehlbare Prophet, auch noch diese geflügelten Worte, die endgültigen: „Macht euch keine Sorgen um mich. Ich bin völlig gesund an Geist und Körper. Macht euch lieber Sorgen um euch selbst. Ich sehe euer Verderben glasklar. Kein einziger von euch Freiern wird ihm entkommen, und auch niemand von den anderen, die im Palast des göttlichen Odysseus Menschen verraten, misshandelt, drangsaliert und beleidigt haben."

So sprach der Prophet, erhob sich und verließ den Palast. Die Freier richteten nun ihren Spott wieder gegen Telemachos. Sie höhnten, was der für Gäste habe: einen lumpigen Bettler und einen Verrückten, der sich als Prophet wähne, der von Finsternis, Blut und Schattenreich fantasiere. Am besten solle er die beiden als Sklaven nach Sizilien verkaufen, da bekomme er sicher viel Geld für sie. Und wieder hielten sie sich vor Lachen die Bäuche und konnten sich gar nicht beruhigen, fast platzend vor Arroganz und Überheblichkeit.

Doch Telemachos schwieg, wissend und bedeutungsvoll. Voller Erwartung schaute er konspirativ zum Vater ihm gegenüber.

> **Das Lied vom verhängnisvollen Ignorieren**
> Und die Seele sang der immerwährenden Gültigkeit geflügelte Worte:
>   Auf Eurer Fahrt durchs Leben könnt auch Ihr vielleicht erkennen, dass es töricht ist, bei so vielen Zeichen eines sich zusammenballenden Unheils diese glattweg zu ignorieren und weiter auf dem Ross der dummen Arroganz zu reiten.
>   Das ist Homers odysseische Botschaft.

Auch Königin Penelope verfolgte das unselige Treiben von ferne.

Das bittere Finale stand unmittelbar bevor.

Athena und Odysseus standen bereit – bereit zur Eröffnung des furchtbaren Bestrafungsdramas.

Während sich also im Palast des Odysseus die dunklen Wolken des bevorstehenden Sturmes gewaltig zusammenballten und wie vom Seher Theoklymenos prophezeit sich alles verfinsterte, liefen draußen in Stadt und Land die Vorbereitungen für des Lichtergottes Apollon Lichterfest.

22
Die schicksalhafte Wende

> **Zusammenfassung**
>
> Aus dem einundzwanzigsten Gesang meiner Odyssee werde ich Euch erzählen, wie Penelope den Freiern den Wettkampf ankündigt, wie sie Odysseus Bogen aus der Schatzkammer bringen lässt und wie Telemachos die Äxte aufstellt. Die Freier versuchen der Reihe nach, den Bogen zu bespannen, doch bis zum Abend gelingt es keinem von ihnen, was zu Unruhe und Unmut führt. Der Anführer der Freier Antinoos verschiebt seinen Versuch auf den nächsten Tag. Odysseus offenbart sich den beiden treuen Hirten, nachdem er sich ihrer Zuverlässigkeit und ihrer Bereitschaft, für ihren geliebten Herrn zu kämpfen, absolut sicher ist. Nach einer bewegenden Wiedertreffensszene werden die beiden in den Plan zur Vernichtung der Freier eingeweiht. Sie bekommen den Auftrag, dafür zu sorgen, dass alle Türen des Saales – äußere und innere – verschlossen sind, so dass keine Flucht möglich ist. Dann bittet Odysseus – immer noch in Gestalt des Bettlers – die Freier, dass er einen Versuch mit dem Bogen machen darf, natürlich außer Konkurrenz. Trotz heftiger Proteste der Freier setzen sich Telemachos und Penelope durch und erlauben es. Odysseus gelingt es mit Leichtigkeit, den Bogen zu bespannen und den Pfeil durch alle zwölf Axtlöcher zu schießen. Und damit beginnt die Bestrafung der Freier.
>
> Die uns begleitende Seele wird dabei geflügelte Worte von immerwährender Gültigkeit singen, wie etwa über die unliebsame Entscheidung, dem Schrecken ein Ende zu setzen, über die Macht der Worte. Aber auch von der Kunst, echte Verbündete zu gewinnen, vom Wirklichen, das das Scheinende demaskiert, und das trügerische Erscheinungsbild – wie auch von manchem anderen.

Bogen und Äxte, Schicksal und Verderben

Wie schon erwähnt, hatte die himmelblauäugige Athena der tugendhaften Tochter des Ikarios, Penelope, die Eingebung geschickt, an dem Tag einen Wettkampf zu veranstalten. Dabei sollten die Freier mit dem Bogen des Odysseus einen Pfeil durch die Löcher von zwölf ehernen Äxten schießen. Wem es gelingen würde, dem winke als Gewinn Penelopes Hand.

Sie wollte endlich dem Ganzen ein Ende setzen: Entweder würde einer der Freier die Aufgabe bewältigen und ihr Ehemann werden; oder es gewänne keiner und alle würden verschwinden – was sie insgeheim hoffte. Aber der zähe Widerstand gegen die Begehrlichkeiten der Freier und dieses lange erstarrte Warten wären dann zu Ende.

Apropos langes Warten, meine treuen Zuhörer. Das erinnert mich wieder einmal an einen in dieser Erzählung erwähnten Gelehrten Eurer Zeit, den ich von hier oben offensichtlich inspiriert habe, auch folgendes zu sagen: „Wenn die Zeit zu erstarren droht, wenn sich nichts mehr bewegt, hilft nur der Aufbruch, der Versuch, einen neuen Anfang zu setzen. Eine Vergangenheit hinter sich zu lassen. Der Zauber, der jedem neuen Anfang innewohnt, liegt darin, dass die stockende Zeit in Bewegung gerät, sie wird vielversprechend, sie reißt einen mit sich."[1]

Und genau das macht Penelope jetzt: Sie setzt die stockende Zeit in Bewegung!

Und die in Bewegung gesetzte Zeit bringt mit sich zugleich den Beginn des Verderbens der Freier und der Katharsis des Dramas.

In Begleitung ihrer Dienerinnen stieg Penelope in die Schatzkammer hinab, wo die Schätze des Königs aufbewahrt wurden. Dort befanden sich neben anderen Schätzen auch der berühmte Bogen des Odysseus und ein kostbarer Köcher, gefüllt mit den edelsten und besten Pfeilen. Das waren Geschenke von Odysseus Jugendfreund Iphitos gewesen, aus einer Zeit, in der sich die beiden zufällig in Messini in Lakedämonien kennen gelernt hatten. Odysseus war dort als junger Mann in offizieller Mission, weil Männer der Stadt dreihundert Schafe und deren Hirten aus Ithaka entführt hatten; er wollte Schadenersatz verlangen und diesen auch eintreiben. Sein Vater König Laërtes und die Fürsten von Ithaka trauten Odysseus zu, dass er das regeln könne, obwohl er noch jung war. Iphitos, ein junger König aus Thessalien, war seinerseits auf der Suche nach zwölf verschollenen Stuten, die er bei Dieben in Peloponnes vermutete. Die beiden jungen Männer schlossen Freundschaft und tauschten Geschenke aus. Odysseus überreichte Iphitos ein scharfes Schwert und eine Lanze, Iphitos ihm im Gegenzug eben diesen kunstvoll gearbeiteten Bogen mit den Pfeilen. Leider fand Iphitos später einen tragischen Tod. Er wurde von Herakles getötet, für viele ohne erkennbaren Grund.

Zur Tötung des Iphitos gibt es viele verschiedene Versionen, meine geneigten Zuhörer. Manche sagen, Herakles habe es getan, um sich der Stuten zu bemächtigen; aber er selbst bestreitet das vehement. Am besten hören wir, was er selbst Prometheus von der Sache erzählt hat:

„Es war eine tragische Geschichte. Iphitos war ein treuer Freund, der immer sehr gut zu mir war. Als wir uns einmal auf der Mauer von Tiryns auf dem Peloponnes befanden, befiel mich der gleiche Wahnsinn, der später dazu führte, dass ich meine Kinder und meine Frau tötete. Hera, die eifersüchtige Göttin – du weißt, weil ich der außereheliche Sohn ihres Mannes Zeus bin – hatte mir den Wahnsinn geschickt. Ich verkannte dadurch meinen lieben Freund und

---

[1] Der Gelehrte Eurer Zeit ist der „Zeit"-Autor Rüdiger Safranski (2015).

nahm an, dass er ein Feind sei, und so stieß ich Iphitos von der hohen Mauer. Er kam dabei um. Als ich zu mir kam, war ich völlig verzweifelt und habe das Geschehene natürlich zutiefst bereut.

Die Tötung des Iphitos, obgleich im Wahnsinn verübt, lastete schwer auf mir. Ich wanderte von Priesterkönig zu Priesterkönig und bat um Katharsis, um Reinigung von der Blutsünde. Keiner wollte mich aufnehmen, nicht einmal das Orakel von Delphi wollte mir das verzeihen und mich reinigen. Obwohl ich doch schuldlos schuldig geworden war. Daher bin ich nach Asien ausgewandert, nach Lydia, zur Königin Omphale. Bei ihr habe ich viel gelitten, aber das steht auf einem anderen Blatt."

Ja, meine werten Zuhörer, die Seelenärzte haben bei Herakles eine sogenannte akute vorübergehende psychotische Störung diagnostiziert, die ein paar Mal in seinem Leben auftrat. Im Rahmen dieser Psychose tötete er später auch seine Frau und seine drei Söhne.

Iphitos wurde also Opfer von Herakles Wahnsinn[2].

Wie auch immer, diesen Bogen des Iphitos hatte Odysseus nie in den Krieg mitgenommen, sondern aus Respekt dem verstorbenen Freund gegenüber nur zu Hause und nur zu seiner Freude und Zerstreuung benutzt.

Ich denke, meine verehrten Zuhörer, ich muss zu dem Bogen und den Äxten etwas sagen, um die Sache für Euch verständlicher zu machen; ich will euch kurz erläutern, wie Odysseus seine Freizeit mit Pfeil und Bogen gern nutzte, um Kraft und Geschicklichkeit zu üben, aber auch aus Spaß am Erfolg: Der Bogen war groß und beim Einsatz extrem straff gespannt; man benötigte fast übermenschliche Kraft, um ihn davor mit der Sehne zu bespannen, aber auch eine besondere Fingerfertigkeit. Das war der erste Teil des Vergnügens. Der zweite Teil bestand darin, die zwölf ehernen Äxte mit ihren Schäften so in die Erde zu pflanzen, eine hinter der anderen, dass die darin eingearbeiteten Löcher – manche Eurer Zeitgenossen, die meine Odyssee nacherzählt haben, bezeichneten sie auch als Ösen – eine exakte Reihe bildeten. Dann kam der Höhepunkt: Die große Kunst, in der sich Odysseus als junger Mann mit großer Geduld geübt und sein Geschick perfektioniert hatte, bestand darin, mit einem Pfeil so genau zu zielen, dass dieser durch alle zwölf Axtlöcher sauste, ohne eines von ihnen zu berühren. Diejenigen unter Euch geschätzten Zuhörern, die sich in der Kunst des Bogenschießens auskennen, wissen, dass das zudem auch eine besondere Technik erfordert.

---

[2] Herakles Bericht findet sich in den Protokollen der Gespräche zwischen ihm und Prometheus, getreu wiedergegeben in Andreas Marneros „Feuer für ausgebrannte Helden. Auf der Suche nach Orientierung. Ein Abenteuer mit Prometheus und Herakles" (2015). Die diagnostische Identifizierung von Herakles Psychose wurde vom selben Autor protokolliert in „Irrsal! Wirrsal! Wahnsinn! Persönlichkeit, Psychose und psychische Konflikte in Tragödien und Mythen" (2013).

Penelope bringt Odysseus Bogen zu den Freiern

Bevor Odysseus Ithaka in Richtung Troja verlassen musste, beherrschte er, der von den Göttern mit besonderer Kraft und Geschicklichkeit Gesegnete, als einziger diese außergewöhnliche Kunstfertigkeit! Kein anderer konnte das. Mit diesem Wissen sind auch Penelopes Hintergedanken und ihre heimliche Hoffnung einleuchtend.

Jenen Bogen nahm die erhabene Königin nun aus der Schatzkammer, setzte sich erst einmal hin, den in ihrem Schoß liegenden Bogen andächtig betrachtend und zutiefst betrübt an ihren Mann denkend. Nach einer Weile trocknete sie ihre Tränen, erhob sich, nahm den herrlichen Bogen sowie den mit todbringenden Pfeilen gefüllten Köcher und machte sich auf den Weg zu den Freiern. Dienerinnen trugen die schwere Truhe mit den Kampfbeilen des Königs.

Am Eingang des Saals nahm Penelope in einem fein ziselierten Sessel Platz, ihr Gesicht elegant bedeckt mit einem Schleier, rechts und links von ihr je eine treue Dienerin. Dann sprach sie zu den Freiern die geflügelten Worte, die folgenreichen: „Ihr habt genug gespeist und getrunken in diesem Haus eines Mannes, der seit Jahren abwesend ist, im Haus meines Gemahls, König Odysseus. Als einzigen Grund dafür habt ihr das Werben um mich genannt. Ich will nun euer Werben um meine Hand beenden und eine Entscheidung treffen, wer von euch mich zur Frau nehmen darf. Es wird derjenige sein, der den Bogen des göttlichen Odysseus am leichtesten bespannt und einen seiner Pfeile durch alle zwölf Löcher der scharfen Äxte hindurchschießt – so wie Odysseus es immer mit Leichtigkeit gelang. Demjenigen werde ich als Ehefrau in sein Haus folgen. Und diesen meinen Palast werde ich dann nur noch in meinen Träumen betreten."

Das Lied vom Ende des Schreckens

Und die Seele sang der immerwährenden Gültigkeit geflügelte Worte:
Auf Eurer Fahrt durchs Leben könnt auch Ihr vielleicht erkennen, dass man manchmal gezwungen ist, unliebsame Entscheidungen zu treffen, um dem Schrecken ein Ende zu machen, anstatt in einem Schrecken ohne Ende zu leben.
Das ist Homers odysseische Botschaft.

Das Lied von den vielen Quellen der Träume

Und die Seele sang weitere der immerwährenden Gültigkeit geflügelte Worte:
Auf Eurer Fahrt durchs Leben könnt auch Ihr vielleicht erkennen, dass Träume viele Quellen haben können. Nicht nur Wünsche, Hoffnungen und Konflikte bringt uns Oneiros, der Traumgott, treuer Begleiter des Hypnos, Gott des Schlafes. Der Traumgott belebt auch Erinnerungen wieder, gute und schlechte.
Das ist Homers weitere odysseische Botschaft.

Und so forderte die erhabene Königin den Schweinehirten Eumaios auf, den Bogen, den Köcher mit den Pfeilen und die Äxte bereitzustellen. Der treue Hirt begann zu weinen, als er den Bogen seines geliebten Herren erkannte, ebenso der Kuhhirt Philoitios. Das aber erweckte bei den Freiern Unbehagen, so dass Antinoos die beiden tadelte und beschimpfte – angeblich, weil sie mit ihren Tränen Penelopes Schmerz nur noch verstärkten. Er drohte den beiden Hirten gar, sie hinauszuwerfen, unter dem Vorwand, die Königin schützen zu wollen, wie er sagte. Dann fügte er hinzu, diesmal nachdenklich, es könne wohl sehr schwierig werden, dass jemand den Kampf gewinne; bis jetzt sei das Verlangte nur Odysseus gelungen. So sprach er, dachte aber anders; denn insgeheim hatte er die Hoffnung, dass er Sieger werden würde.

Das Lied vom Verstecken hinter Worten

Und die Seele sang der immerwährenden Gültigkeit geflügelte Worte:
Auf Eurer Fahrt durchs Leben könnt auch Ihr vielleicht erkennen, dass Worte der schöne Mantel um unschöne Gedanken und Absichten sein können. Sie können das Ungute im Guten verbergen, das Böse im Harmlosen, das Unschöne im Schönen, das Hinterlistige im Solidarischen, das Unempathische im Empathischen – das Dunkle im Licht.
Das ist Homers odysseische Botschaft.

Telemachos äußerte seine Freude darüber, dass endlich das Ende der unerträglichen, seit einer Ewigkeit andauernden Situation in Sicht war, aber gleichzeitig machte er seiner Mutter Vorwürfe. Ihre Ankündigung bedeute letzten Endes nichts anderes, als dass sie mit einem anderen Mann das Haus verlassen würde. Ob er sich darüber etwa wie ein Wahnsinniger freuen sollte? Aber wie auch immer! Er fordere damit selbst die Freier auf, ihre Chance zu nutzen und es zu versuchen. Der Preis sei ja eine wunderbare Frau, wie es sie nirgends noch einmal gebe. Er hätte gar selbst Lust, am Wettkampf teilzunehmen; denn wenn er siege, dann müsse ihn seine Mutter nicht verlassen, und er müsse nicht traurig und alleine zurückbleiben. Und dann wäre er derjenige, der mit Stolz die Waffen seines Vaters tragen dürfe.

Mit diesen Worten machte er sich an die Arbeit und begann damit, die zwölf Äxte mit den Schäften so in den irdenen Boden zu pflanzen, dass sie in einer geraden Linie standen, ganz genau auf derselben Höhe, so dass man ohne Hindernis durch alle zwölf Axtlöcher hindurchblicken konnte. Kein leichtes Werk, aber es gelang ihm perfekt, was bei den Freiern großes Staunen hervorrief.

Dann forderte er die Anwesenden auf, mit dem Wettkampf zu beginnen; er sei selbst doch nicht stark genug, um mit ihnen zu wetteifern. Doch Telemachos wäre nicht Odysseus Sohn, wenn es ihn nicht gereizt hätte, sein Glück selbst zu versuchen. In einem unbeobachteten Moment nämlich hatte Telemachos heimlich versucht, den Bogen des Vaters zu bespannen, hätte es auch beinahe geschafft, wenn nicht ein Wink von Odysseus ihn gebremst hätte. Wie der Vater so der Sohn!

Des werbenden Wettkampfes blutiges Ende

Und so begann der entscheidende Wettkampf. Die einhundertacht Freier sollten es versuchen, einer nach dem anderen, von rechts nach links. Als erster stand rechts jemand mit Namen Leiodes, angeblich ein Seher, der immer am Ende des Saales in der Nähe des Weinkruges saß und der die anderen Freier überhaupt nicht schätzte, ja sogar hasste. Geschlossen wurde die lange Kette der Freier von ihren Anführern, Eurymachos und Antinoos.

Ein Freier nach dem nächsten trat vor und versuchte sein Glück. Bis zum Abend hatte es aber niemand geschafft; nicht einmal die Sehne hatte jemand auf den Bogen spannen können, geschweige denn damit schießen – trotz verschiedenster Tricks, die angewendet wurden, etwa den Bogen zu ölen oder anzuwärmen. Am Ende des Tages blieben noch zwei Freier, die es nicht probiert hatten; die Anführer Eurymachos und Antinoos.

Offensichtlich abgestoßen von der Unfähigkeit und der Zankerei der Freier verließen der Schweinehirt Eumaios und der Kuhhirt Philoitios den Saal und traten in den Hof. Odysseus, der sie aufmerksam beobachtet hatte, folgte ihnen nach draußen. Nachdem er nun nicht mehr den geringsten Zweifel an ihrer Loyalität hatte, nicht an ihrer Bereitschaft, für ihren und neben ihrem geliebten Herrn zu kämpfen, offenbarte ihnen der Bettler-König endlich, wer er in Wirklichkeit war. Als Beweis zeigte er ihnen die Narbe vom Kampf mit dem Eber, die sie gut kannten. Die beiden Hirten fielen ihm weinend um den Hals; sie umarmten und küssten ihn, was Odysseus herzlich erwiderte. Mit Begeisterung nahmen sie Vorschlag und Bitte ihres Königs an, alle gemeinsam – auch Telemachos sei dabei – die Freier anzugreifen und zu vernichten, obwohl die in der Überzahl waren – einhundertacht Freier und etwas mehr als zehn Getreue, wenn man den Ziegenhirt Melanthios und seine Hirten dazu zählte – und sie bloß vier.

> **Das Lied von den echten Verbündeten**
>
> Und die Seele sang der immerwährenden Gültigkeit geflügelte Worte:
> Auf Eurer Fahrt durchs Leben könnt auch Ihr vielleicht erkennen, dass echte Verbündete, die sich tatsächlich verbunden mit Euch fühlen und bereit sind, falls nötig, sich für Euch zu opfern, unschätzbar sind. Ein Geschenk des Himmels sozusagen. Geschenk? Nicht ganz! Deswegen nicht ganz, weil „verbunden sein" eine Fähigkeit voraus setzt, nämlich Bindungsfähigkeit. Eine Fähigkeit, die nicht alle Menschen haben. Um solche Verbündeten zu haben, muss man selbst die Fähigkeit besitzen, verbunden zu sein.
> Insofern ist es auch ein eigener Verdienst, Verbündete zu haben, die sich mit einem verbunden fühlen, ernsthaft und persönlich. Und nicht als strategische Zweckverbündete oder als Verbündete aus Gründen einer formellen oder einer administrativen Loyalität.
> Das ist Homers odysseische Botschaft.

Ja, meine verehrten Zuhörer, es ist leicht zu erkennen, dass mit diesen neuen Verbündeten Odysseus eine besondere Qualität der Verbundenheit verbindet: die gegenseitige innere, emotional getragene menschliche Verbundenheit.

Vielleicht habt Ihr erkannt, dass sich die Verbundenheit zwischen ihm und seinen früheren Schiffsgefährten eher auf der Ebene der gerade angesprochenen formellen und administrativen Loyalität abspielte, obwohl Odysseus großes Mitgefühl zeigte und sehr betroffen war, wenn ihnen etwas Schlimmes widerfuhr. So ist es auch erklärlich, wie das Anzetteln einer Meuterei auf Kirkes Insel möglich war, wie das katastrophale Misstrauen und die Intrigen, die zum Öffnen des Äolossack führten und schließlich zum offenen Ungehorsam auf der Heliosinsel und der Schlachtung der unantastbaren Rinder.

Aber jetzt und hier hat er Verbündete, die sich mit ihm bis in den Tod verbunden fühlen und bereit sind, ihn im Kampf gegen eine etwa dreißigmal so starke Truppe zu unterstützen.

Glücklich ist derjenige, der Menschen um sich hat, die sich mit ihm verbunden fühlen und umgekehrt. Glücklich ist derjenige, der zu solch tiefen Bindungen fähig ist, würdet Ihr vielleicht auch sagen, meine treuen Zuhörer.

Nachdem sie alle wieder Herr ihrer Gefühle waren, erläuterte Odysseus den beiden seinen Plan: Irgendwann, wenn die meisten der Freier gescheitert wären, würde er, Odysseus, darum bitten, am Wettkampf teilnehmen zu dürfen; mit der Zusicherung, dies geschehe natürlich außer Konkurrenz. Trotz der zu erwartenden Proteste der Freier solle Eumaios auch ihm den Bogen reichen. Dann solle er sich schnell entfernen und dafür Sorge tragen, dass die Türen zwischen dem großen Saal und den anderen Räumen des Palastes wie auch die Außentüren hermetisch geschlossen würden, sodass niemand hinein oder hinaus könne. Die Dienerinnen sollten Anweisung bekommen, ruhig zu bleiben und weiter ihren Aufgaben nachzugehen, egal ob Schreie oder Hilferufe zu hören wären. Philoitios solle sicherstellen, dass die äußeren Tore des Hofes verriegelt und zusätzlich mit starken Riemen verschnürt würden.

Nachdem Odysseus das alles genau erklärt hatte, nahm er wieder seinen Platz an der Türschwelle ein; somit hatte er alles im Blick. Einzeln folgten dann kurz darauf die beiden treuen Hirten.

Gerade war Eurymachos dabei, sein Glück zu versuchen. Erst bereitete der boshafte Ziegenhirt Melanthios für ihn den Bogen vor; er wärmte und wärmte ihn, ölte und ölte ihn; dann noch einmal Eurymachos selbst; er wärmte und drehte und versuchte, dem Bogen seine Geheimnisse zu entlocken. Aber es war alles vergeblich; auch Eurymachos war nicht einmal in der Lage, den Bogen mit der Sehne zu bespannen, an den Versuch des Schießens war also gar nicht zu denken. Der sonst so prahlerische zweite Anführer gab schließlich enttäuscht und gekränkt auf. Nicht der Verlust der Aussicht auf Penelope als Ehefrau war so schlimm – schließlich gab es viele Frauen in Griechenland für ihn, wie er sagte, und die göttliche Penelope war austauschbar! Viel schlimmer war sein Stolz verletzt, weil das der Beweis dafür war, dass niemand in der Lage war, Odysseus das Wasser zu reichen. Auch er nicht, was ihn vor allem kränkte!

> **Das Lied vom unerreichbaren Ziel**
>
> Und die Seele sang der immerwährenden Gültigkeit geflügelte Worte:
> Auf Eurer Fahrt durchs Leben könnt auch Ihr vielleicht erkennen, dass wenn man ein heiß begehrtes Ziel nicht erreichen kann, man es schnell zu einem nicht begehrenswerten macht. Damit beabsichtigt man, für sich Frieden zu schaffen – intramural und extramural; für die Welt innerhalb und außerhalb seiner Mauer.
> Das ist Homers odysseische Botschaft.

Solche Botschaften, meine geschätzten Zuhörer, inspirierten meinen Landsmann Äsopos aus Thrakien, der einige Jahrhunderte nach mir lebte, zu einigen seiner Parabeln, die er in der Form von Fabeln den Menschen präsentierte und damit die abendländische Fabeldichtung begründete. Seine Parabeln, also Gleichnisse, die Fragen der Moral und ethische Grundsätze in eine Fabel verpackt aufwerfen, transportieren auch Botschaften wie die gerade mitgeteilte[3]. Ich beobachtete ihn bei der Umsetzung einer solchen Botschaft in die Parabel vom Fuchs und den Trauben: Ein Fuchs sah einmal wunderbare, sehr reife und damit sicher auch süße Trauben und bekam großen Appetit darauf. Leider hingen sie sehr hoch, zu hoch für den kleinen Fuchs. Aber sein Appetit war außerordentlich groß, weshalb er immer höher sprang, um sie doch noch zu erreichen. Er sprang und sprang und sprang. Doch die Trauben blieben unerreichbar. Erschöpft, enttäuscht und gekränkt beendete er seine Versuche. Und laut sagte er, für jeden hörbar: „Diese Trauben will ich sowieso nicht haben, denn sie sind nicht gut. Sie sind viel zu sauer!"

Wie auch immer, der Hauptführer der Freier Antinoos widersprach Eurymachos Pessimismus und Resignation; er machte den Vorschlag, den Wettkampf am nächsten Tag fortzusetzen, nachdem sie Apollon, dem Gott des Bogenschießens, reichlich geopfert hätten; immerhin war es ja der Tag des Apollonfestes. Dann wäre er an der Reihe. Damit waren alle einverstanden und wollten sich gerade dem Apollonfest zuwenden, als sich Odysseus zu Wort meldete und listig sagte: „Edle Freier der erhabenen Königin, eure Entscheidung, den Gott des Bogenschießens zu ehren, damit seinen Beistand suchend, und erst dann den Wettkampf fortzusetzen, ist richtig und lobenswert. Ich bitte euch aber um die Erlaubnis, dass auch ich einen Versuch mit dem Bogen machen darf, selbstverständlich außer Konkurrenz; ich will nur sehen, ob ich noch die Kraft in den Armen habe wie einst."

Man kann sich leicht vorstellen, welchen Zorn diese unerwartete und unerhörte Bitte des Bettlers bei den Freiern erzeugte; wieder einmal beschimpften sie ihn wüst. Man solle sich das einmal vorstellen, da wollte der alte Bettler das schaffen, was den jungen und gut trainierten Aristokraten nicht gelungen war. Und noch schlimmer war die Vorstellung, dass es ihm gelingen könnte; dieser Gedanke versetzte sie nachgerade in Panik. Kein Wunder also, dass sie ihm schlimmste Strafen androhten, falls er es wagen sollte, den Bogen auch nur in die Hand zu nehmen. Antinoos, wieder einmal der Wortführer bei den Schmähungen und Drohungen, verbot es dem frechen Gast energisch und unmissverständlich.

Dies alles hörte Königin Penelope, und sie tadelte Antinoos; er solle einen Gast des Telemachos höflich behandeln. Oder könnte es sein, dass er sich

---

[3] Zu dem fabelhaften Genuss seiner Fabeln könnt Ihr kommen bei Lektüre etwa von: „Äsop – Fabeln", herausgegeben und übersetzt von Rainer Nickel (2005).

wirklich Sorgen darüber mache, ob der Bettler siegen und sie zur Frau nehmen könnte? Das glaube doch niemand, der Bettler am allerwenigstens. Also solle man es ihn doch probieren lassen.

Eurymachos erwiderte anstelle von Antinoos, dass natürlich niemand auf die Idee käme, dass dieser elende Bettler die erhabene Königin heiraten könnte. Allerdings gab er zu, dass sich die aristokratischen Freier ein wenig Gedanken darüber machten, was es denn für sie bedeute, wenn der Alte es doch schaffen würde, den Bogen mit der Sehne zu bespannen. Wären sie alle, die Elite der jungen Aristokraten, dann nicht der Lächerlichkeit preisgegeben? Wäre das nicht ehrverletzend für die ehrenwerten Freier? Gewiss doch, ihre Ehre wäre für immer verloren!

> **Das Lied von einer großen Sorge**
> Und die Seele sang der immerwährenden Gültigkeit geflügelte Worte:
> Auf Eurer Fahrt durchs Leben könnt auch Ihr vielleicht erkennen, dass eine große Sorge nicht selten die Konfrontation mit der Wirklichkeit verhindert: die Befürchtung, dass Anspruch und Realität auseinander klaffen; dass das tatsächlich Wirkliche das Scheinende demaskiert; dass die Maske eine Wirklichkeit verbirgt, die nur im Verborgenen existieren kann – und dass sie im Licht der Tatsachen zerbricht.
> Das ist Homers odysseische Botschaft.

Und so kam es dazu, dass Eurymachos sorgenvolle Worte Anlass gaben zu Penelopes geflügelten Worte, den entschiedenen und demaskierenden: „Ehre? Was für eine Ehre? Ist es denn keine Schande, was ihr seit Jahren tut, nämlich das Haus des großen Odysseus zu schänden und seinen Besitz zu plündern? Dafür solltet ihr euch schämen und nicht, wenn der Gast besser im Bogenschießen ist als ihr."

Und nach einer kurzen Pause fuhr die erhabene Königin fort: „Der Fremde soll es versuchen, und falls er es schafft, bekommt er von mir schöne Gewänder, einen warmen Mantel, feste Sandalen und zu seinem Schutz vor Tieren und Menschen einen gut gespitzten Speer und ein scharfes Schwert. Und dazu werde ich die die Kosten für seine Weiterreise begleichen, egal wohin seine Fahrt ihn führt."

Der Mutter stolze Worte riefen den beunruhigten Sohn auf den Plan, der seine Mutter nicht mehr auf der Bühne haben wollte, wenn die Schlussszene beginnen würde. Deshalb sagte er zu seiner Mutter, dass er derjenige sei, der entscheide, wem man den Bogen gebe und wem nicht. Niemand, aber niemand, weder hier in Ithaka noch anderswo, könne ihn daran hindern, den Bogen diesem Fremden zu geben oder ihm sogar zu schenken, wenn er wolle, fuhr Telemachos fort. Er allein werde darüber entscheiden. Sie aber solle sich nun unbedingt in ihre Gemächer zurückziehen, sich ihren Angelegenheiten widmen und die Dienerinnen beaufsichtigen. Die Sache mit dem Bogen werde er selbst in die Hand nehmen.

Diese entschiedene Haltung ihres Sohnes beeindruckte die erhabene Königin; insgeheim fühlte sie sich aber auch verletzt, denn den Zweck dieses Auftretens kannte und erkannte sie nicht. Dennoch tat sie genau das, was ihr Sohn ihr aufgetragen hatte. Oben in ihren Gemächern weinte sie wieder bitterlich um ihren verschollenen Mann, an diesem Abend noch zusätzlich gekränkt durch das Verhalten des erwachsenen Sohnes. Schließlich überwältige sie der tröstliche Schlaf, den Athena ihr schickte.

> **Das Lied vom guten Gesicht hinter böser Maske**
> Und die Seele sang der immerwährenden Gültigkeit geflügelte Worte:
>   Auf Eurer Fahrt durchs Leben könnt auch Ihr vielleicht erkennen, dass man im Leben manchmal doch das gute Gesicht hinter einer bösen Maske verbergen muss, um etwas zu erreichen. Manchmal muss man auch jemanden verletzen, um ihn zu retten.
>   Das ist Homers odysseische Botschaft.

Unmittelbar nach dem Eingreifen von Telemachos nahm Eumaios den Bogen und wollte ihn Odysseus reichen. Erneut erzürnt begannen die Feier nun lautstark den armen Schweinhirten zu beschimpfen und ihm allerlei Schlimmes anzudrohen. Das versetzte ihn so in Angst, dass er den Bogen wieder auf den Boden legte. Telemachos rief ihn aber laut zur Ordnung; er habe nicht den Freiern zu gehorchen, sondern nur ihm, wenn er nicht Lohn und Brot verlieren wolle. Die Freier lachten wegen Telemachos herrschaftlichen Gebahrens, aber Eumaios hob den Bogen gehorsam wieder auf und reichte ihn Odysseus.

In dem erst langsam abebbenden Tumult der Freier trat Eumaios dann zurück ins Dunkel der hinteren Ecke des Saales und nahm, wie von Odysseus befohlen, die treue Amme Eurykleia zur Seite. Er sagte ihr, gemäß Telemachos Befehl solle sie dafür Sorge tragen, dass unverzüglich alle Türen des Saales zu den anderen Räumen des Palastes verriegelt würden. Und egal was geschehe und was zu hören sei, dürfe niemand sie öffnen. Alle Dienstboten sollten ruhig ihrer Arbeit nachgehen. Niemand, aber niemand von ihnen, dürfe im Saal bleiben oder wieder hineinkommen. Auch diesen Befehl setzte Eurykleia ohne weiteres Nachfragen unverzüglich um. Eumaios kehrte zurück in die Nähe seines Herrn. Philoitios, der ebenfalls in die Pläne eingeweihte Rinderhirt, verriegelte die äußeren Tore und verzurrte sie zusätzlich mit starken Riemen. Dann nahm auch er Platz in der Nähe seines Herrn und Königs, auf ein Signal von ihm wartend.

Der vielbewanderte Odysseus untersuchte indessen fachmännisch den prächtigen Bogen und betrachtete ihn von allen Seiten. Die Anwesenden beobachteten erstaunt, dass dieser zerlumpte Bettler sich dabei so geschickt zeigte. Nachdem er sich eine ganze Weile mit dem Bogen beschäftigt hatte, ihn hin- und hergewendet und sich überzeugt hatte, dass ihn in der langen Zeit keine Schädlinge beschädigt hatten, legte er ihn probeweise an. Dann nahm Odysseus schließlich die geeignete Haltung ein – und spannte ohne die geringste Mühe die Sehne auf den Bogen! Ja, er bespannte den Bogen, den vorher niemand hatte bespannen können. Ohne Mühe!

Laut erklangen die ungläubigen Ausrufe des Staunens von Seiten der Freier. Doch dann kam das Beste:

Der edle Odysseus nahm auf einem niedrigen Hocker Platz, vor der Reihe der zwölf in die Erde gepflanzten Äxte, deren Löcher – manche sagen Ösen – akkurat hintereinander ausgerichtet waren. Er legte einen Pfeil an, spannte den Bogen mit aller Kraft und zielte.

Und der Pfeil sauste im Bruchteil einer Sekunde durch alle zwölf Löcher aller zwölf Äxte!

Dem scheinbar alten Bettler war das für die Freier Unmögliche gelungen. Schon mit dem ersten Schuss! Doch noch kam keiner der Freier auf den Gedanken, dass dieser zerlumpte Greis und überraschende Sieger des Wettkampfes kein geringerer war als der große Odysseus. Für sie war das noch undenkbar.

Die entsetzten Freier hatten ihre Sprache verloren, der vielbewanderte Odysseus aber nicht: Direkt nach diesem sagenhaften Triumph wandte er sich zu Telemachos um und rief ihm zu, dass er als Gast damit seinen Gastgeber ehre und sich für dessen Gastfreundschaft bedanke. Das sei sein Gastgeschenk!

> **Das Lied von der trügerischen äußeren Erscheinung**
> Und die Seele sang der immerwährenden Gültigkeit geflügelte Worte:
> Auf Eurer Fahrt durchs Leben könnt auch Ihr vielleicht erkennen, dass man klug beraten ist, jemanden nicht nur nach dem äußeren Erscheinungsbild zu beurteilen – und auch nicht nach seiner Herkunft, seiner Zugehörigkeit oder seiner Position. Nur die geprüften und erprobten Fähigkeiten, Charaktereigenschaften, Einstellungen und Verhaltensweisen sind im entscheidenden Moment ausschlaggebend. Sie alleine entscheiden, ob der Bogen gespannt ist und der Pfeil durchs Ziel saust.
> Das ist Homers odysseische Botschaft.

Nach diesem Ruf machte Odysseus mit den Augenbrauen ein Zeichen, das Telemachos sofort verstand. Blitzschnell ergriff er seine scharfen Waffen und stellte sich neben Odysseus, Schulter an Schulter mit ihm. Und auch die beiden treuen Hirten waren sofort zur Stelle.

Die Spiele des Verderbens und der Katharsis wurden damit eröffnet.

23
Der Tragödie blutige Katharsis

> **Zusammenfassung**
>
> Aus dem zweiundzwanzigsten Gesang meiner Odyssee werde ich Euch erzählen, wie Odysseus und seine Verbündeten schließlich die Freier vernichten. Als ersten tötet Odysseus mit einem Pfeil den Anführer Antinoos. Anfänglich denken die anderen Freier, es sei ein Versehen gewesen; dann aber merken sie, dass es tödlicher Ernst ist. Odysseus tötet mehrere Freier, bis der Ziegenhirt Melanthios den Zugang zur Waffenkammer entdeckt und so einige der Freier wieder bewaffnen kann. Eine furchtbare Schlacht beginnt zwischen den Freiern und den vier odysseischen Verbündeten, die Athenas Beistand haben. Beim zweiten Versuch des boshaften Melanthios, Waffen aus der Waffenkammer zu holen, wird er von den beiden guten Hirten gefangen genommen und gefesselt. Die furchtbare Schlacht endet mit der Tötung aller Freier. Bedienstete der Freier, die gegen ihren Willen dazu gezwungen wurden, werden verschont. Melanthios wird grausam hingerichtet, so wie auch zwölf Verräterinnen aus der Dienerschaft.
>
> Von all diesen bewegenden Ereignisse nimmt Penelope nichts wahr – sie schläft den von Athena geschickten tiefen Schlaf.
>
> Die uns begleitende Seele wird dabei geflügelte Worte von immerwährender Gültigkeit singen, wie etwa über die verblendeten Abwehrmechanismen, über das Diktat des Überlebensinstikts, über die notwendige Wiederholung des Motivationsschubes sowie das Primat des Selbstgeschaffenen dem Geschenkten gegenüber – und auch über manches andere.

Kein Ausweg – ob kämpfen, ob fliehen

Odysseus, der große Kämpfer und Vielbewanderte, warf seine Lumpen weg, sprang auf die Schwelle der großen Tür, entnahm dem Köcher eine Reihe von Pfeilen und zielte auf die Freier. Als erster war Antinoos an der Reihe, der gerade aus einem goldenen doppelhenkligen Becher Wein trank. Offensichtlich hatte er nicht damit gerechnet, dass ihn irgendjemand angreifen könnte; als Anführer fühlte er sich in dieser Gesellschaft unangreifbar. Odysseus Pfeil durchbohrte seinen Hals. Der goldene Becher fiel zu Boden und Antinoos sackte auf einen Tisch. Der Tisch kippte, und Antinoos Körper landete samt aller Speisen und Getränken auf dem Boden.

Als die Freier dies sahen, rannten sie schockiert und verwirrt umher, schrien in Panik und suchten irgendwelche Waffen. Aber es waren keine zu finden, wie Ihr wisst, meine gut informierten Zuhörer. Die uninformierten Freier schrien laut und stolperten in wildem Durcheinander übereinander. Ihre rasende Wut richtete sich gegen Odysseus, den sie allerdings noch nicht erkannt hatten in Gestalt des alten Bettlers, der es gewagt hatte, einen so tapferen Aristokraten einfach so zu töten – ihrer Meinung nach der mit dem größten Ansehen aller Anwesenden. Allerdings dachten sie da noch, diese Begriffsstutzigen, dass der Tod des Antinoos ein Unfall gewesen sei, den dieser unbeholfene Trottel unbeabsichtigt verursacht habe. Eigentlich habe er wohl gar nicht schießen wollen, denn er sei doch nicht in der Lage, diesen Bogen und diese Pfeile zu beherrschen! Nun aber sei es an der Zeit, ihn zum Fraß für die Geier zu machen, so schrien sie. Was für ein Irrtum! Denn nicht er war an der Reihe, sondern sie! Sie glaubten tatsächlich immer noch, dass der Herr des Bogens und der Schütze der tödlichen Pfeile aus Versehen auf Antinoos geschossen hatte. Ach, diese Schwachköpfe; sie konnten nicht erkennen, dass sie selbst schon fest in den Fängen des Verderbens zappelten.

> **Das Lied vom Nicht-Wahrhaben-Wollen**
> Und die Seele sang der immerwährenden Gültigkeit geflügelte Worte:
> Auf Eurer Fahrt durchs Leben könnt auch Ihr vielleicht erkennen, dass das Nicht-Wahrhaben-Wollen zu denjenigen Abwehrstrategien des Menschen gehört, die blind für das Offensichtliche machen können. Sie entspringen dem Wunschdenken, oder der Angst, oder beidem zusammen – wo auch immer sie ihre Wurzeln haben – und sind dem Menschen keine guten Berater.
> Das ist Homers odysseische Botschaft.

Wie die Göttin der bestrafenden Gerechtigkeit Nemesis, mit finsterem Blick wild in die Runde schauend, schleuderte der göttliche Odysseus den aufgebrachten wild gestikulierenden und durcheinander schreienden Freiern die geflügelten Worte entgegen, die stolzen und furchterregenden: „Ich bin Odysseus, ihr elenden Hunde, Sohn des Laërtes, König von Ithaka. Ihr habt geglaubt, dass ich nie wieder zurückkommen würde, ihr Dummköpfe. Doch ich bin aus Troja zurückgekehrt, um jeden einzelnen von euch zu vernichten. Ihr seid in dieses Haus gekommen, um es zu zerstören; ihr wolltet meine Gemahlin ehelichen, während ich noch lebe. Ihre Dienerinnen habt ihr gezwungen, euch gegen ihren Willen beizuwohnen. Dabei habt ihr die Gesetze der Götter, die den unendlichen Himmel bewohnen, missachtet, ohne die Bestrafung zu fürchten, die sie für solche Taten der Menschen vorgesehen haben. Nun aber ist die Stunde der Bestrafung gekommen, die Stunde der Nemesis. Das ist euer Ende. Die Vernichtung jedes einzelnen von euch!"

Das Gehörte ließ den erschrockenen Freiern das Blut in den Adern gefrieren. Grün vor Angst suchte jeder nach Rettung. Nur Eurymachos, der zweite

Anführer der Freier, wagte etwas zu sagen. Er sprach die geflügelten Worte, die feigen und schuldverschiebenden: „Falls du tatsächlich Odysseus bist, König von Ithaka, dann ist es dein gutes Recht, dies den aristokratischen Freiern vorzuwerfen. Du hast Recht mit deinen Anklagen, sowohl was den Schaden im Palast als auch auf dem Land betrifft. Aber den Schuldigen dafür hast du schon bestraft. Das war Antinoos, der all das verursacht und uns dazu verführt hat; er war der Anstifter des ganzen Elends. Er wollte König dieses Landes werden und deinen Sohn töten lassen; er hat sogar schon die Mörder angeführt. Aber nun ist er zu Recht, ja zu Recht tot. Du hast ihn bestraft und deine Rache genommen. Nun zeige Mitleid mit uns, deinen Untertanen. Wir werden alles wieder gut machen und alles ersetzen, was wir verbraucht haben. Dazu wird jeder als Entschädigung dir Kupfer und Gold im Wert von zwanzig Rindern bringen. Und wir bitten dich um Milde, obwohl wir deinen Zorn gut verstehen."

Das Lied vom Überlebensinstinkt

Und die Seele sang der immerwährenden Gültigkeit geflügelte Worte:
Auf Eurer Fahrt durchs Leben könnt auch Ihr vielleicht erkennen, dass es zwar verständlich ist, in Todesangst Schuld und Verantwortung zu leugnen und sie auf andere zu verschieben und dass es das Diktat des Überlebensinstinkts sein kann; dass es aber weder von einer moralisch gesteuerten Persönlichkeit noch von einer erhabenen Lebenshaltung zeugt.
Das ist Homers odysseische Botschaft.

Mit finsterem Blick schaute ihn der göttliche Odysseus verachtungsvoll an und entgegnete die geflügelten Worte, die schreckeinflößenden: „Hör auf damit, Eurymachos! Auch wenn ihr mir alles, was ihr und eure Eltern besitzt, und noch mehr dazu geben würdet, würde mich das nicht von der Bestrafung eurer Verbrechen und eurer Vernichtung abhalten können. Ihr habt zwei Möglichkeiten: Entweder kämpfen oder fliehen. Doch ganz gleich, was ihr tun werdet: keines von beiden wird euch retten."

Das Lied von Erniedrigung und Verachtung

Und die Seele sang der immerwährenden Gültigkeit geflügelte Worte:
Auf Eurer Fahrt durchs Leben könnt auch Ihr vielleicht erkennen, dass es sich nicht lohnt, das Offensichtliche zu leugnen, zu verschieben oder zu externalisieren. Der einzige Lohn, den man damit erntet, ist Erniedrigung und Verachtung. Der Lohn der offensichtlichen Schuld ist die Strafe. Erniedrigung und Verachtung sind der Strafe ehrenraubende Begleiter.
Das ist Homers odysseische Botschaft.

Der Sieg über die Feinde und der Sieg über sich selbst

Denn Freiern versagten vor Angst die Beine, weglaufen war unmöglich. Spätestens jetzt erkannte auch Eurymachos den Ernst der Lage. Er forderte die anderen Freier auf, mit allen verfügbaren Waffen zu kämpfen, um Odysseus zu entgehen; sie sollten den Palast verlassen, in die Stadt fliehen und dort um Hilfe bitten. Bis dahin werde Odysseus auch seinen letzten Pfeil verschossen haben. Und mit diesen Worten zog der zweite Anführer der Freier das zweischneidige Schwert, das er bei sich trug und stürmte mit einem wilden Schrei gegen Odysseus. Doch dessen Pfeil war schneller und durchbohrte seine Brust. Im Fall stürzte er wie Antinoos über Tisch und Bänke und lag schließlich ebenso tot inmitten der umgekippten Speisen.

Da stürmte Amphinomos mit gezücktem Schwert gegen Odysseus; er versuchte ihn zu treffen und damit den Ausgang frei zu machen, bevor der König mit dem nächsten Pfeil den Bogen spannen konnte. Doch Telemachos war schneller und traf den Freier; sein Speer drang zwischen den Schultern des Angreifers ein und schickte ihn damit in den Hades. Um nicht von einem der anderen Freier dabei angegriffen zu werden, versuchte er gar nicht erst, seinen Speer aus dem Körper des Toten zu ziehen, sondern stürmte zurück zum kämpfenden Vater. Einen Augenblick stand er neben ihm, machte sich aber sofort wieder auf mit dem Ruf, dass er seinem Vater weitere Waffen bringen werde; auch sich selbst wollte er neu bewaffnen, ebenso wie Eumaios und Philoitios. Odysseus rief seinem Sohn zu, dass er ihm vor allem Pfeile bringen solle. Telemachos stürzte in die Waffenkammer; dort bewaffnete er sich selbst und griff für die anderen Waffen, Schutzschilde und Helme. Alle vier odysseischen Kämpfer – König Odysseus, Prinz Telemachos, der Schweinehirt Eumaios und der Rinderhirt Philoitios – standen jetzt Schulter an Schulter. Während Odysseus mit seinen Pfeilen einen Freier nach dem anderen tötete, schützten ihn Sohn und Hirten gegen Angriffsversuche.

Jeder Schuss ein Treffer! Nachdem der König alle Pfeile verschossen hatte, setzte er seinen Helm auf, nahm den Schutzschild in die eine Hand, seine Speere in die andere, und ging auf die übriggebliebenen frivolen Aristokraten los.

In einer Wand des große Saales gab es eine kleine Nebentür, die nach draußen führte und nur von innen zu verschließen war. Odysseus befahl Eumaios, sie zu verteidigen, da das ein Fluchtweg sein könnte; der Freier Agelaos forderte einige seiner Kumpane auf, für die Freigabe dieser Nebentür zu kämpfen.

Der boshafte Ziegenhirt Melanthios riet davon ab; das könnte zu einer Falle werden. Er sagte, er wisse aber höchstwahrscheinlich, wo die Waffen versteckt worden seien; er werde versuchen, die Freier mit Waffen zu versorgen. Er fand tatsächlich den Zugang zur Waffenkammer durch eine Luke, kletterte hinauf und brachte den Freiern so viel Waffen und Schutzschilder und Helme hinaus, wie er konnte.

Odysseus sah mit Sorge, dass die Freier plötzlich wieder bewaffnet waren und vermutete eine der verräterischen Dienerinnen oder den Ziegenhirten Melanthios dahinter. Telemachos erkannte mit großem Schrecken, dass er beim Verlassen der Waffenkammer die Tür nicht richtig verschlossen hatte. Eumaios bekam die Aufgabe, die Tür zur Waffenkammer wieder ordentlich zu verschließen und herauszufinden, wer die Freier mit Waffen versorgte.

Melanthios ging mittlerweile zum zweiten Mal in die Kammer, wieder nach Waffen suchend. Dabei wurde der böse Ziegenhirt vom guten Schweinehirt Eumaios beobachtet, der es seinem König sagte. Was er mit dem Verräter machen solle, fragte er Odysseus, ihn töten, ihn gefangen nehmen?

König Odysseus befahl eine exemplarische Bestrafung des Verräters. Er solle von den beiden anderen Hirten, Eumaios und Philoitios, zunächst gefesselt an einem Balken aufgehängt werden, bis er später dann einen schrecklichen Tod finde – als abschreckendes Beispiel für alle potentiellen Verräter.

Gesagt, getan, gehängt!

So wie der bestrafende Odysseus es angewiesen hatte, taten es die beiden treuen Verbündeten; noch dazu verhöhnten sie den boshaften und willfährigen Handlanger der frivolen Freier.

Nachdem sie auch die Waffenkammer gesichert hatten, kehrten sie zu ihrem König zurück. Zu ihm hatte sich Pallas Athena gesellt, nun in der Gestalt von Mentor, was ihren Schützling Odysseus ganz besonders erfreute – vermutete er doch, dass der alte Freund Pallas Athena sein könnte. Die schon deutlich dezimierten Freier dagegen ließen nun ihrem Zorn gegen den angeblichen Mentor ihren Lauf und drohten ihm mit dem Tode, nachdem sie natürlich zuerst Odysseus und Telemachos und deren Verbündete in den Hades geschickt hätten – ohne zu wissen, dass der alte Mentor kein geringerer war als die unsterbliche Göttin der Weisheit selbst. Nicht nur Mentor bedrohten sie mit dem Tod, sondern auch seine Söhne; seinen Töchtern und seiner Gemahlin würden sie das Leben unlebbar machen und sein Vermögen unter sich aufteilen, genauso wie sie es mit dem Vermögen des Odysseus tun würden. Athena, die sehr empört war über diese Drohungen der Freier, stachelte Odysseus weiter an, er solle endlich mit den Freiern fertig werden. Sie sprach zu ihm die geflügelten Worte, die motivierenden: „Wo ist deine Tapferkeit? Wo deine Kampfbereitschaft? Das, was dich jahrelang während des Kampfes um Troja ausgezeichnet hat? Du hast die stolze Stadt Troja erobert. Nun bist du endlich in deinem Haus und kannst mit diesen Freiern nicht fertig werden? Also los jetzt! Zeig endlich, was du noch kannst!"

> **Das Lied vom notwendigen Motivationsschub**
>
> Und die Seele sang der immerwährenden Gültigkeit geflügelte Worte:
> Auf Eurer Fahrt durchs Leben könnt auch Ihr vielleicht erkennen, dass selbst der tüchtigste, der tapferste und der intelligenteste Mensch immer wieder einmal einen Motivationsschub benötigt. Die Motivationstherapie ist der Götter Lieblingstherapie, die sie – egal was für Götter sie sind und wie sie heißen mögen – immer wieder bei gewöhnlichen und ungewöhnlichen Sterblichen erfolgreich anwenden. Und der Mensch braucht diese Behandlung offensichtlich nicht nur einmal, sondern immer wieder.
> Das ist Homers odysseische Botschaft.

Allerdings wollte Athena Odysseus nicht schon jetzt den Sieg gönnen, vielmehr wollte sie zunächst noch weiter Tapferkeit und Stärke von Vater und Sohn auf die Probe stellen.

> **Das Lied vom redlichen Sieg**
>
> Und die Seele sang der immerwährenden Gültigkeit geflügelte Worte:
> Auf Eurer Fahrt durchs Leben könnt auch Ihr vielleicht erkennen, dass ein Sieg nicht geschenkt sein darf, sondern errungen werden muss, um wertvoll zu sein. Günstige Bedingungen, Hilfe und Beistand dürfen nicht den eigenen Beitrag bedeutungslos machen.
> Das ist Homers odysseische Botschaft.

Elegant wie eine Schwalbe flog die Göttin zur verrußten Decke des Saales und nahm dort auf einem Balken Platz; das weitere Geschehen wollte sie sich von dort oben anschauen. Die verbliebenen Freier schöpften durch das plötzliche Verschwinden von Mentor wieder Mut, denn sie dachten, dass er aufgrund ihrer Drohungen die Flucht ergriffen hätte.

Agelaos, der sich nach dem Verlust von Antinoos und Eurymachos zum Anführer der verbliebenen Freier gemacht hatte, befahl ihnen, sich auf Odysseus zu konzentrieren und ihn zu töten; die anderen drei seien unwichtig. Wenn Odysseus falle, sei die Schlacht gewonnen. Auf sein Kommando warfen alle Freier ihre Speere gegen Odysseus, aber Athena lenkte sie weg von ihrem Ziel. Die Speere prallten auf Wände, Säulen und gegen die massiven Türen, nur nicht auf den Kämpfer Odysseus. Dann schleuderten die vier odysseischen Verbündeten ihre Speere gegen die Freier; vier Würfe und vier Freier fielen sofort tot zu Boden. Auch einen weiteren Wurf der Freier machte Athena so gut wie wirkungslos, nur Telemachos erlitt eine leichte Streifwunde am Arm. Und wieder warfen die odysseischen Vier ihre Speere, und wieder stürzten vier Freier tot zu Boden. Einer davon war Ktesippos; er war es, der Odysseus mit dem fettigen Stück Kuhbein beworfen und ihn vulgär verhöhnt hatte. Er wurde vom Speer des Rinderhirten Philoitios getroffen, der mit stolzgeschwellter

Odysseus vernichtet die Freier

Brust rief: „Du wirst keine ordinären Späße mehr machen, du Elender. Das hier war übrigens mein Gegengeschenk für das Kuhbein, das du dem göttlichen Odysseus so gastfreundlich zugeworfen hast, als der erhabene Herr in seinem eigenen Haus den Bettler gab."

Als Odysseus, Telemachos und die beiden Hirten immer mehr Freier vernichtet hatten, einen nach dem anderen, darunter auch den neuen Anführer Agelaos, der durch Odysseus Schwert fiel, dachte Athena, die Zeit für die Schlussszene sei gekommen – Show down nennt Ihr es wohl in Eurer merkwürdig neugestalteten Sprache. Sie hatte Mut und Tapferkeit und Kampfgeist der odysseischen Vier ausgiebig erprobt; alles lief zu ihrer vollsten Zufriedenheit. Von ihrem Sitz auf dem Balken unter der Decke her hob sie die menschenvernichtende Ägis hoch.

Was diese Ägis ist? Gerne erkläre ich es für diejenigen unter Euch, meine verehrten Zuhörer, die sich damit noch nicht so gut auskennen. Die Ägis ist der riesige, unzerstörbare Schutzschild des Zeus, bestehend aus einem goldenen Ziegenfell – Äga heißt auf Griechisch nämlich „die Ziege". Der Vater von Menschen und Göttern hat mit dem Tragen und der Nutzung der Ägis fast ausschließlich Athena beauftragt, und nur in extrem seltenen Ausnahmefällen auch Apollon. Wenn Zeus die Ägis schüttelt, zieht ein Gewitter herauf; Blitze und Donner werden geschickt, und Finsternis breitet sich im Land aus. Am Rande des Schildes hängen lärmerzeugende Anhänger, die Schreck und Panik verbreiten. Wenn der Träger der Ägis sie hochhebt oder schüttelt, werden Menschen vernichtet oder verstört, so dass sie wie kopflose Tiere in Panik umherlaufen. Hephästos, der Gott der Schmiede, der des Zeus Schutzschild angefertigt hat, verzierte die Ägis mit Orakelschlangen; und in das Zentrum setzte er den versteinerten Kopf der Medusa. Wenn Sterbliche ihn erblicken, gefriert ihnen das Blut vor Angst, und wenn sie den fürchterlichen Lärm der Ägis hören, geraten sie in Panik und laufen verstört herum. Jeder, der ihr gegenübersteht, wird verstört oder gar zerstört. Wenn die Götter jemanden aber hinter die Ägis stellen, schützen sie ihn damit. Davon kommt übrigens auch das Wort Ägide.

Athena hob also die menschenvernichtende Ägis vor die Freier, die odysseischen Vier damit schützend. Das Blut gefror in den Herzen der Freier. Grün vor Angst und tief verstört liefen sie kreuz und quer durch den Saal, wie Kühe, die von Bremsen gestochen werden. Die vier odysseischen Verbündeten nutzten die Gelegenheit und fielen über die Freier her. Wie Geieradler hoch aus den Wolken sich auf wehrlose Küken stürzen und sie vernichten, so stürmten die Vier auf die panikgetriebenen, im Saal kopflos umherrennenden Freier los, schlugen wild nach rechts und links und überall hin.

Vielstimmiges ohrenbetäubendes Schreien, Stöhnen und Keuchen erhob sich aus den Kehlen der vom Tode gezeichneten Freier, Leichen über Leichen bedeckten den blutgetränkten Boden.

Niemand wurde geschont, auch dann nicht, wenn er weinend um Gnade bat, so wie Leiodes. Er schwor, dass er keinem der Mädchen des Palastes etwas angetan habe oder beleidigend gewesen sei. Er habe sogar versucht, die anderen davon abzuhalten, die Dienerinnen zu missbrauchen und andere Ungerechtigkeiten zu begehen; aber er habe sich nicht durchsetzen können. Dass jetzt alle tot seien, hätten sie verdient. Aber warum solle er sterben? Er, der gute, der vernünftige und gerechte? Doch er konnte Odysseus nicht von seinem reinen Herzen überzeugen; so war es auch um ihn geschehen.

Die odysseischen Vier vernichteten alle!

Der Sänger Phemios, der sich während der Schlacht versteckt gehalten hatte, kniete vor Odysseus nieder und umschlang seine Knie. Weinend bat er um Gnade; er sei von den Freiern gezwungen worden, für sie zu singen. Das bestätigte Telemachos dem Vater; Phemios und der Herold Medon hätten keine andere Wahl gehabt, als den Freiern zu Diensten zu sein. Die beiden seien immer gut und solidarisch ihm und seiner Mutter gegenüber gewesen, rief er ihm laut zu. Hoffentlich sei Medon im Schlachtgetümmel nicht von einem der beiden Hirten getötet worden, fügte er besorgt hinzu. Der Herold, der sich in eine frische Rindshaut gehüllt unter einem Sessel verkrochen hatte, sprang bei diesen Worten aus seinem Versteck hervor, lief zu Telemachos, fiel vor ihm nieder, umschlang seine Knie und rief „Hier bin ich, mein lieber Sohn". Odysseus lachte, als er Medon in der frischen Rindshaut sah und sagte gütig, er werde ihm und Phemios nichts antun. Sie sollten erkennen und auch verkünden, dass Gutes zu tun sich lohne und immer besser sei als Böses. Er forderte die beiden Verschonten auf, nach draußen zu gehen; sie bräuchten auf dem furchtbaren Schlachtfeld nicht zu verweilen. Er selbst habe jedoch noch einiges zu erledigen.

> **Das Lied von der guten Investition**
> Und die Seele sang der immerwährenden Gültigkeit geflügelte Worte:
> Auf Eurer Fahrt durchs Leben könnt auch Ihr vielleicht erkennen, dass es sich doch eines Tages auszahlen könnte, Gutes zu tun; vor allem unter widrigen oder gar gefährlichen Umständen. Gutes tun und Böses tun kann auch eine Investition in die Zukunft sein, wobei sich jedes nach seiner Art auszahlt. Aber das Gute, das nicht auf Belohnung hofft, sondern sogar Schikanen und Gefahren auf sich nimmt – so wie das Gute der beiden jetzt Verschonten –, ist der Erhabenheit Ausdruck.
> Das ist Homers odysseische Botschaft.

Dann durchsuchte Odysseus den ganzen Saal, ob sich noch jemand von den Freiern irgendwo versteckt hielt – so wie es dem Sänger Phemios und dem Herold Medon gelungen war. Doch alle lagen tot auf dem Boden, der eine auf dem anderen; wie Fische, die gerade von den Fischern aus ihren Netzen an Land geschüttelt wurden und tot in der Sonne übereinander liegen.

Ja, meine geschätzten Zuhörer, Odysseus hat in der Tat alle einhundertacht Freier und ihre Gefolgsleute, acht an der Zahl, erledigt. Er hat zusammen mit seinen drei Verbündeten die zahlenmäßig ungleiche Schlacht für sich entschieden und den Sieg davon getragen. Telemachos kämpfte Schulter an Schulter mit ihm, in Augenhöhe mit dem ruhmreichen Vater. Und die beiden Hirten zeigten durch Haltung und Tat, dass der Heros nicht ausschließlich ein Kind der Aristokratie ist, sondern auch der aufrichtigen und rechtschaffenen, sogenannten einfachen Leute.

Aber ich möchte mir es nicht versagen, werte Zuhörer, Euch darauf aufmerksam zu machen, dass der vielbewanderte Odysseus, in dem Falle alleine und ohne Verbündete, noch eine weitere, ungleich schwierigere und gefährlichere als diese blutige menschenvernichtende Schlacht überstanden und gewonnen hat. Dass er einen weiteren Sieg, ungleich größer als den kriegerischen – martialischen sagt Ihr wohl heute, nachdem die Lateiner unseren Kriegsgott Ares zu Mars pseudonymisierten –, errungen hat:

Den Sieg über sich selbst!

Es war ein Kampf in vielen Etappen, eine unendlich lang andauernde Schlacht: Er der weltberühmte Held, der Liebling der Götter, musste die Kraft aufbringen, als ein elender, in Lumpen gekleideter, schmutziger Bettler herumzulaufen, von den meisten verachtet, erniedrigt, verhöhnt, bedroht und misshandelt. Er, der sonst so hochgeehrte König, musste sogar die entwürdigenden Beschimpfungen und Erniedrigungen eines boshaften amoralischen Ziegenhirten aushalten. Er musste sich vor seinen Lieben verstecken, ihnen falsche Geschichten erzählen, sich vom Objekt seiner jahrelangen Sehnsucht, seiner geliebten Gemahlin Penelope, fernhalten.

Und all das musste er mit unendlicher Geduld erdulden, um schließlich sein Ziel zu erreichen.

Er musste sich selbst besiegen, um siegen zu können!

Der Abrechnung fader Beigeschmack

Nachdem Odysseus sich vergewissert hat, dass von den Freiern keine Gefahr mehr drohte, bat er seinen Sohn, die treue Amme Eurykleia herbeizurufen; es gebe da noch etwas zu tun. Telemachos tat wie geheißen und führte die alte Amme zu seinem Vater.

Und Eurykleia sah den König zwischen den vielen Getöteten stehen, überall mit Blut verschmiert, wie der Nemesis Geist und wie ein Löwe, der gerade seine Beute erledigt hat, grauenhaft anzuschauen. Sie schrie auf, jedoch nicht vor Schreck oder Entsetzen, sondern vor Freude. Sie jubelte, denn sie erkannte, dass ein großes Werk vollbracht war.

Doch der besonnene Odysseus hielt sie zurück und bremste ihren Freudenausbruch mit den geflügelten Worten, den weisen: „Behalte deine Freude in deinem Herzen und schreie nicht. Niemand darf sich über den Tod von Menschen freuen. Die hier liegen wurden durch die göttlichen Gesetze und ihre schlechte Taten in diesen Zustand gebracht, sie haben keinen Menschen respektiert. Ihre ungerechten Taten sind der Grund für ihr trauriges Ende".

> **Das Lied vom Gebot der Pietät**
> Und die Seele sang der immerwährenden Gültigkeit geflügelte Worte:
> Auf Eurer Fahrt durchs Leben könnt auch Ihr vielleicht erkennen, dass es ein Gebot der Pietät ist, einen toten Menschen würdig zu behandeln. Freudenausbrüche beim Anblick des toten Feindes oder des toten schlechten Menschen sind fehl am Platz und ohne Anstand. Jeder Tote hat sein Werk, gutes oder schlechtes, auf der Erde abgeschlossen und seinen Lohn dafür spätestens mit Eintritt seines Todes erhalten. Respekt vor allen Toten lautet das Gebot.
> Das ist Homers odysseische Botschaft.

Nach dieser sanften Belehrung bat Odysseus seine Amme, ihm zu sagen, welche von den Dienerinnen sich gerecht und loyal verhalten habe und welche ungerecht und illoyal. Die gute Eurykleia erwiderte, dass von den fünfzig Dienerinnen zwölf beleidigend und illoyal und in ihrer Unverschämtheit unübertroffen gewesen seien. Doch die Amme war sehr ungeduldig, denn sie brannte darauf, so schnell wie möglich ihrer Herrin Penelope die aufregenden

Ereignisse mitzuteilen. Diese hatte – schlafend in ihren Gemächern – nichts davon gesehen oder gehört, was im hermetisch abgeriegelten Hauptsaal geschehen war. Sie bat ihren König um Erlaubnis, ihrer Herrin die Nachricht so schnell wie möglich überbringen zu dürfen. Doch Odysseus hielt sie zurück, sie solle noch warten und ihm zunächst die untreuen Dienerinnen bringen. Die gute Eurykleia gehorchte unverzüglich.

Als die zwölf weinenden Verräterinnen vor ihm standen, befahl er ihnen, die Toten aus dem Saal zu tragen und alles gründlich vom Blut zu reinigen; der Prinz und die beiden Hirten würden ihnen dabei helfen. So geschah es. Vom Boden bis zur Decke wurde alles geputzt und gewienert, bis schließlich alle Möbel und Lampen wieder glänzten und blitzten.

Aber auch danach zeigte Odysseus mit den weinenden Verräterinnen kein Mitleid. Er gab Telemachos und den beiden Hirten den Befehl, die zwölf hinzurichten; auch an ihnen sollte ein Exempel statuiert werden.

Die weinenden und um Gnade flehenden Dienerinnen wurden zur Hinrichtung in den Hinterhof gebracht. Telemachos sagte, er würde sich wünschen, dass es nie so weit gekommen wäre, doch sie hätten ihn und die Königin jahrelang verraten, zu Gunsten der Freier; mit denen hätten sie zeitweise sogar schamlos das Lager geteilt.

Den zwölf Untreuen verweigerte Telemachos den ehrenvollen Tod durch das Schwert; er entschied sich für den schmachvollen Tod durch Erhängen. Den Hals in der Schlinge, wie ein flüchtiger Schwarm von Drosseln oder Tauben, der plötzlich in die Schlingenfalle gerät, starben sie eines schmählichen Todes. Sie zuckten etwas mit den Füßen; aber nicht lange, nur sehr kurz.

Dann war die Reihe am größten Verräter, dem boshaften Melanthios. Ihn ereilte die grausamste aller Strafen, die urarchaische; er erlitt den Tod durch Zerstückelung. Seine schreckliche Strafe sollte für immer und alle Zeiten Nachahmer seines Verrats abschrecken.

Ja, meine treuen Zuhörer! Grausam, gnadenlos, schrecklich ist das, was mit den Verrätern geschah. Musste das so sein? Selbst wenn ihr Schicksal nicht nur eine bestrafende, sondern auch eine abschreckend-vorbeugende, eine exemplarischen Funktion haben sollte, musste die Strafe so gnadenlos und grausam vollzogen werden? Durfte ich in meine Odyssee so etwas Grausames und Schauriges einbauen?

Lasst mich Euch dazu eine Frage stellen, die vielleicht wie eine Gegenfrage klingt: Hätte ich das nicht getan und hätte Euch verschwiegen, was Odysseus und seine Verbündeten taten, hätte ich Euch dann nicht ein einseitiges Bild dieser urarchaischen Zeit der zivilisatorischen Entwicklung des Abendlandes gegeben? Hätte ich dann Odysseus nicht ausschließlich glorifiziert, aus seiner Zeit genommen, ihn idealisiert und dadurch unvergleichbar und unerreichbar für andere Menschen gemacht? Hätte ich dann nicht das Prinzip missachtet, dass jeder Mensch Produkt seiner Zeit ist und nicht Geschöpf von Vorstellungen und Einstellungen zukünftiger Epochen? Hätte ich dann nicht einen Idealtypus, der damaligen Realität fremd, konstruiert?

Zu Eurer Frage, ob es so gnadenlos und grausam sein musste, möchte ich noch folgendes bemerken: Ihr seid heute, mehr als dreitausend Jahre nach diesen Ereignissen, in der erfreulichen Position, sie verurteilen und ablehnen zu können. Der Kontrast zwischen Euren Einstellungen und den damaligen ist auch ein Produkt von zivilisatorischen Entwicklungen und Errungenschaften, die im Verlauf von Jahrtausenden stattgefunden haben. Es ist erfreulich, wenn der heutige Mensch solche Strafaktionen mit Abscheu betrachtet.

Jede Epoche hat ihre eigenen Ansichten und Maßregeln, auch was Gerechtigkeit und Bestrafung betrifft. Deren Beurteilung und Verurteilung von der hohen Kathedra aus, die spätere zivilisatorische Entwicklungen und Errungenschaften errichtet haben, ist aber nicht zulässig. Ihr habt wahrscheinlich bemerkt, dass ich mit dem Vers „Sie zuckten etwas mit den Füßen, aber nicht lange, nur sehr kurz" versucht habe, die schaurige Szene abzumildern. Schon zu meiner Zeit – vergleichsweise kurze Zeit, nachdem die Menschen zum allerersten Mal den Kampf um Troja und Odysseus Irrfahrt besungen hatten – waren die Vorstellungen von Strafe anders als zu diesen urarchaischen Anfängen der abendländischen Kultur, deshalb auch mein Abmilderungsversuch.

Aber seid mir bitte nicht böse, meine verehrten Zuhörer, wenn ich als Betrachter, der den gesamten Zeitraum von damals bis zum heutigen Tag überblickt, Euch in aller Bescheidenheit und ohne die Absicht, etwas zu rechtfertigen, die Frage stelle: Ist solch eine Grausamkeit und Gnadenlosigkeit, in welcher Erscheinungsform auch immer, Eurer heutigen Welt denn völlig fremd? Oder könnte es doch sein, dass die eine Epoche von der anderen abschreibt und sie kopiert? Zumindest teilweise und punktuell?

Die frivolen Freier und die sie unterstützenden Verräter wurden also vernichtet, die Guten und Gerechten gerettet. Das Schlachtfeld wurde gereinigt, die Räume und jeder Winkel mit Schwefelrauch gründlich vom Geruch des Bösen befreit. Der selige Zustand, wie er vor der weit zurückliegenden Abreise des Königs von Ithaka geherrscht hatte, war schließlich wieder hergestellt.

Dann endlich durfte die treue Amme Eurykleia die in ihren Räumen eingeschlossenen Dienerinnen befreien. Mit brennenden Fackeln kamen sie zu ihrem Herrn, schluchzend vor Freude umarmten und küssten sie ihren wiedergefundenen König.

Nur die große Protagonistin Penelope, die Königin der Hoffnung und der Geduld, die große Wartende, nahm des Wartens Ende, das Sich-Auszahlen von Geduld und der Hoffnung Erfüllung nicht wahr! Denn Königin Penelope schlief immer noch – den ihr von Athena geschenkten – eigentlich zielorientiert verordneten – tiefen und traumlosen Schlaf.

24
Der Wiedervereinigung Freudenschrei

Zusammenfassung

Aus dem dreiundzwanzigsten Gesang meiner Odyssee werde ich Euch erzählen, wie die beiden Liebenden – Odysseus und Penelope – endlich wieder zueinander finden. Es ist ein schwieriger Schritt für Penelope, die zwischen Bangen und Hoffen schwankt. Ihre große Vorsicht war für sie Schutz und Qual gleichzeitig; um nicht wieder enttäuscht zu werden, zeigt sie sich zunächst noch hartherzig und gefühllos und erzeugt sowohl bei Odysseus als auch und vor allem bei Telemachos Unbehagen. Sie stellt Odysseus Identität auf den Prüfstand. Scheinheilig, sozusagen nebenbei, prüft sie ihn, indem sie ihn das Ehebett beschreiben lässt, das er einst gebaut hat – ein streng gehütetes Geheimnis. Odysseus besteht die Prüfung, und mit einem Freudenschrei umarmt Penelope – endlich, endlich – ihren heiß ersehnten Gemahl. Sie verbringen eine wundervolle Nacht zusammen, die Athena extra für sie verlängert.

Am nächsten Morgen verlässt Odysseus den Palast, weil er fürchtet, dass die Angehörigen der Opfer sie attackieren werden; den Angriff will er auf dem Landsitz seines Vaters abwehren. Mithilfe Athenas kann er gemeinsam mit Telemachos und den beiden treuen Hirten unbemerkt die Stadt verlassen.

Und die uns begleitende Seele wird dabei geflügelte Worte von immerwährender Gültigkeit singen, wie etwa über das hartnäckige Beharren, das Zustände zu verändern vermag, von der Hartnäckigkeit der ambivalenten Gefühle, von der Macht des beharrlichen Schweigens und der rasch wechselnden Meinung der Massen. Und noch von manchem anderen.

Die Vorsicht, die schützende und quälende

Doch die alte Amme Eurykleia konnte ihre Ungeduld und Aufregung nicht länger zügeln; ihre Knie wurden durch die Freude wieder stark und ihre Füße verjüngt. Endlich durfte sie in die Gemächer der Königin im oberen Stockwerk eilen, sie wecken und ihr überschäumend vor Freude von der Ankunft ihres so lange erwarteten und totgeglaubten Gemahls berichten. Und sie überschüttete ihre Herrin auch mit der Nachricht von der Vernichtung der Freier.

Aber die seit langem in Hoffnung geübte und häufig enttäuschte Penelope war vorsichtig; sie glaubte der Amme kein einziges Wort, erklärte die Alte gar für verrückt. Die Götter hätten ihr offensichtlich den Wahnsinn geschickt; sie könnten ja Vernünftige zu Wahnsinnigen und Wahnsinnige zu Vernünftigen machen. Und anscheinend sei das jetzt auch mit einer vernünftigen Frau wie Eurykleia geschehen. Das, was sie da erzähle, sei schlichtweg unmöglich, ein bloßes Fantasiegebilde, Ausdruck von Wunschdenken und zweifelsohne von Wahnsinn. Mit so etwas mache man keine Scherze, tadelte sie die treue Eurykleia. Schade nur, dass sie deshalb aus dem so tiefen, wohltuenden Schlaf geweckt worden sei, fügte sie bedauernd hinzu. Der Schlaf sei von einer Tiefe gewesen, wie sie ihn seit Odysseus Abreise nach Troja nie mehr gehabt habe. Penelope wusste ja nicht, was Ihr wisst, meine verehrten Zuhörer, dass der tiefe Schlaf das absichtliche Werk der Athena war, damit die Königin, tief schlafend, nichts von den dramatischen Geschehnissen im Hauptsaal wahrnahm.

Doch Eurykleia beharrte in einer so hartnäckigen Weise auf ihren Nachrichten, dass sie letztendlich Penelopes Vorsichtigkeit besiegte und sie in brennende Neugier verwandelte.

Das Lied von der Veränderungskraft des Beharrens
Und die Seele sang der immerwährenden Gültigkeit geflügelte Worte:
   Auf Eurer Fahrt durchs Leben könnt auch Ihr vielleicht erkennen, dass hartnäckiges Beharren und unerschütterliches Insistieren die Kraft besitzt, Zustände zu verändern und neue zu schaffen.
   Das ist Homers odysseische Botschaft.

Und so kam es, dass Penelope aus dem Bett sprang, mit Tränen in den Augen Eurykleia umarmte und hastig von der alten Amme verlangte, ihr alles genau zu erzählen. Darum musste sie nicht lange bitten, aus der aufgeregten Alten sprudelte der Bericht über die Ereignisse nur so heraus. Sie berichtete ihrer neugierig-ungeduldigen Herrin noch einmal das Wichtigste.

Da Ihr, meine geneigten Zuhörer, es quasi als Augenzeugen miterlebt habt – live sagt man wohl in Eurer durch Infiltration verfremdeten Neu-Sprache – braucht Ihr keine Wiederholung.

Und die glückliche Eurykleia fügte die geflügelten Worte hinzu, die freudegetränkten: „So mein liebes Kind, komm jetzt unverzüglich; lass uns zu deinem Gemahl und deinem Sohn eilen, um diesen großen Moment eurer langersehnten Wiedervereinigung und die Befreiung von den Freiern auszukosten und zu feiern."

Da aber flammte erneut Misstrauen in Penelopes Brust auf, und sie mahnte Eurykleia zur Vorsicht. Alles, was sie ihr berichtet habe, könne unmöglich das Werk eines einzigen Mannes sei, selbst wenn er Odysseus heiße. Viel wahrscheinlicher sei es, dass ein Gott die Freier wegen ihrer Frivolität und ihren Verfehlungen bestraft habe. Und sie, Eurykleia, habe wahrscheinlich dann diesen Gott mit Odysseus verwechselt, Wunschdenken eben. Natürlich wäre es für sie die größte Freude, ja ein unbeschreibliches Glück, wenn dies Odysseus Werk wäre. Doch ihr geliebter Odysseus könne das nicht gewesen sein, denn er sei noch verschollen.

Völlig verzweifelt war die alte Amme, sie konnte es nicht fassen: Da unten saß der heißgeliebte aber totgeglaubte Ehemann, und zwar quicklebendig. Der Gemahl, der gerade wie ein strafender Gott die Plage der Freier beendet hatte. Und hier oben saß seine treue Königin, die sich zwanzig Jahre lang vor Sehnsucht nach ihm verzehrt hatte. Und nun reagierte sie so! Unglaublich! Bei Zeus, unglaublich!

Vorsicht sei gut, aber nun übertreibe ihre Herrin es, versuchte Eurykleia die Königin zu bereden. Alle Mittel setzte sie ein, um die vorsichtige Penelope von der Richtigkeit des Gesagten zu überzeugen. So schlug sie unter anderem vor, ihr die Narbe von der Verletzung durch den Eber am Knie des Königs zu zeigen. Und wenn sie dann noch immer glaube, dass ihre treue Dienerin die Unwahrheit sage, dann wäre sie sogar bereit, bis zum Äußersten zu gehen: mit ihrem Leben dafür zu zahlen.

Mit so viel beharrlicher Hartnäckigkeit ließ sich Penelope erweichen und stimmte trotz ihrer noch anhaltenden misstrauengetönten Vorsicht endlich zu, wenn auch mit äußerster Zurückhaltung, sich von der Amme zu ihrem Sohn, wohlgemerkt zu ihrem Sohn (!), führen zu lassen. Sie wollte sich gerne selbst davon überzeugen, dass die Freier tatsächlich tot seien. Und wenn dem so sei, dann wolle sie natürlich auch denjenigen kennenlernen, der das vollbracht habe, der die Frevler getötet habe.

Unterwegs zum Saal wurde Penelope plötzlich unsicher – wie sollte sie ihm begegnen, falls er tatsächlich ihr Gemahl wäre? Wie trifft man die Liebe seines Lebens, wenn sie plötzlich und unerwartet nach zwanzig Jahren Trennung, nach zwanzig Jahren Sehnsucht, nach zwanzig Jahren Hoffnung wieder vor einem steht?

> **Das Lied von der hartnäckigen Ambivalenz**
> Und die Seele sang der immerwährenden Gültigkeit geflügelte Worte:
> Auf Eurer Fahrt durchs Leben könnt auch Ihr vielleicht erkennen, dass die Ambivalenz nicht aus Kopf und Herz des Menschen verbannt werden kann, auch wenn man nach außen vorgibt, ganz sicher bei der Entscheidung für eine von zwei Möglichkeiten zu sein.
> Das ist Homers odysseische Botschaft.

Und so ist auch Penelopes Herzklopfen zu erklären, als sie die steinerne Schwelle zu dem großen Saal überschritt. Scheinbar seelenruhig setzte sie sich in einen Sessel vor dem Kamin, in deutlicher Entfernung von dem Platz, wo Odysseus neben einer hohen Säule saß und mit gebeugtem Kopf den Blick zu Boden gerichtet hielt; dabei gespannt auf Penelopes erste Reaktion wartend.

Diese schaute unverwandt zu ihm hin, vollständig ihre Selbstbeherrschung wahrend und ohne durch die geringste Regung zu verraten, was gerade in ihrer Brust und in ihrem Kopf vor sich ging. Niemand hätte ihren inneren Kampf, dieses Hin-und-Hergerissen-Sein erahnen können.

Königin Penelope schwieg und schwieg und schwieg ...

> **Das Lied vom verborgenen Kampf**
>
> Und die Seele sang der immerwährenden Gültigkeit geflügelte Worte:
> Auf Eurer Fahrt durchs Leben könnt auch Ihr vielleicht erkennen, dass der Mensch in manchen Situationen die Kraft dazu aufbringen kann, den Kampf, der in seiner Brust gerade tobt, vollständig zu verbergen. Manche Strategien stehen ihm dafür zur Verfügung. Eine davon ist das beharrliche Schweigen mit eiserner Miene.
> Vorsicht! Es kann auch schockbedingte Starre und Sprachlosigkeit sein!
> Das ist Homers odysseische Botschaft.

Dieses explosive und nicht enden wollende laute Schweigen unterbrach irgendwann ungeduldig und wütend Telemachos. Heftig tadelte er seine Mutter mit den geflügelten Worten, den nicht nur harten, sondern auch unverständigen: „Mutter, unbegreifliche Mutter, was ist denn das für eine Haltung? Warum gehst du denn nicht zu meinem Vater? Warum suchst du nicht seine Nähe? Warum stellst du ihm keine Fragen? Warum zeigst du keine Reaktion? Keine andere Frau, die so viel Geduld gezeigt hat wie du, die ganze zwanzig Jahre auf ihren geliebten Gatten gewartet hat, würde sich so verhalten wie du jetzt. Dein Herz ist härter als ein Stein!"

Die derart heftig gescholtene Mutter erwiderte dem tadelnden und fragenden Sohn mit sanften Worten: „Nein, mein Kind, das Herz in meiner Brust ist nicht hart wie Stein, aber von all diesen Ereignissen ist es in eine Starre versetzt. Ich bin verwirrt. Ich kann nicht sprechen. Ich kann ihn nichts fragen. Ich kann ihm nicht ins Gesicht sehen. Zu groß ist meine Angst, dass ich schon wieder enttäuscht werde. Aber wenn der Mann, der mir gegenübersitzt, mein Gemahl und dein Vater ist, dann weiß er genug Beweise zu präsentieren, die ich überprüfen kann. Dein Vater und ich hatten unsere Geheimnisse, die uns ganz allein gehörten."

> **Das Lied von der Reaktionslosigkeit**
>
> Und die Seele sang der immerwährenden Gültigkeit geflügelte Worte:
> Auf Eurer Fahrt durchs Leben könnt auch Ihr vielleicht erkennen, dass Reaktionslosigkeit und Starre dramatischer Ereignisse Begleiter sein können.
> Vorsicht! Es kann auch strategische Starre und gezielte Sprachlosigkeit sein!
> Das ist Homers odysseische Botschaft.

Odysseus, der göttliche und vielgeplagte große Dulder, lächelte zufrieden in sich hinein und sagte zu seinem Sohn, er solle seine Mutter in Ruhe lassen und ihr Zeit geben. Es sei vernünftig, dass sie ihn auf die Probe stellen wolle. Wie solle sie ihn wiedererkennen, mit dem Schmutz der Schlacht bedeckt und in Lumpen bekleidet? Sie werde bald wissen, wer er sei, keine Sorge!

Aber er sehe eine andere Schwierigkeit, fuhr er fort. Das Problem liege nämlich darin, dass die getöteten Freier zur Aristokratie des Kephallonitischen Reiches gehörten, also von Ithaka und den umliegenden Inseln stammten. Auch wenn er der König dieses Reiches sei, müsse man jetzt mit einem Angriff der Angehörigen rechnen; darüber solle sich Telemachos Gedanken machen, nämlich wie man sich wehren könne. Doch der Sohn verkündete gleich sein Vertrauen in den Vater, der werde wissen, was zu tun sei; er selbst werde seinen Anweisungen folgen. Jeder wisse, dass sein Vater Odysseus der intelligenteste von allen sei und dass kein anderer Probleme so lösen könne wie er.

Der vielbewanderte und kluge Odysseus schlug vor, dass sich alle Beteiligten mit einem Bad reinigen und erfrischen und dann in feierliche Gewänder kleiden sollten. Die Frauen, alle Dienerinnen eingeschlossen, sollten dazu auch ihr Schmuck anlegen. Fröhliche Musik und lebhafter Gesang solle laut im Palast ertönen, sodass es von jedem Nachbarn und Vorbeigehenden als ein Hochzeitsfest wahrgenommen werde. Solange die tatsächlichen Ereignisse noch nicht bekannt seien und die Täuschung noch wirke, wolle er gemeinsam mit den drei Mitkämpfern zu seinem Landsitz gehen und dort abwarten, was geschehe und auch Abwehrpläne gegen einen möglichen Angriff schmieden. Damit waren alle einverstanden.

Nachdem sie sich alle festlich gekleidet hatten, ließ Phemios, der begabte Sänger, meisterhaft gesungene lebhafte und fröhliche Weisen erklingen, so dass außerhalb des Palastes die Menschen dachten, Königin Penelope habe doch einen der Freier geehelicht. Sofort waren aus dem Volk missbilligende und gar verachtende Kommentare über dieses Verhalten der Königin zu vernehmen, die bis zum Palast hallten. Die bis dahin hochgeachtete Tugendhafte wurde schlagartig zur zutiefst verachteten Untugendhaften. Die Menschen hatten zwar eine Meinung, aber keine Ahnung. Sich über die tatsächlichen Ereignisse zu informieren, war der voreiligen Meinung nicht voraus gegangen.

> **Das Lied von der falschen Meinung**
> Und die Seele sang der immerwährenden Gültigkeit geflügelte Worte:
> Auf Eurer Fahrt durchs Leben könnt auch Ihr vielleicht erkennen, dass eine Meinung, die nicht auf Fakten und Wissen basiert, nicht nur eine falsche Meinung sein kann, sondern auch der Vorurteile fruchtbarer Mutterboden.
> Das ist Homers odysseische Botschaft.

> **Das Lied von der Massen Meinung**
> Und die Seele sang weitere der immerwährenden Gültigkeit geflügelte Worte:
> Auf Eurer Fahrt durchs Leben könnt auch Ihr vielleicht erkennen, dass der Massen Meinung oftmals wie die Feder im Wind ist. Sie wirbelt und strudelt so, wie gerade die Windströmung ist, und wird in die Richtung getragen, wohin der Hauch des Windes weht.
> Das ist Homers weitere odysseische Botschaft.

Aber im Palast lief das Wiedererkennungsdrama auf Hochtouren. Nachdem die alte Haushälterin Eurynome, neben Eurykleia die andere beste und treueste Seele der Dienerschaft, Odysseus gebadet, gesalbt und in prächtige Gewänder gekleidet hatte, verlieh Athena ihm eine zusätzlich beeindruckende männliche Schönheit, die ihn noch imposanter aussehen ließ. Schön wie ein Gott kam Odysseus aus dem Bad und strahlte in seinen neuen feingewebten Kleidern.

So kehrte der göttliche Gatte zu seiner Penelope zurück. Und so begann der letzte Akt des Wiedererkennungsdramas.

Als Odysseus bemerkte, dass Penelope offensichtlich immer noch sehr vorsichtig und zurückhaltend war, machte seine vorher verständnisvolle Haltung allmählich einem Gefühl von Traurigkeit und Verletzung Platz. Er sprach zu ihr die geflügelten Worte, die enttäuschten und gekränkten: „Du Unglückliche, von allen Frauen haben die olympischen Götter gerade dir das Herz hart werden lassen. Keine andere Frau würde sich so zurückhaltend und kühl verhalten wie du, wenn ihr geliebter Mann nach zwanzig Jahren endlich wieder vor ihr steht. In deiner Brust wohnt wahrlich ein eisernes Herz". Und brüskiert bat er die Haushälterin, ihm für die Nacht ein Lager irgendwo in einer Ecke zu bereiten.

Endlich, ach endlich ...

Selbst da beherrschte die besonnene Penelope ihre Gefühle und begann mit der entscheidenden Überprüfungsphase. Obwohl alles dafür sprach, dass der Mann, der die Freier vernichtet hatte, tatsächlich ihr zurückgekehrter Gemahl war, dass der große Unbekannte kein anderer als der geliebte Bekannte war, unterdrückte sie mit einer letzten Kraftanstrengung ihre Gefühle und Hoffnungen. Sie wollte noch den unumstößlichen und ultimativen Beweis, dass er wirklich Odysseus war.

> **Das Lied von einer penelopeischen Persönlichkeit**
> Und die Seele sang der immerwährenden Gültigkeit geflügelte Worte:
> Auf Eurer Fahrt durchs Leben könnt auch Ihr vielleicht erkennen, dass der Kampf zwischen Vernunft und Gefühl dem Menschen vieles abverlangt. Erfahrungen, Enttäuschungen und Wissen verstärken des Menschen Vernunft. Wünsche, Sehnsüchte, Hoffnungen aber befeuern des Menschen Gefühle.
> Die Steuerung der angefeuerten Gefühle durch die Vernunft kann möglichen Katastrophen vorbeugen; aber sie verlangt vom Menschen Selbstbeherrschung, Selbstdisziplin und Geduld, eine sogenannte starke Persönlichkeit – ja, eine penelopeische Persönlichkeit.
> Das ist Homers odysseische Botschaft.

Nach außen kühl, innerlich aufgewühlt, erwiderte Penelope darauf, Odysseus absichtlich provozierend, sie sei nicht hochmütig, lediglich von ihm nicht so angetan wie von dem Mann, der sie vor zwanzig Jahren verlassen habe. Mit scheinheilig neutraler Stimme und vorgespielt kühl sagte sie zur alten Amme, wenn dieser Mann Odysseus sein solle, dann könne er auch in dessen Bett schlafen. Eurykleia solle sein Bett vorbereiten, sie wisse schon, das Bett, das Odysseus selbst gezimmert habe. Sie solle es aus dem Schlafzimmer holen und es in einen anderen Raum ziehen, das schaffe sie alleine. Dort solle sie es dann für die Nacht vorbereiten. Und dann könne er endlich wieder in seinem eigenen Bett schlafen.

Odysseus Empörung war grenzenlos. Wie bitte? Jemand solle *sein* Bett von seinem angestammten Platz bewegen oder es sogar abmontieren können? Unmöglich! Ja absolut unmöglich! Nicht einmal ein ausgewiesener Fachmann könnte es auseinandernehmen. Dieses Bett habe nämlich ganz besondere Eigenschaften, die nur er und kein anderer kenne. Er habe es ganz ohne fremde Hilfe selbst gebaut, und die Konstruktion habe er absolut geheim gehalten. Und nur ein Gott könnte es bewegen, aber kein Sterblicher. Geschweige denn eine alte und zerbrechliche Frau wie Eurykleia!

Empörung und die aufgestauten Gefühle brachen aus Odysseus heraus, der nun haargenau berichtete, wie er sein Ehebett gezimmert hatte: Da draußen im Hof habe ein Olivenbaum mit einem Stamm wie eine Säule gestanden – bekanntlich ist der Olivenbaum der heilige Baum seiner Beschützerin Athena. Rund um diesen Olivenbaum herum habe er höchstpersönlich in Vorbereitung der Hochzeit mit Penelope das Schlafzimmer gebaut. Er selbst habe die Krone des Baumes bis zum oberen Ende des Stammes beschnitten und den Stamm so bearbeitet, dass er zum tragenden Bettpfosten wurde. Er selbst habe die Löcher für die übrigen Teile in den Stamm gebohrt. Und er selbst habe zum Schluss die rötlichen Streifen aus Stierleder darüber gespannt und

Verzierungen aus Elfenbein, Gold und Silber angebracht. Und jetzt wolle er unbedingt wissen, ob jemand die Ungeheuerlichkeit gewagt habe, den Olivenbaumstamm zu fällen, denn nur so hätte man das Bett bewegen können. Abgesehen davon sei das Ehebett ein breites Doppelbett gewesen, und nicht ein kleines Einzelbett, was die alte Eurykleia allein, einfach so, von einem Zimmer ins nächste ziehen könne.

Ja, ich weiß, meine verehrten Zuhörer, manche von Euch werden vielleicht in Odysseus Beschreibung des Ehebettes die Symbolik der Unzerstörbarkeit der Ehe entdecken. Und eventuell auch mit dem Olivenbaum, dem heiligen Baum der Athena, die Heiligkeit der Ehe assoziieren. Aber bitte denkt daran: Odysseus beschreibt nicht *das* Ehebett sondern *sein* Ehebett.

Nun wurde Königin Penelope von ihren Gefühlen überwältigt – Odysseus Reaktion und die Beschreibung des gemeinsamen Ehebettes, in dem seit zwanzig Jahren ihr Gemahl nicht hatte schlafen können, hatten sie überzeugt. Endlich wurden ihre Gefühle von der Vernunft freigelassen und durften sich ungehindert austoben. Das scheinbar eiserne Herz schmolz, die starre Miene wurde weich, ebenso wie ihre Knie! Denn es gab keine Unsicherheit mehr: Was sie da eben gehört hatte, ließ sie endgültig und über jeden Zweifel erhaben ihren geliebten Mann erkennen!

Das war Odysseus! Ihr Odysseus und kein anderer!

Sie flog förmlich zu ihm, umarmte ihn stürmisch, küsste ihn leidenschaftlich, während die Tränen reichlich flossen. Strahlend sprach sie zu ihm die geflügelten Worte, die erklärenden: „Sei nicht böse, mein geliebter Odysseus, dass ich dich nicht von Anfang an mit großen Gefühlen empfangen habe. Ich hatte immer die Angst, dass jemand mich zu täuschen versucht und sich als mein geliebter lang abwesender Gemahl ausgibt; Vorsicht und Misstrauen sollten mich davor schützen. Nun aber hast du den endgültigen Beweis geliefert, dass du tatsächlich mein göttlicher Ehemann bist, allein durch die Beschreibung unseres geliebten Ehebettes. Nur du, ich und meine treue Kammerdienerin Aktoris, die ich aus meinem Elternhaus mitgebracht habe, kennen die Geschichte unseres gemeinsamen Schlafgemaches.

Du bist Odysseus! Du bist mein heiß geliebter königlicher Gemahl!"

Auch Odysseus wurde von Gefühlen überwältigt und begann zu weinen, seine geliebte Frau kraftvoll in die Arme schließend. Die beiden hielten sich eng umschlungen, sie küssten sich lange und innig. Wie Schiffbrüchige sich freuen, wenn sie endlich Land sehen, nachdem der zornige Poseidon ihr Schiff durch seinen Dreizack in Stücke geschlagen hat und sie mit salzverkrusteten Leibern überglücklich das rettende Ufer erreichen, so freute sich auch Königin Penelope, ihren geliebten Mann wieder gefunden zu haben. Ihre zarten Alabasterarme umschlangen ihn wieder und wieder.

24 Der Wiedervereinigung Freudenschrei

Odysseus und Penelope schliessen sich endlich in die Arme

Der Tag hätte die beiden fast auch so gefunden, wenn Athena nicht folgendes getan hätte: Sie befahl einfach der rosenfingrigen Göttin der Morgenröte Eos rhododaktylos, dass Phaëthon und Lampos, die beiden lichtstrahlenden Rosse von Eos, was ihre Namen auch bedeuten, an diesem Tag ihren goldenen Wagen später als gewöhnlich aus der Tiefe des Okeanos hoch zum Himmel ziehen sollten. So wurde die süße Nacht des Glücks für die beiden wiedervereinigten Liebenden verlängert. Und so kam es, dass Penelope und Odysseus sich die ganze Nacht ihrer Liebe erfreuten – die ganze göttlich verlängerte Nacht.

In dieser Nacht bereitete Odysseus seine Gemahlin auch darauf vor, dass ihre Schwierigkeiten keinesfalls zu Ende seien, sondern dass es noch einiges zu bewältigen gebe, wie der Seher Teiresias ihm prophezeit habe. Auf Penelopes Bitte erzählte er ihr alles, was er erlebt hatte während seiner Irrfahrt und was Teiresias ihm prophezeit hatte.

Für Penelope war das alles natürlich neu; anders als für Euch, meine aufmerksamen und gutinformierten Zuhörer, so dass ich auch das nicht wiederholen muss.

Penelope wiederum erzählte Odysseus, wie es mit dem Alleinsein und den Freiern gewesen war; alles, was Ihr ebenfalls schon wisst, aber Odysseus nicht, meine verehrten Zuhörer.

Erst als Athena sicher war, dass die beiden sich liebenden und wieder vereinigten Eheleute die lange Nacht im gemeinsamen Bett ausreichend genossen hatten, erlaubte sie der Göttin der Morgenröte endlich, mit ihrem goldenen

Wagen, gezogen von den strahlenden Rossen, das Licht auf die Erde zu bringen.

An dem auf die lange Nacht folgenden Morgen beschloss Odysseus, unverzüglich seinen alten Vater Laërtes auf dem Land aufzusuchen. Seiner Gemahlin empfahl er, sich gemeinsam mit ihren Dienerinnen in ihre Gemächer zurückzuziehen und sich einzuschließen. Sie solle jeglichen Kontakt vermeiden und die Diener draußen Wache stehen lassen, bis man wisse, wie die Reaktion der Angehörigen der Freier auf die Tötung ihrer Verwandten sei.

Odysseus verabschiedete sich liebevoll von seiner Penelope. Zusammen mit Telemachos und den beiden treuen Hirten, dem Schweinehirten Eumaios und dem Kuhhirten Philoitios, macht er sich auf den Weg zu seinen Ländereien. Alle vier waren schwer bewaffnet. Obwohl es inzwischen heller Tag geworden war, konnten sie ungesehen die Stadt verlassen. Athena hatte sie in Dunkelheit gehüllt und damit unsichtbar gemacht.

25
Der Irrfahrt Ende

> **Zusammenfassung**
>
> Aus dem vierundzwanzigsten Gesang meiner Odyssee werde ich Euch schließlich erzählen, wie die Seelen der verstorbenen Freier von Hermes, dem Psychopompos, in die Unterwelt geführt werden. Dort treffen sie auf die Seele von Agamemnon, die eine Hymne an Penelope singt. Inzwischen erreichen die odysseischen Vier den Landsitz von Odysseus Vater König Laërtes. Nach einigem Zögern gibt sich Odysseus seinem greisen Vater zu erkennen, der von freudigen Gefühlen überwältigt wird.
>
> Inzwischen erreichten auch die Angehörigen der verstorbenen Freier den Landsitz und attackieren Odysseus und seine Verbündeten, die jedoch mit Hilfe von Athena die Angreifer besiegen. Mit göttlicher Vermittlung und zum Wohl aller Beteiligten wird am Ende Frieden zwischen Odysseus und den Angehörigen der Freier geschlossen.
>
> Die uns begleitende Seele wird dabei letztmalig geflügelte Worte von immerwährender Gültigkeit singen, wie etwa über die Großartigkeit aller Penelopes dieser Welt und über ihre Ebenwürdigkeit zu den Odyssei dieser Welt. Aber auch von der Überwältigung durch Gefühle, über das Angekommensein am Ort der Sehnsüchte und die Schwierigkeit, dort bleiben zu können. Wie auch über manches andere.

Es ist nur gerecht: der Penelopiade Ebenwürdigkeit

Während Odysseus und seine Gefährten, von Athena in göttlichen Nebel gehüllt und so unsichtbar und geschützt, unbemerkt den Palast verlassen konnten und sicher den königlichen Landsitz erreichten, flog Hermes in den Palast hinein. Dort sammelte er die Seelen der getöteten Freier ein, um sie ins Reich des Hades zu führen; weil das zu seinen Aufgaben gehört, trägt er übrigens auch den Beinamen Psychopompos, Seelenbegleiter. In seinen Händen hielt er den goldenen Stab mit den göttlichen zauberhaften Kräften. Damit konnte er die offenen Augen der Menschen schließen und sie in Schlaf versetzen, die der Schlafenden dagegen konnte er öffnen und sie damit wecken. Mit diesem Stab berührte er auch die Seelen der im Palast Verstorbenen und setzte sie in Bewegung. Sie folgten ihm schrill zischend, wie Fledermäuse, die in den dunklen Tiefen der Höhlen scharenweise aufflattern, wenn auch nur eine von ihnen sich von der Felsendecke löst, wo sie dicht beieinander hängen. Der

Hermes geleitet die Seelen der Freier in das Totenreich

Psychopompos führte die Seelen der Verstorbenen durch finstere modrige Wege, und nachdem sie Leukas weißen Felsen, des Okeanos Strömung sowie die Sonnentore – da wo sich die Tore des Sonnenreiches befinden, die das Licht zurückhalten und nur Schatten passieren lassen – und auch das Land der Träume hinter sich gelassen hatten, erreichten sie des Hades Schattenreich.

Dort trafen sie auf die Seelen von Ajax und Agamemnon, von Patroklos und Achilles, und die von Antilochos, des Nestors tapferem Sohn. Sie hörten zu, wie Agamemnons Seele der des Achilles von seinen Bestattungszeremonien in Troja berichtete; und auch wie er selbst von seiner Frau Klytämnestra und ihrem Liebhaber Ägisthos ermordet worden war. Agamemnons Seele erblickte als erste die Schar der neu angekommenen Seelen und erkannte eine davon, Amphidemon, einen alten Gastfreund. Ihn bat er zu erzählen, wie es dazu gekommen sei, dass er und seine Begleiter jetzt offensichtlich zu ständigen Bewohnern des Schattenreiches würden. Amphidemons Seele schilderte daraufhin ausführlich, was sie ins Reich der Toten gebracht hatte.

Geschichten, die Ihr schon gehört habt, meine bestens informierten Zuhörer.

Allerdings hörte Agamemnons Seele zum ersten Mal davon und war tief beeindruckt von Penelopes außergewöhnlicher Tugend und ihrer bewundernswerten Persönlichkeit.

Und des Atriden traurige Seele gab von sich die geflügelten Worte, die hymnischen: „Seliger Sohn des Laërtes, du vielbewanderter Odysseus, du hast wahrlich eine Frau von großer Tugend gewonnen! Oh, was für eine makellose Seele hat die herrliche Penelope! Immer trägt sie im Herzen den geliebten Mann. Der Ruhm ihrer Tugendhaftigkeit wird von nun an von Generation zu Generation weiter gepriesen. Die Götter werden die Menschen dazu inspirieren, in jeder Ecke der Welt hymnische Gesänge für Penelope zu singen. Im krassen Gegensatz dazu steht meine Frau Klytämnestra. Sie beging eine furchtbare Untat, wird dafür von Göttern und Menschen gehasst. Sie ermordete ihren Gemahl! Damit brachte sie nicht nur Schande über die Frauen, sondern tat ihnen auch Unrecht; denn es gibt so viele edle wie ungute davon!"

Odyssei ohne Penelopes?

Und die Seele sang der immerwährenden Gültigkeit geflügelte Worte:
Auf Eurer Fahrt durchs Leben könnt auch Ihr vielleicht erkennen, dass die Odyssei dieser Welt groß und bewundernswert sind. Aber vielleicht stellt Ihr auch die Frage: Wären sie das auch ohne ihre großen und bewundernswerten Penelopes?
Das ist Homers fragend-bestätigende odysseische Botschaft.

Das Lied von der plakativen Rollenverteilung

Und die Seele sang noch weitere der immerwährenden Gültigkeit geflügelte Worte:
Auf Eurer Fahrt durchs Leben könnt auch ihr vielleicht erkennen, dass die Kulturen dieser Welt der Frau eine plakative Rollenteilung zugesprochen haben: Die eine bringt das Böse in die Welt – und so gehen Paradiese verloren –, die andere aber schenkt dem Erlöser der Welt das Leben – und so werden Paradiese gewonnen.
Die Kulturen? Oder ist der Mann in diesen Kulturen der plakative Einteiler?
Das ist Homers unausgesprochen-fragende odysseische Botschaft.

Ja, meine treuen Zuhörer, nun wo wir fast am Ende dieser Erzählung sind, möchte ich Euch auf etwas aufmerksam machen, was Ihr wahrscheinlich schon bemerkt habt: Ich habe Euch in meinen vierundzwanzig Rhapsodien viele verschiedene Charaktere beschrieben. Ich habe von guten und schlechten, von gerechten und ungerechten, von empathischen und unempathischen Persönlichkeiten erzählt. Die meisten meiner Protagonisten aber boten eine Mischung aus allen, mal mehr von der einen, mal weniger von der anderen. Aber keiner von ihnen personifiziert die Tugendhaftigkeit so vollkommen wie Penelope.

Penelope verkörpert buchstäblich das, was einer der größten Gelehrten Eurer neuen postolympiadischen Chronologie als Tugend und Tugendhaftigkeit definiert: „Tugend scheint mir etwas anderes und Edleres als der sich in unserem Inneren regende Drang nach Gutsein. In der Tugend schwingt etwas Größeres und Tatkräftigeres mit als in einer bloß glücklichen Veranlagung, die einen Menschen fügsam und friedlich den Geboten der Vernunft folgen lässt. Sie verlangt viel mehr einen steilen und dornigen Pfad. Sie kämpft entweder gegen äußere Schwierigkeiten, mit denen das Schicksal ihren unbeirrbaren Lauf aufzuhalten sucht, oder aber gegen innere Kräfte, die aus Mängeln unseres Menschseins erwachsen"[1].

Und mit welchen äußeren und inneren Mächten Penelopes Tugendhaftigkeit zu kämpfen hatte, habt Ihr sicherlich wahrgenommen und bewundert – so hoffe ich, meine geneigten Zuhörer.

Des Agamemnons Seele hat es richtig erkannt: Penelope ist die Personifizierung der Tugendhaftigkeit.

Die Tugendhaftigkeit findet ihre Personifizierung in Penelope, in einer schönen Frau – wie schön!

Diese schöne und tugendhafte Frau hätte ein eigenes Epos verdient, eine Penelopiade[2].

Der Odyssee ist die Penelopiade ebenwürdig!

Eine Penelopiade, in der du, oh Muse, uns eine Frau besingst, die klug und tugendhaft ist, die keine Städte zerstört hat, die vieler Menschen Unsitten und Abgründe kennenlernen und vieles durch sie erleiden musste. Die Frau, deren Herz vielerlei Leiden ertragen musste – nicht auf den Wellen des Meeres, aber in den Stürmen der menschlichen Gesellschaft. Die um die Rettung von etwas vielleicht Kostbarerem als ihr Leben kämpfte, ihre Würde nämlich. Die Frau, besinge oh Muse, die aus dem zwanzigjährigen einsamen Kampf als die Siegerin und die Lichtgestalt hervorging.

Bleiben wir aber nicht länger in der Dunkelheit der Schattenwelt nach dieser Hymne an die Lichtgestalt Penelope. Kehren wir in die Welt der Lebenden zurück und beobachten wir, was unsere Protagonisten in der Zwischenzeit so getrieben haben und noch treiben.

---

[1] Ich hoffe, dass der zitierte Gelehrte sich darüber freut, dass ich ihn unbemerkt all die Jahre während der Verfassung seiner „Essais", die er im Jahre 1572 begonnen und 1580 abgeschlossen hat, aufmerksam beobachtete und nun daraus für Euch zitiere. Manche haben es wohl erkannt, dass ich von Michel de Montaigne spreche.

[2] Ich finde es ein wenig schade, dass die schönschreibende Schöpferin der Bezeichnung „Penelopiade" (2005), Margaret Atwood, unter diesem Titel eine vorwiegende Anti-Mann-Polemik komponierte, auch wenn einiges darin berechtigt scheint. Aber sie sagt es ja auch deutlich, dass ich nicht derjenige war, der sie dazu inspiriert und beflügelt hat – ach, Zeus sei Dank, da bin ich sehr erleichtert! Man kann alles eben aus verschiedenen Perspektiven sehen. Und jeder könnte, aus seiner Perspektive, Recht damit haben.

Der Offenbarung letzter Akt

Während Hermes Psychopompos die in Ithakas Palast Verstorbenen in Hades Schattenreich führte, erreichten Odysseus und seine treuen Begleiter mit Athenas Hilfe unbemerkt und unversehrt den Landsitz seines Vaters. Das Haus hatte Laërtes einst selbst gebaut. Die rundherum angeordneten Unterkünfte der Bediensteten waren leer, weil sie unterwegs waren, um Holz zu sammeln und unter Anleitung ihres Vorstehers Dolios eine Gartenabgrenzung zu errichten. Im Haus wohnte gemeinsam mit dem Greis Laërtes eine alte Dienerin aus Sizilien, die sich um ihn kümmerte.

Dort angekommen, schickte Odysseus die anderen drei zum Verwalter; sie sollten mit ihm zusammen das Essen vorbereiten. Er selbst wollte seinen alten Vater alleine aufsuchen und war sehr gespannt, ob die alten schwachen Augen des greisen Vaters ihn erkennen würden. Er fand den zerbrechlichen Alten alleine im gut gepflegten Obstgarten, wo er die Erde um einen Baum lockerte. Er trug schmutzige zerlumpte Kleider. Ungepflegte Häute von Tieren schützten seine Beine und Hände vor den Dornen und seinen Kopf vor der Sonne – was ihn noch verwahrloster aussehen ließ. Als Odysseus nach zwanzig Jahren seinen alten Vater in einem solchen Zustand sah – ungepflegt, kummerbeladen und altersgebeugt – wurde er von großer Traurigkeit überwältigt; er hielt unter einem Birnbaum inne und weinte.

> **Das Lied von den zwei Spieltoren der Gefühle**
> Und die Seele sang der immerwährenden Gültigkeit geflügelte Worte:
> Auf Eurer Fahrt durchs Leben könnt auch Ihr vielleicht erkennen, dass das Spiel der menschlichen Gefühle sich zwischen zwei Toren abspielt: zwischen der Überwältigung der Gefühle und dem von den Gefühlen Überwältigtwerden. Dazwischen sind alle mögliche Bewegungen und Kombinationen möglich.
> Auch der starke Mensch kennt beide Spieltore: Er kann überwältigt werden von seinen Gefühlen, aber er kann sie auch überwältigen.
> Das ist Homers odysseische Botschaft.

Der mitleidvolle Odysseus hatte den Drang, seinen vom Schicksal gebeutelten Vater zu umarmen und ihn zu küssen; aber er entschloss sich, noch abzuwarten und ihm ganz behutsam zu offenbaren, wer da vor ihm stand. Er trat also näher an den alten Mann heran und sagte ihm, er bewundere den Zustand dieses Gartens, alles sehe so gut gepflegt aus, jeder Baum und jedes Kräuterbeet. Offensichtlich habe er große Ahnung von der Gartenarbeit. Sein Herr sei sicher sehr glücklich, einen so erfahrenen Gärtner zu haben, wie er anscheinend einer sei. Und er erlaube sich auch die Frage, warum er denn so schmutzig und ungepflegt gekleidet sei, während er den Garten in so einem ausgezeichnet gepflegten Zustand halte. Offensichtlich kümmere sich sein Herr nicht besonders um ihn und gebe ihm keine gute Kleider, keine Schuhe, keine Kopfbedeckung. Nichtdestotrotz habe er eine würdige Ausstrahlung, wie ein König.

Und scheinheilig fragte er den alten Mann auch, ob er ihm mit einer Auskunft helfen könne. Er sei nämlich auf der Suche nach einem erhabenen Gastfreund, von einer Insel mit Namen Ithaka. Er wisse leider nicht einmal, ob dieses Land, wo er sich gerade befinde, tatsächlich Ithaka sei. Er selbst sei Eperitos, der Sohn des Königs Apheidon aus Sizilien. Sein Gastfreund sei ein gottähnlicher Mann, der den Namen Odysseus trage; er sei der Sohn des erhabenen Königs Laërtes. Odysseus habe ihn damals, als er auf Sizilien bei ihm zu Gast gewesen sei, so beeindruckt, dass er ihm viele große und kostbare Geschenke gemacht habe, unter anderem Gold und Silber, feine Mäntel und kunstvolle Teppiche, dazu auch tüchtige und schöne Sklavinnen. Sein erhabener Gast habe ihn seinerseits nach Ithaka eingeladen und gesagt, dass seine Freude sehr groß sein würde, wenn er ihn mit einem Besuch ehre. Er habe ihm angekündigt, ihm ebenso kostbare Gastgeschenke zu machen, wenn er zu Besuch nach Ithaka käme. Scheinheilig und schlau fügte Odysseus noch hinzu: „Ist dieses Land denn Ithaka? Und wenn ja, lebt mein Freund Odysseus noch?"

Aufgewühlt und zu Tränen gerührt, bestätigte der alte Mann dem Fremden, dass er sich in der Tat auf der Insel Ithaka befinde. Ithaka werde aber zurzeit von schlechten Menschen heimgesucht, die das Haus seines Freundes schändeten und dessen Vermögen vernichteten. Und mit zitternder Stimme fragte er, wann denn diese Begegnung mit seinem Freund gewesen sei. Der den Vater absichtlich täuschende Geschichtenerzähler antwortete lässig, naja, es müssten schon um die fünf Jahre vergangen sein seit dem Treffen. Nach dieser Antwort sank der Greis weinend zu Boden, ergriff eine Handvoll Staub und streute sich ihn auf sein schneeweißes Haupthaar, als Zeichen seiner Trauer. Dann sagte er resigniert: „Dann ist sicher, dass mein Sohn tot ist. Von Sizilien nach Ithaka ist der Weg nicht so weit, so dass man fünf Jahre dafür gebraucht hätte. Mein Sohn ist also nicht mehr unter den Lebenden."

Nach einer Resignationspause wandte er sich dem Fremden zu und sprach: „Ich bin Laërtes, oh Fremder, der Vater deines Gastfreundes Odysseus! Dein Freund ist fern der Heimat irgendwo verschollen" fügte der weinende Greis hinzu.

Nun konnte Odysseus es nicht mehr mit ansehen. Ebenso bewegt wie sein Vater, mit gleichermaßen fließenden Tränen, nahm er den gebrochenen alten Mann in die Arme und offenbarte ihm die frohe Botschaft:

„Ich bin es, Vater! Ich bin dein Sohn Odysseus, mein geliebter Vater!"

Der alte König aber, offensichtlich auch früher schon durch falsche frohe Botschaften getäuscht und enttäuscht, verlangte von ihm einen Beweis, einen Beleg seiner Identität. Odysseus öffnete sein Gewand und zeigte ihm die bekannte Narbe, die der Eber ihm einst beigebracht hatte. Dazu erzählte er in allen Einzelheiten, dass der Vater ihm als Kind einmal Bäume geschenkt hatte, und wie viele davon, welche verschiedenen Sorten, und wie der Vater dem kleinen Sohn die Namen der Bäume beigebracht hatte. Endlich wagte Laërtes, die gute Nachricht zu glauben. Er erkannte in dessen Worten und Beweisen seinen Sohn und fiel in Ohnmacht. Odysseus fing den fallenden Vater sanft in seinen Armen auf.

Als König Laërtes zu sich kam, umarmten und küssten sich weinend Vater und Sohn. Der alte Mann dankte den olympischen Göttern, die den unendlichen Himmel bewohnen, dass sie ihm sein Kind zurückgebracht hatten. Schließlich gingen die immer noch sehr gefühlsberührten Männer gemeinsam ins Haus, Odysseus seinen greisen, von Gefühlen überwältigten Vater stützend.

Und des Odysseus letzter Kampf?

Während sich diese bewegenden Szenen auf dem Land abspielten, machte sich in der Stadt große Aufregung breit. Die Kunde von Odysseus Ankunft und von der Vernichtung der Freier verbreitete sich in Windeseile über die ganze Insel. Die Angehörigen der Getöteten sammelten sich, voll des Zornes und des Grolls, heulend und wehklagend vor Odysseus Palast. Zuerst holten sie ihre Toten zur Bestattung, dann aber versammelten sich die Männer in der Agora, um eine Entscheidung über das weitere Vorgehen zu treffen.

Als erster ergriff das Wort der tief betroffene und in höchstem Maße aufgewühlte Eupeithes, der Vater von Antinoos, des Anführers der Freier, den Odysseus als ersten getötet hatte. Der wütende Vater erklärte Odysseus zu einem Feind des Volkes. Er habe den Tod all seiner Kameraden, die mit ihm nach Troja gesegelt seien, verschuldet. Und nun habe er alle jungen Aristokraten von Ithaka und den umliegenden Inseln getötet. Er habe nur Leid über Ithaka und sein Volk gebracht, dafür müsse er bestraft werden. Es sei ihrer aller Pflicht, ihn zu vernichten, um der Ehre und der Zufriedenheit der Seelen der Toten Genüge zu tun; und das müsse bald geschehen, bevor Odysseus ins Ausland fliehen könne. Seine Worte wurden von bitterem Weinen begleitet, was die Anwesenden sehr rührte.

> **Das Lied vom besseren Ertragen des Leides**
> Und die Seele sang der immerwährenden Gültigkeit geflügelte Worte:
>   Auf Eurer Fahrt durchs Leben könnt auch Ihr vielleicht erkennen, dass Menschen ihren Schmerz, ihren Kummer, ihr Unglück besser zu ertragen versuchen, indem sie die Gründe dafür nicht in sich selbst, sondern bei den anderen ausmachen.
>   Das ist Homers odysseische Botschaft.

In dem Moment erschienen in der Versammlung der rechtschaffene Herold Medon und der gottgesegnete Sänger Phemios, die die dramatischen Ereignisse im Palast miterlebt hatten. Medon warnte die Versammelten vor unbedachten Handlungen, weil sich all das mit Einwirken eines Gottes ereignet habe. Er berichtete, wie ein Gott in Mentors Gestalt Odysseus geschützt und ihm bei der Vernichtung der Freier geholfen habe. Er erzählte auch, dass die Freier wie von Wahnsinn befallene Kühe verwirrt umhergelaufen und auf einem Haufen zu Tode gefallen seien; das seien übernatürliche Vorgänge gewesen. Diese Berichte beeindruckten die Versammelten sehr, die – nun grün vor Angst – den Zorn dieses Gottes fürchteten.

Ein alter Held, der Seher Halitherses, der ins Vergangene zurücksehen und das Zukünftige vorhersehen konnte, ergriff das Wort. Übrigens kennt Ihr ihn schon aus der Versammlung, die damals Telemachos in derselben Agora einberufen hatte, um die Ithakier um Unterstützung zu bitten. Halitherses prophezeite schon damals der Freier Verderben und Odysseus Ankunft. Er sprach die geflügelten Worte, die vernünftigen: „Männer von Ithaka, ihr tragt auch Schuld an diesen Geschehnissen. Ihr hättet dieser Tragödie vorbeugen können, wenn ihr auf meinen Rat und den Mentors, eines Mannes mit großer Autorität im Volke, gehört hättet – damals bei der Versammlung, die Telemachos einberufen hat. Wir haben euch oft genug gewarnt und euch geraten, eure Söhne davon abzuhalten, all diese schlimmen Dinge zu tun – die Gemahlin des Königs so zu bedrängen, sein Vermögen zu vergeuden und zu glauben, dass Odysseus nie wiederkehren wird. Eure Söhne haben die göttlichen Gesetze und die Regeln des Anstands verletzt; dennoch habt ihr nichts dagegen unternommen. Doch ich hoffe sehr, dass ihr zumindest jetzt auf mich hören werdet und auf einen Angriff gegen Odysseus verzichtet."

Über die Hälfte der Versammelten hörte auf den Rat des alten Propheten und verließ mit lauten Kommentaren die Versammlung; doch der Rest bereitete sich für einen Angriff auf Odysseus vor. Unter der Führung von Antinoos Vater Eupeithes zogen sie aus, um Rache zu üben.

Mittlerweile war Odysseus in Begleitung seines Vaters in das Haus des alten Königs gelangt, wo Telemachos und die Hirten Eumaios und Philoitios auf sie warteten. Hinzu kam der alte Diener Dolios mit seinen Söhnen, die Odysseus erkannten und ihm mit Tränen in den Augen die Hände küssten. Als auch die alte Dienerin aus Sizilien den Sohn ihres Herrn erkannte, liefen ihr stille Tränen über die Wangen.

Der alte König Laërtes war nun bereit, sich von seiner Dienerin baden und schön kleiden zu lassen. Athena verlieh dem alten Mann Kraft und eine königliche Ausstrahlung, die ihn wieder so beeindruckend machten wie früher. Alle waren hocherfreut und aufgeregt. Gemeinsam speisten sie mit großem Appetit und genossen dazu den edlen Wein. Allerdings vergaßen sie auch nicht, dass bald die Verwandten der getöteten Freier zuschlagen würden.

Aber nicht nur unter den Erdbewohnern, sondern auch auf dem Olymp gab es wegen der Ereignisse auf Ithaka rege Aktivität: Die himmelblauäugige Athena fragte den Vater von Menschen und Göttern, was er denke, wie es weitergehen könnte. Solle sich das Schlachten fortsetzen? Oder doch Frieden zwischen den Kontrahenten einkehren?

Der wolkenzusammenballende Zeus entschied, dass nun Frieden zwischen den beiden gegnerischen Lagern geschlossen werden solle, nachdem – Athenas Wunsch entsprechend – die Freier ihre gerechte Strafe erhalten hätten. Die Angehörigen der Freier sollten anerkennen, dass Odysseus der unangefochtene König von Ithaka sei und bleibe. Und die Götter sollten dafür Sorge tragen, dass bei den Verwandten der Getöteten der Schmerz aus den Herzen verschwinde und die Erinnerung an die tragischen Ereignisse aus ihren Köpfen gelöscht würden. Die beiden Parteien sollten sich miteinander versöhnen und fürderhin in Frieden und Wohlstand leben.

Mit dieser Entscheidung des Obersten Gottes im Gepäck, die ganz in ihrem Sinne war, stieß Athena einem Falken gleich vom Olymp hinab in Ithakas Gefilde.

Derweil erreichten die von Zorn und Trauer aufgeheizten Angreifer König Laërtes Landsitz und standen bereit zum Angriff. Die Männer um Odysseus bewaffneten sich. Zu den uns bekannten drei Verbündeten – Telemachos, Eumaios und Philoitios – gesellten sich nun auch die sechs Söhne des Dolios; und sogar die beiden alten Herren Laërtes und Dolios bewaffneten sich.

Gemeinsam standen sie bereit, um die Angreifer abzuwehren. Auch Pallas Athena kam zu ihrer Verteidigung, wieder in Gestalt des alten Mentors, was alle sehr freute. Von Mut beseelt rief Odysseus seinem Sohn zu, dass sich damit eine neue Gelegenheit ergebe zu zeigen, wie gut er im Kämpfen sei. Telemachos, voll der Tapferkeit, erwiderte, sein Vater brauche sich keine Sorgen zu machen, er werde zeigen, dass er ein würdiger Spross würdiger Vorfahren sei. Als er das vernahm strahlte der alte Laërtes vor Stolz und Freude und sprach die geflügelten Worte, die glückbeladenen: „Welch ein Tag! Welch ein Tag für mich! Mein Sohn und mein Enkel streiten sich, wer der bessere Kämpfer ist."

Das Lied von der Genugtuung der Alten

Und die Seele sang der immerwährenden Gültigkeit geflügelte Worte:
Auf Eurer Fahrt durchs Leben könnt auch Ihr vielleicht erkennen, dass der Alten Genugtuung und Stolz die erfolgreiche Fortsetzung ihres eigenen Tuns ist – sei es in der Form des eigenen Werkes oder durch die Hand der eigenen Nachkommen.
Das ist Homers odysseische Botschaft.

Pallas Athena in Gestalt von Mentor nahm ihren Platz neben dem alten Laërtes ein und ermutigte ihn, seinen langen Speer gegen die Angreifer zu werfen und damit den Kampf zu eröffnen; aber erst nachdem er Zeus, den Gott der Götter, und dessen Tochter Athena um Hilfe angerufen habe.

Laërtes rief, warf und traf.

Er traf Eupeithes, den Anführer der Angreifer, mitten ins Gesicht; der fiel sofort zu Boden. Und dann stürmten Odysseus und sein Sohn voller Kampfgeist und siegessicher gegen die anderen. Gewiss wäre keiner der Angreifer lebend nach Hause zurückgekehrt, wenn nicht Athena die Kontrahenten nach kurzer Zeit, Zeus Entscheidung umsetzend, getrennt hätte, indem sie mit donnernder fruchterregender Stimme dazwischen funkte und ein Ende des gegenseitigen Tötens verlangte. Das Blut gefror den Angreifern in den Adern; sie ließen ihre Waffen zu Boden fallen und ergriffen die Flucht. Sie rannten in die Stadt, dabei nur einem einzigen Gedanken folgend, nämlich ihr Leben zu retten.

Odysseus wollte wie ein Adler hinter den Fliehenden her fliegen, doch Zeus schleuderte einen rauchenden Blitz direkt vor Athenas Füße, als Erinnerung an die Abmachungen. Und Athena rief unverzüglich Odysseus zu: „Göttlicher Odysseus! Du hast dein Ziel erreicht! Mehr brauchst du nicht. Beende den Kampf, sonst stimmst du den Blitzeschleuderer und Donnererzeuger Zeus zornig gegen dich. Höre auf mit dem Krieg und schließe Frieden mit deinen Feinden." Und damit stoppte sie den Flug des jagenden Adlers – und der war froh darüber!

Das Lied von Ankunft und Bleiben

Und die Seele sang der immerwährenden Gültigkeit geflügelte Worte:
Auf Eurer Fahrt durchs Leben könnt auch Ihr vielleicht erkennen, dass es für jeden, also auch für Euch, erfreulich ist anzukommen; das Ziel zu erreichen, ist großartig!
Angekommen zu sein an dem Ort Eurer Sehnsüchte und Träume ist sicherlich sehr wichtig. Aber dort bleiben zu können ist noch wichtiger. Und das Erreichte abzusichern und nicht wieder zu verlieren ist das allerwichtigste.
Das ist Homers letzte odysseische Botschaft.

Athena, immer noch in der Gestalt des alten Mentor, vermittelte zwischen den beiden Parteien einen Friedensvertrag mit den Bedingungen, die die himmlischen Götter beschlossen hatten. Die Kontrahenten besiegelten ihn schließlich mit dem heiligen Eid.

Ja, meine verehrten, treuen Zuhörer, endlich war Odysseus zuhause angekommen. Die zwanzigjährige Reise hatte schließlich ein Ende. Er war angekommen. Dort, wo seine Reise ihren Anfang genommen hatte!

Der zwanzigjährige Kampf des ewigen Kämpfers endete damit. Aber ein neuer Kampf hatte schon begonnen: der Kampf, Frieden mit dem Frieden zu schließen!

Der Kampf, Frieden mit dem Frieden zu schließen?

Ja, meine treuen und wissbegierigen Zuhörer; der Kampf um den Frieden ist schwieriger als der Kampf um den Sieg in der Schlacht. Das war es, was der blinde weise Teiresias dem fragenden Odysseus aus der Tiefe des Seelenreiches angedeutet hatte. Es bleibt uns also nichts anderes übrig, als dem Vielbewanderten, dem Vielgeprüften, dem Vielduldenden, dem unbesiegbaren Kämpfer zu wünschen, dass er auch diesen Kampf gewinnen möge: Den Kampf um den Frieden, den Kampf um seinen eigenen inneren Frieden. Den Kampf, den ihm der blinde Seher im Seelenreich Teiresias prophezeit hatte.

Aber der weise Teiresias hatte auch die Voraussetzung für den lang ersehnten inneren Frieden geweissagt. Könnt Ihr Euch noch daran erinnern, meine geschätzten Zuhörer? Der Voraussehende hatte Odysseus folgendes vorausgesagt: „Daheim angekommen wirst du arrogante Freier treffen, die um deine göttliche Frau werben und dein Vermögen vernichten. Doch du wirst sie alle besiegen und töten.

Anschließend aber sollst du, ein schön gearbeitetes Ruder auf der Schulter tragend, zu den Menschen gehen, die das Meer nicht kennen und kein Salz für ihre Speisen verwenden. Wenn du einen Wanderer triffst, der dich fragt, warum du eine Schaufel auf der Schulter trägst, mit der man Getreide worfelt, also die Spreu vom Weizen trennt, dann sollst du das Ruder in die Erde pflanzen. An der Stelle sollst du Poseidon einen Widder, einen Stier und einen Eber opfern. Anschließend sollst du stumm nach Hause zurückkehren und allen olympischen Göttern reiche Opfer bringen, einem nach dem anderen. Erst dann wirst du deine Ruhe finden! Kein stürmisches Meer wird dich verschlingen. So wirst du deinen Frieden finden und inmitten deiner glücklichen Untertanen in hohem Alter sanft ableben."

Hat Odysseus, meine geschätzten Zuhörer, diese Voraussetzung für den inneren Frieden erfüllt? Hat er die Menschen getroffen, die kein Meer kennen und kein Salz für ihre Speisen verwenden? Wurde sein Ruder für eine Schaufel zum Worfeln gehalten? Und hat er es in die Erde gepflanzt?

Die sonst so redefreudige Muse schweigt dazu beharrlich.

Und so kam es dazu, dass manche großen Dichter den Heimkehrer wieder auf dem Rücken des Meeres sahen, ihn auf neue Irrfahrten schickend. Deren einer, aus dem Mittelalter Eurer neuen postolympiadischen Chronologie, schickte den mit dem Frieden Unzufriedenen über das große Meer, das Ihr heute Atlantik nennt, und lässt ihn seinen Kameraden zurufen: „Fahren wir gen Westen, dort warten auf uns unbewohnte Welten!"[3] Ein Jüngerer, der eine monumentale Fortsetzung meiner Odyssee in 33.333 Versen geschrieben hat, schickt Odysseus, der in Ithaka nicht Frieden mit dem Frieden schließen konnte, sogar durch ganz Afrika bis zum Ende der Welt – bis zum Südpol Dort lässt er ihn kämpfend glücklich und zufrieden sterben – inmitten seiner wiederauferstandenen Weggefährten, inklusive Argos.

Alles kreative Fantasie!

Kann sein, kann nicht sein!

Die Muse überlässt die Antwort absichtlich Euch, meine treuen Zuhörer; Eurer Phantasie, Eurer Vorstellungskraft, auch Eurem eigenen odysseischen Psychogrammentwurf. Ihr kennt ihn ja inzwischen so gut! Ihr habt ihn auf einer langen Irrfahrt begleitet. Durch diese Reise mit ihm habt Ihr Euch bis dahin völlig unbekannte Menschen und Mächte, Orte und Ordnungen, Gefahren und Genüsse kennengelernt. Durch diese Fahrt seid Ihr viel erfahrener geworden, ja sogar viel weiser als vorher, wie ein Dichter, den wir im Nachgesang treffen werden, feststellt[4]. Vielleicht so weise, dass Ihr die Frage beantworten könnt, ob der große Kämpfer auch den Kampf um seinen Frieden mit dem Frieden doch noch gewinnt.

Ich – so wie sicherlich auch Ihr, verehrte Mitgereiste – wünsche ihm von ganzem Herzen, dass er diesen seinen schwierigsten Kampf auch noch gewinnen möge!

Das Lied von der ersten, aber nicht der letzten Irrfahrt

Und die Seele singt beflügelt und froh:

Aber ich, die Seele, die Odysseus auf seine Odyssee mitnahm, auf seine Irrfahrt – und das war meine erste, der Seele erste Irrfahrt – fand mit dem Ende der Reise zunächst auf jeden Fall meine Seelenruhe. Ja, Ihr habt richtig gehört: Zunächst! Nur zunächst!

Auf Eurer Fahrt durchs Leben könnt auch Ihr vielleicht erkennen, dass dies zwar meine erste, aber nicht meine letzte Irrfahrt war. Das Abendland hat mich in den letzten dreitausend Jahren – und wird es sicherlich auch in Zukunft tun – auf viele weitere Irrfahrten geschickt: Faszinierende und bedrückende, erfreuliche und trau-

---

[3] Dieser mittelalterliche Dichter, der den späteren Kampfruf der Europäer „Go west!" und die Existenz eines neuen Kontinents, den ihr heute Amerika nennt, mehr als anderthalb Jahrhunderte vorweg nahm, war Dante Alighieri im 26. Gesang des Inferno seiner „Göttlichen Komödie" (1307–1321).
[4] Dieser ist der alexandrinische Dichter Konstantin Kavafis, und sein Gedicht heißt „Ithaka".

rige, erhabene und niederträchtige, und auch Irrfahrten mit einem Gemisch aus all dem.

Reisen und Irrfahrten, die mir manchmal meine Seelenruhe wieder geraubt haben!

Aber diese meine erste Irrfahrt, zu der mich derjenige geschickt hat, der mich auch das Sprechen gelehrt hat, in der Seele erste Worte also, Homer, Urvater des Abendlandes, bleibt mir auch nach all den Jahrtausenden tief im Gedächtnis.

Und im Gedächtnis des Abendlandes ebenso!

26
Nachgesang

So, meine verehrten mitreisenden Zuhörer; nun ist die Zeit gekommen, mich von Euch zu verabschieden und Odysseus, das bedeutet jedem von Euch, Lebewohl zu sagen. Doch ich will Euch noch – als Nachgesang und Abschiedsgeschenk – etwas mit auf den Weg geben: Ein Gedicht aus der Neuzeit.

Dieses Gedicht ist unter anderem ein Beweis dafür, dass meine Odyssee nicht nur anders erzählt werden kann, als ich sie zum ersten Mal vor etwa dreitausend Jahren erzählt habe, sondern dass sie auch anders verstanden werden kann. Dagegen habe ich überhaupt nichts einzuwenden, auch wenn ich das so nicht erzählt und vor allem nicht so gemeint habe. Doch ich habe großen Respekt vor jeglicher beflügelter und beflügelnder Kreativität, Respekt vor jeglicher vertiefter und vertiefender Nachdenklichkeit. Und so eine ist die Kreativität und die Nachdenklichkeit des jungen alexandrinischen Dichters[1], die mir – zugegebenermaßen – sehr gefällt.

Auch ihn habe ich geführt, so wie ich Euch geführt habe. Ich verabschiede mich also von Euch und stecke in Eure Reisetasche, als Seelenproviant für Eure Fahrt durchs Leben, mein besagtes Abschiedsgeschenk – sein Gedicht:

ITHAKA

Wenn du deine Reise nach Ithaka antrittst,
so hoffe, dass der Weg lang sei,
reich an Entdeckungen und Erlebnissen.
Die Lästrygonen und Zyklopen,
den zornigen Poseidon, fürchte sie nicht.
Solche findest du nie auf deinem Weg,
wenn deine Gedanken erhaben bleiben,
wenn erlesene Gefühle deinen Geist
und deinen Körper beherrschen.
Den Lästrygonen und den Kyklopen,
dem wilden Poseidon, ihnen wirst du nicht begegnen,
wenn du sie nicht in deiner Seele trägst,
wenn deine Seele sie nicht vor dich stellt.

---

[1] Der junge alexandrinische Dichter ist Konstantin Kavafis; die Übersetzung seines Gedichtes aus dem Griechischen stammt von Robert Elsie aus dem Jahr 1999.

Hoffe, dass der Weg lang sei,
voll Sommermorgen, wenn du,
mit welchem Vergnügen, mit welcher Freude,
in bisher unbekannte Häfen einfährst.
Unterbrich deine Fahrt in phönizischen Handelsplätzen,
und erwirb schöne Waren,
Perlmutt, Korallen, Bernstein und Ebenholz,
allerlei berauschende Essenzen.
Besuche viele ägyptische Städte,
und lerne mehr und mehr von den Gelehrten.

Bewahre stets Ithaka in deinen Gedanken.
Dort anzukommen ist dein Ziel.
Aber beeile dich auf der Reise nicht.
Besser, dass sie lange Jahre dauert,
dass du als alter Mann erst vor der Insel ankerst,
reich an allem, was du auf diesem Weg erworben hast,
ohne die Erwartung, dass Ithaka dir Reichtum schenkt.

Ithaka hat dir eine schöne Reise beschert.
Ohne Ithaka wärest du nicht aufgebrochen.
Jetzt hat es dir nichts mehr zu geben.

Und auch wenn du es arm findest, hat Ithaka
dich nicht enttäuscht. Weise geworden mit solchen Erfahrungen
begreifst du ja bereits, was Ithaka bedeutet.

27
Bibliografische Anmerkungen

Zur Übertragung der homerischen Texte vom Original in die Sprachform dieses Buches wurde dieselbe Methode wie in „Homers Ilias psychologisch erzählt. Der Seele erste Worte" angewandt. Wie dort sei auch hier folgendes angemerkt: Der Autor des Buches beherrscht die griechische Sprache. Gemeint sind damit das Griechische der klassischen Periode, das hellenistische, das posthellenistische und das byzantinische Griechisch sowie das moderne Griechisch als seine Muttersprache. An das homerische Griechisch, diese sehr frühe Form geschriebener literarischer griechischer Sprache, wollte sich der Autor nicht heranwagen. Je älter die Sprachform, desto größer die Schwierigkeit für ihn, sie lückenlos zu verstehen. Nach sorgsamer Begutachtung der verfügbaren Übersetzungen des homerischen Griechisch ins Deutsche und deren Vergleich mit Übertragungen vom homerischem in das moderne Griechisch gewann der Autor die Überzeugung, dass die letzteren den homerischen Texten viel näher sind als die deutschen Übersetzungen. Dies veranlasste den Autor, folgendes Vorgehen zu wählen: Als Haupttext diente die sich viel näher am Originaltext befindliche Übertragung ins moderne Griechisch, die dann der Autor selbst ins Deutsche übersetzte. Als Orientierungshilfe nutzte er dabei das homerische Original und deutsche Übersetzungen. Aus den zahlreichen Übertragungen des homerischen in das moderne Griechisch wurden die unter Punkt A und aus den ebenfalls zahlreichen Übersetzungen ins Deutsche die unter Punkt B genannten ausgewählt.

A. Griechische Ausgaben von Homers Ilias und Odyssee (Auswahl)

Gianakopoulos, Panagiotis: Homers Ilias (homerisches Griechisch / modernes Griechisch) (1992) in sechs Bänden, Kaktos Verlag, Athen

Gianakopoulos, Panagiotis: Homers Odyssee (homerisches Griechisch / modernes Griechisch), (1992) in sechs Bänden, Kaktos Verlag, Athen

Kazantzakis, Nikos; Kakridis, Ioannis: Homers Ilias (modernes Griechisch) (2009), Hestia Verlag, Athen

Kazantzakis, Nikos; Kakridis, Ioannis: Homers Odyssee (modernes Griechisch) (2008), Hestia-Verlag, Athen

Komninou-Kakridi, Olga: Homers Ilias (homerisches Griechisch/modernes Griechisch) in drei Bänden, 2. Auflage (2006), Dädalos Verlag, Athen

Mauropoulos, Theodoros: Homers Ilias (kommentierte Ausgabe, modernes Griechisch) (2010). Zitros Verlag, Thessaloniki

Mauropoulos, Theodoros: Homers Odyssee (kommentierte Ausgabe, modernes Griechisch) (2010), Zitros Verlag, Thessaloniki

Sideris, Zisimos: Homers Odyssee (homerisches Griechisch / modernes Griechisch) in zwei Bänden, 2. Auflage (2009) Dädalos Verlag, Athen

B. Deutsche Übersetzungen von Homers Ilias und Odyssee (Auswahl)

Hampe, Ronald: Homer, Odyssee (griechisch / deutsch) (2010) Reclam Verlag, Stuttgart

Martin Christoph: Homer, Die Odyssee. Erzählt von Christoph Martin (1996) Eichborn, Verlag, Frankfurt am Main

Rupé, Hans: Homers Ilias (griechisch/deutsch) 13. Auflage (2008), Sammlung Tusculum, Artemis & Winkler Verlag, Düsseldorf

Schadewaldt, Wolfgang: Homer Ilias (deutsch) 17. Auflage (2014) Insel Verlag, Frankfurt.

Schadewaldt, Wolfgang: Homer: Die Odyssee (deutsch) (2008) Rowohlt Verlag, Reinbek

von Scheffer Thassilo: Homer, Ilias (deutsch) (1938), Dieterich'sche Verlagsbuchhandlung, Leipzig

von Scheffer Thassilo: Homer, Odyssee (deutsch) (1938), Dieterich'sche Verlagsbuchhandlung, Leipzig

Voss, Johann Heinrich: Homer, Ilias & Odyssee (Übersetzung von 1781 und 1793) (griechisch / deutsch), verschiedene Ausgaben, etwa (2008) Verlag Zweitausendeins, Nachdruck Insel Verlag (1992), Frankfurt am Main und Leipzig

Weiher, Anton: Homers Odyssee (griechisch/deutsch) 15. Auflage (2007), Sammlung Tusculum, Artemis & Winkler Verlag, Düsseldorf.

C. Ergänzungen zu Homers Odyssee und Ilias sowie zugefügte Mythen

Apollonios Rhodios: Die Argonauten (Argonautika), verdeutscht von Thassilo von Scheffer (1947), Dieterich'sche Buchhandlung, Wiesbaden.

Apollodor: Götter- und Heldensagen (Bibliotheke), aus dem griechischen übersetzt von Christian Gottlob Moser und Dorothea Vollbach (1988), Anaconda Verlag, Köln.

Ovid: Metamorphosen, übersetzt und herausgegeben von Gerhard Fink (2005) Albatros Verlag, Düsseldorf.

Epischer Zyklus: Folgende Fragmente des sogenannten „epischen Zyklus" wurden nach den Darstellungen in Roschers „Ausführliches Lexikon der griechischen und römischen Mythologie" (1884, siehe unter D) soweit nötig berücksichtigt (Autoren nach größerer Wahrscheinlichkeit): die Kypria (zyprische Epen) von Stasinos (manche meinen des Dikäogenes oder eines anderen), die Äthiopis, die sich an den letzten Vers der Ilias anschloss, und Iliou Persis (Trojas Eroberung) des Arktinos, wie auch die „kleine Ilias" des Lesches, die Nostoi (Epos der Heimkehrer) des Hagías (manche meinen, Eumelos sei der Verfasser) und die Telegonie des Eugamon, wie auch Vergils Äneis.

D. Sonstige im Buch erwähnte Literatur

Aristoteles: Nikomachische Ethik. Aristoteles philosophische Schriften 3, (1995), Meiner Verlag, Hamburg

Aristoteles: Metaphysik (griechisch/ deutsch) in 2 Bänden (1991), Meiner Verlag, Hamburg

Äschylos: Zahlreiche Übersetzungen ins Deutsche, etwa: Aischylos Tragödien (griechisch/deutsch) übersetzt von Oskar Werner, herausgegeben von Bernhard Zimmermann. 6. Auflage (2005). Sammlung Tusculum, Artemis & Winkler Verlag, Düsseldorf

Äsop: Fabeln (griechisch/deutsch), herausgegeben und übersetzt von Rainer Nickel (2005), Sammlung Tusculum, Artemis & Winkler, Düsseldorf

Atwood Margaret: Die Penelopiade. Der Mythos von Penelope und Odysseus (2005). Deutsch von Malte Friedrich, Berlin Verlag, Berlin

Cicero: De finibus bonorum et malorum. Über das höchste Gut und das größte Übel (lateinisch/deutsch) übersetzt und herausgegeben von Harald Merklin (2007) Reclam, Stuttgart

Dante: Die Göttliche Komödie, deutsch von Karl Vossler (o.J.), Bertelsmann Lesering

Daston Lorraine: Wunder, Beweise und Tatsachen. Zur Geschichte der Rationalität, 3. Aufl. (2014) S. Fischer Verlag Frankfurt

Erasmus von Rotterdam: das Lob der Torheit, aus dem Lateinischen übersetzt und kommentiert von Kurt Steinmann (2011) Manesse Verlag Zürich

Euripides: Zahlreiche Übersetzungen ins Deutsche, etwa: Sämtliche Tragödien in zwei Bänden. Übersetzt von Johann Jakob Christian Donner. Bearbeitet von Richard Kannnicht. Anmerkungen von Bolko Hagen. Einleitung von Walter Jens. 2. Auflage (1958). Kröner Verlag, Stuttgart

Oder: Euripides. Ausgewählte Tragödien in zwei Bänden (griechisch/deutsch). Übersetzt von Ernst Buschor, herausgegeben von Bernhard Zimmermann (1996), Sammlung Tusculum, Artemis & Winkler Verlag, Düsseldorf

Fischer Norman: Sailing Home (2008), Free Press, New York

Flashar Hellmut: Aristoteles Lehrer des Abendlandes, 3. Aufl. (2015), H. C. Beck Verlag, München

Fuchs Gotthard (Hrsg): Lange Irrfahrt – große Heimkehr. Odysseus als Archetyp – zur Aktualität des Mythos (1994), Knecht Verlag, Frankfurt am Main

Havel Václav: Fernverhör. Ein Gespräch mit Karel Hvížďala, (1990), aus dem Tschechischen übersetzt von Joachim Bruss, Rowohlt Verlag, Reinbek bei Hamburg.

Horaz: Episteln, in: Sämtliche Werke, aus dem Lateinischen übersetzt von Manfred Simon und Wolfgang Ritschel (2007), Anaconda Verlag, Köln

Horkheimer, Max; Adorno, Theodor W.: Dialektik der Aufklärung (1947), 21. Auflage (2013), S. Fischer Verlag, Frankfurt am Main

Kant, Immanuel: Kritik der praktischen Vernunft (1788), mehrere nachfolgende Ausgaben, etwa (2011), Anaconda Verlag Köln

Kant, Immanuel: Beantwortung der Frage: Was ist Aufklärung? In: Berlinische Monatsschrift, 1784, H. 12, S. 481–494

Kavafis, Konstantinos: Das Gesamtwerk (griechisch/deutsch). Aus dem Griechischen übersetzt und herausgegeben von Robert Elsie (1997), Ammann Verlag, Zürich

Kazantzakis Nikos: Odyssee. Griechische Ausgabe (1938/2000) Kazantzakis Verlag Athen. Deutsche Edition: Odyssee ein modernes Epos, übertragen in deutsche Verse von Gustav A. Conradi (1973), Desch Verlag München

Kazantzakis Nikos: Rechenschaft an El Greco. Aus dem Griechischen übersetzt von Isidora Rosenthal-Kammerinea, 3. Aufl. (1995), Ullstein Verlag, Frankfurt/Berlin

Marneros, Andreas: Das Doppelherz des Odysseus und warum Ithaka in Deutschland liegt. Eine pathetische Liebeserklärung an Deutschland. (2012) ANA Verlag, Köln

Marneros, Andreas: Irrsal! Wirrsal! Wahnsinn! Persönlichkeit, Psychose und psychische Konflikte in Tragödien und Mythen (2013), Schattauer Verlag, Stuttgart

Marneros, Andreas: Feuer für ausgebrannte Helden. Auf der Suche nach Orientierung. Ein Abenteuer mit Prometheus und Herakles (2015), CMZ Verlag, Rheinbach

Marneros, Andreas: Homers Ilias psychologisch erzählt. Der Seele erste Worte (2016), Springer Verlag, Heidelberg de Montaigne, Michel: Essais, Erste moderne Gesamtübersetzung von Hans Stilett, 8. korrigierte Auflage (2011), Eichborn Verlag, Frankfurt am Main

Rahner, Hugo: Griechische Mythen in christlicher Deutung, (1992), Herder Verlag, Freiburg i. Br.

Roscher, W. H. (Hrsg.): Ausführliches Lexikon der griechischen und römischen Mythologie, in 7 Bänden (1890), Teubner Verlag, Leipzig.

Safranski, Rüdiger: Zeit (2015), Hanser Verlag, München

von Scheffer Tassilo: Die Kyprien. Ein hellenisches Epos in zwölf Gesängen (1947), Dieterich'sche Verlagsbuchhandlung, Wiesbaden

Sophokles: Zahlreiche Übersetzungen ins Deutsche, etwa: Sophokles Dramen (griechisch/deutsch.) Herausgegeben und übersetzt von Wilhelm Willige. Überarbeitet von Karl Bayer. Anmerkungen und Nachwort von Bertrand Zimmermann (5. Auflage) Sammlung Tusculum. Artemis & Winkler Verlag, Düsseldorf

Tagore Rabindranath: Gitanajali, in deutscher Übersetzung von G. M. Muncker und A. Hass, Nobelpreisreihe, Nummer 14

Ziolkowski Theodore: Mythologisierte Gegenwart (2008), Wilhelm Fink Verlag, München

GPSR Compliance

The European Union's (EU) General Product Safety Regulation (GPSR) is a set of rules that requires consumer products to be safe and our obligations to ensure this.

If you have any concerns about our products, you can contact us on

ProductSafety@springernature.com

In case Publisher is established outside the EU, the EU authorized representative is:

Springer Nature Customer Service Center GmbH
Europaplatz 3
69115 Heidelberg, Germany